W0077591

Ruth Gay

Das Undenkbare tun
Juden in Deutschland
nach 1945

Aus dem Englischen von Georgia Hanenberg

Verlag C. H. Beck München

Mit 28 Abbildungen im Text

Die Deutsche Bibliothek – CIP-Einheitsaufnahme

Gay, Ruth:
Das Undenkbare tun : Juden
in Deutschland nach 1945 / Ruth Gay.
Aus dem Engl. von Georgia Hanenberg. –
München : Beck, 2001
ISBN 3 406 47972 3

ISBN 3 406 47972 3

© Verlag C.H. Beck oHG, München 2001
Satz: Fotosatz Otto Gutfreund, Darmstadt
Druck und Bindung: Friedrich Pustet, Regensburg
Gedruckt auf säurefreiem, alterungsbeständigem Papier
(hergestellt aus chlorfrei gebleichtem Zellstoff)
Printed in Germany

www.beck.de

Meinen wunderbaren Töchtern
Sarah, Sophie und Lizzie
in Liebe gewidmet

Inhalt

Einleitung

Dieses Buch handelt davon, wie es den Juden erging – nachdem das Morden in den Vernichtungslagern aufgehört hatte, die Zwangsarbeiter freigelassen und die in die Sowjetunion Deportierten von dort zurückgekommen waren. So überwältigend wird der Augenblick der Befreiung und Erlösung erlebt, daß fast alle Überlebenden, die von ihrem Schicksal erzählen, an diesem so lang ersehnten Punkt abbrechen und Atem schöpfen. Wenn das Leiden vorüber ist und das Leben neu beginnt, scheint es keinen Grund zum Weitererzählen mehr zu geben.

Aber was in diesen ersten Jahren nach dem Krieg passierte, ist die Chronik einer anderen Art von Heldentum – sehr oft von den Protagonisten selbst nicht als solches erkannt. Diese Helden sind hier vor allem Juden, die zwischen den Weltkriegen in Polen aufwuchsen. Roman Vishniak ahnte bereits 1938 und 1939, als er in Polen seine bewegenden Fotos machte, daß er etwas festhielt, was er als „*die verschwundene Welt*" bezeichnete – die armen, aber pittoresken Juden aus dem Schtetl: engelsgleiche kleine Buben mit Schläfenlocken, um ihre Schulbänke gedrängt; Marktfrauen an einem Schneetag; schäbige Innenräume von Synagogen; Ladenbesitzer vor leeren Regalen. An die Stelle dieser Welt trat allmählich eine neue, weltliche jüdische Kultur, in der Juden zugleich in der abweisenden, modernen polnischen Lebenswelt und abseits davon lebten. Eine Zeit, in der überall noch das Phantom des Nationalstaats Europa beherrschte, konnte sich für die Juden nur nachteilig auswirken. Aber sie gaben sich nicht länger zufrieden mit dem abgeschotteten Leben, das sie fast tausend Jahre lang akzeptiert hatten. Unsere Geschichte beginnt daher mit dem Wandel polnisch-jüdischen Lebens in den Jahren zwischen den Weltkriegen, mit dem Entstehen einer vitalen säkularisierten Kultur, mit dem Sprung in die Moderne, die allerdings nur zwei kurze Jahrzehnte dauerte und dann durch den Krieg abrupt beendet wurde.

Fast gänzlich vernichtet durch das mörderische Nazi-Regime, kehrten die überlebenden polnischen Juden nach 1945 aus den Lagern und Deportationsorten zurück, nur um feststellen zu müssen, daß auch Polen inzwischen tödliches Terrain war. In den ersten beiden Jahren nach Kriegsende kamen in Polen zwischen 1500 und

2000 Juden in Pogromen ums Leben. Statt eines Willkommens und Nachhausekommens fanden sich die erschöpften Überlebenden in einem so gefährlich feindseligen Klima wieder, daß sie dringend eine sichere Zuflucht brauchten. Da ihnen Palästina und der Großteil der westlichen Welt versperrt blieben, war ihre Lage hoffnungslos. Doch gab es – und das ist eine der großen Ironien der Nachkriegszeit – einen einzigen Platz in Europa, der Sicherheit bot und auch Flüchtlinge aufnahm. Das war Deutschland. Die Juden aus Polen suchten Schutz bei den Alliierten Streitkräften, die Deutschland in vier Besatzungszonen aufgeteilt hatten, und die den vertriebenen Juden wie rettende Engel erschienen.

In den drei Jahren bis 1948, bevor Israel ein unabhängiger Staat wurde und bevor andere Staaten sich bereit erklärten, Immigranten aufzunehmen, sammelten sich polnische und andere osteuropäische Juden in den „assembly centers" – wie die Hilfsorganisation der United Nations (UNRRA) sie nannte – und in anderen *displaced persons camps*, den DP-Lagern. In diesen Jahren fanden 270 000 Juden den Weg nach Deutschland, um dort abzuwarten, was ihnen die Zukunft bringen würde.

Was dann geschah, war einmalig und unerwartet. Wie eine finale Ironie des Schicksals wirkt es, daß sich die polnisch-jüdische Kultur ausgerechnet in den DP-Lagern in Deutschland mit einem letzten Aufblühen verabschiedete. Diese Lager mit ihren manchmal 7000 bis 8000 Bewohnern wurden zu jüdischen Dörfern, wo Jiddisch zum letzten Mal eine lebendige Sprache war. Spontan entstanden authentische Musik, Poesie, Theater und Literatur voller Kraft. Ein letztes brillantes Funkeln, bevor die Kultur der polnischen Juden für immer verschwand. Als nämlich 1949, infolge der Öffnung Israels, der Vereinigten Staaten und anderer Teile der Welt eine Massenmigration aus den DP-Lagern stattfand, ging dieser strahlende Moment osteuropäischen jüdischen Lebens zu Ende.

Die osteuropäischen waren aber nicht die einzigen Juden in Deutschland. Vor dem Krieg hatten eine halbe Million Juden in Deutschland gelebt; etwa zwei Dritteln war es gelungen, noch vor 1939 zu emigrieren. Von denen, die geblieben waren, wurden 170 000 vom Nazi-Regime deportiert und umgebracht. Nur eine Handvoll, etwa 15 000 deutsche Juden, erlebten das Ende des Krieges auf heimischem Boden. In den Zeitungen, die nach dem Krieg erschienen, und in persönlichen Gesprächen rangen sie verzweifelt mit der Frage, ob sie gehen oder bleiben sollten. Während sich die osteuropäischen Juden – selbst diejenigen, die säkularen Parteien anhingen – stets als eigenes Volk und Deutschland nur als „Wartesaal" empfanden, bis sie sich irgendwo für immer niederlassen konnten, hatten die deutschen Juden ein Jahrhundert lang in dem Bewußtsein gelebt, Deutsche zu sein. Aber nach zwölf bitteren Jahren unter der Nazi-Herrschaft, wußten sie nicht mehr, wer sie waren oder wie ihr Leben aussehen sollte in einem Deutschland, das sich Hitler in die Arme geworfen hatte.

Diese deutschen und osteuropäischen Juden waren also die beiden Partner, die im Nachkriegsdeutschland ein auf wackligen Füßen stehendes Bündnis eingingen. Ihre Situation wurde noch dadurch kompliziert, daß es ein geteiltes Deutschland – nach 1949 eine politische Realität des kalten Krieges – war, in dem sie die jüdischen Geschicke neu zu gestalten versuchten. Während all diese Entwicklungen unter den betroffenen Juden in Deutschland starke Gefühle freisetzten, hatten die Jüdischen Gemeinden im Ausland wenig Ahnung, worum es ging, und legten eine erstaunlich unnachgiebige Haltung an den Tag, d. h., daß sie die Juden, die freiwillig in diesem verhaßten Land lebten, pauschal verurteilten. Solchermaßen von den Juden im Ausland allgemein kritisiert, fühlten sich die Jüdischen Gemeinden in Deutschland wie Ausgestoßene und Geächtete behandelt.

Ihre Entwicklungsgeschichte in dem halben Jahrhundert seit Kriegsende stellt eines der spannendsten Kapitel in der modernen jüdischen Geschichte dar. Von der Außenwelt zum größten Teil ignoriert, entwickelten die Juden in Deutschland eine komplexe neue Identität. Sie bestehen darauf, keine „deutschen Juden" mehr zu sein, sondern „Juden in Deutschland", in einem Land, das noch immer damit beschäftigt ist, die Schockwirkung nicht nur seiner Nazivergangenheit, sondern auch der postkommunistischen Welt zu verarbeiten. Nachdem sich ihre Zahl inzwischen durch den Zustrom von Juden aus der früheren Sowjetunion verdreifacht hat, befinden sich die Jüdischen Gemeinden in Deutschland erneut im Umbruch. Sie sind nicht länger eine Gemeinde von „Übriggebliebenen" wie damals, sie sind energisch dabei, ein komplexes neues jüdisches Leben zu gestalten, und sie werden heute gespannt beobachtet von jüdischen Organisationen im Ausland, die auf diese interessante, kultivierte junge Gemeinde aufmerksam geworden sind und um Einfluß darin konkurrieren.

Zu dem Zeitpunkt, da dieses Buch zum Abschluß kommt, plant die Stadt Berlin zusammen mit der Bundesregierung ein riesiges

Holocaust-Mahnmal und hat sich bereits am Bau eines gewagten neuen Jüdischen Museums beteiligt – beide als Architektur hochkontrovers. Nicht kontrovers ist jedoch die Vitalität der florierenden Jüdischen Gemeinde.

Mit diesem Buch möchte ich – offen gesagt – die Aufmerksamkeit einer Öffentlichkeit gewinnen, der es seit geraumer Zeit entweder gleichgültig oder ein Dorn im Auge ist, daß Juden sich nach dem Krieg in Deutschland niedergelassen haben. Das Trauern um die Toten des Holocaust hat anscheinend die Lebenden verdrängt und zu einem merkwürdigen Desinteresse an der Geschichte vor und nach der Nazizeit geführt. Ich hoffe, hier all jenen Anerkennung zuteil werden zu lassen, die überlebt und an einem Ort, der so undenkbar war wie nur irgend möglich, couragiert eine neue jüdische Welt aufgebaut haben. Es waren nie mehr als maximal 20 000 bis 30 000 an der Zahl, und sie gaben ihren Kindern – die in einem Land aufwuchsen, das sie nur widerstrebend das ihre nennen würden – eine komplexe Identität als Erbe mit. Deutschland mit seinen acht Millionen Ausländern beginnt gerade zu begreifen, was multikulturell bedeutet, genauso wie die einst abgeschottete Jüdische Gemeinde. Die Juden aus der ehemaligen Sowjetunion sind nicht nur Russen, sondern kommen unter anderem auch aus Usbekistan oder der Ukraine – alle mit ihrer eigenen unverwechselbaren jüdischen Vergangenheit. Auch wenn diese Unterschiede nur noch ganz schwach erinnert werden, verleihen sie der wieder expandierenden Gemeinde eine zusätzliche Dimension. Die Überlebenden des Holocaust wußten eine solche Vielschichtigkeit richtig aufzunehmen: „Am Jisroel chai – das Volk Israels lebt!" sagten sie triumphierend über den „Rest der Geretteten". Auf das heutige Deutschland würden sie dieses Motto auch wieder anwenden.

Hamden 2001 *Ruth Gay*

ERSTES KAPITEL

Woher sie kamen

Daß Tausende von Juden aus Osteuropa sich in den ersten Jahren nach dem Zweiten Weltkrieg freiwillig nach Deutschland begaben, erregte bei den jüdischen Gemeinschaften in der ganzen Welt ebenso wie bei den Deutschen selbst einhellige Verwunderung. Allerdings wußten diese Zuschauer nicht, daß die Juden durch ihre weit zurückreichende Vergangenheit in Osteuropa auf nichts so sehr vorbereitet waren wie auf das immaterielle Leben eines ewig Fremden im Alltag. Zu den unvergänglichsten Werken der Kunst des 20. Jahrhunderts gehören die Bilder Marc Chagalls, in denen er das Schtetl festhält – mit seinen baufälligen Häusern und Synagogen, seinen in grellen Grün- und Lilatönen gemalten Fiedelspielern und Bewohnern, die durch die Lüfte gleiten, ohne je den Boden zu berühren. Doch entsprechen diese scheinbar traumähnlichen Darstellungen des verschwundenen Schtetls ziemlich genau der Alltagswirklichkeit jüdischen Lebens im Osten. Wie auf den Bildern waren die Juden mit dem Grund und Boden, auf dem sie lebten, nicht verbunden. Sie schlugen keine Wurzeln, sondern waren darauf gefaßt, jederzeit fortgehen zu müssen. Ihr wahrer Lebensinhalt bestand in etwas anderem: in ihren Gesetzesvorschriften, ihrer Gemeinschaft und ihrer Geschichte. Die konkrete Welt um sie herum, die Kirchen, Kasernen, Regierungsgebäude oder Bauernhäuser, gehörten samt und sonders zu einer austauschbaren Kulisse, deren einzelne Teile schon morgen – wenn die Juden wieder einmal per Behördenerlaß aus ihrem Dorf vertrieben wurden – andere sein konnten. Was in Chagalls schwebenden Figuren so anschaulich zum Ausdruck kommt, ist das Losgelöste dieser Art von Leben.

Doch war diese Losgelöstheit oder Distanz, die man nur bei den Juden und vielleicht noch bei den Zigeunern in Osteuropa fand, keineswegs eine willkürliche oder unvermittelt aufgetauchte Haltung zur Welt. Sie gründete in jahrhundertelanger Erfahrung und stellte die einzige Möglichkeit dar, sich in einer unwirtlichen und zeitweise gefährlichen Umwelt zu behaupten. Diese Juden konnten sich keine Sentimentalitäten in bezug auf ihre polnische Heimat er-

Während der Zwischenkriegsrepublik lebten die Juden in Polen unter äußeren Lebensbedingungen, die sich sehr stark voneinander unterschieden – von der Hauptstadt Warschau bis hin zu den legendären Schtetln. Das Foto zeigt Wysok im Jahre 1937, eine winzige Stadt in Wolhynien (Fotograf: Moshe Raviv).

lauben oder in der Schönheit ihrer Flüsse und Wälder schwelgen. Nie waren diese Flüsse und Wälder für Juden bestimmt gewesen.

Um verstehen zu können, was 1945 geschah, ist es unabdingbar, zu wissen, wie es zu all dem gekommen ist, welche Lebensform die Juden in den tausend Jahren, die sie in Osteuropa ansässig waren, entwickelten. Angesichts der Tatsache, daß das Nazi-Regime den Plan, jeden einzelnen von ihnen umzubringen, beinahe verwirklicht hätte, war es für den Rest der Welt völlig unvorstellbar, daß sich osteuropäische Juden damals freiwillig in Deutschland niederließen. Wie konnte es sein, daß sie in das Land ihrer Mörder auswanderten? Doch wie wir sehen werden, hatten sie ihre Gründe – die sie nicht nur überhaupt erst nach Deutschland führten, sondern ihnen zudem Kraft für das Leben dort gaben.

Das Ende des Krieges im Mai 1945 begrüßten Hunderttausende jüdischer Häftlinge in den Konzentrationslagern und Zwangsarbeitereinrichtungen Europas auch als das Ende ihrer Leiden auf Erden. Einer sagte immer ganz nachdenklich, wenn er den Tag seiner Befreiung beschrieb: „Am 1. Mai 1945 hat es geschneit", so als ob ein Wunder nach dem anderen geschehen sei.

Am Vorabend des Zweiten Weltkriegs hatten sieben Millionen Juden in Osteuropa gelebt, überwiegend unter prekären Bedingungen. In jedem der Hauptzentren jüdischen Lebens – der Sowjetunion, Polen, Rumänien, Ungarn, Litauen und Lettland – war der Grund ihres Unbehagens ein anderer, aber nirgendwo wurden sie so uneingeschränkt als Bürger mit allen Rechten und Privilegien der Einheimischen akzeptiert wie die Juden im Westen oder auch noch in der Tschechoslowakei – einem Grenzstaat. Statt dessen galten die Juden als durch Geburt einer Klasse von Außenseitern zugehörig, die sich durch Herkunft und Religion von der Mehrheit unterschieden. Obwohl sie seit neunhundert Jahren in Polen, seit eintausendneunhundert Jahren auf der Krim und in Ungarn und seit eintausendachthundert Jahren in Rumänien ansässig waren, hatte die Zeit wenig an ihrem Status geändert.[1]

Sie mußten mit Einschränkungen leben, die ihnen wenig Wahlmöglichkeit ließen und ihr Leben an allen Ecken und Enden beeinträchtigten. Ihnen waren enge Grenzen gesetzt, sowohl was die Berufswahl und -ausbildung, als auch was die Möglichkeit zum Erwerb von Grundbesitz oder den Besuch höherer Schulen betraf. Und jede einzelne Regierungsbehörde schien ihre eigenen Methoden zu haben, schien auf ganz individuelle Weise den Unterschied zwischen Juden und anderen Bürgern herauszukehren. In der Armee, im Gerichtssaal, sogar bei alltäglichen Begegnungen mit Amtspersonen hatten die Juden gelernt, eher Diskriminierung als Gerechtigkeit zu erwarten. Und wenn sie arm waren, hatten sie noch schlimmere Schikanen zu ertragen, als wenn sie von imposanter Erscheinung waren oder vielleicht „durchgehen" konnten. Aber gemeinsam war all diesen Erfahrungen der Eindruck einer unüberbrückbaren sozialen Kluft.

Anders als seine Glaubensbrüder im Westen wurde ein Jude in Osteuropa in eine Welt geboren, die offen feindselig und sogar bedrohlich war. In dem Film *Bilder aus der Erinnerung*, der den jüdischen Alltag in Polen zwischen den beiden Weltkriegen vorstellt, weist ein gut angezogener, kultivierter Jude mit Nadelstreifenanzug und Homburg darauf hin, daß ihm Leute, die ihn nicht kennen, wegen seiner modischen Erscheinung und seines makellosen Polnisch auf Anhieb mit Respekt begegnen. Sollte jedoch irgendwer – und sei es ein Taxifahrer oder Kellner – herausfinden, daß er Jude ist, würde ihre Haltung sofort in Verachtung umschlagen. Die Historikerin Celia Heller sieht in solchen Denkweisen die Starrheit eines Kastensystems, in dem ein Jude, unabhängig von sozialem Status oder Besitz, immer minderwertiger ist als ein Pole.[2]

Auch diejenigen, die mit dem polnischen Patriotismus liebäugelten, mußten feststellen, daß ihre Haltung regelwidrig oder sogar unwillkommen war. Zwischen den Kriegen äußerte sich der jiddische Dichter Moshe Schimmel wehmütig zu seinem Frühwerk in polnischer Sprache, in dem er sich einfühlsam mit den patriotischen Gefühlen der Polen beschäftigt hatte: „Sogar wenn ihr das Heimweh von Generationen polnischer Auswanderer besänget, oder Polens gefallene Helden feiertet, ihren letzten Atemzug und Seufzer und ihre bangen Träume... selbst dann noch werden sie sich mit ihren Speeren gegen euch wappnen."[3] Weit weniger poetisch war ein Erlaß der Gesellschaft für polnische Sprache an der Jagiellonen-Universität in Krakau formuliert, mit dem im Februar 1937 Juden brutal und ohne Umschweife von der Mitgliedschaft ausgeschlossen wurden.[4]

Der in England lebende Isaiah Berlin, ein brillanter Historiker und vielseitiger Gelehrter, traf in einem Gespräch mit dem Enkel von Alexander (Shura) Gerschenkron, dem russischstämmigen Ökonom, noch eine weitere Unterscheidung. In seinen Reflektionen über „Shura", der um die Jahrhundertwende in Odessa geboren war, bemerkte er: „Odessa war eine sehr un-russische russische Stadt. Soll nicht heißen, man hätte dort nicht russisch sein können. Dein Großvater war Russe. Im Kern war er es. Was die Kultur betrifft, war er ein Russe. Aber seine Heimat war nicht Rußland, es war die russische Literatur."[5] In diesem Sinne bestand auch Isaiah Berlin selbst darauf, ungeachtet seiner vielen Auszeichnungen, seiner bemerkenswerten beruflichen Karriere und der ihm im mittleren Alter verliehenen Ritterwürde, daß er in England „ein Jude aus Riga" war.

Entgegen unserer Vorstellung von osteuropäischen Juden, die geprägt ist von Fotos armer Immigranten, wie sie in Ellis Island in New York ankommen, oder von der berühmten Bilderreihe von Roman Vishniac, die verarmte Straßenhändler oder Talmud-Schüler im Polen der dreißiger Jahre zeigt, waren nicht alle Juden arm oder pittoresk. In jedem Land war eine dünne Schicht trotz der für die meisten Juden geltenden Behinderungen zu großem Wohlstand gelangt, und in Ungarn waren einige vermögende jüdische Familien zu

Zeiten der alten Habsburg-Monarchie sogar in den Adelsstand erhoben worden.

Doch was immer ihre soziale Stellung sein mochte, die Juden paßten nicht in die Welt, in die sie hineingeboren wurden. Die nach dem Zweiten Weltkrieg nach Deutschland kamen und dort blieben, waren geprägt von ihrem früheren Leben, von den Denkweisen, die sich daraus entwickelt hatten und den politischen Haltungen, die es erforderte. Sie erwarteten geradezu, zeitlebens Fremde zu bleiben.

Pauschalurteile sind immer problematisch, aber ich glaube, es gibt ein gemeinsames Profil der osteuropäischen Juden, die nach Westen zogen: bestimmte Überzeugungen, Verhaltensregeln, Denkweisen. Aus den Erinnerungen derer, die die Konzentrationslager überlebt haben sowie aus Interviews mit ihnen und anderen osteuropäischen Juden wird deutlich, wie vielfältig und nuancenreich sie auf die Welt reagieren; aber im Kern tragen diese Reaktionen immer die elementare Entfremdung von ihrem Heimatland in sich. Es ist diese Grundüberzeugung und die darin enthaltenen Vorstellungen über die Beschaffenheit der Welt, die ihre Entscheidung beeinflußte, wo sie sich nach dem Krieg niederlassen wollten. Das gibt uns einen Anhaltspunkt dafür, worauf die Entscheidungen über ihr Leben nach dem Krieg fußten, und welche Gefühlsdynamik sie antrieb.

Wie sich herausstellte, hatte die elementare Entfremdung der osteuropäischen Juden von ihrem jeweiligen Heimatland während der schrecklichen Kriegsjahre auch ihr Gutes, weil sie es gewohnt waren, immer vorsichtig zu sein, und daher niemandem so leicht ihr Vertrauen schenkten. In diesem Zusammenhang habe ich lange über eine Geschichte nachgedacht, die mir Gita Glazer erzählt hat, eine junge Frau, die in Lodz wohnte, als die Stadt im September 1939 nach der Invasion Deutschlands in Polen vom Dritten Reich annektiert wurde. Nach der Umbenennung des Ortes in Litzmannstadt machten die Deutschen aus den 160 000 Juden ein Heer von Zwangsarbeitern, nur dazu bestimmt, Güter für die deutsche Wehrmacht zu produzieren. Im Mai 1940 wurde Gita mit den anderen Juden der Stadt in das von den Deutschen eingerichtete, geschlossene Ghetto gezwungen, wo nicht nur die Produktion, sondern auch noch das kleinste Detail des täglichen Lebens überwacht wurde.[6] Nahrungsmittel für die jüdischen Insassen wurden auf das Existenzminimum begrenzt, und in der drangvollen Enge unter gefährlich unhygienischen Bedingungen kam es nicht selten zum Ausbruch von Typhus. Ende 1941 mußten die halbverhungerten, entkräfteten

Ghettojuden plötzlich für neue Transporte aus dem Westen Platz machen. Im Oktober und November des Jahres 1941 begannen die Deutschen, die Städte im „Alten Reich" sowie in Österreich und der Tschechoslowakei von Juden zu „säubern", indem sie diese in den Osten deportierten. Mit diesen ersten Transporten kamen 20 000 deutsche Juden in das Ghetto von Lodz.

Laut Gita wunderten sich die polnischen Juden, wie wohlgenährt die Neuankömmlinge schienen, was für schöne, warme Kleidung sie trugen, wie gesund sie scheinbar waren. Und doch starben sie bald nach ihrer Ankunft im Ghetto ohne erkennbare Ursache „wie die Fliegen", um mit Gita zu sprechen. Ihr Eindruck wird von der Statistik untermauert, nach der 3000 Neuankömmlinge innerhalb der ersten paar Wochen starben.[7] Der Grund für diese erschreckende Todesrate war wohl kaum übernatürlich, da unter den für diesen Transport „Selektierten" Alte und Kranke besonders zahlreich vertreten waren. Doch sogar dann geben die Zahlen zu denken. Was Gita sagen wollte, war, daß die Lodzer Juden gleichsam seelisch und moralisch besser gerüstet waren, das ihnen von den deutschen Besatzern aufgenötigte Elend auszuhalten. Den deutschen Juden versetzte dieser letzte Schock – unabhängig von ihrem Gesundheitszustand – den Todesstoß. Was mir an dieser Geschichte keine Ruhe gelassen hat, sind die zugrundeliegenden Annahmen: daß die unter Juden weitverbreitete Erwartung einer feindselig gesinnten Außenwelt und das seelische Gewappnetsein eine Rolle dabei spielten, daß sie letztendlich überlebten. Wohl wußten die eingesperrten Juden, völlig dem Zufall und den Launen ihrer Unterdrücker ausgeliefert, um ihre lebensgefährliche Lage; aber zugleich wurde ihnen klar, daß, sobald es auch nur den geringsten Hoffnungsschimmer gab, Erfindungsreichtum und Kampfeswille letztlich für ihr Überleben ausschlaggebend sein könnten. Anders als die Juden aus dem Westen waren die Juden aus Osteuropa durch eine harte Schule gegangen.

Als sich die von den Deutschen aufgezwungenen Ghettos immer mehr mit osteuropäischen Juden füllten, reagierten ihre Bewohner auf zweierlei Art: Zunächst war es unabdingbar, sich ihre Menschlichkeit zu bewahren angesichts der bewußten Strategie der Deutschen, nicht nur ihren Körper, sondern auch den letzten Rest von Selbstachtung zu zerstören. Die zweite Reaktion war das generelle Bestreben, Beweise für das, was da geschah, zu hinterlassen. Also taten die Juden im Ghetto beharrlich alles nur Mögliche, um zur

Verbesserung ihrer Alltagssituation eine Art kulturelles Leben in Gang zu halten. Sie betrieben heimlich Schulen für die Kinder, schrieben subversive Lieder, inszenierten Theaterstücke und Kabarett-Abende. Daß Schulunterricht für Kinder verboten war, gehörte zu einer langfristigen Strategie der Deutschen, nachzulesen in einem Memorandum, das ein Nazi-Offizier am 8. November 1940 in Lodz verfaßte. Es trägt den Vermerk „Geheim" sowie den Titel „Ein paar Gedanken zur Behandlung fremder Völker im Osten" und legt den in Ghetto-Schulen gestatteten Lehrplan dar: „Einfaches Rechnen bis höchstens 500. Schreiben des Namens, eine Lehre, daß es ein göttliches Gebot ist, den Deutschen gehorsam zu sein, und ehrlich, fleißig und brav zu sein. Lesen halte ich nicht für erforderlich."[8] Wie sehr die Nazi-Ideologie sich auch bemüht haben mag, die Juden auf einen Zustand schierer Primitivität zu reduzieren, die Juden selbst bestanden auf ihrer Zivilisiertheit und stellten sie in ihren illegalen kulturellen Aktivitäten unter Beweis.

Doch so unempfindlich die Juden aus Osteuropa dem gewohnten einheimischen Antisemitismus gegenüber auch gewesen sein mögen, selbst sie erkannten, daß etwas Beispielloses und beispiellos Schreckliches vor sich ging. In der uralten jüdischen Tradition, für zukünftige Generationen alles aufzuzeichnen und die Erinnerung daran zu bewahren, stand für die in den Ghettos Eingeschlossenen von Anfang an fest, daß ihre Geschichte schriftlich niedergelegt werden mußte. Der Anstoß dazu kam von alters her, war so alt wie die jüdische Geschichte und so wirkungsvoll, weil er auf dem Gebot aus dem Fünften Buch Mose beruhte. Es beschließt den Bibelvers, in dem von König Amalek und den Amalekitern erzählt wird, die die Juden nach ihrer Wanderung durch die Wüste niedermetzelten: „Gedenk, was dir Amalek that auf dem Wege, da ihr auszogt aus Ägypten. Wie er dir begegnet auf dem Wege und all' deine Nachzügler schlug, da du matt und müde warst, und Gott nicht fürchtete ... [So] sollst du auslöschen das Angedenken Amalek's unter dem Himmel hinweg; vergiss es nicht!"[9]

Die Juden haben es nicht vergessen. In über zwei Jahrtausenden im Exil haben sie eine große Zahl von Feinden angesammelt. Verfolger mögen kommen und gehen, aber in ihrer Mordgier bleiben sie austauschbar. Haman und seine Missetaten werden jedes Jahr an *Purim* bei der Lesung des Buches Esther rekapituliert; die Leiden unter der Inquisition, unter den russischen Zaren und in der Hitlerzeit sind allesamt Variationen über das Thema Amalek. In der jüdischen Geschichte war die Zeit aufgehoben und Amalek ebenso gegenwärtig wie Hitler. In den Ghettos und Konzentrationslagern hätte ein Jude auch niemals den Namen Hitlers ausgesprochen. Aber „Amalek" als sein Pseudonym wurde von den Eingeweihten ganz genau verstanden.

Die Gelehrten in den Ghettos erkannten schon bald, daß sie möglicherweise nicht überleben und ihre Geschichte persönlich erzählen könnten, doch waren sie entschlossen, einen systematischen Bericht über das Leben in ihrem Umkreis zu hinterlassen – eine Aufzeichnung all dessen, was Amalek verbrochen hatte. Ihr historisches Selbstverständnis und der unstillbare Drang, die Greuel der Nazis festzuhalten, speisten sich zum Teil aus der Überzeugung, daß niemand glauben würde, was sie erlitten hatten, wenn diese Leiden nicht sorgfältig und verständlich dokumentiert würden. Die Bewohner des Lodzer wie auch vieler anderer Ghettos führten planmäßig ein gemeinsames Tagebuch, das Statistiken, Namen, Einzelheiten des täglichen Lebens enthielt – alles in dem Bestreben, einen nüchternen, unwiderlegbaren Bericht zu hinterlassen, der ihre Sache vertreten würde, sollten die Verfasser nicht überleben. Eines der ersten nach dem Krieg veröffentlichten Journale stammte von Emanuel Ringelblum und seinen Gefährten aus dem Warschauer Ghetto; zur Sicherheit hatten sie es an drei verschiedenen Stellen in zehn Metallbehältern und zwei Milchkanistern vergraben. Sein Ziel sei es, schrieb Ringelblum im Dezember 1943 „sicherzustellen, daß auch nicht die kleinste Einzelheit jüdischen Lebens zu dieser Zeit und an diesem Ort der Welt verborgen bleibt".[10]

Marcel Reich-Ranicki, polnischer Jude und heute prominenter Literaturkritiker in Deutschland, arbeitete mehrere Jahre im Amt des „Judenrates" im Ghetto, wo er Zugang zu Dokumenten von historischer Bedeutung hatte. Eines Tages erschien Ringelblum in seinem Büro und fragte den jungen Reich-Ranicki, ob er ihm helfen wolle, Material zu sammeln. Reich-Ranicki berichtet über Ringelblums Archiv: „Hier wurde alles gesammelt, was das Leben im Ghetto dokumentieren konnte: Bekanntmachungen, Plakate, Tagebücher, Rundschreiben, Fahrkarten, Statistiken, illegal erscheinende Zeitschriften, wissenschaftliche und literarische Arbeiten. Daraus sollten künftige Historiker Nutzen ziehen." Die Materialien fanden aber auch eine aktuellere Verwendung. Reich-Ranicki weiter: „Aufgrund dieser Materialien wurden auch Berichte für die polnische Untergrundbewegung und für die polnische Exilregierung in London verfaßt."

Ringelblum selbst, den Reich-Ranicki als unermüdlichen Organisator beschreibt, der es immer sehr eilig hatte, „wurde 1944 zusammen mit seiner Familie von der SS in Warschau aufgespürt und in den Ruinen des nicht mehr existierenden Ghettos erschossen".[11]

Es gab auch noch eine andere Art von Beweismaterial, das die Juden, die in das grausame Räderwerk der Nazi-Verfolgung geraten waren, um jeden Preis erhalten wollten. In den letzten Kriegswochen, als den Deutschen im besetzten Polen klar wurde, daß die vorrückende Rote Armee sie in Kürze überrollen würde, beschlossen sie, einige der ungeheuerlichsten Zeugnisse ihrer Verbrechen zu beseitigen. Eine Gruppe jüdischer Häftlinge aus Bialystok mußte in den nahen Wald marschieren, nicht ohne zuvor mit besonders gut sichtbaren Uniformen ausstaffiert und fast zwei Meter langen und über zwanzig Pfund schweren Ketten gefesselt worden zu sein, um ihre Flucht zu verhindern. Ihre Aufgabe bestand darin, eine Reihe von Massengräbern, in denen erschossene Juden lagen, auszuheben, die Leichen im Wechsel mit Holz von den umstehenden Bäumen aufzuschichten und den so entstandenen Scheiterhaufen anzuzünden. Da ihnen klar war, daß die Nazis auf diese Weise die Spuren ihrer mörderischen Operationen zu vernichten hofften, beschlossen einige der sogenannten „Brenner" trotz der Gefahr, in die sie sich dadurch brachten, etwas von diesem grausigen Belastungsmaterial so zu deponieren, daß es nach dem Krieg gefunden werden konnte.

„Bereits in den ersten Tagen", schrieben Simon Amiele und Salman Edelman, zwei der „Brenner" von Bialystok, „hatten wir entschieden, Vorkehrungen zu treffen, damit das, was sich dort ereignete, später der ganzen Welt zur Kenntnis gebracht werden könnte. Einmal sagte einer von den Deutschen zu mir: ‚Ihr werdet ohnehin nicht überleben, doch wenn ihr am Leben bleiben solltet und darüber berichtet, so wird es euch niemand glauben.'" Das stachelte die Brenner nur noch mehr an, auf jeden Fall Beweise dafür zusammenzutragen. Aufmerksam beobachteten sie ihre Bewacher, und sobald diese für einen Augenblick abgelenkt waren, „zog ich mit dem Haken den Arm einer Leiche, oder eine Rippe oder einen Schädel zu mir heran, warf es unbemerkt in die Grube und bedeckte es mit Sand. Meine Kameraden machten es ebenso. Wir glaubten fest daran, daß jemand von uns am Leben bleiben würde und einem Gericht all das Schreckliche, das wir hier erleben mußten, beweisen könne."[12] Ob in den Tiefen der Wälder oder in Lodz, diese Juden glaubten fest daran, daß am Ende doch die Gerechtigkeit siegt.

Richard Glazar, einem der vierundfünfzig Überlebenden von Treblinka, einem reinen Vernichtungslager, in dem 900 000 Juden umkamen, gelang in dem erstaunlich gut organisierten Häftlingsaufstand vom 2. August 1943 mit seinem Freund Karl Unger die Flucht. In dem Glauben, als einzige Überlebende dem brennenden Lager entkommen zu sein, gaben sie sich eine neue Identität als tschechische Hilfsarbeiter und zogen westwärts übers Land. Schließlich wurden sie von der polnischen Polizei aufgegriffen und als Zwangsarbeiter nach Deutschland, in eine Fabrik in Mannheim geschickt. Aber je näher die Geschütze und Bomber der Alliierten ihrer Unterkunft kamen, die sie mit einem Arbeitskameraden, einem gewissen Heinrich teilten, desto größer wurde ihre Angst, die Geschichte der Greueltaten von Treblinka und die Namen der Mörder könnten mit ihnen zugrunde gehen.

In seinen Erinnerungen schreibt Glazar: „Wir sind nun zu dritt, nicht mehr zu zweit. Und einer von dreien hat größere Chancen als einer von zweien. Auch könnten wir Heinrich für unsere Geschichte keine passendere Kulisse vorstellen als das, was sich eben draußen abspielt. ‚Heinrich, nimm einen großen kräftigen Schluck und hör‘ zu. Wir geben dir Zeugenschaft – du übernimmst sie – für den Fall, daß wir zwei…‘"[13] Glazar kam aber bekanntlich mit dem Leben davon und schrieb einen detaillierten Bericht über Leben und Sterben in Treblinka.

Ob es die Geschichte einer Gemeinschaft oder ihre eigenen Erfahrungen waren, die sie aufschrieben – gemeinsam war allen Juden der leidenschaftliche Wunsch, die Erinnerung an das, was denen widerfahren war, die vom Nazi-Moloch verschlungen worden waren, wachzuhalten und in einem überdauernden Dokument niederzulegen. Die Deutschen hatten ihr möglichstes zur Verschleierung ihrer Absichten getan; bis zuletzt hatten sie ihre Opfer getäuscht und davon überzeugt, sie würden unter die „Brause" geschickt, aus der – wie wir heute wissen – nur das tödliche Gas strömte. Züge, die im Vernichtungslager Treblinka ankamen, hielten vor der mit großem Aufwand gemalten Fassade eines nicht-existenten Bahnhofs, wo über Schalterfenstern „Fahrkarten" stand und Pfeile auf den „Wartesaal" hinwiesen. Um eine Panik zu vermeiden, waren spezielle Wachleute damit betraut, die Alten zuvorkommend zu einem Gebäude mit der Aufschrift „Feldlazarett" zu geleiten, wo sie dann einfach erschossen wurden.

Aber sogar im streng bewachten Treblinka gelang es den jüdischen Arbeitshäftlingen im September 1942, zwei Boten nach Warschau zu schicken, um den dortigen Juden dringend zu raten, Maßnahmen zu ergreifen und sich gegen die Deportation zur Wehr zu setzen. Ihr Adressat war kein Geringerer als die Weltöffentlichkeit. Einer der Organisatoren instruierte die Abgesandten: „Ihre Aufgabe wird sein, über Treblinka zu berichten. Der Untergrundorganisation im Warschauer Ghetto Zeugnis von Treblinka zu geben. Die soll dann versuchen, die Nachricht über den polnischen Untergrund ins Ausland zu schicken – nach England."[14] Wie können wir ihren Erfolg ermessen? Zehn Monate später werden die letzten Überlebenden aus dem Warschauer Ghetto nach Treblinka gebracht und von den anderen Juden beinahe mit Ehrfurcht empfangen. Sie erfahren nun, daß es den beiden Geflohenen zumindest gelungen war, die Welt in Kenntnis zu setzen, wenn sie auch die Juden von Warschau nicht hatten retten können. Ihr bitteres Verdienst war es, daß „die Deutschen... zuletzt Panzerwagen und schwere Waffen einsetzen [mußten], um die Aufständischen, darunter Frauen, Alte und Jugendliche, niederzukämpfen.... Aber von Mund zu Mund verbreitet sich das Vermächtnis: ‚... – ihr alle, werft den letzten Trödel des Lebens weg, gebt die Hoffnung auf, daß vielleicht ihr die letzten sein werdet, die dem nackten Tod entkommen. Zeigt der Welt, und euch selbst...'"[15]

Nach dem Krieg bekamen diese Berichte eine neue Dringlichkeit. All diese Menschenleben waren ausgelöscht worden, und nun war es an der Zeit, die Täter für ihre Verbrechen büßen zu lassen. Das war die Absicht, mit der diejenigen, die die Unmenschlichkeit am eigenen Leibe erfahren, oder sie mit eigenen Augen angesehen hatten, gewissenhaft Beweismaterial horteten. Dieser Hunger nach Gerechtigkeit hatte nicht nur mit Rachegedanken, sondern auch mit ihrem Geschichtsbewußtsein zu tun. Ein Rest des jüdischen Volkes würde sogar diese Katastrophe überstehen, und wer sie durchlitten hatte, wollte, daß darüber zutreffend berichtet und die Übeltäter bestraft würden. Allen Strategien zur Dokumentation lag das Wissen der Opfer zugrunde, daß sie nicht zufällig ausgewählte Individuen waren, die als solche vernichtet werden sollten. Man hatte ihre Ermordung als *Juden* geplant – eine Lebensregel, die im Osten, wo sie sich förmlich ins Bewußtsein eingebrannt hatte, weitaus präsenter war als im Westen. Noch aus ihrem Isoliertsein hatten sie eine Stärke gemacht.

Auch für die deutschen Juden, die rechtzeitig geflohen waren, hatte die Vorstellung von Amalek nichts von ihrer alttestamentarischen Kraft verloren. Nach dem Krieg rangen die deutschen Juden mit der Frage, ob es zulässig war, Deutschland zu besuchen oder gar für immer zurückzukehren. 1959 verabschiedete das „Representative Committee of Former German Jews" einen Beschluß, nach dem „kein jüdischer ehemaliger Staatsbürger Deutschlands je wieder auf die deutsche Staatsbürgerschaft Anspruch erheben [sollte], außer auf ausdrücklichen Wunsch", letzteres vermutlich eine Befreiungsklausel für diejenigen, die Eigentum zurückfordern wollten. Diese Formel wurde von anderen Organisationen übernommen, u. a. vom „Council for the Protection of the Rights and Interests of the Jews from Germany". In einem Kommentar zu den Diskussionen, die sich um diese Fragen rankten, bemerkt der Historiker Harry Maor: „Es kam zur Wiedererweckung der alten biblischen Vorstellung vom Amalekitischen Erbfeind, dessen Stelle nun Deutschland einnahm."[16]

Entsprechend beriefen sich diejenigen Juden, die entweder nach Deutschland zurückgekehrt oder dort geblieben waren, leicht defensiv auf den alten Begriff der Diaspora – *Galut*, wie es auf hebräisch heißt. Auf einem Treffen der Jüdischen Gemeinde von Württemberg im Jahre 1959 waren die Mitglieder der Meinung, „daß ein Unterschied besteht zwischen der neuen Rückwanderung aus Israel einerseits und aus allen anderen Ländern andererseits. Diese anderen Länder haben mit Deutschland (im Vergleich zu Israel) das gemeinsam, daß sie für uns das Galut darstellen. Wer von Deutschland nach Amerika geht und von Amerika wieder nach Deutschland zurückkommt, hat einen Galutaufenthalt mit dem anderen vertauscht und diesen Tausch dann wieder rückgängig gemacht. Vom jüdischen Standpunkt aus ist es kein sehr wesentlicher Unterschied, ob er in Deutschland oder in Amerika sich befindet, wenn man auch natürlich mit guten Gründen nach allem, was geschehen ist, jedem anderen Galut-Land vor Deutschland den Vorzug geben kann."[17]

Das waren Ansichten, die tief in der jüdischen Tradition wurzelten, in den zwei Jahrhunderten vor Hitler im Zuge der Verwestlichung jüdischen Lebens in Deutschland jedoch verblaßt waren. Erschüttert von den Erfahrungen der vergangenen zwölf Jahre, prüften die deutschen Juden in der Nachkriegswelt noch einmal jene Prinzipien auf ihre Tauglichkeit, die ihnen in der Vergangenheit dienlich gewesen waren. Die Überzeugung, als Jude grundsätzlich Außenstehender zu sein, widersprach den Grundsätzen der Aufklärung und war folglich für die deutschen Juden während der aufregenden Jahre der Emanzipation außer Kraft gesetzt. Und ihr Gefühl, zu Deutschland zu gehören, verstärkte sich noch während der Jahre der Weimarer Republik, deren neue Verfassung ja von einem Juden konzipiert war.

Hundert Jahre lang hatten die deutschen Juden sich selbst für Deutsche gehalten; doch in den Nachwehen des Nazi-Terrors gewann die alte biblische und zionistische Unterscheidung zwischen Heimatland und *Galut* wieder an Gewicht. All das kam in den ersten Nachkriegsjahren an die Oberfläche, als die wenigen deutschen Juden, die in ihrer Heimat überlebt hatten, sich mit der heiklen und schwierigen Frage konfrontiert sahen, ob sie gehen oder bleiben sollten. Wer sich mit der Vorstellung von *Galut* abfand, gab damit letztlich die hohen Ziele auf, die Juden seit den Zeiten von Moses Mendelssohn heiliggehalten hatten, und akzeptierte die zionistische Ansicht, derzufolge nur das Gelobte Land als Heimat galt; alle anderen Länder waren nur Wohnsitze auf Zeit. Aber die Unterscheidung Heimat/*Galut* trug auch dazu bei, den Entschluß, in Deutschland zu bleiben, neutral erscheinen zu lassen. Wenn *Galut* überall gleich und überall gleich fremd war, konnte es auch nicht verwerflicher sein, in Deutschland zu leben als in Amerika.

Für die Juden in Osteuropa hatte sich jedoch in den Jahren zwischen den Weltkriegen kaum etwas an dem jahrhundertealten Gefühl des Fremdseins in ihrer Umgebung geändert, auch wenn die jüdischen Jugendlichen mehr Polnisch als Jiddisch sprachen, und mehr Kinder die staatlichen als die jüdischen Schulen besuchten. Obwohl sie stärker am kulturellen Leben teilnahmen, machte es ihnen der offizielle, politisch motivierte Antisemitismus unmöglich, sich in ihrem Geburtsland jemals wirklich heimisch zu fühlen. Im Schulunterricht lernten sie schon früh, daß sie das „Kredo des polnischen Kindes" nicht mit den anderen Kindern in der Klasse aufsagen durften:

„Wer bist du? Ein kleiner Pole.
Was ist dein Abzeichen? Der weiße Adler."[18]

Zwei Ansichten über Erziehung junger Mädchen in Polen während der Zwischenkriegsrepublik

a) Mädchen im *Cheder* (der traditionellen Volksschule) in einer kleinen polnischen Stadt – Lakarev in der Provinz Lublin. Die Mädchen werden von Lehrerinnen unterrichtet und lernen möglicherweise gerade ein Gebet. Bemerkenswert sind die zerfledderten Seiten, von denen sie ablesen.

b) Mädchen im Chemielabor einer Handelsschule für junge Mädchen.

Die Juden in Osteuropa lebten unter besonders belastenden Umständen, doch waren sie nicht die einzige Minderheit in diesem Teil der Welt. In den offiziellen historischen Darstellungen der einzelnen Länder wurde zwar der Mythos der Homogenität gepflegt, aber um jede Grenze in Osteuropa war jahrhundertelang ein erbitterter Kampf geführt worden. Weil die Landkarten infolge von Kriegen oder diplomatischen Verhandlungen ständig umgearbeitet wurden, konnte es passieren, daß ganze Bevölkerungsgruppen eines Morgens aufwachten und feststellen mußten, daß sich ihre Nationalität, ihr Herrscher und sogar die offizielle Landessprache über Nacht geändert hatten. Manchmal fanden Migrationen großen Ausmaßes statt, wenn die Menschen in der Absicht, ihre angestammte Kultur und die neuen Grenzen in Einklang zu bringen, sich auf den Weg zu ihren Verwandten machten. Besonders die Grenzgebiete spiegelten diese Umwälzungen in ihrer Bevölkerungsvielfalt wider.

Ein gutes Beispiel für diese Mischung ist Czernowitz, eine blühende, multinationale Stadt von 94 000 Einwohnern im alten Österreich-Ungarn, und damals überwiegend deutschsprachig. Nach dem Ersten Weltkrieg wurde es bei der Auflösung der Donaumonarchie Rumänien zugesprochen und in Cernauti umbenannt. Aber die mehrsprachige Bevölkerung aus Deutschen, Polen, Österreichern, Rumänen, deutschsprachigen Juden, jiddisch sprechenden Juden, sephardischen Juden, die Ladino sprachen, sowie Ukrainern und Russen – ganz zu schweigen von den regelmäßig sich einfindenden Zigeunern – war immer noch die gleiche. Nach dem Zweiten Weltkrieg wurde Czernowitz/Cernauti der Sowjetrepublik Ukraine zuerkannt und erneut umbenannt, diesmal in Chernovtsy. Unter diesen Bedingungen wäre es jedem schwergefallen, noch zu wissen, welchem Staat er Loyalität schuldete. Verwaltungsbehörden kamen und gingen, Regierungen waren weit weg. Was überdauerte, war allein die Nationalität.

Doch die Juden waren unter jedem Machthaber ein Volk für sich. In der osteuropäischen Kultur, in welcher Sprache und Religion grundlegende Erkennungszeichen waren, hatte man es die Juden nie vergessen lassen, daß ihre Vorväter den Gott der Christen getötet hatten. Da überrascht es nicht, daß sie sich in eine ganz andere Gesellschaft hineingeboren fühlten als ihre Nachbarn. Und das hatte dazu geführt, daß die Entwicklung jüdischen Lebens in den vergangenen zwei Jahrhunderten im Osten Europas eine völlig andere Richtung nahm als im Westen. Lange Zeit war Osteuropa die Wiege jüdischer Gelehrsamkeit gewesen, so daß die jüdischen Gemeinden im Westen Europas ihre Rabbiner, Kantoren, Lehrer, koscheren Schlachter und andere Amtspersonen aus dem Osten importierten, um ihr religiöses Leben aufrechterhalten zu können. Doch gegen

Ende des 18. Jahrhunderts setzte sich in den westjüdischen Gemeinden immer mehr eine kritische Haltung diesen Experten gegenüber durch. Unter dem Einfluß der umfassenden Bildung und der Denkweisen westlicher Kultur fand die neue Generation die Lehrer aus dem Osten plötzlich „unwissend, unzivilisiert und abergläubisch" – Adjektive, die immer wieder in den Veröffentlichungen der „aufgeklärten" Juden auftauchten.

Erst nach und nach begannen sich diese geistige Freiheit und neuen Ideen nach Osten auszubreiten; allerdings wurden sie – von wenigen Ausnahmen abgesehen – von den Rabbinern und Lehrern in den Talmudschulen – den *Jeschiwes* – beinahe als Sakrileg betrachtet. Obwohl die Auseinandersetzung zunächst an den Stätten höherer Gelehrsamkeit stattfand, handelte es sich keineswegs nur um einen Disput unter Gelehrten, sondern diese Ideen wurden von den führenden *Jeschiwes* zu Recht als nachhaltige Gefahr für die bislang unangefochtene Tradition angesehen.

Während die Moderne im Westen für die Juden nicht nur einen Wandel ihres gesellschaftlichen Status, sondern auch eine veränderte Einstellung ihrer christlichen Mitbürger bedeutete, behielten die Völker in Osteuropa durch strikte Trennung ihren mittelalterlichen Charakter bis ins 20. Jahrhundert. Für die Ostjuden hieß das, sich eine komplette Parallelwelt aufzubauen. Jede Gemeinde, gleich welcher Größe, besaß ein eigenes Führungsgremium sowie eigene öffentliche Einrichtungen: Synagoge und Friedhof, Schulen, einen Schlachthof und ein rituelles Bad. Größere Zentren unterhielten höhere Schulen, Waisenhäuser, Spitäler, Herbergen für Durchreisende, ein Armenhaus für Alte und Notleidende sowie ein Netzwerk karitativer Vereinigungen für jeden nur erdenklichen Notfall. Es gab Gesellschaften, die bedürftige Bräute mit einer Mitgift austatteten, solche, die Studenten unterstützten, Kreditanstalten, Bruderschaften für die Beerdigung der Toten. Alle diese Einrichtungen wurden wie die nötigen Angestellten und Funktionäre aus den Steuern und Abgaben finanziert, die die Gemeinde ihren Mitgliedern auferlegte.

Da die Juden nicht selten in dichtbesiedelten jüdischen Dörfern wohnten, war deren unverkennbare Eigenart für Besucher aus dem Ausland – und noch nicht einmal für die Bewohner selbst – oft nicht zu übersehen. Diese Dörfer durchwehte eine Aura des Verfalls und der Verwahrlosung. Gebäude zerfielen und vermoderten, die Straßen waren nicht gepflastert, der Morast im Frühling und Herbst war sprichwörtlich, und Annehmlichkeiten gab es kaum. Die erhaltenen Fotografien von alten Synagogen und Schulhäusern zeigen unordentliche Zimmer, schäbiges Mobiliar, zerfledderte Bücher, die kreuz und quer in den Regalen stehen. War das Armut? War das, wie Antisemiten durchblicken ließen, ein Zeichen des verkommenen jüdischen Charakters? Oder war es einfach die Art, wie Menschen lebten, die kein Besitzrecht auf das Land, das sie bewohnten, hatten und deren Zukunftsaussichten ungewiß waren? Jeden Augenblick konnten diese Menschen enteignet und ausgewiesen, oder von plötzlich wildgewordenen Nachbarn oder Regierungstruppen überfallen werden. Scholem Aleichem hat diese Stimmung in einer seiner letzten Geschichten von Tewje, dem Milchmann, perfekt eingefangen: Nach der Revolution von 1905, die kläglich danebengeht, werden die Juden aus den Dörfern, wo sie seit Generationen gelebt haben, vertrieben und in die Städte gedrängt. Tewje überlegt in Anbetracht all des Elends um ihn herum, daß nun endlich die Zeit für die Ankunft des Messias auf seinem weißen Pferd gekommen sein muß. Als er so in Gedanken versunken auf der Bank vor seinem Haus sitzt, sieht er von fern tatsächlich ein weißes Pferd samt Reiter auf sich zukommen. In der unnachahmlich ironischen Art des Scholem Aleichem ist der Reiter natürlich nicht der Messias, sondern entpuppt sich als Beauftragter des *starosta*, des Dorfschulzen, der Tewje mitteilt, er habe den Auftrag, Tewjes Eigentum zu vernichten. Da er und Tewje sich aber schon sehr lange kennen, läßt er sich schließlich umstimmen, besteht aber darauf, daß er der Form halber wenigstens die Fenster einschlagen müsse – wenn er schon nicht die Federbetten ausleere und ansonsten das Haus plündere. Aber er hat noch viel wichtigere Nachrichten: Tewje muß Haus und Hof unverzüglich räumen und zu „seinen eigenen Leuten" nach Berditschew, die nächstgelegene Großstadt ziehen. Tewje protestiert – und erinnert den Reiter daran, daß seine Vorfahren seit Generationen auf dem jüdischen Friedhof begraben liegen, daß seine Familie schon länger im Dorf lebt als viele Bauern, die jetzt dort wohnen. Aber sein Widerspruch ist zwecklos. Der neue Erlaß spezifiziert unmißverständlich „Juden", und daß sie in die Städte getrieben werden sollen. An ihrer Vergangenheit sind die Gesetzgeber nicht interessiert.

Der Historiker Ben-Cion Pinchuk erwähnt noch einen anderen Aspekt der jüdischen Dörfer. Er weist darauf hin, daß „man sich sehr wenig um äußeren Zierrat, Außenanstrich oder Gartenpflege kümmerte – das war eher für die nicht-jüdischen Nachbarn typisch“.[19] Außerdem hatten Juden keine Haustiere. Sie hielten Nutztiere wie Rinder, Pferde und Geflügel, aber nicht einmal einen Wachhund. Jüdische Reisende waren unterwegs so oft von den Hunden der Bauern angefallen worden, daß diese Tiere an sich zum Inbegriff bösartigen Antisemitismus geworden waren. Dies war eine so tief im Seelenleben osteuropäischer Juden verwurzelte Gewißheit, daß ein Bühnenautor mit einem einzigen Szenenbild, und ohne daß ein einziges Wort fallen mußte, ein ganzes Theater zum Lachen bringen konnte: In Scholem Aleichems Stück *Der Großgewinn* erfährt ein nettes älteres Paar, daß sie in der Lotterie gewonnen haben. Die nächste Szene steht ganz im Zeichen der Zurschaustellung ihres neuerworbenen Prunks. Wenn sich der Vorhang hebt, sieht man sie, in prächtigen Sesseln fast versinkend, vor einem enormen steinernen Kamin sitzen. Das Lächerliche an diesem Paradies sind für ein jüdisches Publikum die beiden riesigen Doggen an ihrer Seite. Das war das Absurdeste, was man sich vorstellen konnte.

Zu dem Lebensgefühl, überall nur Gast zu sein, kam die chassidische Glaubenstradition, nach der Synagogen nicht allzu schön sein durften, damit sie sich nicht anmaßten, mit dem zerstörten heiligen Tempel in Jerusalem zu konkurrieren. Möglicherweise wurde dieses Gebot nicht immer befolgt, schon gar nicht von traditionellen Juden, die keine Chassidim waren. Dennoch hatte die Ästhetik im kulturellen jüdischen Leben keinen besonders großen Stellenwert, was von den eher weltlich orientierten Mitgliedern der Gemeinde mit einer gewissen Ironie betrachtet wurde. In einer liebevollen Beschreibung des Zentrums für jiddische Schriftsteller, das während der Jahre zwischen den Weltkriegen in der Tlomackiestraße Nr. 13 in Warschau untergebracht war, bemerkt Y. Y. Trunk: „Wenn ein Jude aus der Provinz, der nur die kleinen chassidischen Gebetshäuser kennt, plötzlich auf Tlomackie 13 stieße, wäre er sehr überrascht. ... [Er sähe, daß] die große Entfernung zwischen weltlicher Literatur und der sogenannten ‚Gebetshausweise‘ gar nicht so groß ist, wie die ‚*unkoscheren Zeugen*‘ [d. h. die weltlichen Juden], ihm weismachen wollen. Schon auf der Treppe zur Literarischen Vereinigung würde ein solcher Jude den Geist des chassidischen Gebetshauses spüren. Die Stufen waren schmutzig und krumm, und immer war da der Geruch aller möglichen jüdischen Speisen...“[20]

Während ihres langen Aufenthalts in Osteuropa hatten die Juden aufgrund ihrer besonderen Lebensumstände also nicht nur ihre eigene materielle Umwelt geschaffen, sondern auch einen eigenen Lebensstil entwickelt. Obwohl sie seit Jahrhunderten im Osten ansässig waren, hatten sie stets strikt von ihrer Umgebung getrennt gelebt, zumindest im Geistigen. Auf der Ebene des Brauchtums hatten sie mit den Bauern natürlich alte Hausmittel, Speisen und abergläubische Überzeugungen gemeinsam, ohne daß einem von beiden diese Gemeinsamkeiten aufgefallen wären. Alle aßen sie Kascha (Buchweizengrütze) und Roggenbrot und Borscht und hatten die gleiche Angst vor dem bösen Blick. Aber jede Gruppe war stets fest davon überzeugt, der anderen überlegen zu sein.

Abgesehen von ein paar Fällen der Konversion, die Ausnahmen darstellten, aber große Publizität erlangten, hielten die Juden ernsthaft und unbeirrt in Theorie und Praxis an ihrem Glauben fest. In Osteuropa gab es kaum freiwillige Konversionen, und dem Judaismus anzuhängen bedeutete mehr als nur den Glauben an eine Sammlung frommer Dogmen. Die täglichen Rituale ebenso wie die vielen frommen Feiertage erinnerten die Juden unablässig an ihre Geschichte als Volk. Im jährlichen Zyklus der Lesung der Heiligen Schrift in der Synagoge gedachten sie des Auszugs aus Ägypten, der Entgegennahme der Gesetzestafeln aus den Händen Moses', der Errettung vor dem Untergang in Persien, des wunderbaren Sieges der Makkabäer über den um sich greifenden Hellenismus, des Trauertags wegen der Zerstörung des Tempels durch die Römer. (*churban*, das jiddische Wort für diese Zerstörung, hat über die Jahrhunderte seinen Klang unvermindert bewahrt und als Bezeichnung für den Holocaust im zwanzigsten Jahrhundert in der jiddischen Presse und Literatur wieder mit voller Wucht Einzug gehalten.)

Jüdische Gemeinden waren nach innen gewandt, weil sie sich immer und ewig als ein Volk im Exil betrachteten, im *Goles* (wie das hebräische *Galut* im Jiddischen ausgesprochen wird). Dieses kraftvolle Wort steht nicht nur für eine konkrete Wirklichkeit, sondern auch für eine seelische Verfassung: der Jude, der überall lebte und nirgends zu Hause war. Noch fünfzig Jahre nach dem Holocaust ließ ein Jude namens Felix Zandman aus der Umgebung von Grodno, der inzwischen in den USA zu einem erfolgreichen Unternehmer aufgestiegen war, in einem kurzen Interview erkennen, wie tiefgreifend dieses Gefühl sein Denken prägte. Er sprach natürlich nicht nur für sich selbst, sondern brachte ein tiefverwurzeltes Weltbild zum Ausdruck. Zandman war in einer kleinen Stadt mit 5000 jüdischen Einwohnern aufgewachsen. Als Kind fragte er einmal seine Großmutter, ob das Haus, in dem sie wohnten, ihnen gehöre. „Uns gehört gar nichts," erwiderte sie, „nur das, was wir im Kopf haben und an andere weitergeben können."[21]

Bei Kriegsbeginn elf Jahre alt, erkannte Zandmann bald, wie sehr diese Maxime der Wahrheit entsprach. Vor den deutschen Suchtrupps rettete ihn eine Polin, die ihn und ein paar andere Juden, darunter sein Cousin, in ihrem Haus versteckte. Um sich die langen Tage in ihrem düsteren Versteck zu vertreiben, unterrichtete ihn sein Cousin, ein Naturwissenschaftler, in Mathematik und Physik. Bei Kriegsende war er siebzehn und der einzige Überlebende aus seiner Heimatstadt. Er beschloß, Polen zu verlassen und schlug sich nach Frankreich durch, um dort Naturwissenschaften zu studieren – diesmal offiziell an der Universität. Schließlich kam er in die USA, wo er eine erfolgreiche Elektronikfirma mit Filialen in vielen Ländern, darunter Israel, gründete.

Zwar ist er nun amerikanischer Staatsbürger, doch hat er in vielen Teilen der Welt gelebt, und daher war im Interview mit der israelischen Zeitung *Ha'Aretz* eine bestimmte Frage unvermeidlich. Man wollte wissen, wie er sich selbst definiere. „Ich habe einen amerikanischen Paß" war seine Antwort, „und einen israelischen Paß. Früher hatte ich einen französischen sowie einen polnischen Paß. Aber aus *meiner* Sicht war und ist mein Paß immer jüdisch. Ich bin ein Goles-Jude."[22] Seine zahlreichen Aufenthalte in vielen Ländern waren für ihn rein zufällig. Was unveränderlich blieb, war *Goles*. Dieser Begriff, der die Vorstellung der Ostjuden von sich selbst prägte, war auch untrennbar mit ihrer Verfassung verbunden.

Eine der Voraussetzungen jüdischen Lebens im Osten war seine kompakte Gleichförmigkeit, die Einhaltung eines durchstrukturierten, traditionellen Judaismus, der jede Handlung, ob profan oder sakral, bis ins einzelne steuerte. Neben den üblichen Gottesdiensten in der Synagoge regelten diese Gebote die Geschäftswelt mit Vorschriften über Eigentum und Handel. Im privaten Bereich nahmen sie Einfluß auf Nahrung, Kleidung, Umgangsformen und sittliches Verhalten und sogar die sexuellen Praktiken. Gab es ernsthafte Auseinandersetzungen über Geschäfte, Besitztum oder auch Privatangelegenheiten, konnten sich Juden an ihr eigenes Gericht wenden – das *Beth Din* – das die streitenden Parteien vor den Launen oder Demütigungen der offiziellen Gerichtsbarkeit schützte. Anders als in den westjüdischen Gemeinden stemmte sich jedoch die *Kehilla* – das Führungsgremium der Ostjuden – beharrlich gegen jede Neuerung. Diese Gewohnheit, ihr Leben vollständig unter ihresgleichen zu leben, wurde – wie wir noch sehen werden – zum Grundstein ihrer Existenz gleich nach dem Krieg.

Manche, die sich unwiderstehlich von westlicher Philosophie, Wissenschaft oder Literatur angezogen fühlten, liefen in den Westen davon, um dort zu studieren oder einen Beruf zu ergreifen, der ihnen im Osten nicht zugänglich war. Manch einer floh wohl auch, um einem unerträglich gewordenen Leben zu entkommen, das in seinen Augen durch Aberglauben und Abschottung deformiert war.

Von der Aufklärung faszinierte Ostjuden, die trotzdem blieben, reagierten auf typisch osteuropäische Weise. Die meist jungen *Maskilim* (jüdische Aufklärer) versuchten nicht, sich der Mehrheitskultur anzuschließen oder jüdisches Gedankengut in die russische oder polnische Sprache und Literatur zu integrieren. Statt dessen schufen sie innerhalb der jüdischen Gemeinde eine säkulare Parallelwelt. Wie ihre deutschen Pendants vor ihnen kultivierten sie Hebräisch als lebendige Sprache, in der man Lyrik und andere profane Literatur schreiben, politische Ideen entwickeln, eine neue Art von jüdischer Kultur schaffen konnte.

Die jüdische Welt Osteuropas war also keineswegs statisch. Besonders im letzten Jahrhundert ihres Bestehens geriet sie stark in Bewegung, als sie sich auf ihre Art mit den säkularen Strömungen befaßte: mit Befreiungsphilosophien wie dem Sozialismus, und mit den nationalistischen Ideen im Separatismus, „Jiddischismus" und Zionismus. All dies bot am Ende des 19. Jahrhunderts der jüdischen Jugend eine Menge Alternativen zu der theokratischen Gesellschaft, in die sie hineingeboren waren. Im Laufe der Zeit erwies sich sogar die religiöse Sphäre als nicht mehr ganz so monolithisch.

Die Gelehrten stellten zwar einen gut sichtbaren und vielleicht pittoresken Teil des osteuropäischen Lebens dar, doch waren sie kaum typisch für die Arbeitswelt. Im großen und ganzen wählten die jungen Männer, die eine Gelehrtenlaufbahn einschlugen, damit auch ein Leben in Armut und Abhängigkeit, da ihre Frauen oder Schwiegereltern für den Lebensunterhalt sorgen mußten. Aber sogar in Osteuropa wirbelten ab dem Ende des 19. Jahrhunderts die Alternativen zur traditionellen, theokratisch orientierten Lebensweise einigen Staub auf.

Die Kernfrage betraf *Goles*. Wie sollte das Leben eines Juden in der modernen Welt aussehen? Für die meisten Ostjuden war *Goles* die Art und Weise, wie sie der konkreten Welt, in die sie zufällig hineingeboren waren, zugleich angehören und ihr fernbleiben konnten. Doch am Ende des 19. Jahrhunderts wurden die Jugend und die Armen Osteuropas hellhörig für die leidenschaftlich vorgetragenen – und einander widersprechenden – Überzeugungen, welche Zukunft für sie die richtige sei. Die große säkulare Bewegung, die eisern daran festhielt, daß die Juden das Recht hätten, in ihrem Geburtsland zu bleiben und als Juden ihr Leben in einer gerechten, sozialistischen Gesellschaft zu gestalten, war der „Bund" oder die Allgemeine Jüdische Arbeiterliga in Rußland und Polen. Der 1897, im selben Jahr wie die zionistische Bewegung, gegründete Bund hielt die Vielfalt jüdischen Lebens in der Diaspora – seine Sprachen, seine Kultur, das jüdische Selbstgefühl als Volk mit einem ureigenen Schicksal – hoch. Er bekannte sich zur Verwurzelung des Jüdischen in der Diaspora und nannte sie auf Jiddisch *doikeyt* – Hiersein. Die Grundprinzipien des sozialistischen Bunds gingen weit über das herkömmliche Gewerkschaftsprogramm für höhere Löhne und bessere Arbeitsbedingungen hinaus. Der Bund setzte sich sogar für humanere Bedingungen für jüdische Soldaten in der Armee ein. Aber vor allem war er ein säkulares, national gesinntes Gegenstück zur Zionismus-Bewegung. Der Versailler Vertrag, der den Juden in Polen nach dem Ersten Weltkrieg offiziellen Minderheiten-Status verlieh, wies genau in die Richtung, die der Bund für politisch richtig hielt. Seine Vertreter akzeptierten, daß das jüdische Volk überall auf der Welt verstreut war, bestanden aber darauf, daß, wo immer eine jüdische Gemeinde sich wiederfinden sollte, sie das Recht haben müßte, ihre eigene Kultur und ihr jüdisches Bewußtsein zu pflegen.

Für die Zionisten hingegen war *Goles* kein Zustand, der ausgehalten, sondern einer, der bekämpft werden mußte. Ihr Ziel war es, *Goles* aufzuheben, das Land der Väter, Israel (Erez Israel, das damals Palästina hieß) als ihr Heimatland zu reklamieren, und dort einen neuen jüdischen Staat aufzubauen. Zwar gewannen die Zionisten Hunderttausende von Anhängern, doch erforderten die Lebensbedingungen in Palästina einen Mut und eine Robustheit, die nur den wenigsten zu Gebote stand. Aber die Anziehungskraft des Zionismus, im Prinzip zumindest, kann man an dem Umstand ermessen, daß sich 1921 in Polen 400000 Juden registrieren ließen, um bei der Wahl der internationalen Deputierten der Zionisten ihre Stimme abzugeben.[23] Die Zionisten ihrerseits – obwohl uneins darüber, wie der zukünftige jüdische Staat aussehen sollte – waren sich einig in der Überzeugung, daß die jüdische Lebensweise in der Diaspora allgemein und insbesondere in Polen keine Zukunft hatte. Was man brauchte, war ein jüdischer Staat im Gelobten Land. Bereits vor der Balfour-Deklaration, in der die Briten 1917 den Juden eine „nationale Heimstätte" zuzusagen schienen, und schon lange vor der offiziellen Gründung einer zionistischen Organisation im Jahre 1897, gewann die Vorstellung, daß die Juden wie andere Völker einen Anspruch auf ihr Heimatland hatten, besonders unter der idealistischen Jugend immer mehr an Einfluß.

Seit den achtziger Jahren des 19. Jahrhunderts hatten Pioniergruppen in Palästina Land gekauft und sich Kenntnisse in Landwirtschaft, Viehzucht oder Weinanbau angeeignet – alles, was ihnen für die Gründung ihres neuen Staates nützlich erschien. Immerhin an die 120000 engagierte Siedler wanderten zwischen 1881 und 1930 dorthin aus. Aber der Lockruf Palästinas konnte sich nicht im entferntesten mit dem Sirenengesang der Neuen Welt, dem goldenen Land, messen.[24]

Mit beinahe messianischer Gewalt ergriff am Ende des 19. Jahrhunderts das Auswanderungsfieber Osteuropa und verschonte auch die allerkleinsten Städte und Dörfer nicht. Deutsche und englische Reedereien rivalisierten miteinander um dieses Geschäft und bauten immer noch größere Schiffe – einige davon groß genug, bei einer einzigen Überfahrt tausend Passagiere zu befördern. In den dreißig Jahren vor dem Ersten Weltkrieg verließen ungefähr zweieinhalb Millionen Juden, größtenteils junge Familien und unverheiratete junge Leute, ihre Heimat, um sich in Amerika niederzulassen. Als 1924 der freie Zugang zu den Vereinigten Staaten beendet wurde, hatte fast ein Drittel der jüdischen Bevölkerung Osteuropa verlassen.

Für viele der Daheimgebliebenen waren die neuen politischen Bewegungen mit ihren Vorschlägen für ein anderes und besseres Leben und der Infragestellung des uralten rabbinischen Systems alle irgendwie reizvoll; aber auch die Traditionalisten fanden Gehör. Die frommen Juden, die sich vom Zionismus fernhielten, weil er der Ankunft des Messias vorgriff, die Amerika als ein gottloses Land ablehnten und die selbstverständlich die weltliche Einstellung der Sozialisten und Bundisten verurteilten, fanden eine Heimat im *Agudat Israel* (Bund Israel). Das ausgesprochen Konservative dieses Parteiprogramms war in ihren Augen ein großer Vorteil, da sie das Übergreifen säkularer Lebensweisen auf die alte, theokratisch organisierte Gesellschaft fürchteten. Die *Agudat* begriff, daß im Kampf gegen die Modernisierung, die von allen Seiten mit Macht auf die jüdische Gemeinde einstürmte, die Schulen immer noch die beste Waffe waren, um die nächste Generation für sich zu gewinnen und zu indoktrinieren. Obwohl auch die anderen Bewegungen Schulen einrichteten, um ihr Gedankengut zu verbreiten, bildeten die *Agudat*-Schulen – mit dem Gewicht der Tradition auf ihrer Seite – das größte und einflußreichste Netzwerk im russischen Reich.[25]

So unveränderlich dieses alte System denen erschienen war, die sich auf der Flucht vor ihm befanden – am Ende wurde sogar diese Gemeinschaft vom Ersten Weltkrieg zertrümmert. Als sich Grenzverläufe änderten, Monarchien zerfielen und sogar das gigantische russische Reich durch eine Revolution zu Fall gebracht wurde, da wurde auch die alte, hermetisch abgeschlossene jüdische Gemeinde in diese Umwälzungen mit hineingezogen. Der den Juden nach dem Ersten Weltkrieg gewährte offizielle Minderheiten-Status ließ den Unterschied zwischen den jüdischen Bestrebungen im Osten und den Erwartungen der Juden im Westen nur noch deutlicher hervortreten. Als man den Juden in der Französischen Revolution das Bürgerrecht zugestanden hatte, wollten sie nichts als Franzosen sein, so wie deutsche Juden als Deutsche angesehen werden wollten. In der klassischen Formulierung des bedeutenden „Centralvereins" zur Verteidigung jüdischer Rechte bezeichneten sich die Juden im Jahre 1893 als „deutsche Bürger jüdischen Glaubens". Das war eine Formel, die man überall in der westlichen Welt auf Juden hätte anwenden können, weil dort Herkunft und Kultur die Nationalität bestimmten, während die Religion Privatsache war.

In Polen hingegen, einem Land, in dem die nationalistische Gesinnung infolge der jahrhundertelangen Unterdrückung durch Russland beinahe überkochte, definierte man Nationalität etwas enger. Es war für polnische Patrioten nicht leicht, einzugestehen, daß es in ihrer neugegründeten Republik zum Zeitpunkt der Festlegung der Grenzen im Versailler Vertrag nur eine magere Mehrheit (55,5 Prozent) von Menschen gab, die sich selbst als Polen bezeichneten. In ihrer Begeisterung für „Selbstbestimmung" hatten die Verfasser des Versailler Vertrags auch noch anderen definierbaren Gruppierungen auf polnischem Boden Minderheitenstatus eingeräumt. Plötzlich waren die drei Millionen Juden, die 11 Prozent der

Bevölkerung ausmachten, nur eine von mehreren offiziell anerkannten Volksgruppen: eine Position, die sie de facto allerdings schon immer innehatten. Die größte Gruppe waren die Ukrainer, deren Anteil an der Bevölkerung 18 Prozent betrug, gefolgt von einer kleineren Anzahl von Deutschen, Weißrussen und Litauern.[26] Jede Nationalität war berechtigt, Vertreter in das neue polnische Parlament, den Sejm, zu entsenden. In der jüdischen Gemeinde allerdings trug dies nur dazu bei, die Fronten zwischen den bestehenden Parteien zu verhärten, weil jede eine Hauptrolle zu spielen hoffte. Am Ende waren elf jüdische Parteien im Sejm repräsentiert, doch zählten ihre Stimmen weniger als erwartet, da die Politik im Land eine äußerst undemokratische Wendung nahm.

Da die Juden nun in aller Form als Teil einer offiziellen Minderheit innerhalb der neuen polnischen Grenzen galten, waren sie nicht länger nur geduldet. Doch abgesehen von einer kleinen Anzahl wagemutiger Intellektueller fand kaum eine Annäherung zwischen der polnisch-katholischen Mehrheit und der jüdischen Minderheit in der Bevölkerung statt. Es stellte sich sehr schnell heraus, daß Polen ungeachtet der offizellen politischen Veränderungen nach Versailles kein besonders idealer Ort für Juden war. Endlich die Herren im eigenen Haus, hatten die Polen nicht die geringste Absicht, eine pluralistische Gesellschaft in ihrem Land entstehen zu lassen. Und so wurden die Polonisierungsbestrebungen zu einer treibenden politischen Kraft.

Die liberale Nachkriegsverfassung wurde eilends außer Kraft gesetzt, nachdem Pilsudski 1921 in einem Staatsstreich die Regierung übernommen hatte. Während der folgenden vierzehn Jahre gelang es Pilsudski zwar, die sich lautstark bemerkbar machenden antisemitischen Parteien unter Kontrolle zu halten. Doch ebendieses Pilsudski-Regime unterzeichnete 1934 einen Nicht-Angriffspakt mit Nazi-Deutschland und lud Propaganda-Minister Goebbels zu Vorlesungen an der Universität von Warschau ein.

Nach Pilsudskis Tod im Mai 1935 trumpften die Rechtsparteien auf – insbesondere die militant reaktionäre und antisemitische Nationaldemokratische Partei, bekannt als Endecja, deren Ziel es war, die Juden durch Anzettelung eines Wirtschaftsboykotts aus Polen hinauszujagen. Was konnte mitten in der weltweiten Depression gelegener kommen, als für sämtliche – vor allem die wirtschaftlichen – Probleme Polens die Juden verantwortlich zu machen? Im Grunde war Polen immer noch ein Agrarland, und die Übervölkerung der Dörfer sowie die Arbeitslosigkeit in den Städten führten unvermeidlich zu Lohnsenkungen. Die massenhafte Emigration, lange Zeit als Lösung heimischer Probleme für Juden wie Polen angesehen, war nun infolge der neuen amerikanischen Gesetze – mit ihrer strikten Limitierung osteuropäischer Emigranten – stark beschnitten. In der Heimat waren die Juden doppelt im Nachteil.

Viele Parteien schlossen sich dem Endecja-Vorschlag an, daß die Juden auswandern sollten. Diese Haltung hatte eine lange Vorgeschichte in Polen, und mitunter nahm die Überredung die Form von Pogromen an. Zum Beispiel fand am selben Tag, als der Erste Weltkrieg endete, ein mörderisches Pogrom in Kielce statt, und einige Tage später fielen 64 Juden einem Pogrom in Lwow (Lemberg) zum Opfer. Im April 1919 endete ein Pogrom in Wilna mit 65 jüdischen Todesopfern und der Plünderung und Verwüstung von 2000 jüdischen Privathäusern und Geschäften.[27] Diese Ausschreitungen setzten sich sporadisch während der gesamten Zeit zwischen den Weltkriegen fort. Noch 1935–36 wurden über 1200 Juden bei solchen Übergriffen verwundet.[28]

Aber am wirkungsvollsten beschnitt der wirtschaftliche Boykott die Möglichkeiten von Juden, für ihren Lebensunterhalt zu sorgen. Schon lange befanden sie sich in einer ungünstigen Position, was Arbeitschancen und Berufswahl betraf. Von der Beamtenlaufbahn waren sie so gut wie ausgeschlossen, so daß 1931 von 87 640 Regierungsangestellten nur 599 Juden waren.[29] Im selben Jahr gab es nur ca. 2 Prozent jüdische Grundschul- und Gymnasiallehrer. Auch jüdische Ärzte und Anwälte durften zwar private Praxen betreiben, wurden jedoch nicht zum Staatsdienst zugelassen. Diese und viele andere Beschränkungen zwangen Juden, für jedweden Lohn, wo immer es ging, zu arbeiten, und oft hieß das, bei Unternehmen in jüdischem Besitz. Doch sogar diese Betriebe waren von dem stetig wachsenden Antisemitismus unter Führung der Nationaldemokratischen Partei bedroht. Wenn niemand sie einstellte, niemand in jüdischen Geschäften einkaufte, wenn kein Pole zu einem jüdischen Arzt oder Anwalt ging, dann hätten die Juden, so die Rechnung von Endecja, bald gar keine andere Wahl mehr, als nach Palästina zu gehen, oder vielleicht nach Madagaskar, eine Insel, die später in den Plänen der Nazis, sich der Juden zu entledigen, eine Rolle spielen sollte.

Die Idee, die Juden zu isolieren, war nicht gerade neu. Bereits vor dem Ersten Weltkrieg stand im Impressum der nationaldemokrati-

schen Tageszeitung der Slogan „Kauft bei euresgleichen".[30] Aber
nun war es wirklich ernst gemeint, und es blieb nicht bei Slogans allein. Um ihren Forderungen Nachdruck zu verleihen, ließen die Na-
tionalisten ein Terrorprogramm ablaufen, indem sie polnische Kunden in jüdischen Geschäften fotografierten und ihre Namen
veröffentlichten. Und der gewünschte Effekt blieb nicht aus. Obwohl die Juden bis Mitte der dreißiger Jahre in den kleinen Städten
und Dörfern, wo sie lebten, fast das Monopol auf Einzelhandelsgeschäfte besessen hatten, war bis 1938 die Anzahl jüdischer Betriebe
auf die Hälfte gesunken; und in Galizien war die jüdische Bevölkerung so sehr verarmt, daß am Pessachfest über ein Drittel der Haus-
halte Zuschüsse beantragten, um damit den Feiertag zu überbrücken.[31]

Ein Numerus clausus für den Zugang zur Universität wurde zwar
vorgeschlagen, aber nicht eingeführt; für die medizinischen Fakul-
täten war er jedoch unausgesprochen in Kraft. Auch schreckte man
in dem feindseligen Klima an den Universitäten nicht vor tätlicher
Gewalt zurück: Mindestens einen Mord gab es an der Warschauer
Universität und weitere andernorts. Eine Zeitung schilderte die Ab-
schreckungsmethoden äußerst drastisch und im Detail: „Die Ju-
gendbewegung verstellte den Juden den Weg, so daß sie nur mit
Mühe sämtliche Formalitäten [zur Einschreibung] erledigen konnten.... Wer sich unbeirrt doch bis zum Universitätsgelände durch-
schlug, mußte damit rechnen, mit Schlagringen und rasierklingen-
bestückten Stöcken zusammengeschlagen zu werden."[32] Die
Wirkung war unübersehbar. 1928 hatten Juden 20 Prozent der Studenten ausgemacht; zehn Jahre später waren es nur noch 7,5 Prozent.

Im Jahre 1937 hatten die antisemitischen Kräfte genug Einfluß in
der Regierung gewonnen, um das „Bank-Ghetto" an den Universitäten durchzusetzen und so die jüdischen Studenten abzusondern
und zu brandmarken. Voller Empörung kamen die jüdischen Studenten überein, daß sie, statt sich ins „Bank-Ghetto" zu setzen, lieber auf der linken Saalseite oder im Mittelgang stehenbleiben wollten. Moshe Prywes, Medizinstudent in Warschau, wußte zu
berichten, daß mehrere „Links-Liberale", die keine Juden waren,
sich ihnen in einer Geste der Auflehnung und Solidarität anschlos-
sen. Als 1939, kurz vor Kriegsausbruch, die letzten zwölf jüdischen
Medizinstudenten ihr Studium abschlossen, wurden sie gar nicht
erst zur Abschlußfeier eingeladen, sondern ins Sekretariat des

Dekans bestellt, wo man ihnen die Ernennungsurkunde einfach in die Hand drückte.[33]

Es war sogar schwierig, als Jude die für die Hochschulzulassung nötige höhere Schulbildung zu erwerben, weil alle weiterführenden Schulen Schulgeld verlangten. Bedingt durch die Verarmung der jüdischen Bevölkerung, konnten es sich nur die Wohlhabenden leisten, überhaupt eine höhere Schule zu besuchen. Die Folge war, daß die jüdischen Schüler einer zahlenmäßig kleinen Elite angehörten und sich allein schon durch ihr Erscheinen in der Öffentlichkeit einer demütigenden und schonungslosen Behandlung ausgesetzt sahen. Aber ob privilegiert oder aus der Arbeiterklasse, die Jugend wurde durch die ihr bevorstehende Armut und Arbeitslosigkeit jeder Hoffnung beraubt. Bei einem 1936 vom YIVO (Jüdisches Wissenschaftliches Institut) in Polen ausgeschriebenen Wettbewerb reichten ungefähr sechshundert jüdische Jugendliche ihre Autobiografien ein. In diesen auf jiddisch und polnisch verfaßten Lebensgeschichten kommt ihre extreme Frustration zum Ausdruck, wenn sie schildern, daß sie keine Arbeit finden, keine Zukunft haben, keine Berufslaufbahn einschlagen können – und noch nicht einmal eine Lehre machen dürfen, weil sie von der Lehrlingsausbildung ausgeschlossen sind.[34] Und das alles, weil sie Juden waren. Ein junger Mann faßte seine Gefühle in einem einzigen Satz zusammen: „Wenn man mich auffordern würde, die Zeit, in der ich lebe, mit einer einzigen Formulierung zu charakterisieren, würde ich sagen: Eine hoffnungslose Generation."[35]

Es war jedoch nicht die Art von Hoffnungslosigkeit, die lähmt. Viele junge Juden sahen politische Aktivität – in Gestalt des Zionismus oder des Sozialismus – als Ausweg aus ihrem so ungerecht verbauten und verarmten Leben. Amerika war nicht mehr zugänglich, aber die Zionisten setzten ihre ganze Hoffnung auf Palästina. Aber nach 1936 wurde sogar die Auswanderung dorthin erschwert, weil die britische Politik zunehmend eine proarabische Linie verfolgte und für jüdische Immigranten eine Quote festsetzte. Infolgedessen durften 1939 nur 4500 polnische Juden einreisen, während es im Jahr 1935 noch 30500 gewesen waren.

Angesichts dieser schwierigen Situation war es um so erstaunlicher, welch reiches kulturelles und geistiges Leben die Juden in Polen aufbauten, obwohl man ihnen kaum die Luft zum Atmen ließ. Das Ende des 19. Jahrhunderts hatte die Blütezeit einer neuen, nicht-religiösen jüdischen Kultur in jiddischer Sprache und die Ent-

Der Warschauer Makkabäer Club, ein jüdischer Sportclub, in dem von
Fußball über Skifahren bis hin zur Gymnastik alle möglichen Sportarten
gepflegt wurden. Das Foto zeigt das erste Motorradfahrerteam im
November 1929.

stehung neuer Formen jüdischer Literatur erlebt. Jiddische Theater,
Zeitungen, Zeitschriften, jiddische Musik und ein Netz von Schulen für Jiddisch und Hebräisch gewährleisteten eine aktive Gestaltung jüdischen Lebens. Obwohl es Schulgeld kostete, besuchten
20 Prozent der jüdischen Kinder jüdische Schulen, und die weltlichen politischen Parteien verfügten über die Mehrheit in der politischen Öffentlichkeit. In der landesweiten Wahl für die jüdischen
Parteien bekam der Bund 10 Prozent der Stimmen, für die Zionisten
stimmten 65 Prozent und für *Agudat Israel* 21 Prozent. Eine über-
zeugende säkulare Mehrheit.

Geeint in der gemeinsamen Sprache – Jiddisch – lasen Millionen
Juden überall in Osteuropa die gleichen Bücher, Zeitschriften, Theaterstücke und Lieder. Die neue säkulare Kultur mit ihren Wurzeln im
jüdischen Brauchtum entwickelte sich mit unverminderter Kraft
weiter, bis sie im Zweiten Weltkrieg zusammen mit den polnischen
Juden ausgelöscht wurde. Als jiddische Schriftsteller wie der spätere
Nobelpreisträger Isaac Bashevis Singer in die USA flüchteten, entstand dort in der Neuen Welt ein Stützpunkt jiddischer Kultur und

Publizistik. Aber abgeschnitten von ihrem angestammten Publikum und überstrahlt vom Einfluß der amerikanischen Lebensweise, wurden die jiddische Literatur, das jiddische Theater und sogar die Politik immer mehr zu einer Übung in Nostalgie. Die großen Namen des jiddischen Pen Club von Warschau wirkten in New York nur irgendwie drollig. Das Jiddisch sprechende Publikum wurde, bedingt durch Alter und Tod, immer kleiner, und die nächste, eingeborene Generation hatte sich mit Haut und Haar dem amerikanischen Lebensstil verschrieben. Nach tausend Jahren in Europa konnte Jiddisch auf amerikanischem Boden nicht Fuß fassen. Wie die meisten ihrer Altersgenossen warfen sich die Kinder der jüdischen Emigranten Amerika in die Arme, und damit auch seiner Sprache.

Während das jüdische Elend in Polen in der Zeit zwischen den Weltkriegen seinen gewohnten Verlauf von Diskriminierung und Ausgrenzung nahm – mit Einsprengseln gewalttätiger Ausschreitungen –, steuerte die Geschichte in der Sowjetunion einen wahrhaft revolutionären Kurs. Dort brachte die Regierung im ersten halben Jahrhundert nach der Revolution etwas zustande, was in den zweitausend Jahren jüdischen Exils nie zuvor eingetreten war: Es gelang ihr, die Erinnerung auszulöschen.

Im Russischen Reich lag der Geburtsort der bedeutendsten jiddischen Schriftsteller, und in Odessa, Warschau und Wilna war ein einmaliges und selbstbewußtes jiddischsprachiges Kulturleben aufgeblüht, das auf der Basis von Schulen, Zeitschriften und Vereinen eine komplette eigene Welt darstellte. In der Volkszählung von 1897, der letzten vor der Revolution, zeigte sich, daß 96,9 Prozent der fünf Millionen Juden im zaristischen Rußland Jiddisch sprachen.[36] Der Maler Marc Chagall ließ in seinem gesamten Œuvre immer wieder in traumähnlichen Landschaften die vertrauten Formen seiner Geburtsstadt Witebsk erstehen. Zeitungen, Zeitschriften und ein rühriges Verlagswesen sowohl in jiddischer als auch in hebräischer Sprache waren Zeichen eines regen Kulturlebens. Die jüdischen Theater führten nicht nur Bühnenstücke in Jiddisch auf, sondern gründeten in Moskau auch die hebräischsprachige Truppe „Habima", die 1931 nach Tel Aviv übersiedelte. Der bedeutendste moderne hebräische Dichter, Chaim Nahum Bialik, der ebenfalls – 1924 – nach Tel Aviv emigrierte, feierte seine ersten Erfolge in Rußland. Aber plötzlich war das alles zu Ende. In ihrem achtzig Jahre währenden Regime des Terrors und des Elends gelang es den Sowjets, mit einem Streich nicht nur die jüdische Religion, sondern auch das reiche und für seine Meinungsvielfalt bekannte Kulturleben der russischen Juden auszuradieren.

Der Sturz des Zarenregimes im März 1917 konnte von allen unterdrückten Teilen der Bevölkerung nicht anders als freudig aufgenommen werden. Die Juden gehörten zu den ersten, die in Jubel ausbrachen und die sozialdemokratische Regierung Kerenskis begrüßten. Aber die Revolution vollzog sich in zwei Phasen, die völlig verschiedene Gesichter zeigten. Unter dem sozialdemokratischen Kerenski-Regime, das nach dem Sturz des Zaren zunächst die Macht ergriff, erhielten die Juden zum ersten Mal in ihrer Geschichte in Rußland das Recht, sich freie und gleiche Bürger zu nennen. Ein Beobachter formulierte es so: „Plötzlich fielen ihre Ketten von ihnen ab... Die Juden konnten sich aufrichten und ohne Angst in die Zukunft blicken."[37]

Aber acht Monate später, im Oktober 1917, kamen die Bolschewiken an die Macht, und die Juden fanden sich in dem nun folgenden Bürgerkrieg zwischen den Fronten wieder. Endlich von den Zaren befreit, scherten die im alten Russischen Reich so lange unterdrückten nationalbewußten Mächte aus der Sowjetunion aus und erklärten ihre Unabhängigkeit. Die Ukraine, Polen, die Baltischen Staaten, Armenien und Aserbaidschan bildeten ihre eigene Regierung. Gleichzeitig stellten Kräfte, die noch der alten Monarchie die Treue hielten, die Weiße Armee zusammen, so daß die gerade entstandene Rote Armee – gemeinsam mit ein paar Kosaken, ihren Verbündeten – vor der schweren Aufgabe stand, den Aufstand im Zaum, und das neue Regime aufrechtzuerhalten.

In dem Bürgerkrieg, der daraufhin entbrannte, war der Verlust an Menschenleben unter den Juden immens, besonders in der Ukraine. In den drei Jahren nach der Revolution gab es 1520 Pogrome, und zwischen 180 000 und 200 000 Juden wurden getötet.[38] Wenn man alle bei diesen Gewalttätigkeiten Umgekommenen, Verwundeten, Vergewaltigten und Verwaisten zusammenfaßt, beträgt die Anzahl der Opfer nicht weniger als 1 Million.[39]

Das bolschewistische Regime, das im Oktober 1917 die Gemäßigten unter Kerenski stürzte, legte zwar eine Art Lippenbekenntnis für die Menschenrechte ab, hatte jedoch keinerlei Skrupel, eine machtlose Bevölkerung mit Terror und Gewalt auf ihre Linie zu zwingen. Inzwischen ist bekannt, was die Kollektivierung der Landwirtschaft und die anschließende Hungersnot der zwanziger

Jahre an Menschenleben und Leiden gekostet hat. Durch die Tötung des Viehs, die Behinderung der landwirtschaftlichen Produktion, die zermürbende Wirkung willkürlicher Verhaftungen, um Dissidenten und noch unabhängige Großbauern, die *Kulaken,* loszuwerden – durch all das mußten letztendlich sieben Millionen Menschen sterben. Die Kleinbauern, vor knapp hundert Jahren noch Leibeigene, waren nun Sklaven des Staates.[40] Da überrascht es nicht, daß sie den Wechsel mit Verbitterung aufnahmen und erneut die Juden als Feinde ansahen, weil diese in den Anfangsjahren des bolschewistischen Regimes als Vertreter ihrer Unterdrücker, der neuen Regierung, hervortraten.

Dieses eine Mal deckte sich ihr Eindruck zum Teil mit den tatsächlichen Gegebenheiten. In den Klein- und Großstädten des zaristischen Rußland hatten die Juden eine spezielle Rolle als Geschäftsleute innegehabt: als Besitzer und Betreiber von Läden, Marktständen und Wirtshäusern. Sie waren selbständige Handwerker, auf dem Land Vieh- und Pferdehändler, Gutsverwalter für die oft in der Stadt lebenden Eigentümer und Geldverleiher in einer vormodernen Epoche, in der die wenigen Banken nicht auf die Bedürfnisse von Kleinkreditnehmern zugeschnitten waren. Diese Tätigkeiten, die Existenzgrundlage des jüdischen Wirtschaftslebens, zogen nach der Oktoberrevolution den Haß der neuen bolschewistischen Regierung auf sich, die zur Vernichtung der „kleinbürgerlichen" Geschäftszweige entschlossen war. Gleichzeitig sahen die Bolschewisten in den Juden eine Gemeinschaft von vergleichsweise gebildeten Menschen in einem Meer von verdächtigen und unwissenden Bauern. Obwohl nur eine kleine Anzahl von Juden in der bolschewistischen Partei führend war, fielen sie doch auf. Leute wie Trotzki, Zinovjew, Kamenew oder Swerdlow arbeiteten eng mit Lenin zusammen, und man bediente sich ihrer, um den weitverbreiteten Eindruck zu bestätigen, der Bolschewismus sei eine jüdische Bewegung.[41] Besonders die Jugend war für die Reize der Revolution anfällig. Sie sprach nicht nur ihren Idealismus an, ihren Wunsch, die erbärmliche Welt, in der sie lebten, zu verändern, sondern auch ihre unmittelbare Situation. Ohne Arbeit und ohne Aussichten auf eine bessere Zukunft unter der alten Ordnung, ergriffen sie die Gelegenheit, sich in der neuen Ordnung einen Platz zu schaffen. Wenn sie der Partei beitraten, konnten sie Büro- und Verwaltungsangestellte oder Regierungsbeamte werden, an denen es der neuen Revolutionsregierung bei der Neuorganisation der Verwaltung allenthalben mangelte.

Es bestand jedoch ein Unterschied zwischen der kühlen Berechnung auf seiten der Regierung und dem Idealismus, der viele jüdische Verfechter der Revolution beseelte. Isaak Babel beschreibt in der Geschichte „Der Sohn des Rabbi" aus der Erzählsammlung *Die Reiterarmee* das Sterben eines solchen Idealisten – des Elias, Sohn des Rabbi Motale Bratslavsky aus Zhitomir. Schwer verwundet im Bürgerkrieg, in dem er auf der Seite der Bolschewiken kämpfte, und von seinen Kameraden im Stich gelassen, wird Elia von Babel wiedererkannt und zu sich in den Zug der „Politischen Abteilung" gezogen. Babel ordnet die Habseligkeiten des Sterbenden, die „verstreut umherlagen" und von der Dualität seines Lebens zeugen: „... Ausweise als Agitator und Notizen des jüdischen Dichters. Die Bilder von Lenin und Maimonides... In den ‚Beschlüssen des VI. Parteitages' steckte eine Frauenlocke, schiefe Zeilen hebräischer Verse bedeckten die Ränder kommunistischer Flugblätter." Babel erinnert Elia daran, daß er vier Monate zuvor noch nicht in der Partei gewesen sei. „‚Ich war schon damals in der Partei', antwortete der Jüngling, ... ‚Aber ich habe meine Mutter nicht verlassen können...' ‚Und jetzt, Elia?' ‚Die Mutter ist in der Revolution nur eine Episode', flüsterte er, leiser werdend. ‚Mein Buchstabe, der Buchstabe B kam an die Reihe, und die Parteiorganisation schickte mich an die Front...' Er starb, noch bevor wir in Rowno eintrafen. Er starb, der letzte Prinz, inmitten von Gedichten, Gebetsriemen und groben Fußlappen."[42]

Im Zuge des gesellschaftlichen Umbruchs mußten auch die Juden gezwungenermaßen ihre gewohnte Lebensweise und Beschäftigung aufgeben und eine Arbeit in verschiedenen Kollektiv- oder Staatsbetrieben annehmen. Bis 1926 hatte sich die Verteilung jüdischer Berufstätigkeit radikal verändert. Der Anteil kleiner Händler, Ladenbesitzer und Hausierer, die vorher ein Drittel der jüdischen Erwerbstätigen ausgemacht hatten, fiel auf 11 Prozent, während die Anzahl der „nicht-manuellen bezahlten Werktätigen" – also Verwaltungsangestellte, Parteifunktionäre etc. – sich von 10 auf 23 Prozent mehr als verdoppelt hatte.[43] Aber das war nur scheinbar eine gute Nachricht. Die Bolschewisten (nach 1919 die Kommunistische Partei) bedienten sich der Juden aus Eigeninteresse nur so lange, bis sie in der übrigen einheimischen Bevölkerung loyale Kader aufbauen konnten; danach erwartete die Juden ein weit bösartigerer Kreuzzug als es die Pogrome der Zaren waren, einer, der ihrem Gefühl der eigenen Identität einen weit härteren Schlag versetzte.

Was sollte mit den Juden geschehen? Die Nationalitätenfrage war auf jedem Parteitag der Kommunisten seit 1917 gründlich diskutiert worden, wobei die bolschewistische Führung im Lauf der Zeit immer weniger geneigt war, den zahlreichen Minderheiten in dem riesigen neuen Staat zu gestatten, ihrer Kultur uneingeschränkt Ausdruck zu verleihen. Auf dem 10. Parteitag 1921 legte Stalin den neuesten offiziellen Standpunkt fest. Nationale Selbstbestimmung, sagte er, „ist nur noch eine Leerformel". Zwar konnte er nicht umhin, anzuerkennen, daß in der Sowjetunion viele verschiedene Sprachen gesprochen wurden, doch verlangte er von allen Volksgruppen, sich einer „universellen proletarischen Kultur anzupassen" und erklärte damit all jene traditionellen Lebensweisen, Bräuche und anderen Aspekte des täglichen Lebens, aus denen eine „nationale Kultur" besteht, in Bausch und Bogen für ungültig.

Von allen Kulturen in der Sowjetunion, besonders außerhalb Rußlands, war die jüdische am verletzlichsten. Sie hatte keine territoriale Grundlage und keine zentrale Verwaltung. Seit Menschengedenken hatte sich jede Gemeinde durch ein am jeweiligen Ort gewähltes Gremium, die *Kehilla* selbst verwaltet. Da in dieser Welt Reichtum auch Prestige bedeutete, rekrutierten sich ihre Mitglieder hauptsächlich aus den Reihen der Wohlhabenderen in der Gemeinde, deren politische Macht in dieser theokratischen Gesellschaft noch dadurch besiegelt wurde, daß sie einen der begehrten Plätze an der Ostwand der Synagoge erhielten. Zu den Pflichten der Amtsträger gehörte auch die Festsetzung von Steuergeldern, mit denen die *Kehilla* die stattliche Reihe kommunaler Institutionen unterhielt und ihre eigenen Funktionäre bezahlte. Nun wurden die *Kehilla* als Institution und ihre Leiter als Einzelpersonen zur Zielscheibe des neuen Regimes.

Im Januar 1918 richtete die bolschewistische Regierung ein Jüdisches Kommissariat ein, das ihr als Henkersknecht dienen sollte. Schon im Jahr darauf, im Juni 1919, bezeichnete es die zentralen Gremien *(die Kehillas)* als „Sammelpunkt für offenkundige Feinde der... Oktoberrevolution" und ordnete an, sie „für immer aufzulösen".

Das hieß nicht nur, daß sämtliches kommunales Eigentum der Juden an die Regierung fiel, sondern auch, daß jede religiöse Handlung deren strenger und argwöhnischer Überwachung unterlag. Wer als Jude an den alten Ritualen festhielt, zog damit die Verfolgung wegen „konterrevolutionärer Neigungen" auf sich. Die jüdischen Religionsschulen, die bekanntlich das Rückgrat für die Kontinuität jüdischen Lebens bildeten, wurden rigoros verboten. Der Regierung war klar, daß ohne sie den Juden in der Sowjetunion in kürzester Zeit alles Wissen um ihre Geschichte, ihre heiligen Texte und ihre Traditionen abhanden kommen würde. Als Ersatz gründete man staatliche Schulen, die zwar auf jiddisch unterrichteten, da dies die Sprache der Schüler war, aber ohne inhaltlichen Bezug zum Judentum. Statt jüdischer Geschichte lehrte man zum Beispiel den „Klassenkampf unter den Juden". Ab 1933 wurden aber selbst diese Schulen vom Stalin-Regime als gefährlicher „Irrweg" betrachtet, und jüdische Eltern begannen ihre Kinder auf die russischen Schulen zu schicken. Bei Ausbruch des Zweiten Weltkriegs besuchten nur noch 20 Prozent der jüdischen Kinder auch jüdische Schulen.[44]

Für viele Kinder sah jedoch die Zukunft in der neuen Sowjetunion wegen der Vorgeschichte ihrer Eltern äußerst düster aus. Fast die Hälfte der Juden war unter der alten Herrschaft in Handel und Gewerbe tätig gewesen und galten daher als „bourgeois", ein Verbrechen, für das sie als *lishentsy* eingestuft wurden – als aller Rechte beraubte Personen. Deren Kinder fanden bald heraus, daß sie aufgrund dieses Schandflecks in ihren Akten keinen Zugang zu weiterführenden Schulen und keinen Anspruch auf Sozialwohnungen hatten und ihnen viele Arten von Arbeitsplätzen verwehrt blieben. Eine jüdische Herkunft gereichte einem unter dem neuen Regime nicht weniger zum Nachteil als unter dem alten, und es gab kein Entrinnen. Unter Stalin besaß jeder Sowjetbürger einen Ausweis, in dem in der fünften Zeile – als sogenannter „Fünfter Punkt" – die Nationalität des Inhabers angegeben war. Bei Juden stand in dieser Zeile immer das Wort „*Jewrej* – Jude", egal wo in der Sowjetunion sie geboren waren. Es war ein weiterer Modus, in dem man Juden als deutlich anders als ihre Mitbürger kennzeichnete.

In einer Aktion mit vielen verborgenen Motiven beschloß die Regierung 1928, die Lage der enteigneten und arbeitslosen Juden zu verbessern, indem sie ihnen das Gebiet von Birobidschan zur Verfügung stellte, wo sie sich „produktiver" landwirtschaftlicher Arbeit widmen konnten. Birobidschan, seit 1858 im Besitz Rußlands und nördlich der Grenze zu China gelegen, war etwa so groß wie Belgien, hatte aber insgesamt nur 30 000 Einwohner, hauptsächlich umgesiedelte Kosaken. Manche Kommentatoren sind der Meinung, mit der Öffnung des Autonomen Gebiets habe man nicht so sehr an das

Wohlergehen der Juden als vielmehr an die Notwendigkeit gedacht, an der ungeschützten chinesischen Grenze im Osten sowjetische Präsenz zu demonstrieren.[45] Die Zahlen in bezug auf Anwerbung und Dauer der Niederlassung in diesem „Sowjet-Palästina" sprechen für sich. In den ersten fünf Jahren nach seiner Öffnung kamen 35 – 40 000 Juden nach Birobidschan, und eine größere Anzahl von ihnen machte sofort wieder kehrt. 1939 gab es nur noch 14 000 Juden dort, von denen weniger als ein Viertel, ca. 4000, noch das Land bestellte.[46] Obwohl das Regime Birobidschan stets als Aushängeschild präsentierte, als Gunstbeweis gegenüber der jüdischen Bevölkerung, war es doch nie etwas anderes als eine merkwürdige und rückständige Außenstelle einer isolierten jüdischen Gemeinde.

Als der Bürgerkrieg zu Ende ging, war die generelle Demontage jüdischen Lebens in vollem Gange. Natürlich waren unabhängige politische Bewegungen wie Zionismus und Bund absolut unerwünscht, und die jüdischen Zeitungen mußten sich nun, wie alle anderen Zeitungen unter dem neuen Regime, dem offiziellen Regierungsstandpunkt anpassen. Bis 1922 hatte die Regierung dann der Einfachheit halber sämtliche jüdischen Zeitschriften gleich selbst übernommen. Als sei der Eingriff in die Gestaltung jüdischen Lebens nicht genug, reichten die sowjetischen Vorschriften bis hin zur Regulierung der jiddischen Rechtschreibung und zwangen jüdische Veröffentlichungen, in phonetischer Umschrift zu erscheinen. Das bedeutete, daß die Tausenden im Jiddischen enthaltenen hebräischen Wörter ihre Identität und historische Bedeutung verlieren mußten. Der Sprache wurde in der neuen, vereinfachten phonetischen Schreibweise sozusagen das Gedächtnis ausgelöscht. Sowohl das biblische als auch das moderne Hebräisch waren im kommunistischen Rußland absolut verboten, vermutlich als Träger unerwünschten Nationalbewußtseins.

Seit den von Stalin veranlaßten Säuberungen in den 1930er Jahren war es nicht mehr nur unangenehm, es war gefährlich, Jude zu sein, besonders wenn man prominent war. Zwischen 1935 und 1939 verschwanden die herausragendsten jiddischen Schriftsteller und Intellektuellen: deportiert in ein entlegenes Arbeitslager oder hingerichtet. Unter ihnen befand sich auch Isaak Babel, der 1939 in einem Gefangenenlager starb. Die Zahl der Opfer ist zwar nicht bekannt, doch ist offenkundig, daß man der jiddischen Literatur die Luft abschnürte, und die Leser lernten ihr Interesse und ihre Bücher für sich zu behalten.

Die Verbrechen der Stalin-Ära sind zu bekannt, als daß sie hier aufgezählt werden müßten. Aber man verbarg sie hinter lächelnden Lügen für die Gutgläubigen. Letzten Endes zerstörte das sowjetische Regime den Geist und die Kultur eines Volkes, das innerhalb der Grenzen Rußlands trotz seiner tausendjährigen Leidensgeschichte ein reiches Leben geführt hatte. Von den westjüdischen Gemeinden abgeschnitten durch eine Regierung, die keine Reisen erlaubte, die Post zensierte und Telefongespräche abhörte, wurden die hinter bewachten Grenzen eingesperrten sowjetischen Juden von der jüdischen Weltgemeinde allmählich gar nicht mehr wahrgenommen. Erst als der Zweite Weltkrieg die Grenzen mit Gewalt öffnete, tauchten sie wieder auf – allerdings sehr verändert.

Zweites Kapitel

Zurück ins Leben

Nach sechs Jahren Krieg war Europa im Jahre 1945 ein Scherben-haufen: die Städte zerstört, ganze Volksgruppen aus ihrer Heimat vertrieben, Industrie und Gewerbe am Boden, und die Bewohner sahen der Zukunft voll Verwirrung und Angst entgegen. Auf den Ju-bel über den Frieden folgte umgehend die Erkenntnis, wieviel Ar-beit es kosten würde, wieder eine Welt aufzubauen, in der zu leben sich lohnte. Als die Kriegsmaschine zum Stillstand kam, befanden sich fast zwölf Millionen Menschen in West- und Mitteleuropa nicht dort, wo sie eigentlich sein wollten. Ursprünglich in ca. zwan-zig verschiedenen Ländern beheimatet, waren sie durch Gefangen-schaft, Flucht oder die Suche nach einem Zufluchtsort entwurzelt worden. Nun hatten sie nur noch die Rückkehr in die Heimat und zu ihrer Familie im Sinn.[1] All dies galt für die nicht-einheimische Zivilbevölkerung wie für die heimkehrenden Soldaten; doch wie so oft war die Lage für die Juden noch viel katastrophaler.

Bei Kriegsende waren die nach der Zerschlagung ihrer Gemein-wesen und dem Abschlachten ihres Volkes übriggebliebenen Juden über ganz Europa verstreut, von Verstecken auf holländischen Bauernhöfen bis in weit entfernte Orte im Ural, tief im Innern Ruß-lands. Die, die noch vor dem Krieg hatten entkommen können, wa-ren über den ganzen Erdball, auf alle Kontinente verteilt. Während des Krieges, als die Deutschen dringend Arbeitskräfte gebraucht hatten, um ihre Fabriken am Laufen zu halten, hatten sie überall Arbeiter zwangsverpflichtet, ganz gleich, wo oder woher. Manche waren Kriegsgefangene, andere rekrutierte man einfach aus der Be-völkerung der seit kurzem besetzten Länder; manche waren auch Kollaborateure aus diesen Gebieten, die sich vom Dienst für die Deutschen einen Vorteil erhofften. Auch Juden aus den Ghettos oder Konzentrationslagern wurden als Zwangsarbeiter in die Lager geschickt, die die Nationalsozialisten in ganz Deutschland eigens eingerichtet hatten, um die Industrie in ihren Kriegsanstrengungen zu unterstützen. Die I. G. Farben ging sogar so weit, die berüchtigte Buna-Gummifabrik in unmittelbarer Nähe des Lagers von Ausch-witz zu errichten.

Ansonsten wurden jedoch Juden, Kollaborateure und Kriegsgefangene allesamt zu den Unternehmensstandorten verfrachtet und nach Geschlechtern getrennt in behelfsmäßigen Baracken untergebracht. Diese Zwangsarbeiter standen Tag und Nacht unter Bewachung der Wehrmacht und der SS, die sie routinemäßig vom Lager zu der Fabrik, wo sie arbeiteten, und wieder zurück marschieren ließen. Manchmal kamen sie durch freundliche kleine Dörfer, manchmal durch die friedlichen Gassen einer Stadt, und langsam gewöhnte sich ihre Umgebung an den Anblick ihrer gespenstischen Gestalten. Eine Frau aus München erinnerte sich, als Kind einem vorbeimarschierenden Trupp ausgemergelter Gefangener begegnet zu sein, und wurde zeitlebens von den Worten ihres Vaters verfolgt, der sagte: „Dafür werden wir bezahlen." Stefan Stolze, der damals in der Nähe von Magdeburg lebte, schildert in seinen Memoiren, wie er als Teenager im Frühjahr 1944 einmal frühmorgens mit einem Freund zu einer Angelpartie aufbrach. Als sie sich einer Brücke über die Elbe näherten, schreibt er, „... klomm... eine schattenhafte, dichtgedrängte Gruppe herauf, ein Zug von etwa hundert Menschen: Sträflinge in gestreiften Jacken, mit Mützen wie die der ‚Grauen' und Holzpantinen, eingefaßt von Uniformierten und Schäferhunden. Es waren Häftlinge des kleinen KZs, das am Ostufer der Elbe neben dem Zweigbetrieb der Dessauer Junkers-Werke lag. Die Pantinen klapperten, die Hunde zerrten keuchend an ihren Leinen." Stephan und sein Freund wurden von einem SS-Mann angehalten, durften aber weitergehen. Er fährt fort: „Der Zug der Gefangenen befand sich inzwischen gänzlich auf der Brücke, beschlossen von einer uniformierten Nachhut mit Hunden. Wir gingen hundert Meter sehr schnell, dann gemächlicher. Ob wir über die Sträflinge sprachen, weiß ich nicht mehr. Hätten wir offen über sie gesprochen, hätte ich es wohl nicht vergessen. Die Gewohnheit, zu lügen, sctztc auch zwischen uns Dreizehnjährigen ein, wenn etwas bedrohlich war."[2]

Zur selben Zeit fragte sich Gita Glazer, ein neunzehnjähriges jüdisches Mädchen, das in Auschwitz für die Arbeit in einer Flugzeugfabrik in Wittenberg „selektiert" worden war, auf ihrem täglichen Marsch durch die Stadt verwundert, wie es immer noch schmucke Häuser mit hübschen Vorhängen an den Fenstern und gepflegten Vorgärten geben konnte. Diese Symbole einer normalen Existenz erschienen ihr, für die jeder Tag einen Kampf ums Überleben bedeutete, schier unbegreiflich. Aber sie war sich auch bewußt, wie die Kolonne marschierender Frauen auf die Bewohner dieser Häuser wirken mußte. Sie und ihre Mitgefangenen hatten sommers wie winters nichts als die dünne Gefängniskleidung aus Baumwolle am Leibe, ohne eine Spur von Unterwäsche gegen die Kälte. In ihren weithin sichtbaren gestreiften Uniformen marschierten sie in Fünferreihen durch das Dorf und die Straße hinunter – tausend junge Mädchen, die zweimal täglich den Weg zwischen ihrer Unterkunft und der Fabrik zurücklegten. „Sie können wirklich nicht behaupten," so ihre Folgerung, „sie hätten nichts von uns gewußt."[3]

Bald kamen noch mehr Zwangsarbeiter hinzu. Die großen Vernichtungslager wie Auschwitz, Treblinka und Sobibor lagen zwar in Polen, doch Deutschland selbst war mit Zwangsarbeiterlagern übersät. Bei Kriegsende lebten schätzungsweise 60000 Juden über ganz Deutschland verstreut in solchen Lagern.[4] Auch diese Gefangenen starben, wenn auch nicht so schnell, an Unterernährung, Krankheiten, Erschöpfung und aufgrund der Brutalität ihrer Bewacher. In seinem *Holocaust-Atlas* führt Martin Gilbert als Beispiel dafür Stutthof an, eine ostpreußische Stadt an der Baltischen See. In deren Nähe errichteten die Deutschen im Frühjahr 1944 sechzig Arbeitslager, in die sie 52000 Juden brachten, darunter 30000 Frauen. Als der Krieg vorüber war – nur ein Jahr nach ihrer Ankunft – hatten nur etwa 3000 Menschen die grauenvollen alltäglichen Lebensbedingungen überlebt.[5]

Obwohl der offizielle Waffenstillstand am 8. Mai 1945 unterzeichnet wurde, ging der Krieg eigentlich eher etappenweise zu Ende, als nämlich die vorrückenden Armeen der Amerikaner und Russen – erstere nach Osten, letztere nach Westen – nach und nach die Städte, Dörfer und Lager, die sich auf ihrer Route befanden, befreiten. Bemerkenswert scheint mir, daß die den Lagern lebend entkommenen Juden in der Holocaust-Literatur zwar meist „Überlebende" genannt werden, daß sie selbst es aber als die Krönung eines siegreichen Kampfes empfanden, dem Tode entronnen zu sein, als das Resultat von tausend kleinen Listen, die sie bis zum Schluß am Leben erhielten. Für sie war ihre Rettung, der Tag der Befreiung das einschneidende Erlebnis. Wenn sie ihre Geschichte erzählen, beginnen sie oft mit dem tönenden Satz: „Ich wurde an dem und dem Tag befreit." In ihren nach dem Krieg veröffentlichten Erinnerungen sprechen sie von sich selbst, mit einem noch immer spürbaren Anflug des Triumphs, als „befreiten Juden". Außerdem verwenden sie den Begriff „*Sche'erith Haplejta*" – der „Rest der Geretteten" –, wenn sie sich selbst und ihr einzigartiges Schicksal beschreiben.[6]

Viele der SS-Leute und anderen Aufseher in den Gefangenenlagern blieben besonders im Gedächtnis wegen ihres erbarmungslosen Diensteifers bis zur letzten Sekunde und noch darüber hinaus. Oft zwangen sie ihre Gefangenen, meist ohne ausdrücklichen Befehl, auf Todesmärsche ins Landesinnere, weg von den nahenden Befreiern. Aber irgendwann ergriffen sogar diese Musterexemplare treuer Ergebenheit die Flucht vor den vorrückenden Alliierten. Als der Krieg endgültig verloren war, wollten die ganz normalen Soldaten nur noch eins: in der Anonymität versinken. Eine Berlinerin teilte im Gespräch mit einem Journalisten über die letzten Kriegstage ihre Beobachtungen mit: „Keiner hatte mehr etwas damit zu tun. Es ging ganz schnell. Plötzlich waren sie anders angezogen, keine Uniformen mehr, keinerlei Abzeichen mehr, und alle waren sie ‚gezwungen' worden [am Krieg teilzunehmen]. Die Kehrtwende passierte so schnell, es war zum Lachen. Sowas hab' ich noch nicht erlebt."[7]

Für die österreichischen oder deutschen Flüchtlinge, die als amerikanische Soldaten wieder nach Europa kamen und dann im Zuge der Entnazifizierung die Deutschen befragten, war die Verleugnung der Nazi-Vergangenheit ganz und gar kein Scherz. Eine Lüge nach der anderen deckten sie bei den ehemals treuen Parteigängern der NSDAP auf, die sich damit einen politischen „Persilschein" zu verschaffen suchten. Vom einfachen Lebensmittelhändler an der Ecke bis zu Berühmtheiten wie Herbert von Karajan – nun war allen das einst so begehrte Parteiabzeichen am Revers peinlich oder schlimmer. Aber dennoch wurden, so die allgemeine Ansicht, zu viele hohe Beamte, insbesondere Juristen, entlastet und konnten weiterhin einflußreiche Ämter bekleiden. Auch von Karajan machte nach dem Krieg ungehindert Karriere, obwohl er schon früh, 1935 in Österreich, und dann noch einmal in Deutschland in die Partei eingetreten war.

Für viele Deutsche war es noch lange nicht damit getan, das Parteiabzeichen abzunehmen, um mit der Nazivergangenheit fertigzuwerden. Aber für all diejenigen, die der Krieg entwurzelt hatte, stand jetzt die Suche nach Familie und Heimat im Vordergrund. Bereits im ersten Winter nach Kriegsende hatten die meisten der zwölf Millionen *displaced persons* in Mitteleuropa wieder nach Hause gefunden. Diese Tatsache sei, wie der Historiker Michael Marrus betont, um so bemerkenswerter, als trotz allerdürftigster sanitärer Vorkehrungen die bei solchen Massenbewegungen befürchteten Typhus- oder Ruhrepidemien ausblieben.[8] Und obwohl das Eisenbahnnetz in Europa durch Bomben zerstört war und die Züge nur unregelmäßig verkehrten, hatte anscheinend jeder den dringenden Wunsch, woanders zu sein, und zwängte sich in und auf alles, was sich bewegte. Soldaten auf dem Weg nach Hause, Flüchtlinge, die sich vor den Kampfhandlungen in Sicherheit gebracht hatten, Kriegsgefangene, Regimekritiker, gewöhnliche Kriminelle, und die in die Fabriken der deutsch-besetzten Gebiete verschleppten Zwangsarbeiter – alle wollten in ihre Heimatländer zurück. Sogenannte Volksdeutsche, die seit dem 17. Jahrhundert in Rußland ansässig waren, mußten den Osten verlassen und versuchten irgendwo in Deutschland Zuflucht zu finden. Einige Gruppen hatten auch allen Grund, in Deutschland zu bleiben: die ausländischen Nazi-Kollaborateure, die im Falle einer Rückkehr Vergeltung befürchteten, und die Regimegegner aus der Sowjetunion, denen beim Gedanken an die Unterdrückung, der sie entkommen waren, graute. Natürlich gab es noch viele andere Gründe, warum Leute in diesen Kriegswirren gehen oder bleiben wollten. Doch so bemerkenswert es auch sein mochte, wie viele Menschen blieben, noch bemerkenswerter war, wie schnell eine so große Anzahl wieder heimgefunden hatte.

Unter den osteuropäischen Juden, die auch hier wieder eine Ausnahmestellung in diesem Wust von Bedürfnissen und Sehnsüchten einnahmen, gab es drei Motive, die sie zum Aufbruch veranlaßten: Angehörige zu finden, sich in Sicherheit zu bringen, ein Zuhause zu finden. Noch unter dem Eindruck der Krematorien, der Erschießungen und anderer Greuel, beschlich viele dieser Juden bei Kriegsende bereits eine Ahnung, daß der Rest ihrer Familie umgekommen war. Trotzdem, sie wollten nach Hause, mit der schwachen Hoffnung, daß alle diejenigen, die überlebt hatten, ebenfalls an den Ort zurückkehren würden, von dem aus sie vor sechs Jahren aufgebrochen waren. Einige Juden, die überlebende Familienmitglieder wiederfanden, konnten sich denen gegenüber, die alle Angehörigen verloren hatten, eines Gefühls der Scham nicht erwehren. Sie fragten sich, wie es möglich sei, ohne eine einzige enge Beziehung weiterzuleben. Und dieses Bedürfnis nach Familienbanden war letztendlich der Grund dafür, daß in der ersten Zeit nach dem Krieg soviel herumgereist und Nachforschungen angestellt wurden, daß Menschen auch noch die entferntesten Verwandtschaftsbeziehungen geltend machten – in der Hoffnung, ihrem Leben wieder einen Zusammenhang geben zu können.

Die meisten Juden begaben sich direkt in ihr Dorf oder zu der letzten Adresse, wo die Familie noch vollzählig gewesen war. Wenn sie unter der alten Adresse niemanden fanden, war die nächste Station Lodz, bald Sammelpunkt für jüdische Flüchtlinge, die sich in der Nachkriegswelt wieder neu zu orientieren versuchten. Auch Yankel Pomerantz, ursprünglich aus Radzyn, ging so vor. Er, der nach Osten in die Sowjetunion geflohene Jude, kehrte nun nach aufreibendem Dienst in einer polnischen Einheit der Sowjetarmee im April 1945 nach Polen zurück.

Pomerantz war einer der vielen tausend Juden, die unter dem Befehl von General Zygmunt Berling in einer polnischen Einheit für die Befreiung Polens von den Deutschen kämpften. Die Angaben darüber, wieviele Juden es in dieser am Ende 100 000 Mann starken sogenannten Ersten Armee gab, schwanken zwischen 1200 und 20 000. Die genaue Zahl ist so schwer zu ermitteln, weil viele polnische Soldaten ihre jüdische Identität verschwiegen.[9]

Als er am Haus seiner Eltern in Radzyn angekommen war, erfuhr er vom Nachbarssohn, er selbst habe einem Sonderkommando angehört, das Pomerantz' Eltern in den nahen Wald getrieben hatte, und daß er ihre Hinrichtung und Beisetzung mitangesehen habe. „Er erzählte es mir," schreibt Pomerantz, „auf eine sehr abstrakte Weise, so, als hätte seine Familie nicht jahrelang hinter meiner gewohnt, als hätte er meine Mutter und meinen Vater nicht sein Leben lang beinahe täglich gesehen."[10]

Geschockt von dieser Nachricht und der Feindseligkeit seiner früheren Nachbarn bat Pomerantz darum, zu den noch verbliebenen Juden geführt zu werden. Der junge Mann sagte, es seien nur noch sechs übrig, darunter ein Kind, aber es sei schon zu spät am Abend, zu dunkel, um noch auf die Straße zu gehen. Pomerantz willigte ein, bei ihnen zu übernachten, blieb aber die ganze Nacht wach, Gewehr bei Fuß. Am nächsten Morgen verlangte er erneut seine Freunde zu sehen, und mußte von dem Sohn hören: „Ich kann dich nicht hinbringen. Gestern nacht wurden sie umgebracht. Polnische Faschisten haben sie entdeckt und sie wurden umgebracht."

„Von dem Augenblick an", schreibt Pomerantz – und spricht damit die Gefühle von tausenden anderen polnischen Juden aus – „wollte ich nur noch weg, und zwar fluchtartig. Auf einmal war Radzyn ein äußerst unheimlicher Ort geworden. An jeder Ecke fragte ich mich, wer wohl dahinter lauern mochte. Ich spürte nichts als Angst um mich herum. Ich hatte keine Lust, herumzulaufen... die Straßen zu sehen, die Gesichter derjenigen, die schweigend dabeigestanden hatten, als so viele starben."[11] Dies spiegelte auch die Gefühle anderer polnischer Juden wieder, die in der Feindseligkeit ihrer Mitbürger ein Zeichen dafür sahen, daß es nun keinen Ort mehr gab, den sie Heimat nennen konnten.

Im Mai 1945, als der Krieg zu Ende war, ging Pomerantz mit einem Freund nach Lodz. Dort hatte man improvisiert und ein Gebäude in der Innenstadt zum inoffiziellen jüdischen Hauptquartier für Informationen gemacht. In einem großen Saal befanden sich lange weiße Bögen, auf denen unter dem jeweiligen Buchstaben des Alphabets Namen und Adressen von Überlebenden standen. Neuankömmlinge kritzelten ihren eigenen Namen und die Anschrift an den Rand. „In diesem Ziegelbau", schreibt Pomerantz, „sahen alle aus wie kleine Kinder nach einem Brand oder einer sonstigen Katastrophe, nach ihren Eltern suchend und rufend... Selbst wenn man nur jemanden aus seiner Heimatstadt entdeckt hatte, war das fast so, wie ein Familienmitglied wiederzufinden; man wollte unbedingt glauben, daß noch jemand da war, daß man doch nicht ganz allein war."[12]

Daß Juden in Polen überleben konnten, war vielen Zufällen zu verdanken; vor allem hing es davon ab, auf welcher Seite der Grenze sich die Juden wiederfanden, nachdem Deutschland am 1. September 1939 Polen den Krieg erklärt hatte. Daraufhin wurde das Land im Sinne des deutsch-sowjetischen Abkommens von 1939 zwischen den beiden Nationen aufgeteilt, wobei Deutschland den angrenzenden Teil annektierte, und die Sowjetunion den Ostteil beanspruchte. Viele Juden flohen aus der deutschen in die sowjetische Zone, die ihnen sicherer als das von Nazis besetzte Polen erschien. Nur einige wenige kehrten aus Gründen der Familienzusammenführung aus den östlichen Gebieten in die deutsch-besetzten Gegenden zurück.

Doch sehr schnell fielen die Flüchtlinge den Behörden im Osten zur Last, da sie weder Wohnung noch Arbeit hatten. Zur Lösung dieses Problems verfrachteten die Sowjets die arbeitslosen Neuankömmlinge einfach ins Innere des Landes, wo sie in Bergwerken oder anderen Unternehmen mit Arbeitskräftemangel eingesetzt wurden. Eine große Anzahl landete in den Kohlegruben von Donbas in der Ukraine, wo sie unter äußerst primitiven Bedingungen lebten und in Zechen arbeiten mußten, die für ihre mangelnden

Sicherheitsvorkehrungen bekannt waren. Da so viele von den Neuen keinerlei Erfahrung hatten, gab es immer mehr tödliche Unfälle, so daß einige der Flüchtlinge sich unerlaubterweise absetzten und sich nach etwas anderem umsahen.[13] Auf ihrem neu hinzugewonnenen Gebiet begannen die Sowjets auch systematisch Verhaftungen vorzunehmen, in der Absicht, etwaige Regungen der Regimekritik im Keim zu ersticken. Allein in den ersten einundzwanzig Monaten der sowjetischen Verwaltung wurden in der Ukraine und Weißrußland eine halbe Million Menschen eingesperrt, die man des „Nationalismus" und somit der Illoyalität gegenüber der Sowjetunion verdächtigte. Im selben Zeitraum wurden 1,5 Millionen polnische Staatsbürger, darunter 400–500 000 Juden, ins Innere der Sowjetunion verschleppt.[14]

Die letzten Transporte gingen im Juni 1941 ab, kurz bevor die Deutschen den Angriff auf ihre ehemaligen Verbündeten einleiteten, indem sie zunächst ins sowjetisch kontrollierte Ostpolen vorrückten. Diese Aktion markierte gleichzeitig die beginnende Umsetzung des Endziels der Naziführung: die Ausrottung der Juden. Zusätzlich zu den Invasionstruppen schickten die Befehlshaber vier *Einsatzgruppen* ins Land – mobile Killereinheiten, die in den von der Armee überrannten Dörfern die Juden zusammentrieben und sie in Marathonerschießungen umbrachten. Zwischen Juli und September 1941 meldeten diese Spezialeinheiten die Tötung von 300 000 Juden.[15]

Die Juden, die vor der Invasion von den Sowjets deportiert worden waren, konnten damals natürlich noch nicht wissen, daß sie dadurch der sicheren Vernichtung entkommen waren, die diejenigen erwartete, die in die Hände der Deutschen fielen. Man hatte ihnen nur wenige Stunden Zeit zum Packen gelassen, sie dann in Viehwaggons gepfercht und nach Osten zur Arbeit im riesigen sowjetischen Gulag transportiert. Sie taten Dienst in den Strafkolonien hinter dem Ural und in Sibirien; sie fällten Holz in den Wäldern von Archangelsk, und einige wurden in die Kolchosen von Kasachstan und anderen Agrargebieten im Süden geschickt.

Einige wagemutige junge Juden machten sich sogar allein auf die lange gefährliche Reise in den Süden, in der Hoffnung, den Iran oder Afghanistan zu erreichen. Nach der Durchquerung dieser neutralen Länder hätten sie dann nach Palästina gelangen können. Ihr großartiger Plan scheiterte jedoch an den allzu effektiven sowjetischen Grenzkontrollen, so daß auch sie auf die Arbeit in den

Kolchosen angewiesen waren, um zu überleben. Es war ein hartes Leben für alle Neuankömmlinge, weil diese landwirtschaftlichen Betriebe nicht selbst Nahrungspflanzen anbauten, sondern durch die Planwirtschaft gezwungen waren, für den Verkauf bestimmte Monokulturen – wie zum Beispiel Baumwolle – anzulegen. Im Gegenzug bekamen sie dann alles Notwendige zum Leben von anderswo her. Während des Krieges brach dieses Tauschsystem zusammen, und die Versorgung mit Lebensmitteln fand nur unregelmäßig und unzureichend statt. Unter diesen Umständen stellte die nur für den Handel bestimmte Produktion für die Erzeuger eine Katastrophe dar, weil sie sich davon nicht ernähren konnten. Doch im Unterschied zu den Neuankömmlingen ohne Landbesitz hatten die Kolchosenangehörigen wenigstens die Möglichkeit, ihren Lebensunterhalt recht und schlecht aus ihren eigenen Gärten zu bestreiten, die ihnen ein Minimum an Nahrung lieferten. Doch die neu Hinzugekommenen brachte dieses System in eine ausweglose Lage.[16]

Moshe Prywes, ein junger Arzt, hat geschildert, wie er mit seiner Frau und ihren Eltern von Warschau nach Bialystok floh, das damals auf sowjetischem Gebiet lag. Im Juni 1940 wurden er und seine Familie zusammen mit mehreren tausend anderen zusammengetrieben, zu je vierzig in Gepäckwagen verfrachtet, und die Reise begann. Als Toilette schnitten sie ein Loch in den Boden; da der Waggon plombiert war, drang kein Lichtstrahl durch, außer bei den kurzen Aufenthalten ein- oder zweimal am Tag, wenn die Türen geöffnet wurden und sie ihre Tee-, Brot-, und Wassersuppenrationen bekamen. So fuhren sie sechs Wochen lang, bis sie das Ende der Bahnstrecke erreichten – die Stadt Kotlas am Vychegda-Fluß. Dort wurden sie dann auf Lastkähne umgeladen – 400 Personen pro Kahn. Diese trieben unter ähnlich primitiven Bedingungen wie bisher – was Essen und sanitäre Einrichtungen betraf – auf dem Fluß nach Norden in ein offensichtlich unwegsames und unbewohntes Waldgebiet hinein.

Nachdem die Familie Prywes und ihre Reisegefährten fünfundvierzig Tage unterwegs gewesen waren, kamen sie in einem gottverlassenen Teil des Waldes an, wo ihnen gesagt wurde, sie seien am Ziel und dürften aussteigen. Es gab keine Häuser, und auch sonst waren keinerlei Vorkehrungen für sie getroffen, und sie schliefen auf der Erde, bis sie eigenhändig ihre Baracken errichtet hatten. Prywes schreibt: „Es dauerte einige Wochen, bis zehn von uns eine kleine Blockhütte gebaut hatten, indem wir Bäume fällten, die Stämme zersägten und an den Enden einkerbten. Als letzten Schritt mußte man die Lücken zwischen den Stämmen mit Pech verstopfen. Wir brauchten", fährt er fort, „nicht sehr lang, bis wir die Doppelnatur des sowjetischen Gefangenendaseins erkannten. Einerseits leisteten wir produktive Arbeit, die hoch geschätzt wurde. [In diesem Lager betrieben die Gefangenen zum Beispiel eine Sägemühle und stellten Munitionskisten her.] Andererseits waren schon die Bedingungen des Gefängnislebens an sich dehumanisierend."[17]

Als der Krieg zu Ende war, dauerte es noch einmal fast ein Jahr, bis die Sowjetunion eine Anordnung erließ, nach der die polnischen Juden nach Hause zurückkehren durften. Wovon die Deportierten nichts wissen konnten: Die polnische Regierung und die Sowjetunion hatten am 16. Juli 1945 in Moskau ein Repatriierungs-Abkommen unterzeichnet. Als erstes wurden Soldaten wie Yankel Pomerantz entlassen, die in einer polnischen Einheit der Sowjetarmee gedient hatten. Zwischen Februar und Juli 1946 durfte dann die Mehrzahl der polnischen Zivilisten nach Hause zurückkehren.[18] Das war eine erstaunliche Entwicklung für ein Land, das in vieler Hinsicht ein einziges gigantisches Gefangenenlager darstellte. Die polnischen Juden ließen sich nicht lange bitten; sehnlichst auf ein Wiedersehen mit ihrer Familie hoffend, fuhren sie nach Polen zurück, wieder in primitiven Güterwaggons, diesmal aber gelegentlich ganz luxuriös mit Holzkojen ausgestattet. Diese Juden machten einen sehr großen Anteil der Überlebenden aus. Und anders als diejenigen, die aus den KZs kamen, kehrten sie im Familienverband heim. Das Exil in den sowjetischen Kolonien hatte sie in der Tat vor den Todeslagern der Nazis bewahrt, aber es hatte ihnen kaum mehr als die Bündel gelassen, die sie fünf Jahre zuvor mitgenommen hatten. Durch sie erhöhte sich die Anzahl der nach Polen zurückströmenden Juden stark, die als allererstes herauszufinden versuchten, wer noch lebte und wer umgekommen war. Während der offiziellen Repatriierungsphase zwischen Februar und Juli 1946 kehrten mit der ersten Heimkehrerwelle etwa 173 420 Juden zurück, und auch im Lauf des folgenden Jahrzehnts fanden polnische Juden wieder nach Hause. Zwischen 1947 und 1949 kehrten noch einmal 11 300 heim, und um 1956 waren insgesamt 230 700 Juden wieder in ihrer Heimat angekommen.[19]

Menschen wie Yankel Pomerantz, die die Vorstellung hatten, willkommen zu sein oder Polen auch nur für ein Land hielten, in dem Juden sich wieder ein neues Leben aufbauen konnten – und das waren die meisten –, wurden sehr schnell eines Besseren belehrt. Viele heimgekehrte Juden berichteten, sie seien von ihren ehemaligen Nachbarn mit Bemerkungen wie: „Was, du lebst noch?" oder „Was willst du denn hier?" und ähnlichem begrüßt worden. Manchmal verbarg sich hinter dieser Feindseligkeit auch die Befürchtung, das nun in polnischer Hand befindliche, ehemals jüdische Eigentum seinen früheren Eignern zurückgeben zu müssen.

Moshe Prywes kam wie andere mit den gleichen Erfahrungen sehr schnell zu einer Entscheidung bezüglich seiner Zukunft. „Für fast alle Juden, die die Kriegsjahre in der Sowjetunion verbracht hatten, war Polen nur noch ein Zwischenstopp," schrieb er, „ein Durchgangsland. Nach Auschwitz gab es nicht einmal richtige Grabsteine für unsere Toten, um uns dort zu halten. Ganz Polen erschien uns allen inzwischen nicht viel anders als ein Friedhof."[20]

Der unausrottbare alte Antisemitismus nahm nach dem Krieg eine neue politische Wendung in Polen, und man gab den Juden nun die Schuld an dem gerade eingesetzten kommunistischen Regime. Es stellte sich nämlich heraus, daß weder die polnische Exil-Regierung noch das polnische Volk bei der Gestaltung ihrer Zukunft viel mitzureden hatten. Polen war nur ein Einzelfaktor in Stalins Plan, Osteuropa und soviel von Deutschland wie möglich unter seine Kontrolle zu bringen. Schon lange vor Kriegsende war Polens Schicksal im Vier-Mächte-Abkommen von Jalta besiegelt worden und gipfelte im „manipulierten nationalen Referendum von 1946", wie es der Historiker Michael Steinlauf nannte. 1947 wurde Bolesław Bierut, der in Moskau während des Kriegs auf diese Rolle vorbereitet worden war, zum Präsidenten von Polen gewählt. Wieder einmal fühlten sich die Polen als Opfer, nicht nur der Russen, sondern auch ihrer angeblichen Handlanger – der Juden –, weil sich viele von ihnen dem neuen kommunistischen Regime angeschlossen hatten. So blieb es nicht aus, daß durch diesen erneuten Grund zur Klage zusätzlich zum bereits im Volk bestehenden Vorurteil, und noch angespornt durch die jahrelange Berieselung mit deutscher antijüdischer Kriegspropaganda, die Dinge eskalierten und der alte Vorwurf des Ritualmords wieder auflebte.

Am 4. Juli 1946, ein gutes Jahr nach Kriegsende, brach ein Pogrom in Kielce aus, einer im südlichen Polen gelegenen Stadt. Von den 27 000 vor dem Krieg in Kielce ansässigen Juden waren ungefähr zweihundert zurückgekommen und hatten damit begonnen

– obwohl sichtlich unerwünscht – ihr Gemeindehaus wieder aufzubauen.[21] Alle, die nach und nach wieder in der Stadt eintrafen,
kampierten mangels anderer Wohngelegenheiten in diesem Gebäude.

Am 1. Juli machte sich ein achtjähriger Christenjunge namens
Henryk Blaszczyk auf den Weg ins Nachbardorf, ohne seinen Eltern
etwas davon zu sagen. Als er zwei Tage später wieder heimkam, erschien sein Vater mit ihm auf dem örtlichen Polizeirevier und behauptete, sein Sohn sei im jüdischen Gemeindehaus gefangengehal-
ten, in einen Kellerraum gebracht und gefoltert worden. Und dort
im Keller, sagte der Junge aus, habe er „ermordete Christenkinder
gesehen, und nur wie durch ein Wunder" habe er entkommen können. Allerdings hatte das Gemeindehaus gar keinen Keller, wie die
Polizei später feststellte.[22] Aber das alte Gerücht vom Ritualmord –
daß Juden Christenkinder umbrachten, um mit ihrem Blut Matzen
zu backen – verbreitete sich in Windeseile; mehrere tausend Leute
strömten vor dem jüdischen Gemeindehaus zusammen, ausgerüstet
mit selbstgemachten Waffen und nach Rache dürstend. Die blutgie-
rige Stimmung wurde noch zusätzlich angeheizt durch die Hetz-
propaganda der „Armia Krayowa" – der „Heimat-Armee", einer
antisemitischen Kampftruppe aus Ex-Soldaten, die den Haß auf die
Juden bis zur Raserei geschürt hatten, weil sie angeblich den Kommunismus in ein katholisches Land gebracht hatten. Das Juden-
pogrom in Kielce, dem die Polizei tatenlos zusah, endete mit der Ermordung von zweiundvierzig Juden, weitere fünfzig wurden
verletzt.

Doch war die Gewalt nicht auf Kielce begrenzt. In den ersten zwei
Jahren nach dem Krieg kamen zwischen 1500 und 2000 Juden bei
verschiedenen antisemitischen Ausschreitungen in Polen um. In dieser aufgeheizten Stimmung baten Christen, die Juden versteckt oder
jüdische Kinder bei sich aufgenommen hatten, die ihnen zu Dank
verpflichteten Freunde sogar, ihre Namen nicht öffentlich preiszu-
geben.[23] Aber für Juden in ganz Polen, die erwogen hatten, zu bleiben, bedeutete Kielce die entscheidende Wende und den endgültigen
Entschluß, wegzugehen.[24]

Polnische Juden, die 1946 in Berlin eintrafen, hatten Er-
schreckendes zu berichten, in welcher Lebensgefahr man als Jude in
Polen schwebte. Leo Schwarz, Leiter des „Joint" (American Jewish
Joint Distribution Committee), notierte in seinem Bericht für 1946:
„Ein kürzlich aus Stettin gekommener Mann berichtet von einem

Vorfall, bei dem ein achtzehnjähiger Jude direkt vor seinen Augen von polnischen Schlägern aus der Straßenbahn geworfen wurde und mit einem Messer im Nacken tot auf die Erde fiel. Ein anderer Pole auf der Durchreise berichtet, daß in den vergangenen paar Wochen in Krakau vier Juden von Polen getötet wurden, die in ihre Wohnung eindrangen und sie erschossen. Wieder andere berichten von ständigen Beleidigungen und Drohungen, denen sie auf Schritt und Tritt ausgesetzt sind. Ein Jude erzählt, wie er und seine Frau beim Einsteigen in einen Bus vom Gejohle der Fahrgäste empfangen werden, die ihn auffordern, Polen zu verlassen und nach Palästina zu verschwinden, wenn ihm sein Leben lieb sei. Alle Juden sprechen von der Unmöglichkeit, sich nach Einbruch der Dunkelheit auf die Straße zu wagen oder allein in ländlichen Gegenden unterwegs zu sein."[25]

Ein Volk, das von den Schrecken der Kriegserlebnisse bis ins Mark erschüttert und selbst zu Hause noch in Gefahr war, hatte nur einen Gedanken im Kopf: Wo gab es Sicherheit? Die Antwort mutete sonderbar an: Der sicherste Platz für Juden in dieser gefährlichen Zeit lag in den von den Alliierten besetzten Zonen in Deutschland – wohl das letzte Land, das auszusuchen einem Juden einfallen würde. Dort konnten sie über ihre Zukunft nachdenken, ohne täglich um ihr Leben fürchten zu müssen; und die dringlichste Frage war, wo sie hingehen sollten – nach Palästina, in die Vereinigten Staaten, nach Kanada, nach Südamerika? Deutschland war für diese zweifach vertriebenen Juden nur der „Wartesaal" – wie es der Journalist Ernst Landau nannte –, bis sie dort Aufnahme fanden, wo sie für immer bleiben wollten.

Während die Juden damit beschäftigt waren, ihre Familien und einen Zufluchtsort zu finden, wurde um sie herum Europa von den vier alliierten Mächten neu gegliedert. Deutschland selbst wurde in vier Zonen unterteilt, und auch Berlin, obwohl es mitten in der sowjetischen Zone lag, wurde gewissenhaft in vier Besatzungs-Sektoren aufgeteilt. Bald war der Kontrollpunkt an der amerikanisch-sowjetischen Grenze in Berlin auf der ganzen Welt bekannt – der berühmte Checkpoint Charlie mit seinem nicht zu übersehenden und etwas ominösen Hinweis: „Sie verlassen nun den amerikanischen Sektor."

Es dauerte nicht lange, und jeder dieser Sektoren bekam seinen eigenen Charakter in der Populärmythologie der DPs. Die amerikanische Zone wurde schnell zum Hauptziel derer, die den anscheinend unangreifbaren Schutz der amerikanischen Armee anstrebten. Wer hingegen nach Palästina auswandern wollte, hielt die Ankunft in der britischen Besatzungszone für den ersten Schritt dorthin, da Palästina britisches Mandatsgebiet war. Dies erwies sich jedoch als Irrtum, weil die Briten alles daran setzten, daß die jüdische Einwanderung nach Palästina nur ein spärliches Rinnsal blieb.

In den ersten drei Jahren nach der Befreiung kamen eine Viertelmillion osteuropäischer Juden, meist aus Polen, in dem „Wartesaal" namens Deutschland zusammen.[26] Und so ergab es sich, daß die letzte Episode in der Saga des osteuropäischen Judentums, das letzte Kapitel in der Geschichte des Jiddischen als einer lebenden Alltags- und Schriftsprache sich ausgerechnet im Land der Amalekiter zutrug. Hitler hatte also doch noch Erfolg gehabt, nicht nur mit der Ermordung von sechs Millionen Juden, sondern auch mit der Auslöschung zweier jüdischer Kulturformen: die der deutschen Juden mit ihrer 1600 Jahre alten Geschichte und die der osteuropäischen Juden. Die überlebenden Juden brauchten nicht lange, um dies zu begreifen. Bereits im November 1946, bei einer Konferenz der Vereinigung Polnischer Juden in Augsburg machte sich Dr. Samuel Gringauz, der ursprünglich aus Kowno stammte, Gedanken über ihr Schicksal. „Das polnische Judentum", sagte er, „gehört heute zu den abgeschlossenen historischen Gattungen, genauso wie zum Beispiel die Sephardim. Im 10. Jahrhundert betraten die Juden zum ersten Mal polnischen Boden. Im 20. Jahrhundert verlassen sie ihn wieder... Aber dazwischen, zwischen dem Anfang und dem Ende liegen tausend Jahre von historischer Bedeutung... von großen Leistungen auf der geistig-spirituellen wie auf der politisch-gesellschaftlichen Ebene."[27]

Freilich war diese elegische Tonart ein wenig verfrüht, denn einen kurzen, leuchtenden Augenblick lang flammte das alte, eigenständige jüdische Leben in den DP-Lagern Deutschlands noch einmal auf. Sogar im Wartezustand bildeten die Juden festgefügte Gemeinschaften in diesen Lagern, wieder mit einer eigenen Verwaltung, mit Synagogen, Zeitungen, Schulen, Werkstätten und ärztlicher Versorgung. Außerdem entstand erneut ein blühendes Kulturleben. Aus Mitgliedern der *Sche'erith Haplejta* stellten sie Orchester zusammen, die mit einem gemischten Programm aus jüdischer und klassischer Musik durch die DP-Lager tourten.[28] Kabarettprogramme wurden improvisiert, Tanzkapellen für amerikanischen Jazz formierten sich, und mehrere Theatergruppen führten nicht nur die bekannten jiddischen Bühnenklassiker auf, sondern auch neue eigene Werke, die auf ihren Erlebnissen in den Kriegsjahren basierten. Eine herausragende Gruppe von Musikern überschritt musikalische Grenzen und spielte nicht nur in den DP-Lagern, sondern auch für die amerikanischen Streitkräfte. Diesen jungen Männern, die ursprünglich alle aus Lodz stammten, war es gelungen, nach den schlimmen Erfahrungen in den Lagern einander ausfindig zu machen. Am 23. April 1945 wurden drei von ihnen auf den letzten Etappen eines Todesmarschs von amerikanischen Truppen in der Nähe von Cham auf der Straße befreit. Ein amerikanischer Captain, der von ihrer Geschichte erfuhr, nahm sie unter seine Fittiche. Er ließ aus der Tschechoslowakei Instrumente für sie kommen, wies den Bürgermeister von Cham an, ihnen ordentliche Kleidung – einschließlich identischer Maßanzüge für ihre Auftritte – zu besorgen, und pflegte sie gesund. Ihr Bandleader, Chaim Baigelman, war der einzige Überlebende einer Musikerfamilie. Drei Schwestern und vier Brüder hatte er gehabt, darunter David Baigelman, ein berühmter Komponist und Dirigent, dessen Lieder so weit verbreitet und so populär waren, daß man sie oft für Volkslieder hielt. Auch im Lodzer Ghetto schrieb er weiter, und zwei seiner Wiegenlieder, komponiert anläßlich des Todes der Tochter eines Freundes, gehörten in den Nachkriegsjahren zum Kanon der Widerstandsmusik und sind als solche regelmäßig gespielt worden.

Als Hommage an eine „The Jolly Boys" genannte Band, die vor dem Krieg in Lodz aufgetreten war und die es nicht mehr gab, nannten sich Chaim Baigelman und sein Orchester „The Happy Boys". Den Gipfel ihrer Popularität erreichte Baigelmans Band, die auf amerikanischen Jazz spezialisiert war, in den Jahren zwischen den Weltkriegen. Um musikalisch auf dem laufenden zu bleiben, hatten sie sich sogar von der Chappell Music Company in New York jede Woche ein Paket mit Text und Noten der neuesten amerikanischen Hits schicken lassen. Obwohl sie kein Wort English sprachen, hatten Baigelman und seine Musiker diese Songs gelernt und in ihr Repertoire aufgenommen. Wenn er und seine neue Band vor den amerikanischen Truppen auftraten, brauchten sie also kein Englisch. Es genügte, ihnen das Thema einer Melodie vorzusummen, und schon fingen sie an zu spielen.

Doch wenn „The Happy Boys" in den DP-Lagern auftraten – was sie in ganz Deutschland taten –, spielten sie jiddische Lieder, meist moderne Kompositionen, die zwar zuweilen alte Melodien verwen-

The Happy Boys – eine Jazzband, die von Chaim Baigelman (4. von
links), aus Lodz stammend, gegründet wurde. Die Band spielte für die in
Deutschland stationierten amerikanischen Streitkräfte Jazz und trat in
den DP-Lagern auf – dort allerdings mit einem ganz anderen Repertoire.

deten, deren Texte jedoch die gemeinsamen Erfahrungen von
Musikern und Zuhörern widerspiegelten. Bei einem Lied mit dem
Titel „Es bengt zich nuch a hajm – Man sehnt sich nach daheim",
für das Baigelman einen solchen neuen Text geschrieben hat, erwartet man ein Rührstück voller Heimweh. Statt dessen hört man
eine leidenschaftliche Schilderung der Gedanken, die sich jeder Jude
in den DP-Lagern über seine Situation machte. Der Text dieses rück-
wärts wie vorwärts schauenden Liedes läßt die Vergangenheit ganz
allmählich in den Hintergrund treten. Am Ende siegt die Zukunft.

Es muß wohl ein Alptraum gewesen sein.
Aber jetzt weiß ich wieder, was geschah.
Die Besten sind nicht mehr; es ist entsetzlich, ein Grauen, ein
Grauen.
Wie kann man noch sprechen und sich bewegen, wissend, es
hätte nicht geschehen dürfen?
Die Luft ist erfüllt von der immer gleichen Klage
Jeder fühlt den gleichen tiefen Schmerz wie ich, denn ...

REFRAIN

Man sehnt sich nach daheim
Wo soll man auf dieser Erde fündig werden?

Man sehnt sich nach daheim
Alle Wege sind uns versperrt.
Aber wir geben die Hoffnung nicht auf. Anders geht es nicht!
Das Leben wird wieder schön sein.
Man sehnt sich nach daheim,
einem wärmenden Heim, wie wir es einst hatten.
Man sehnt sich nach daheim.
Es muß eine Vergeltung für unsere Trauernden geben.
Einst war es schrecklich
Aber es hat sich zum Besseren gewendet.
Jetzt gilt es zu leben, die Zeit ist reif!

Ich habe mich immer über Theodor Adornos berühmtes Diktum ge-
wundert, daß man nach Auschwitz keine Gedichte mehr schreiben
könne. In Wahrheit verfaßten die, die Auschwitz und den anderen
Lagern lebend entkamen, ganze Bände voller Gedichte und vieles
andere dazu: fieberhaft versuchten sie, alles, was ihnen widerfahren
war, festzuhalten. Es war, als brauchten sie in diesen Jahren, die sie
in den DP-Lagern in Deutschland verbrachten, die Lyrik, die Theaterstücke, Erzählungen, Lieder und Musik, um ihren Erlebnissen
Ausdruck zu verleihen und sich damit auseinanderzusetzen. Und alles in Jiddisch. In der intimen Atmosphäre der Lager wurde jede Be-
deutungsnuance verstanden. Als Chaim Baigelman 1949 nach Amerika auswanderte, stellte er eine neue Band zusammen, doch hatte
er kaum jemals wieder ein Publikum, das ihm so ergriffen und aufmerksam zuhörte.

Die gerade befreiten Juden in den DP-Lagern stellten fest, daß sie
offizielle Sprecher brauchten, die in ihrem Namen mit den Behörden
verhandelten. In der britischen Zone rief Josef Rosensaft, früher Besitzer einer Gießerei im polnischen Bendzin und der geborene Anführer, drei Tage nach der Befreiung des Konzentrationslagers in Bergen-Belsen ein vorläufiges Repräsentantenkomitee ins Leben, das
später in einer Wahl bestätigt wurde. In der amerikanischen Zone
gründeten die jüdischen DPs einige Monate später, im Juli 1945, das
Zentralkomitee der befreiten Juden in Bayern, und wählten Zalman
Grinberg, einen dreiunddreißigjährigen Arzt aus Kowno zum Vorsitzenden. Im Januar 1946 weitete das Komitee seine Zuständigkeit
auf die gesamte amerikanische Zone aus und begann gleichzeitig mit
der Veröffentlichung von *Undzer Weg*, einer zonenweiten jiddischen
Zeitung, der ersten jüdischen Publikation in den Lagern nach dem

Krieg. Sie trug den Untertitel „Die Allgemeine Jüdische Zeitung in *Goles*-Deutschland" und erschien zunächst einmal, später zweimal wöchentlich. Durch die Bemühungen der amerikanischen Hilfsorganisationen, die die Drucktypen besorgten, konnte sie in hebräischer Schrift gedruckt werden – was in einem Artikel der ersten Ausgabe mit überschwenglichen Worten der Begeisterung bejubelt wurde. „Eine jüdische Zeitung!" schrieb Israel Kaplan, der spätere Herausgeber der Zeitung der Historischen Kommission „Wirklich und wahrhaftig in den leuchtenden, eckigen jiddischen Buchstaben gedruckt – den kleinen goldenen Buchstaben, den teuren Buchstaben, die von Juden seit Generationen mit heißen Küssen bedacht werden."[29] Die erste Ausgabe erschien am 12. Oktober 1945 und enthielt im Impressum sowohl in Jiddisch als auch in Hebräisch den Spruch aus dem Fünften Buch Mose, den jeder Lagerbewohner kannte: „Vergeßt nicht, was die Amalekiter euch angetan haben!"

Nur sechs Monate nach Kriegsende gegründet, erreichte *Undzer Weg* sofort die Herzen der Menschen, die ihrer Heimat und Familie beraubt waren, und deren Zukunft völlig im Ungewissen lag. Die Grundsatzerklärung auf der Titelseite trug die Überschrift „Jiskor" (hebr. „er wird sich erinnern . . ."), den Namen des Gedenkgottesdienstes für die Toten. Und der Anfang des Manifestes selbst ist in der Tat dem Andenken „unserer Eltern, Schwestern und Brüder, unserer Frauen und Kinder, die von brutalen Verbrechern grausam getötet wurden" gewidmet, aber dann geht es weiter mit der Würdigung „des Heldenmuts der Widerstandskämpfer im Ghetto, die in der Untergrundbewegung ihr Leben opferten, und der heldenhaften Partisanen". So sprechen Menschen, die sich nicht geschlagen geben, sondern ihr Überleben als Triumph sehen. Das Manifest endet voller Inbrunst:

> Auf ewig heilig sind die Strahlen, die unsere Geschichte mit dem glorreichen Heldenmut der Gefallenen erleuchten: Jüdische Kämpfer in den regulären Truppen, besonders den Truppen der Jüdischen Brigade und alle, die gekämpft und ihr junges Leben für die Ehre des jüdischen Volkes gegeben haben. In heiliger Ehrfurcht und höchstem Respekt schreiten wir einer großen Zukunft entgegen. . . . Das Volk Israels lebt – Am Jisroel Chai.

Die Zeitung war nur der erste Schritt zur Wiederbelebung des jüdischen Kulturlebens. Überall in den befreiten Gebieten traten Gruppen und einzelne an die Öffentlichkeit, um das, was geschehen war, zu berichten oder zu reflektieren. Manchmal war das ein Brief oder ein Gedicht oder eine Kurzgeschichte für die Zeitung. Zuweilen nahm es auch anspruchsvollere Formen an, wenn Künstler, Historiker und Lehrer versuchten, wieder an ihr geistiges Leben vor dem Krieg anzuknüpfen. Aber die meisten kulturellen Aktivitäten in den Lagern waren gekennzeichnet von dem brennenden Verlangen, sich auszudrücken – sich mit dem Erlebnis der verheerenden Katastrophe, der sie alle gerade erst entronnen waren, auseinanderzusetzen.

Ende 1945 gründeten einige polnisch-jüdische Schauspieler, die den Krieg in Taschkent und an anderen Orten der Sowjetunion überstanden hatten, nach ihrer Ankunft in der sowjetischen Zone in Deutschland eine Theatergruppe. Als Verbeugung vor ihren Lehrern nannten sie sich nach den Initialen des berühmten alten Moskauer Jüdischen Kunst-Theaters „MIKT", aber sie gerieten sehr schnell mit den sowjetischen Machthabern in Konflikt. Die Gruppe sollte ihr Repertoire zugunsten des genehmen „Sozialistischen Realismus" aufgeben, der sich für Propagandazwecke eignete. Statt sich zu fügen, ließ sich die Truppe im Frühjahr 1946 über die Grenze in die amerikanische Zone schmuggeln. Dank ihres neuen Stützpunktes in München konnten sie die alten Initialen behalten und hießen nun Münchner Jüdisches Kunst-Theater. Drei Jahre lang gingen sie auf Tournee durch die Lager und Gemeinden, wo Juden lebten, und spielten die jiddischen Theaterklassiker. Allein im Jahre 1947 gaben sie Vorstellungen in achtundfünfzig Lagern, mit einer Besucherzahl von insgesamt 40 000 Personen. Eine weitere, von der ursprünglichen Truppe abgespaltene Theatergruppe aus München war auf Musicals und Varieté spezialisiert.

1948 gab es bereits drei professionelle und drei Laiengruppen in Deutschland, ganz abgesehen von Gastkünstlern wie dem Sänger und Schauspieler Herman Jablokow, der selbst aus Grodno stammte und aus den USA anreiste, um in den Lagern aufzutreten.[30] In seiner Autobiographie beschreibt Jablokow, der jiddisch-sprachigen Zuschauern diesseits und jenseits des Atlantiks ein Begriff war, seinen ersten Auftritt in einem DP-Lager in Deutschland, im April 1947. Obwohl sein Name für ein volles Haus gesorgt hatte, konnte er die Feindseligkeit im Saal spüren, die durch das Erscheinen eines weiteren gönnerhaften Besuchers aus Amerika ausgelöst wurde. Statt mit seinem geplanten Programm zu beginnen, trat er an die Rampe und hielt eine Stegreifrede, die mit den Worten schloß: „Ich bin nicht als amerikanischer Menschenfreund zu euch gekommen und auch nicht als Politiker. Ich bin hier als Jude bei meinen jüdischen Brüdern in ihrer Verzweiflung. Eines könnt ihr gewiß sein – die Jüdischen Gemeinden in der freien Welt haben euch nicht vergessen, und werden es auch nie . . . . Auch ich bin ein Ewiger Jude, eine ‚displaced' person."[31] Diese Beteuerung sowie der Klang seines Grodno-Jiddisch bauten die Schranken ab, und er konnte wie geplant fortfahren.

Aber professionelle Unterhaltungskünstler waren nicht genug für ein Volk, das darauf brannte, seine Geschichte zu erzählen. Im Lauf der Zeit entstanden in Eigeninitiative an die sechzig Laienensembles in den Lagern. Manche hatten so viel Erfolg, daß sie ebenfalls zu ihren Landsleuten in anderen Lagern auf Tournee gingen. Das alles gehörte zum inneren Gärungsprozeß dieser Zeit, als ein befreites Volk mit allen möglichen Mitteln seine Geschichte zu erfassen und darzustellen suchte.[32]

Mit der Zeit gab jedes DP-Lager seine eigene Zeitung heraus, und überdies hatte jede Organisation mit irgendeiner Funktion im Lager oder in der Gemeinde – sämtliche zionistischen Parteigruppen, die Schriftstellergewerkschaft ebenso wie die Sportvereine und Kulturclubs – eine Art Bulletin oder Mitteilungsblatt. Manche bestanden nur aus ein paar vervielfältigten Seiten. Aber ihnen allen gemeinsam war das Gefühl der Vertrautheit, wie im häufigen Gebrauch des Wortes „Unser" im Titel offenkundig wird: *Unsere Welt, Unser Ziel, Unser Wort, Unsere Hoffnung, Unsere Front, Unser Mut, Unsere Stimme, Unser Kampf* und natürlich *Unser Weg.* Wie die Namen zeigen, wandten sich diese Zeitungen nicht an eine „allgemeine Öffentlichkeit". Sie wurden von Juden für Juden geschrieben, die sich durch ihre Leiden im Krieg miteinander verbunden fühlten und die in diesen Zeitungen ein Forum fanden.

In den drei Jahren zwischen Kriegsende und der Auflösung der Lager war die jüdische Presse in Deutschland – sowohl was den persönlichen Stil als auch was die Ausdruckskraft ihrer Selbstdarstellung betraf – einzig in ihrer Art. Mehr als 200 Zeitungen, Zeitschriften und Bücher wurden in diesen Jahren veröffentlicht (fast alle in Jiddisch), die den innersten Gefühlen und Hoffnungen dieser jungen Juden lebhaften Ausdruck verliehen. Es gab eine Zeitung in Ungarisch, eine in Rumänisch, eine in Polnisch und eine in Hebräisch, *Der Funke,* die schon 1940 als Untergrund-Blatt der zionistischen Studenten im Ghetto von Kowno entstanden war. Als sie

1944 nach Dachau deportiert wurden, gaben sie sogar im KZ unbeirrt ihre – von Hand geschriebene – Zeitung weiter heraus, obwohl es illegal und gefährlich war. Die erste legale Ausgabe veröffentlichten sie im Juli 1945, nur zwei Monate nach der Befreiung,
im Krankenhaus für DPs in St. Ottilien (bei München), und von da
an erschien die Zeitung regelmäßig bis April 1948.[33]

„In jeder Generation muß sich einer so fühlen, als sei er selbst aus Ägypten geflohen."
Der Buchstabe ‚Beth' aus dem hebräischen Alphabet ist einer Seite aus
der *Haggada der Überlebenden* entnommen, die von dem lettischen
Lehrer und Schriftsteller Yosef Dov Sheinson verfaßt und illustriert, von
Miklos Adler zusätzlich mit Holzschnitten verziert wurde. Im oberen Teil
des Buchstabens sind die ägyptischen Pyramiden zu sehen, in dem seit-
lichen Strich das ‚Bad', das die Erinnerung an die Gaskammern beschwört. Im unteren Teil des Buchstabens sind Stacheldrahtzäune,
Wachtürme und die Schornsteine des Todeslagers abgebildet. Diese
Haggada wurde für den Gebrauch des Pessach Seders für *displaced* Juden
1946 in München gedruckt.

Eine der unvergänglichsten Leistungen dieser Phase war die Publikation einer *Sche'erith Haplejta-Edition* des Talmud unter der Leitung von Rabbi Samuel A. Snieg. Mit finanzieller Unterstützung des „Joint" und zusätzlichen Mitteln von den amerikanischen Streitkräften und der deutschen Wirtschaft wurden die neunzehn Bände in 750 Exemplaren gedruckt und der amerikanischen Besatzungsarmee gewidmet.[34]

Wie flüchtig der Aufenthalt des „Rest der Geretteten" in diesen Lagern auch sein mochte, ihr Geschichtsbewußtsein erlahmte nie; systematisch waren sie außerdem. Zu den ersten Handlungen des Zentralkomitees der befreiten Juden gehörte die Einrichtung einer Historischen Kommission, „um Dokumente und Datenmaterial über die gerade vergangene *churban* (Vernichtung) zu sammeln". [Die Kommission verwendete das herkömmliche, geschichtsgetränkte jiddische Wort *churban* für die Zerstörung des Tempels in Jerusalem im Jahre 70 v. Chr. Für die jüngste Katastrophe wird meist die englische Übersetzung des Begriffs – „Holocaust" – verwendet. Auch das moderne hebräische Wort *Shoah* hat sich in angelsächsischen und deutschen Publikationen durchgesetzt, doch jiddische Autoren benutzen weiterhin *churban*.]

Die Kommission wollte nicht einfach Material zusammentragen, sondern ihre Funde auch der Welt mitteilen. Ihre erste Veröffentlichung war die Zeitschrift *Fun letstn churban* (Von der jüngsten Zerstörung), geschrieben in Jiddisch und herausgegeben von Israel Kaplan. Sie erschien von August 1946 bis Dezember 1948 und beschäftigte sich mit den Ghettos und Lagern in Polen, Weißrußland, Litauen, Lettland, Estland, Deutschland und Ungarn.[35]

Pausenlos war die Kommission darum bemüht, sich Informationen über die *churban* zu beschaffen. Sie war nicht nur an Dokumenten aus der NS-Zeit, sondern auch aus dem Alltagsleben in Polen vor dem Krieg interessiert, auch in Form von Tonbändern, Filmen und Fotos. Im Bewußtsein, wie wichtig die sogenannte „volkstümliche Kunst" ist, sammelten sie hunderte von Liedern aus den Ghettos und Konzentrationslagern. Sie übernahmen eine komplette Bibliothek jüdischer Bücher, die man in einer ehemaligen Nazi-Dienststelle gefunden hatte und gaben sich größte Mühe, den Bestand aller neuen in Deutschland erscheinenden jüdischen Zeitschriften und Zeitungen fortlaufend zu ergänzen. Um demographische Daten zu gewinnen, verteilte man Fragebögen an 4665 Juden in den DP-Lagern. Es wurde sogar ein Fragebogen für Kinder und deren Erfahrungen und Erlebnisse in der NS-Zeit entworfen, und Mitarbeiter von UNRRA (United Nations Relief and Rehabilitation Administration) wurden eigens geschult, um mit diesen Kindern zu sprechen. 345 ausgefüllte Exemplare kamen zurück, alle aus dem DP-Lager Föhrenwald.[36] Ende 1948, nach der Staatsgründung Israels, übergab man dann das gesamte Archivmaterial an das Yad Vashem Archiv in Jerusalem.[37]

Nach und nach wurden aus den DP-Lagern kleine Dörfer, eine Art Weiterführung der alten jüdischen Welt, ein letztes Heraufbeschwören der osteuropäisch-jüdischen Welt im kleinen. Einem Besucher des DP-Lagers Waldstadt bei Pocking, das sechstausend Einwohner hatte, kam das Lager vor wie ein altes Schtetl. Er berichtet: „Eine Straße heißt – in Hebräisch – Rechov Borochov [nach einem Zionisten-Führer], und Schilder an den Türen der Gebäude weisen auf die Büros verschiedener zionistischer Parteien hin."[38] Wenn auch die ausgesprochen zionistische Atmosphäre kaum für das Vorkriegs-Schtetl typisch war, sind die hebräischen Namen nicht nur ein Zeichen dafür, wohin die Gesinnung im allgemeinen tendierte, sondern auch für die unermüdlichen Aktivitäten der Zionisten aus Palästina. Den Kindern in den Schulen der DP-Lager schickten sie Hebräisch-Lehrer; den potentiellen Einwanderern, die einstweilen in Deutschland Landwirtschaft betrieben, schickten sie Agrarexperten; und sie warben fleißig um die jungen, rastlosen Einwanderer, die es kaum erwarten konnten, ein neues Zuhause zu finden. Doch waren es letztlich eher pragmatische als ideologische Gründe, von denen sich die DPs bei ihren Entscheidungen leiten ließen, wie an den ständig wechselnden Zahlen bei den Umfragen abzulesen ist.

In den Lagerzeitungen und anderen regelmäßig erscheinenden Publikationen kommt zum letzten Mal spontan das jüdische Leben der Vorkriegszeit zum Ausdruck, und alte Debatten werden wieder aufgenommen, als seien sie nur kurz unterbrochen gewesen. Zum letzten Mal verteidigten die befreiten Juden liebgewordene politische Positionen, ob zum Beispiel Jiddisch oder Hebräisch ihre Nationalsprache sein sollte, während weltliche und religiöse Fraktionen zum wiederholten Mal um die Definition von „Jüdischsein" stritten. Die Fragen, Probleme und hitzig verteidigten Standpunkte waren ungebrochen gegenwärtig, und bei den Wahlen im Lager gab es eine Neuauflage sämtlicher politischer Positionen aus dem jüdischen Polen der Vorkriegszeit. Aber zugleich spürte man, daß die jü-

Eine jüdische Hochzeit in einem Lager der UNRRA in Berlin im Oktober
1946. Rabbi Friedman, selbst eine *displaced person*, nahm die Zeremonie
vor.

dische Geschichte eine neue Richtung einschlug. Eine Parteigrup-
pierung der Zionisten formulierte es kurz und bündig in ihrem Auf-
ruf an die Bewohner des Straubinger Lagers, zur Wahl zu gehen:
„*Dos letste mol in Golus*".

Doch waren diese Lager keineswegs nur Debattierklubs. Bei der
großen Anzahl ungebundener junger Leute, die sich fast alle nach
Geborgenheit in Heim und Familie sehnten, war es nicht verwunderlich, daß es in den Lagern immer mehr Hochzeiten gab; und im
Lauf der Zeit wuchs auch der Sinn für Zeremonielles. Zum Beispiel
wurde im Lager Eschwege das einzige verfügbare Hochzeitskleid
zwischen den Trauungen sorgfältig aufbewahrt und bei Bedarf aus-
geliehen. Aber die meisten jungen Frauen trugen einfach irgendwelche Kleider, wie das Foto einer Hochzeit aus dem Jahre 1946
zeigt.

Eine gar nicht so geheime Sorge, die Männer und Frauen glei-
chermaßen beschäftigte, galt ihrer Fruchtbarkeit. Daß sie in den
Konzentrationslagern grausamen medizinischen Experimenten ausgesetzt gewesen waren, trug noch zusätzlich zu ihrer Beunruhigung
bei. Aber auch abgesehen von diesen Experimenten waren die Männer um ihre Potenz besorgt, während die Frauen, die aufgrund von

Unterernährung und Untergewicht oft monate- oder jahrelang nicht menstruiert hatten, sich fragten, ob sie überhaupt Kinder bekommen konnten. Zusätzlich hinterließen Berichte über unfruchtbarmachende Röntgenexperimente der Nazis ihre Spuren, so daß sich die Frauen Sorgen machten, sie könnten, ohne es zu wissen, geschädigt sein. Doch war es verblüffend, wieviel eine Phase der Ruhe und angemessenen Ernährung bewirken konnte. Mit der Zahl der Eheschließungen stieg auch die Geburtenrate. 1946 konnte die UNRRA melden: „Es gibt eine ungewöhnlich große Anzahl schwangerer Frauen in den jüdischen Lagern in Deutschland, schätzungsweise acht- bis zehntausend."[39] Ihre Freude an den Kindern, nicht zuletzt als Triumph über ihre Verfolger, ist auf dem Foto aus dem Landsberger Lager deutlich zu sehen. 1947 lag die Geburtenrate der jüdischen DPs als die höchste der Welt bei 50,2 pro tausend, was besonders aufsehenerregend im Vergleich mit der deutschen Rate von 7,6 pro tausend erscheint.[40]

Ab 1948, als die meisten Juden die Lager endgültig verließen, um sich im Ausland niederzulassen, verflüchtigten sich in der weiten Welt ihre alten politischen und kulturellen Loyalitäten, die einer Phantomgesellschaft galten. Mehr noch, in den USA oder in Israel blühten die in den Gedichten und Essays der familiären Zeitungen so inbrünstig in Worte gefaßten individuellen Erinnerungen nur noch im Verborgenen, oder gingen einfach unter, weil der Aufbau

Junge Mütter im DP-Lager von Landsberg. In den DP-Lagern gab es weltweit die höchste Geburtenrate zu der Zeit.

einer neuen Existenz vollen Einsatz verlangte. Zwar hielten die Immigranten auch in den neuen Ländern, in denen sie sich niedergelassen hatten, eisern an ihren Heimatverbänden fest, doch waren dies größtenteils unpolitische Treffpunkte, um der Toten zu gedenken, die Vergangenheit wieder aufleben zu lassen, einander Gesellschaft zu leisten und etwas Wärme zu geben. Von den Dingen, für die man sich früher eingesetzt hatte, blieben nur ein schwacher Abglanz oder wehmütige Erinnerungen, so daß der alte politische Biß fehlte.

Wie wir noch sehen werden, bestanden die Lager viel länger als erwartet. Die Bewohner ebenso wie die Besatzungsmächte und die deutsche Bevölkerung ringsum wollten die Lager eigentlich so schnell wie möglich aufgelöst sehen, wenn auch aus jeweils eigenen Gründen. Das galt ganz besonders für die Juden, die es kaum erwarten konnten, wieder ihr eigenes Leben zu beginnen. Aber die Hoffnungen der Lagerbewohner, in eine bleibende Heimstätte umsiedeln zu können, trafen auf hartnäckigen politischen und gesellschaftlichen Widerstand.

Wie die DP-Lager entstanden, kann man nicht summarisch erzählen; jedes Lager hatte seine eigene Geschichte. Eigentlich hießen sie offiziell auch gar nicht Lager, sondern „assembly centers", was eine genauere Bezeichnung war, da die Behausungen zum Teil nicht den rohen Baracken entsprachen, die man mit Lagern in Verbindung bringt. Obwohl man die meisten in ehemaligen Militäranlagen der deutschen Wehrmacht eingerichtet hatte, waren manche, wie Lampertheim und Zeilsheim, in Wirklichkeit Häuser in deutschen Städten, aus denen man die Deutschen ausquartiert hatte, um Platz für die DPs zu schaffen. An einigen Orten wurden Sanatorien übernommen und Kranke und Gesunde dort untergebracht. St. Ottilien bei München, eines der ersten, das für diesen Zweck beschlagnahmt wurde, war auch der Schauplatz einer der ersten Veranstaltungen zur Feier der Befreiung. Für längere oder kürzere Zeit, in größerer oder kleinerer Anzahl bewohnten die Juden 184 DP-Lager in den Besatzungszonen Deutschlands einschließlich West-Berlins. Das letzte Lager wurde im Februar 1957 geschlossen: Föhrenwald in der amerikanischen Zone, in der es die meisten DP-Lager gab. In der französischen Zone lagen nur elf, von denen drei eigentlich Kibbuzim waren; die Briten verwalteten zweiundzwanzig, die Amerikaner 151 Lager.[41] Aber nicht alle jüdischen DPs leb-

75

ten im Lager; mindestens ein Drittel zog es vor, ihren Weg in der freien Wirtschaft zu machen, unterstützt von den städtischen Behörden, die ihnen beschlagnahmte Wohnungen überließen.[42]

Landsberg, in der Nähe von München, das sich im Lauf der Zeit zu einem der größten Lager entwickelte, wurde von den in Bayern einmarschierenden amerikanischen Streitkräften eingerichtet. Wie sie feststellen mußten, hatten sie in ihrem Schutzgebiet auch eine Tausende umfassende Gruppe von Personen übernommen, die man zwangsweise zur Arbeit nach Deutschland verschleppt hatte. Als wieder Frieden herrschte, saßen sie fern der Heimat fest, mittellos und mit nichts als dem, was sie auf dem Leibe trugen. Am 1. Mai 1945 beschloß das amerikanische Militär, das frühere Ausbildungslager der deutschen Wehrmacht in Landsberg in eine provisorische Unterkunft für die *displaced persons* umzuwandeln. Man schickte Armeefahrzeuge in die Nachbardörfer und sammelte all jene zusammen, die seit Beendigung der Kriegshandlungen ihrem Schicksal überlassen waren: Kriegsgefangene, Flüchtlinge, Zwangsarbeiter. Binnen weniger Wochen hatten ungefähr achttausend Menschen aus sechzehn Nationen dort Aufnahme gefunden. Kinder waren keine darunter. Sehnlichster Wunsch fast aller, die nach Landsberg gebracht wurden, war die Rückkehr in die Heimat, und bis September hatten alle, die repatriiert werden wollten, das Lager verlassen; nun bestand die Bewohnerschaft aus 4500 Juden, für die „Heimat" fast kein Begriff mehr war.

Durch eine Fügung des Schicksals war der für das Lager verantwortliche amerikanische Offizier selbst Jude – Major Irving Heymont aus einer assimilierten amerikanisch-jüdischen Familie. Wie sich die Beziehung zu den DPs in seiner Obhut allmählich entwickelte, kann man einer Reihe von eloquenten Briefen an seine Frau entnehmen, die er während der kurzen, aber bedeutsamen drei Monate auf diesem Posten – von September bis Dezember 1945 – nach Hause schrieb und die später von den American Jewish Archives veröffentlicht wurden. Er achtete sehr sorgfältig darauf, seine Herkunft nicht bekannt werden zu lassen: „Ich wußte instinktiv, daß es für meine Bemühungen im Lager hinderlich gewesen wäre," schrieb er später, „wenn man gewußt hätte, daß ich Jude bin. Auf seiten des Militärs konnten meine Handlungen dann . . . mit der Begründung beanstandet werden, ich sei befangen. Auf der anderen Seite entstünde die Vorstellung, ich sollte auf eine bestimmte Art und Weise handeln, weil ich als Jude zu ihnen gehörte."[43] In seinen

Eine Straße in Föhrenwald. Das Foto zeigt eines der größten DP-Lager in Bayern in der amerikanisch besetzten Zone. Föhrenwald wurde als letztes Lager aufgehoben. Seine letzten Bewohner verließen es im Jahre 1957. Manche DP-Lager bestanden lediglich aus umgebauten Armeebaracken, in anderen Lagern gab es Siedlungen mit kleinen Wohnblocks.

Briefen können wir die Geschichte dieses Teils des „Rest der Geretteten" lesen, wie sie ein mitfühlender und ein wenig ratloser Außenseiter erlebt hat.

Im Oktober 1945 war er mit einer Situation konfrontiert, die er sich nicht erklären konnte und die ihm Sorgen bereitete: Ein General in dieser Zone gab Order, 1000 Lagerinsassen von Landsberg nach Föhrenwald zu verlegen, um so der drangvollen Enge und den unhygienischen Zuständen etwas abzuhelfen. Doch obwohl Föhrenwald eigentlich gar kein Lager, sondern eher eine Siedlung war, die, wie Heymont schrieb, „moderne Häuser mit kleinen Wohnungen [hat], wo ein normales Familienleben möglich ist", wichen die Juden in Landsberg nicht von der Stelle. Ein paar Wochen später schrieb er dann: „Täglich lerne ich die Menschen im Lager besser zu verstehen... Kürzlich ist mir klar geworden, warum sie sich so sehr dagegen sträuben, nach Föhrenwald umzuziehen. Für die meisten hier bedeutete die bloße Erwähnung von Abtransport oder Abmarsch in ein anderes Lager einst den sicheren Tod vieler Menschen.

Unter den Nazis war ein Transport üblicherweise für viele der Ab-
transportierten gleichbedeutend mit Gaskammer und Hungertod.
Die Menschen sind psychisch noch nicht in der Lage, von einem Lager zum anderen zu wechseln. Sie haben es satt, in Europa herum-
zuziehen und an andere Orte verlegt zu werden... Für sie stellt
Landsberg eine Art sicheren Hafen in Europa dar, in Form von Gewohnheit, von neuen Freundschaften und von der Teilnahme an gemeinsamen Aktivitäten. Hier handelt es sich um eine tiefsitzende
Lethargie, die sich meiner Ansicht nach mit der Zeit wieder geben
wird... "[44]

Er sollte recht behalten. Die DPs in seiner Obhut saßen nicht
tatenlos herum in der Erwartung, von anderen gerettet zu werden.
Im September 1945 hatten sie um die Erlaubnis zur Selbstverwaltung
gebeten und sie auch erhalten; und im darauffolgenden Monat
begannen sie damit, eine Lagerzeitung herauszugeben. Wie fast alle
anderen zu dieser Zeit von den *displaced* Juden herausgebrachten
Zeitungen war sie in jiddischer Sprache verfaßt. Weil hebräische
Lettern knapp waren, transkribierte man sie für den Druck in das
lateinische Alphabet, unter Verwendung der Lautwerte des Polnischen (der Buchstabe ‚C' entspricht dann zum Beispiel einem ‚z'-Laut
in der deutschen Rechtschreibung). Die Zeitung hieß *Landsberger
Lager Cajtung,* und vielleicht mußte man – wie ein Pragmatiker
bemerkte – die Verwendung der lateinischen Schriftzeichen auch gar
nicht bedauern. „In den Lagern" schrieb er „gab es Hunderte, wenn
nicht gar Tausende junger Leute aus Polen, Ungarn und Rumänien,
die Jiddisch nicht lesen, aber sprechen konnten. Für sie stellten die
Zeitungen in lateinischer Schrift die einzige Möglichkeit dar, in den
Genuß der jiddischen Publikationen zu kommen."[45]

Die *Landsberger Cajtung* war die wichtigste Lagerzeitung in
Deutschland. Neben Lokalnachrichten aus dem Lager enthielt sie
Kolumnen über jüdisches Leben in den „Ländern der Diaspora",
den *Golus lender* und detaillierte Artikel über Palästina, wo sich
viele Lagerbewohner niederlassen wollten. Sie informierte über
die amerikanische Besatzungsmacht und gab Hinweise auf Ein-
wanderungsmöglichkeiten in der ganzen Welt. Auch Berichte über
die zionistische Bewegung sowie Nachrichten über Deutschland
konnte man darin finden, letztere allerdings nur, soweit sie jüdische
Interessen betrafen. Natürlich wurde ausführlich über die Nürnberger Prozesse sowie über Jüdische Gemeinden in anderen Teilen
Deutschlands Bericht erstattet. Aber Deutschland selbst – seine

78

Politik, seine Menschen, sein Wiederaufbau – existierte nicht in den Landsberger Zeitungsspalten.

Außerdem fungierte die Zeitung für das Lager als eine Art Schwarzes Brett, da die letzte Seite persönlichen Mitteilungen vorbehalten blieb. War diese Seite anfangs noch fast ausschließlich voll von dringenden Anfragen nach dem Verbleib vermißter Familienangehöriger, fanden sich im Laufe der Zeit in der rechten unteren Ecke immer mehr Hochzeits- und Geburtsanzeigen. Es wurden auch die Zusammenkünfte von Gruppen aus einer bestimmten Stadt (Heimatort-Verbänden) angekündigt, die – wie bereits erwähnt – für Leute, die ihre Familie verloren hatten, außerordentlich wichtig geworden waren. Oft ging es bei diesen Ankündigungen um eine Gedenkversammlung zum Jahrestag des von Deutschen an den Juden dieser Stadt verübten Massakers; und manchmal stellten sie auch einfach den Versuch dar, weitere Überlebende von dort, die sich in Landsberg aufhielten, zu finden und zusammenzubringen.

Diese Zeitungen leisteten mehr, als nur die neuesten Nachrichten zu drucken. Sie verliehen den Anliegen der Menschen eine Stimme. Und worüber diese Menschen sprechen wollten, war die Vergangenheit. *Unsere Hoffnung*, eine erstmals im Juni 1946 im DP-Lager in Eschwege bei Kassel veröffentlichte Zeitung, war eine der ersten, die Augenzeugenberichte von den Todeslagern – darunter Majdanek und Treblinka – druckte. Das war die unmittelbare Vergangenheit. Doch dahinter lag noch eine andere und machte ihnen bewußt, daß sie für immer alles verloren hatten, was Heimat, Zugehörigkeit, Identifikation mit einem Ort und einer Gemeinschaft bedeutete. Daß sich die Überlebenden beider Bestandteile ihrer Vergangenheit bewußt waren, kam auch in Lyrik, Lebenserinnerungen, Essays, in Kurzgeschichten und Briefen an die Redaktion zum Ausdruck. Jede politische und sozialpolitische Stellungnahme war geprägt von der Erinnerung an jene überschattete Vergangenheit und einem allgegenwärtigen Gefühl des Verlustes. Noch 1947 steht bei der Vorstellung eines neuen Bildmagazins namens *Jidisze Bilder* eine Rechtfertigung am Anfang. „Man muß ehrlich zugeben", schreiben die Herausgeber, „daß *Jidisze Bilder* nicht im entferntesten mit dem ehemaligen *Rigaer Bildjournal* zu vergleichen ist, das das jüdische Alltagsleben mit Bildern bereicherte und verschönerte. Aber wie schon ein altes Sprichwort sagt: ‚Auch dieser Weg ist gut.' "

Vom ersten Augenblick der Befreiung an war die Erinnerung der Juden an ihre Leiden und Verluste untrennbar mit dem neuen Leben verwoben. Anläßlich eines Befreiungskonzerts im Mai 1945 im Krankenhaus St. Ottilien hielt der Chefarzt Dr. Zalman Grinberg, später einer der Redakteure von *Undzer Weg*, noch nicht einmal drei Wochen nach Kriegsende eine eindrucksvolle Rede, in der er einige der Empfindungen der gerade Befreiten aussprach. Für ihn wie für seine Zuhörer war es die unmittelbare Vergangenheit, die die Gedanken und Gefühle beherrschte.

420 Juden, die letzten Repräsentanten der europäischen Juden nach der schwersten Leidenszeit, die vorstellbar ist, befinden sich nun hier in St. Ottilien. Diese Menschen gehören zu den wenigen Überlebenden der altehrwürdigen jüdischen Gemeinden in Europa: Budapest und Prag, Warschau, Kowno und Saloniki. Millionen Mitglieder dieser Gemeinden sind vernichtet worden. Welche Logik liegt dann darin, daß das Schicksal gerade uns am Leben gelassen hat? Wir gehören zu denen in den Massengräbern, erschossen in Charkow, Lublin und Kowno, wir gehören zu den Millionen in Auschwitz und Birkenau Vergasten; wir gehören zu den Zehntausenden, die an den Strapazen schwerster Zwangsarbeit starben; wir gehören zu jenen, die von Milliarden von Läusen, von Dreck, Hunger und Kälte in Lodz, Kielce, Buchenwald, Dachau, Landshut, Utting, Kaufering, Landsberg und Leonberg gequält wurden. Wir gehören zu denen, die in den Konzentrationslagern den Tod durch Gas, Erhängen, Folter, Hunger, Erschöpfung und Mißhandlung fanden. Wir gehören zu dem Heer der neun Millionen, die unter der Knute dieses fachmännisch organisierten und geschickt eingefädelten Mordapparates umgekommen sind. Wir sind nicht lebendig. Wir sind noch immer tot!
… Wir haben uns hier getroffen, um unsere Befreiung zu feiern, aber es ist auch ein Tag der Trauer. Denn jeder schöne und fröhliche Tag, jetzt oder in Zukunft, wird von den tragischen Ereignissen der Vergangenheit überschattet. …
Wir sind frei, aber wir wissen nicht, wie oder womit wir unser freies, aber unglückliches Leben anpacken sollen. Anscheinend versteht die Menschheit noch nicht, was wir damals erlitten und erfahren haben. Und es scheint, als würden wir auch nie verstanden werden.

Wir haben das Lachen verlernt, wir können nicht mehr weinen; wir begreifen unsere Freiheit noch nicht, vielleicht weil wir noch im Schatten des Todes stehen.[46]

Dr. Grinberg war damals dreiunddreißig Jahre alt; bei Kriegsbeginn hatte er gerade seine medizinische Ausbildung abgeschlossen. Darin war er typisch für die ersten Ankömmlinge in den DP-Lagern, von denen neunzig Prozent zwischen sechzehn und fünfundvierzig Jahre alt waren, und deren Leben und Karriere in dem Moment erstickt worden war, in dem gerade alles anfing.[47] Eine langjährige Lagerinsassin meinte dazu lakonisch: „Man mußte jung sein, um zu überleben." Doch gerade diese Jugend, die den Überlebenden die Kraft verliehen hatte, die Nazi-Torturen auszuhalten, drängte sie nun dazu, an die Zukunft zu denken.

Für sie hatte das Leben gerade erst begonnen oder sollte gerade neu beginnen, und die wichtigste Frage lautete: Wohin? Die ersten von der UN durchgeführten Umfragen zeigten, daß neunzig Prozent nach „Erez Israel – das Land Israels" wollten. Das war keine abstrakte politische Entscheidung, sondern ergab sich daraus, wie sie die Welt in den vergangenen sechs Jahren erlebt hatten. Paula G., entschlossen, nach Tel-Aviv zu gehen und dafür sogar ihre Familie, die nach Amerika wollte, zu verlassen, formulierte es so: Sie wolle sich nie wieder in eine Lage begeben, wo man ihr befehlen könne, wegzugehen. Diese Haltung fand noch stärkeren Ausdruck in einer Rede Jichok Grinboyms, einem Mitglied des Lager-Komitees in Landsberg, im Dezember 1946. Er bestürmte seine Zuhörer: „Macht Schluß mit *Goles*! Werdet ein freies Volk in eurem Heimatland! Auf daß es nie wieder eine solche Katastrophe im jüdischen Leben gebe!"[48] Genosse Cholawski, ein zionistischer Delegierter auf dem zweiten Kongreß der befreiten Juden im Februar 1947, sprach in seinem Plädoyer für Palästina die geheimen Ängste seiner Zuhörer an: „Wir sollten einen erzwungenen Rastplatz nicht mit einem beständigen Zuhause verwechseln. Beständigkeit ist eine Illusion und wir sollten ihr nicht verfallen. Es ist nur *Goles*, das uns im Weg steht. Unsere Botschaft lautet: Majdanek ist kein geographischer Ort; vielmehr ist es eine historische Idee. Majdanek liegt nur fünf Kilometer von Lublin, nur fünf Kilometer vom jüdischen *Goles* entfernt." Er beschwor das Zentralkomitee, die Juden in den Lagern für *Alija* (die Auswanderung nach Palästina) zu begeistern und schloß unter großem Applaus: „Auf – zu den Schiffen!"[49]

Diese Bereitschaft zum Aufbruch war eine Haltung, die sich ganz von selbst aus dem Gefühl der vertriebenen Juden ergab, ihrer Umwelt total entfremdet zu sein, in der Vergangenheit wie in der Gegenwart, in ihren Heimatländern nicht minder als in den Lagern. Jakob Olejski, früher aktives Mitglied des ORT* in Litauen und später einer der Redakteure von *Undzer Weg*, faßte dieses Gefühl in einer Rede im August 1945 in Landsberg prägnant in Worte. „Nein, wir sind keine Polen", rief er aus, „trotzdem wir in Polen geboren sind, wir sind keine Litauer, wenn auch unsere Wiege einstmals in Litauen gestanden haben mag; wir sind keine Rumänen, wenn wir auch in Rumänien das Licht der Welt erblickt haben. Wir sind Juden."[50]

Auf diesem unerschütterlichen Bewußtsein von sich selbst als Teil einer engverbundenen, ewigen Gemeinschaft basierte der Erfolg von *Bricha* (hebr. „Flucht"), einer glänzend organisierten zionistischen Untergrundbewegung, die es sich zum Ziel gemacht hatte, Juden aus Europa herauszuschmuggeln und nach Palästina einzuschleusen. Die im Januar 1945 in Lublin von bewährten Kämpfern aus den osteuropäischen Ghettos – wie Abba Kovner aus Wilna und Yitzak Zuckerman aus Warschau – gegründete Organisation war überzeugt, daß die überlebenden Juden unbedingt aus Europa heraus und nach Palästina gebracht werden sollten. Diese Ansicht fand Unterstützung durch eine Reihe nachdrücklicher Aussagen seitens der Vereinigten Zionistischen Organisation der *Sche'erit Haplejta*. Bei seinem ersten Zusammentreten im Oktober 1945 erklärte der Verwaltungsrat: „... die *Sche'erit Haplejta* betrachtet Deutschland nach der Befreiung als Fortsetzung der KZs und sieht das Leben hier nur als Aufenthalt in einer Durchgangsstation auf dem Weg nach Erez-Israel." Für die in den Lagern oder in den deutschen Gemeinden lebenden Juden war es keine Frage, ob sie auswandern sollten, sondern nur, wann und wie.

Wer besonders abenteuerlustig oder auch verzweifelt war, wer es keinen Augenblick länger auf deutschem oder polnischem Boden aushielt, dem konnte *Bricha* sofortige, wenn auch mit Risiken verbundene Hilfe anbieten. Alles in allem beförderte die *Bricha* 65 000

---

* Ein jüdisches Berufsbildungswerk (Organization for Rehabilitation and Training); 1880 in St. Petersburg gegr.; Landesverbände in vielen Ländern; Zentrale „World Ort Union" nach dem 1. Weltkrieg in Berlin (Anm. d. Übers.)

Juden von Europa nach Palästina, aber viele warteten doch lieber auf regulärere Transportmöglichkeiten und auch nicht unbedingt nach Palästina.[51] Ungeachtet der flammenden Aufrufe der Zionisten machten sich viele Juden in den Lagern ihre eigenen Gedanken über ihre Zukunft und entschieden sich anders. Während der langen Wartezeit in den Lagern schwächte sich die anfängliche Begeisterung für Palästina doch erheblich ab.

Ab 1947 zeigten die Umfragen, daß der Vorsprung für Palästina geschrumpft war und die Hälfte der jüdischen Lagerbewohner – aus vielerlei Gründen – in die USA wollten. Manche hatten sich noch nicht ganz von den Auswirkungen ihrer Leidensjahre erholt und bezweifelten, daß sie mit dem entbehrungsreichen Leben in Palästina – damals noch ein unerschlossenes Land für Leute mit Pioniergeist und zudem laufend in Konflikte mit den Arabern verwickelt – zurechtkommen würden. Andere hatten Freunde oder Verwandte in Amerika, und diese Beziehungen hatten Vorrang vor politischen Überlegungen. Doch die ungeschminkte Wahrheit war, daß bei Kriegsende weder Palästina noch Amerika Einwanderer willkommen hießen.

Die Briten, deren Mandatsgebiet Palästina war, hatten 1945 eine Quote vorgegeben, die 1500 jüdische Einwanderer pro Monat zuließ. In Anbetracht der gewaltigen Anstrengungen der zionistischen Bewegung, Juden heimlich nach Palästina einzuschleusen, machten sie jedoch zur Auflage, die Anzahl der von ihnen abgefangenen illegalen Neuankömmlinge von dieser Quote wieder abzuziehen.[52] Unbeeindruckt fuhr die *Bricha* damit fort, Transportschiffe aufzutreiben, und es gelang ihr auch, viele Flüchtlinge unentdeckt an Land zu bringen. Aber alle, die erwischt wurden, schickte man kurzerhand in Internierungslager in Palästina oder auf Zypern. Schließlich waren an die 51 000 Juden, die von britischen Patrouillen aufgegriffen worden waren, auf Zypern inhaftiert, einige sogar zwei Jahre lang, bis zur Staatsgründung Israels im Jahre 1948.

Die Vereinigten Staaten stellten jedoch, wie sich erweisen sollte, mit ihrer nicht minder diskriminierenden Gesetzgebung ein noch viel größeres Hindernis dar. Präsident Truman ließ sich von der mißlichen Lage der *displaced persons* anrühren und schickte zunächst eine amerikanische Untersuchungskommission unter Leitung Earl G. Harrisons nach Europa; Harrison war Dekan der juristischen Fakultät an der Universität von Pennsylvania und amerikanischer Vertreter des „Intergovernmental Committee on Refugees". Als Truman die Briten dazu drängte, mehr jüdische Einwanderer nach Palästina zuzulassen, konterte Premierminister Attlee, indem er eine gemeinsame englisch-amerikanische Kommission zur Untersuchung der Zustände in Deutschland vorschlug, was Truman unverzüglich akzeptierte. Obwohl diese Kommission die Empfehlung aussprach, sofort 100 000 Juden die Einreise nach Palästina zu gestatten, und daß auch die USA ihre Pforten öffnen sollten, war keines der beiden Länder dazu bereit. Großbritannien bestand auf seiner Quote für die jüdischen Einwanderer nach Palästina, und der amerikanische Kongreß sah die DPs nicht als amerikanisches Problem.[53] Die einzige Möglichkeit, Juden in einer auch nur halbwegs signifikanten Anzahl in den USA aufzunehmen, bestand darin, ein spezielles Gesetz zu erlassen – und dies stellte sich als langwieriger und aufreibender Prozeß heraus. In dem gründlichen Bericht von Leonard Dinnerstein in *America and the Survivors of the Holocaust* erhalten wir Kenntnis davon, wie unverhohlene, offen geäußerte Vorurteile gegen Juden jede vernünftige Gesetzgebung zu ihrer Unterstützung scheitern ließ. Dinnerstein schreibt: „Die meisten Abgeordneten wußten kaum etwas über displaced persons, konnten nicht verstehen, warum sie nach dem Krieg nicht heimgekehrt waren, und befürchteten eine Wirtschaftskrise oder ein Überangebot auf dem Arbeitsmarkt, falls eine große Anzahl von Einwanderern in die USA käme."[54] Außerdem schienen sie dem humanitären Appell ihres Präsidenten gegenüber taub zu sein. In einer Botschaft an den Kongreß schrieb Truman: „Wir stehen vor einem menschlichen Problem, einer Welttragödie. Laßt uns nicht vergessen, daß dies Mitmenschen sind, die augenblicklich unter wenig hoffnungsvollen Bedingungen leben ... Sie leben in aufreibender Unsicherheit bezüglich ihrer Zukunft. Ihr Schicksal liegt in unserer Hand, und es muß jetzt darüber entschieden werden. Laßt uns gemeinsam dafür sorgen, daß sie die Chance zu einem anständigen und selbständigen Leben bekommen."[55]

Das erste Gesetz, das allerdings erst im Juni 1948 verabschiedet wurde, gestattete zwei Jahre lang 100 000 DPs pro Jahr die Einreise, erlegte ihnen aber schwerwiegende Einschränkungen auf. Berechtigt waren nur Antragsteller, die vor dem 22. Dezember 1945 in Deutschland, Österreich oder Italien angekommen waren. Das hieß zum Beispiel, daß den 173 000 polnischen Juden, die erst im Februar 1946 aus der Sowjetunion entlassen wurden, niemals ein amerikanisches Visum bewilligt würde. Dagegen lag der Stichtag für die nach dem Krieg aus der UdSSR ausgewiesenen Volksdeutschen im Juli 1948. Earl Harrison, der 1945 die Truman-Kommmission zur Untersuchung der DP-Lager geleitet hatte, war über diese Bestimmung besonders empört und nannte die Volksdeutschen „die notorische Fünfte Kolonne der Nazis. Die rassistische Natur dieses Gesetzentwurfs muß alle anständigen Amerikaner zutiefst beschämen. [Daß die Volksdeutschen] spezielle Privilegien zugestanden bekommen und die Opfer der Nazi-Gewaltherrschaft nicht, macht das amerikanische Rechtswesen zum Gespött. Zum erstenmal in der amerikanischen Geschichte dürfen nun Immigranten statt nach Staatsangehörigkeit nach ‚Rasse‘ klassifiziert werden."[56] Schließlich wurde im Juni 1950 ein zweites, liberaleres Gesetz verabschiedet, doch hatte das erste seinen Zweck erfüllt und jüdische DPs von den Vereinigten Staaten ferngehalten. Bis 1952 hatten die USA ca. 400 000 DPs aufgenommen, von denen vielleicht 80 000 Juden waren; der Rest bestand hauptsächlich aus Balten, Ukrainern und Volksdeutschen aus der Tschechoslowakei, Rußland und anderen osteuropäischen Ländern.[57]

Schnell wurde den jüdischen DPs sehr klar, daß die Umsiedlung in ein dauerhaftes Domizil Zeit beanspruchen würde – nicht nur Monate, sondern vielleicht Jahre –, und innerhalb dieser Zeit wollten die jungen und vor Tatkraft berstenden Menschen das Gefühl, neu anzufangen, auch umsetzen. Das hieß, sie mußten nützliche und einträgliche Arbeit finden. Während einige der jüdischen Hilfsorganisationen Berufsbildungsschulen und Werkstätten einrichteten, schlossen sich junge Zionisten, die sich in einem Kibbuz in Palästina eine Zukunft aufbauen wollten, in improvisierten Teams zusammen, um in Vorbereitung auf ihr zukünftiges Leben Landwirtschaft zu betreiben – und sei es in Deutschland. In einem der Kollektive hatten die Mitglieder Bedenken, ob es richtig sei, „diese verfluchte Erde" zu kultivieren. Nach einem längeren Disput einigten sie sich schließlich darauf, doch ein Ausbildungslager anzulegen, wie ein Gruppenmitglied berichtet. „Unser Bestreben ist es," schreibt er, „zum Aufbau einer gesunden jüdischen Gesellschaft in ihrem eigenen Land beizutragen.... Aber da wir zu diesem Zeitpunkt nicht dorthin können,... wollen wir für die Zwischenzeit ein Stück Land finden,... wir werden arbeiten, wir werden produktiv sein."[58]
Die älteren Mitglieder der Gemeinschaft setzten für ihren Neubeginn auf die deutsche Wirtschaft. Doch war die Stimmung nicht

völlig neutral oder auschließlich von wirtschaftlichen Überlegungen geleitet. Mit dem von den Nazis in den vergangenen zwölf Jahren fanatisch propagierten Antisemitismus war es am 8. Mai 1945 keineswegs vorbei, und die Abneigung der Juden gegen das Volk ihrer Mörder hatte noch kaum Gelegenheit gehabt, sich zu legen. Auch hatten sie kein Interesse daran, zur Sanierung der deutschen Wirtschaft beizutragen. Die gegenseitige Abneigung von Juden wie Deutschen, miteinander in Kontakt zu treten, beeinträchtigte noch zusätzlich die ökonomischen Aktivitäten. Also bemühten sich die Juden, etwas Eigenes auf die Beine zu stellen, anstatt bei einer deutschen Firma einen Job anzunehmen, und das hieß, kleine Einzelhandelsgeschäfte zu eröffnen. In München schufen sie sogar ein ganz neues Geschäftszentrum in der Möhlstraße. Außer Einkaufsläden gab es dort, wie ein Berichterstatter schrieb, „moderne Straßencafés mit Sonnenschirmen in leuchtenden Farben; und in den Seitenstraßen Luxusrestaurants mit internationalen Namen: Amor, Astoria, Bristol, Trocadero."[59] Ein anderer Besucher verglich das Zentrum mit der Nalewki-Straße, der jüdischen Hauptgeschäftsstraße in Warschau. Für die Münchner Bevölkerung aber waren die Läden vor allem interessant, weil sie ein großes Sortiment an Waren boten, die preislich unter denen der etablierten Geschäfte in der Innenstadt lagen.

Wie das alles auf einige Zeitgenossen gewirkt haben muß, hat der Schriftsteller Wolfgang Koeppen aufgezeigt, indem er sich in die Gedankengänge der Gattin eines „Musikmeisters" versetzt, die wegen der Veränderungen um sie herum verstört und bekümmert ist. Der Musikmeister, Herr Behrend, hatte sich an „eine bemalte Schlampe gehängt und [spielte] nun in Gott weiß was für Kaffeehäusern für Neger und Veronikas ‚Wenn-ich-nach-Alabama-komm'".

Er kam nicht nach Alabama. Er entwischte nicht. Die Zeit der Gesetzlosigkeit war vorbei... Die Akteure waren eingefangen; sie saßen, saßen hinter Gittern ihre neuen, viel zu milden Strafen ab; Kazettler, Verfolgte, Deserteure, Doktortitelschwindler... Der Musikmeister zahlte... Alles wird teurer, und wieder sind es Schleichwege, die zu den Annehmlichkeiten des Daseins führen. Frau Behrend trank Maxwell-Coffee. Sie kaufte den Kaffee beim Juden. Beim Juden – das waren schwarzhaarige, gebrochenes Deutsch sprechende Leute, Unerwünschte, Ausländer, Hergewehte, die einen vorwurfsvoll

Die Nalewki Straße – ein belebtes Geschäftszentrum im polnischen Viertel von Warschau. Die Läden befanden sich nicht nur auf der Straßenebene, sondern auch in den höher gelegenen Etagen der Häuser, wo auch die Wohnungen der Geschäftsinhaber lagen.

aus dunkelschimmernden, nachtverwobenen Augen ansahen, von Gas und Grabgräben wohl sprechen wollten und Hinrichtungsstätten im Morgengrauen, Gläubiger, Gerettete, die mit dem geretteten Leben nichts anderes zu beginnen wußten, als auf den Schuttplätzen der zerbombten Städte

[hier schweifen Frau Behrends Gedanken wieder zurück in die idyllische Zeit vor dem Krieg, als die Morgensonne auf den Balkon schien]

(warum mit Bomben beworfen? mein Gott, warum geschlagen? für welche Sünde gestraft? die fünf Zimmer in Würzburg, Heim am Südhang, Blick über die Stadt, Blick über das Tal, der Main schimmernd, die Morgensonne auf dem Balkon, *Führer beim Duce*, warum?) in kleinen, schnell errichteten Buden, den windigen Notläden, Unverzolltes und Unversteuertes zu verkaufen. ‚Sie lassen uns nichts,‘ sagte die Lebensmittelhändlerin, ‚nichts, sie wollen uns zugrunde richten.‘... Der Kaffee im Laden der Händlerin verschimmelte, verzollt und übersteuert.[60]

Doch immer häufiger geschah es, daß die Lebenswirklichkeit Stereotypen, Prinzipien und Vorurteile zu lockern vermochte. Ein jüdischer Unternehmer aus Lodz mit großer Erfahrung im textilverarbeitenden Gewerbe, fing in München wieder neu an, indem er Nebenverträge mit Deutschen abschloß. Für andere war es bald unumgänglich, mit deutschen Lieferanten, Vermietern oder Regierungsbeamten zusammenzuarbeiten, so daß sie nach und nach in die Arbeitswelt Deutschlands, wie sie eben war, eingebunden wurden. Und sie hatte durchaus ihre häßlichen Seiten. Im Mai 1948, kurz nachdem Israel zum selbständigen Staat erklärt worden war, erhielt der jüdische Besitzer eines Schuhgeschäfts in Straubing folgende anonyme Zeilen:

Juden: eure Zeit ist gekommen. Ihr habt jetzt einen eigenen Staat. Verlaßt jetzt Straubing und unser Deutschland. Wir wollen euch nicht haben. Geht jetzt wo ihr hingehört. Wir wünschen euch viel Glück dazu. Wir brauchen eure Schuhe nicht für 17 Mk. Wenn ihr nicht geht, werdet ihr es mit eurem Leben bezahlen müssen. Ihr habt noch einige Wochen Zeit dazu. Wir lassen euch nicht aus den Augen; es kommt der Tag.[61]

Und doch hatte in eben diesem Straubing die Stadtverwaltung eine spezielle Flüchtlingskommission eingerichet und Streitfälle, in denen Flüchtlinge involviert waren, wurden dort und nicht vor einem normalen Gericht entschieden. Zum Beispiel befand bei einer Auseinandersetzung zwischen Mieter und Vermieter der Vorsitzende zugunsten des jüdischen Mieters, „der jahrelang wegen des Nationalsozialismus mit Gewalt in Konzentrationslagern festgehalten wurde, und daher gibt es eine gewisse Veranlassung, daß man solche Leute mit besonderer Rücksicht behandeln muß". Außerdem merkte der Vorsitzende an, daß es bereits Gesetze gebe, die „rassisch und politisch Verfolgte bei Mietsachen begünstigen".

Zwischen diesen beiden Ereignissen in derselben Stadt lag nur ein Jahr, und vielleicht sind ja beide symbolisch für die Situation, mit der die DPs konfrontiert waren, wenn sie sich ein Leben in Deutschland aufbauen wollten. Auf der einen Seite gab es das tiefsitzende und weitverbreitete Vermächtnis der Hitlerjahre. Über lange Zeit belegten die Umfragen der amerikanischen Militärregierung, daß sich gleichbleibend 30 Prozent der deutschen Bevölkerung zum Antisemitismus bekannten. Andererseits war die offizelle Haltung der Regierung – wie in der Straubinger Mietsache – nicht nur dem Schutz, sondern sogar der Bevorzugung jüdischer Flüchtlinge verpflichtet. Ob das Gesetz in seiner praktischen Umsetzung dieser hohen Gesinnung tatsächlich Rechnung trug, sei dahingestellt, doch allein aus der Tatsache seiner Existenz leitete sich für Juden ein Rechtsanspruch ab. Ferner waren sämtliche Nazi-Embleme sowie mündliche und schriftliche öffentliche Äußerungen antisemitischen oder rassistischen Inhalts verboten.

Für ein Volk in *Goles* war das schon sehr viel. Wie wir im ersten Kapitel gesehen haben, bestand der entscheidende Unterschied zwischen den polnischen und westeuropäischen Juden in ihren Erwartungen an ihr Leben als Bürger. Geraume Zeit hatten sich die Juden in Frankreich, England und Deutschland als Teil der Gesellschaft empfunden, in der sie lebten. Jude zu sein war Privat- und Glaubenssache, aber politisch und gesellschaftlich waren sie ihren Landsleuten zumindest theoretisch gleichgestellt. In Osteuropa war das ganz anders gewesen, und kaum ein Jude hätte sich als Pole bezeichnet. In den 1930er Jahren war Polnisch natürlich die Muttersprache vieler Juden, und sie waren dem Anschein nach nicht anders als alle anderen. Aber sie selbst und ihre polnischen Landsleute wußten, daß sie Juden waren – und das machte einen unendlichen Unterschied in einem zutiefst katholischen und nationalistischen Land.

Natürlich gab es in Deutschland auch nach dem Krieg antisemitische Vorkommnisse, aber mit wenigen Ausnahmen handelte es sich dabei eher um symbolische als um tätliche Angriffe auf Juden.

Mal wurden Synagogen mit dem Hakenkreuz beschmiert, mal auf Friedhöfen Grabsteine umgeworfen oder zerstört. Doch tatsächlich handgreifliche Angriffe auf Juden kamen selten vor. Und vor allem – was die Juden in der westlichen Welt seit langem zu schätzen wußten – lebten sie unter den Besatzern nun in einem Rechtsstaat.

Vor der Währungsreform von 1948, als die Mark noch instabil, und Konsumgüter knapp waren, entwickelte sich in Deutschland im wesentlichen eine Tauschwirtschaft, was wiederum unweigerlich zu einem schwarzen Markt führte. Letztlich kam jedes Geschäft an irgendeiner Stelle damit in Berührung. Die United Nations Relief and Rehabilitation Administration (UNRRA) war die größte der Organisationen, die sich um die Versorgung der Juden in den Lagern kümmerten; unterstützt wurde sie von verschiedenen jüdisch-amerikanischen Hilfsorganisationen, insbesondere vom American Jewish Joint Distribution Committee (Joint). Bei ihren Warenlieferungen befanden sich auch die heißbegehrten amerikanischen Zigaretten, die in Deutschland fast als Währung dienten, sowie Schokolade und verschiedene Konserven, die als großer Luxus galten. Bei diesen sogenannten Waren des „grauen Marktes" handelte es sich also um Dinge, die legitim erworben, dann aber nicht für den Eigenverbrauch sondern den Tauschhandel verwendet wurden. Eine weitere Facette, die verdeutlicht, wie die deutsche Nachkriegswirtschaft funktionierte.

Man muß auch erwähnen, daß die Forderung der Deutschen, sich im Handelsverkehr strikt an die Gesetze zu halten, bei den Juden weitgehend auf Zynismus stieß. Sie waren der Ansicht, daß sie durch die Deutschen die entsetzlichste Gesetzlosigkeit aller Zeiten erlebt und erduldet hatten; daher seien sie nicht unbedingt dazu verpflichtet, sich an die Gesetze eines Volkes zu halten, das solche Verbrechen begangen hatte. Unweigerlich führte diese Haltung dazu, daß sie mit herausfordernder Vorsätzlichkeit mit allem handelten, was ihnen in die Hände fiel.

Die jüdische Beteiligung am Schwarzmarkt wurde zu einem ständigen Ärgernis der deutschen Behörden und diente als öffentlich akzeptable Entschuldigung für antijüdisches Reden und Handeln. Es schien eine Bestätigung der alten Vorurteile, daß Juden besonders viel vom Handel und speziell von zwielichtigen Geschäften verstünden, und erbitterte Angriffe auf beiden Seiten waren die Folge. Auf übertriebene Anschuldigungen seitens des Landrats im Kreis Wolfratshausen, zu dem das DP-Lager Föhrenwald gehörte, erwiderte der Kommandant der amerikanischen Zone, General Lucius D. Clay, Tauschhandel und Schwarzmarkt stellten zwar ein generelles Problem dar, doch gebe es keinerlei Anhaltspunkte dafür, daß Juden stärker als andere DPs oder gar die einheimische Bevölkerung an diesen Geschäften beteiligt seien.[62]

Ab 1946 ging die deutsche Polizei massiv gegen jüdische Schwarzmarktaktivitäten vor, wozu auch Razzien in den DP-Lagern gehörten. Im März 1946 wurde bei einer besonders großangelegten Razzia in Stuttgart mit 180 deutschen Polizisten in Begleitung von Hunden eine Person verhaftet. Als Lagerbewohner daraufhin die Deutschen aus dem Lager drängen wollten, fielen im Handgemenge Schüsse und ein Mann namens Samuel Danziger wurde getötet. Dieser Mann hatte als KZ-Überlebender erst kürzlich seine Frau und seine zwei Kinder wiedergefunden. Die Razzia selbst hatte lediglich den Schwarzhandel mit einigen Hühnereiern ans Licht gebracht. Die einzige positive Folge des Ganzen war, daß von da an der deutschen Polizei der Zugang zu den DP-Lagern verboten war.[63]

Schließlich versuchten beide Seiten im November 1946 bei einem Treffen zwischen den deutschen Behörden und einem Zentralkomitee, das die jüdischen Bewohner von fünf großen Lagern in der amerikanischen Zone vertrat, sich darüber einig zu werden, wie man den Handel regulieren könnte. Dr. Samuel Gringauz, ehemals Richter in Memel, Vorsitzender des Lagerkomitees in Landsberg und Ratsvorsitzender des Zentralkomitees der befreiten Juden in der amerikanischen Zone, unternahm eine gründliche Analyse der Situation. Seiner Überzeugung nach ging das Problem weit über die illegalen Aktivitäten einiger Juden hinaus. Er wies darauf hin, daß der deutsche Bauer seine Erzeugnisse nicht gern zum offiziellen Preis und für eigentlich wertlose Mark, sondern lieber gewinnbringend auf dem schwarzen Markt verkaufte. Das gleiche galt für die Hersteller von Fabrikwaren, die auch lieber dort verkauften, wo sie die höchsten Preise erzielten. In der Tat gab der Ministerpräsident von Hessen, Professor Karl Geiler, zu, daß in manchen Gebieten 75 Prozent der Produktion auf den Schwarzmarkt gelangten. Dabei handelte es sich offensichtlich um deutsche Erzeuger und Käufer, die ihre Transaktionen oft mit offiziellen Dokumenten zu tarnen wußten. „Man kann volkswirtschaftliche Gesetze nicht mit Polizeimethoden bekämpfen", bemerkte Gringauz und empfahl der Polizei des weiteren, an der Wurzel des Übels anzusetzen – dem Vorgehen der deutschen Bauern und sonstigen Produzenten. Er wies darauf hin, daß es „gar keinen Schwarzmarkt gäbe, wenn sie nicht auf dem schwarzen Markt verkaufen würden". Obwohl sich die Verwaltungskomitees der bei dem Treffen vertretenen fünf Lager bereit erklärten, ein Programm zur Bekämpfung des Schwarzmarkthandels in den Lagern aufzustellen, konnten solche Geschäfte nicht unterbunden werden, solange Ware knapp und das Geld nichts wert war.[64]

Anfangs beteiligten sich die jüdischen DPs nur sehr zögerlich an der legalen deutschen Wirtschaft. Doch als sich die Wartezeit bis zur Umsiedlung immer länger hinzog, nahmen die nur auf Zeit geplanten Unternehmen allmählich dauerhaftere Züge an, um so mehr, als die Wirtschaft sich stabilisierte. Einige Juden bekamen genug Kapital zusammen, um Immobilien zu kaufen, vor allem in Frankfurt. Einigen wenigen Akademikern, die den Krieg überstanden hatten, gelang es auch, wieder in ihrem Beruf Fuß zu fassen.

Eine gefühlsmäßige Bindung konnten sie zu ihrer Umgebung jedoch nicht entwickeln, weder zu den Städten, noch zu ihren Nachbarn oder dem örtlichen Dialekt. Ganz im Gegenteil war alles Deutsche mit Tod und Vernichtung assoziiert. Aber finanziell unabhängig zu sein, auf eigenen Füßen zu stehen und wieder anzufangen zu leben, und sei es in Deutschland, war dem tatenlosen Warten in den „assembly centers" vorzuziehen. Immer wieder kann man in den Lagerzeitungen lesen, daß in benachbarten Städten neue jüdische Gemeinden gegründet wurden, weil immer mehr Juden beschlossen, ihr Glück in der freien Wirtschaft zu versuchen.

Sie begannen also zögernd, wurden aber vom „Wirtschaftswunder" mitgerissen, das Deutschland überrollte, als sich die Währung stabilisierte, der Export von auf dem Weltmarkt begehrten Produkten in Schwung kam und die Städte aus den Trümmern des Krieges wiedererstanden. Ja, wie sollte man nun leben als Jude in Nachkriegsdeutschland, in einem Deutschland, das blühte und gedieh und dabei das Vermögen der Juden, die dablieben, vermehrte? Für viele von denen, die ihre Geschäfte betrieben und sich ein neues Leben aufbauten, war da noch etwas Unerledigtes. Wo blieben Gerechtigkeit, Vergeltung, Rache? Es lag an diesem Verlangen nach einer Reaktion auf ihr Leid, daß die jüdischen Lagerbewohner die Nürnberger Prozesse mit solch unverwandter Aufmerksamkeit verfolgten. Schließlich waren die Männer auf der Anklagebank schuld an ihrem Unglück, und sie wollten sie bestraft sehen. Es war nicht gerade prompt, aber es war immerhin etwas.

Die Frage, was denn nun Rache ausmachte, beschäftigte viele Überlebende. Nicht wenige erinnerten sich daran, daß die Rabbiner 1492 nach der Vertreibung der Juden aus Spanien den Juden untersagt hatten, spanischen Boden zu betreten oder mit den Spaniern Handel zu treiben – tausend Jahre lang. Sollte ein solcher Bann nicht auch über Deutschland ausgesprochen werden?

Eine andere Extremlösung befürwortete Abba Kovner, einer der Anführer des bewaffneten Aufstandes im Wilnaer Ghetto und nach dem Krieg einer der Organisatoren der *Bricha*-Bewegung; er propagierte radikale Rache an der deutschen Bevölkerung. Im Frühjahr 1945 gründete er mit einigen anderen die Gruppe *Nakam* (hebräisch für Rache). Kovners hochfliegender Plan sah vor, die Wasservorräte in Nürnberg, dem Schauplatz der Massenaufmärsche der NSDAP an den Reichsparteitagen, zu vergiften. Die Verschwörer waren ernstzunehmende, entschlossene Männer; ihr Projekt war schon sehr weit gediehen – einer von ihnen hatte sich sogar eine Anstellung bei den Wasserwerken verschafft –, und alles war vorbereitet, als David Ben Gurion, das spätere Staatsoberhaupt Israels, von dem Plan erfuhr und der Gruppe strengstens verbot, ihre Absicht wahrzumachen.

Keineswegs entmutigt, faßte die Gruppe nun ein alternatives Angriffsziel ins Auge: ein Gefangenenlager in der Umgebung Nürnbergs, das ca. 12 000 ehemalige SS-Leute und Nazi-Funktionäre beherbergte. Diesmal sollte das Brot für die Gefangenen vergiftet werden, und wieder hatte einer aus der Gruppe eine Arbeitsstelle im Lager ergattert. Er und noch zwei Mitverschwörer bestrichen am Abend des 13. April 1946 ungefähr tausend Brotlaibe mit Arsen. Anderntags litten tausende Insassen, die das Brot verzehrt hatten, unter schrecklichen Schmerzen; manche mußten ins Krankenhaus, wo ihnen der Magen ausgepumpt wurde. Aber alle überlebten. Die Verschwörer setzten sich daraufhin nach Palästina ab, und noch heute verteidigen sie ihre Tat. Die Deutschen allerdings bemühen sich um ihre Auslieferung. Leipke Distel, der in dem Häftlingslager angestellt war, behauptet noch immer: „Wir haben moralisch gehandelt; die Juden hatten ein Recht, sich an den Deutschen zu rächen."[65]

Bei einer Konferenz über die *Sche'erith Haplejta* im Jahre 1985 vertrat Avraham Fuchs, einer der Teilnehmer, der im DP-Lager Bergen-Belsen gelebt hatte, einen gegenteiligen Standpunkt. „Rache hieß ja nicht nur, Deutsche zu töten" sagte er. „Wir hatten unsere

Rache, wenn wir die Deutschen Holz hacken und Wasser holen sahen; wenn sie in Bergen-Belsen ankamen und für ein Stück Brot alles verkauft hätten; wenn wir sahen, wie sie jüdische Häuser, die jüdische Schule, die ich besuchte, putzten und für Zigaretten mit Gold bezahlten – Gold, das zweifellos den Juden abgenommen worden war. Wir verkauften ihnen Brot und Kaffee, und sie gaben dafür alles her, was sie hatten. Rache hieß auch, mit deutschen Frauen zusammenzuleben." Yaffa Eliach, die auch an der Konferenz teilnahm, reagierte wieder anders. Sie meinte: „Das Gefühl der Rache erschöpft sich nicht in Mord und dem Wunsch, seinen Peiniger zu demütigen. Auf den großen Bar-Mizwa-Feiern und Hochzeiten, die Holocaust-Überlebende veranstalten, hat man immer das Gefühl, Hitler sei da, und das sei ihre Rache... Rache ist also ein Überlebensmechanismus, keine ideologische Reaktion."[66]

In den ersten Stunden der Befreiung, als sich das Blatt in den Konzentrationslagern wendete, übten manche Häftlinge umgehend Rache, indem sie ihre Wärter umbrachten. Und manchmal wandten sich Juden gegen ihre eigenen Leute, die Kollaborateure gewesen waren. Yankel Pomerantz beschreibt, wie er im Mai 1945 auf seiner Suche nach Angehörigen nach Lodz kam. „Als wir in die Stadt kamen, beobachtete ich eine Gruppe von Juden von verschiedenen Seiten auf einen einzelnen Mann zulaufen. Einer, der dazukam, erzählte uns, dieser Mann sei jüdischer Nazi-Kollaborateur in einem KZ gewesen und habe die Tötung von Kindern beaufsichtigt. Nun hatten ihn jüdische Überlebende dieses Lagers in Lodz erkannt. Sie fielen über ihn her und prügelten ihn gleich dort auf der Straße. Sie versetzten ihm Schlag um Schlag, bis er tot war."[67]

Solche unmittelbaren Vergeltungsakte waren jedoch selten. Zuweilen war die Rache eher symbolisch. Damals, in den ersten Jahren nach dem Krieg, mußten ehemalige Nazis ihre Wohnungen „befreiten Juden" überlassen, wenn diese in der amerikanischen Zone ankamen. Ruth Klüger, selbst Überlebende von Auschwitz, lebte zu diesem Zeitpunkt im niederbayerischen Straubing. Sie schildert, wie ein paar junge polnische Juden eine solche, ihren Worten nach „besonders sorgfältig eingerichtete Wohnung bekommen hatten [und] dort Gegenstände [fanden], die nur aus einer Synagoge stammen konnten. Darauf schlugen sie mit Vorbedacht was sie nicht brauchen konnten, kurz und klein. Ich billigte das nicht, denn es war ja nachgerade genug zerstört worden, doch mußte ich zugeben, daß die Gründe für den Vandalismus, wenn überhaupt, ganz gut waren in dieser vornehmen, vom Synagogenraub bereicherten Wohnung."[68]

Pomerantz berichtet von einer anderen Art indirekter Rache, einem wahllos auf seine Umgebung buchstäblich einschlagenden Juden. Dieser polnische Jude wurde von Zeit zu Zeit, im sicheren Hafen der amerikanischen Zone in Deutschland, im Bus von einem Wutanfall gepackt. Dann ging er einfach den Gang entlang und schlug auf jeden ein, der in seine Nähe kam. Für all jene, die ihren Gefühlen Luft machten, gab es jedoch viele mehr, die sich zurückhielten, weil sie nicht so tief sinken wollten wie ihre Verfolger.

Der Romanautor Jurek Becker, dessen Wiege im Lodzer Ghetto stand und dessen Kinderzimmer in Auschwitz lag, ließ sich nach dem Krieg mit seinem Vater in der sowjetischen Zone Berlins nieder. Sein schriftstellerisches Werk war enorm erfolgreich, und sein erster Roman, *Jakob der Lügner*, ist sowohl in Deutschland als auch in den USA verfilmt worden. In dem offenbar autobiographischen Roman *Bronsteins Kinder* beschreibt er, was passiert, wenn Rache sich verzögert. Sein Vater und einige andere Männer, alle Insassen desselben Konzentrationslagers, haben in Ostberlin einen der Lageraufseher erkannt. Sie beschließen, ihn zu entführen, zu einem abgelegenen Haus auf dem Land zu bringen und ihn zu zwingen, seine Verbrechen zu gestehen. Es gelingt ihnen, ihn gefangenzunehmen; sie bringen ihn zu dem Haus und fesseln ihn ans Bett. Aber ihre Rache hat Grenzen. Sie wollen gar nicht seinen Tod, sondern sein Geständnis, versüßt vielleicht durch das Bewußtsein, ihn nun in *ihrer* Gewalt zu haben.

Ein weiteres Thema, das die Gefühle der *Sche'erith Haplejta* ins Wallen brachte, war Heimat – oder eben ihr Fehlen. Was die jüdischen Flüchtlinge in der amerikanischen Zone besonders erboste, war der Anblick der Deutschen, die immer noch behaglich in ihren intakten Gemeinschaften lebten –, daß sie daheim waren, und die Juden nach allem, was sie erduldet hatten, immer noch nicht wußten, wo sie ihr Haupt betten sollten. In einem Gedicht, das im November 1946 in der *Jidisze Cajtung* erschien, schrieb Bunim Heller:

Es ist still in Europa. Es gibt keine Juden mehr.
Im Frieden wurden aus den Schwertern Pflugscharen.
Schon haben sie die Erde über den Gräbern gepflügt,
in denen ein Volk liegt, verscharrt und verlassen ...

Die Deutschen fürchten sich nicht mehr und machen sich's
gemütlich.
Es ist alles schon lange verweht und vergessen
Und sie sitzen ganz friedlich in ihrem Heim.
Nur einer läuft noch zitternd herum
Als bebe der Boden noch unter seinen Füßen
Als wollte die Brücke unter seinen Schritten sich heben
Er sucht alle seine Leute, und er kann es noch immer
nicht fassen ... [69]

Sogar die Kinder spürten die Diskrepanz zwischen ihrem entbehrungsreichen Leben im Lager und der friedlichen Welt der Deutschen ringsum. Miriam Shmulewitz und ihre Eltern hatten den
Krieg in der Sowjetunion überlebt und waren nach ihrer Freilassung
nach Westen gezogen, wo sie im Lager Hindenburg-Kaserne bei
Ulm Unterschlupf fanden. Sie erinnert sich, daß sie und ein paar andere Kinder sich eines Morgens im Sommer auf den Weg nach Ulm
machten.

> Unterwegs sahen wir auf einmal eine Reihe wunderhübscher
> kleiner Häuser, wie aus dem Märchenbuch. Die Fenster hat-
> ten Vorhänge und waren mit Blumenvasen geschmückt. Aber
> um zum Haus zu gelangen, mußte man jeweils durch einen
> Garten mit Blumen und Bäumen gehen. Plötzlich packte uns
> der Neid. Wir bewunderten die Ruhe, den Frieden, der über
> diesen Häusern lag. Wir Kinder mußten in Militärbaracken
> wohnen, zwei Familien in einem Raum. Im Winter war es ei-
> sig kalt und im Sommer waren wir schweißgebadet. Und hier
> war soviel Schönheit. Kein Wort fiel zwischen uns, aber jeder
> wollte den Deutschen einen Streich spielen; also liefen wir von
> einem Häuschen zum andern und klingelten überall. Noch bis
> zum Ende der Straße konnten wir die Deutschen schimpfen
> hören, und es machte uns großen Spaß. [70]

Für Ruth Klüger war es nicht nur die Beständigkeit der konkreten
Welt, die Neid (und Irritation) hervorrief. Sie vergleicht ihre Lage
mit der eines Kommilitonen an der Universität von Regensburg und
sagt über den gebürtigen Regensburger, „...daß der seine Identität
hatte. Der war beheimatet in Deutschland, verwurzelt in einer bestimmten deutschen Landschaft und wurde für mich der Inbegriff
des Deutschen. Der wußte, wo und wer er war." [71]

Aber wiederum wichen die Neid- und Haßgefühle dem trium-phierenden Bewußtsein, noch am Leben zu sein! In den DP-Lagern rund um Berlin verfaßten die Bewohner eine Art volkstümliche Bal-lade, zu der im Lauf der Zeit immer wieder neue Strophen dazuka-men. Darin wurden alle offiziellen Lagerinstanzen verspottet – der Militärrabbi, der „Joint"-Vertreter, sogar das von ihnen selbst ge-wählte Lagerkomitee. Aber der Schluß befaßte sich mit Berlin:

> Berlin ist total zerstört
> Liegt neun Klafter tief vergraben
> Und ich, ein kleiner Jude, steh' hier und schreie
> Sein Volk Israel lebt – *Am Jisroel Chai*.[72]

Die osteuropäischen Juden, die in Deutschland geblieben waren, wußten genau, daß sie nie zu dieser Welt gehören würden, und sie wollten es auch gar nicht. Sie befanden sich wieder in *Goles*, aber vorläufig in Sicherheit. In der Welt der DP-Lager, die nur Schwarz und Weiß kannte, hatten die Ostjuden kaum einen Gedanken an eine andere jüdische Einwohnergruppe in Deutschland verschwen-det: die deutschen Juden, die den Krieg überlebt hatten, und sich nun bemühten, ihre Gemeinden wieder aufzubauen. Aber mit der beginnenden Auswanderung der *displaced* Juden einerseits und ihrem allmählichen Einzug in die deutsche Wirtschaft andererseits, begegneten sich diese äußerst ungleichen Elemente auf gemeinsa-mem Terrain: in der Jüdischen Gemeinde. Und so begannen die Ju-den aus Osteuropa – in fremden Städten, unvertrauten Synagogen, im Ohr ungewohnte Liturgien – ihre Rückkehr ins Leben, wieder aufgehoben im Rhythmus des Sabbath und der Festtage und der ri-tuellen Feiern anläßlich des Erwachsenwerdens. Zwar unter Frem-den, aber irgendwie würden sie ihren Weg schon machen.

DRITTES KAPITEL

Die letzten deutschen Juden

Deggendorf, eine kleine Stadt in Niederbayern, hat in jüdischen Chroniken schon sehr lange einen schlechten Ruf. Im Jahre 1339 wurden wegen einer angeblichen Hostienentweihung die Juden der Stadt abgeschlachtet, ihre Besitztümer beschlagnahmt und die Synagoge dem Erdboden gleichgemacht. Im Mittelalter war dies eine von der Kirche gern erhobene Anschuldigung, nach der die Juden die geweihten Hostien entwendeten und sie mit Messern durchbohrten, so daß Blut herauslief – im Grunde eine symbolische Neuinszenierung der Kreuzigung. Kurze Zeit später wurde den Juden die Schuld an der Pest gegeben, die von 1348 bis 1349 in Europa wütete und etwa die Hälfte der Bevölkerung dahinraffte. Auf einem Holzschnitt im berühmten „Nürnberger Bilderbogen" ist dargestellt, wie die Juden zur Strafe bei lebendigem Leibe verbrannt

Die Verbrennung der Juden in Deggendorf zur Zeit der Schwarzen Pest (1348–1350). Die Juden waren angeklagt worden, sie hätten die Seuche durch Vergiftung der Brunnen verursacht.

98

wurden. Nachdem die Pest überstanden war, verließen die Juden in den folgenden Jahrzehnten Deutschland zu Tausenden, um in Polen ein neues Leben zu beginnen. Im Jahre 1910 waren nur noch siebzehn Juden in Deggendorf ansässig. Als nächstes taucht das Städtchen während der Nazi-Herrschaft als Standort eines Konzentrationslagers auf, von dessen 500 Insassen 400 Juden waren.

1946 wurde das Lager in ein „assembly center" der Vereinten Nationen für *displaced persons* umgewandelt und beherbergte einige Jahre lang 700 Juden. Aber die Beziehungen zwischen den DPs und den Einheimischen waren nicht einfach. Im September 1946 wurde ein Bauer auf seinem Hof in der Nähe des Lagers von sechs bewaffneten polnischen Räubern überfallen, die entkommen konnten und nicht mehr aufzufinden waren. Einige Zeit später begegnete der Bauer auf der Straße einem jungen chassidischen Juden aus dem Lager und behauptete, in ihm einen seiner Angreifer wiederzuerkennen. Der darauffolgende Prozeß gegen den beschuldigten Natek Szlamowitz lag in der Zuständigkeit der amerikanischen Militärbehörden. Der Verteidiger, Samuel Gringauz, den wir bereits als Vorsitzenden des Rats der befreiten Juden kennengelernt haben, konnte im Kreuzverhör die Vorwürfe ohne weiteres entkräften, da sich die Mitglieder der Bauersfamilie bei der Beschreibung der Eindringlinge in keinem einzigen Detail einig werden konnten, und Szlamowitz wurde freigesprochen.

Trotz der dürftigen Beweislage drängten sich im Gerichtssaal Juden aus dem DP-Lager dicht an dicht und verfolgten den Prozeß mit ziemlicher Besorgnis. Zufällig fiel der Tag des Urteils auf Purim, das Fest, an dem die Errettung der persischen Juden vor der Vernichtung durch Haman, den Wesir des Königs, gefeiert wird. Daß der Prozeß dann zugunsten Szlamowitz' ausging, paßte perfekt zum Thema des Tages. Gringauz schrieb in seinem Bericht für eine jiddische Zeitung über dieses Ereignis: „Heute ist Purim, und alle Juden feiern heute die Niederlage aller mächtigen Hamans. Und das tun sie auch in Deggendorf." Er schilderte einige der Feierlichkeiten, die in einem öffentlichen Gebäude des Lagers in verschiedenen Räumen stattfanden. Im größten Raum spielten Kinder die Purim-Geschichte nach, mit Tänzen und dem Auftritt eines Komödianten. Andere Kinder trugen einen Sketch vor und jemand sang das berühmte Lied aus dem Wilnaer Ghetto. Entstanden in der düstersten Zeit der Nazi-Besatzung, geben die Anfangszeilen dem Klima der Auflehnung in der Widerstandsbewegung Ausdruck.

Sag nie, du gehst den letzten Weg
Hinter bleiernem Himmel verbergen sich klare Tage!
Die Stunde, nach der wir uns mit aller Kraft sehnen,
wird doch kommen –
Unsere Schritte werden wie Trommeln tönen: Wir sind da!

Nachdem Gringauz zusammenfassend festhält: „Alles kommt so
von Herzen, ist so fröhlich, so voller Hoffnung," fährt er fort:

In einem anderen Raum hatte sich eine Gruppe von älteren
Leuten versammelt, Juden ganz anderer Art. Eine tragisch an-
mutende Gruppe. Hier in Deggendorf war alles versammelt,
was von den deutschen Juden aus den Konzentrationslagern,
den einst so bedeutenden und gescheiten deutschen Juden
übriggeblieben war. Alle, denen es gelungen war, Theresienstadt zu überleben.... Die Jungen waren schon fortgegangen,
etliche nach Amerika, und einige in die größeren deutschen
Städte. Wer dablieb, wußte nicht, wohin, oder wartete auf Bescheinigungen von seinen Kindern, von Verwandten....
Späne von einem einst stattlichen, großartigen, prächtigen
Stamm... In dieser Gesellschaft geht es gedämpft, würdevoll
und ruhig zu. Sie feiern Purim, und ich spüre hier das Zere-
monielle einer Feier in einem deutschen jüdischen Tempel,
und zugleich die Stille eines fernen Friedhofs.
In wieder einem anderen Raum feiern sie den Freispruch von
Szlamowitz, und in einem vierten genießen sie einfach das
Purimfest. Einfache Menschen, Sein Volk – *Amcho*, Leute aus
dem Volk, die einander Brüder und Schwestern geworden sind,
junge Menschen ohne Synagoge, ohne jegliche Bildung, aber
mit einem guten Herzen, scharfem Verstand und einer starken
Identifikation als Juden. Ihre Väter waren Rabbiner und Handwerker, Kaufleute und Bauern, Fromme wie Ungebildete, aber
heute sind alle diese Unterschiede wie weggewischt.[1]

Gringauz war gebürtiger Litauer, hatte aber an einer deutschen Universität studiert und kannte beide Kulturen und ihre Unterschiede.
Man möge ihm einen gewissen übersteigerten Ton bei seiner Berichterstattung über den Prozeß und seine Nachwirkungen nachse-
hen, der wohl einem zunächst durchaus angebrachten Pessimismus
bezüglich des Ausgangs entsprang. Doch in seinem Bild von den beiden jüdischen Gemeinschaften – hier die jungen, zwar einfachen,

aber vitalen Juden aus Osteuropa mit ihrem lebendigen Judentum und im Kontrast dazu die alten deutschen Juden mit ihrer im Niedergang begriffenen jüdischen Kultur – stellte er weitverbreitete Stereotypen dar, die sich in den nebeneinanderliegenden Räumen in Deggendorf konkret zeigten. Keine dieser Gruppen hatte viel Verständnis für die andere, aber zumindest in einem Punkt hatte Gringauz mit seinen Beobachtungen recht. Die deutschen Juden, die in Deutschland geblieben oder dorthin zurückgekehrt waren, waren tatsächlich älter als die osteuropäischen Juden, die den Krieg überlebt hatten. Das hatte viel mit den merkwürdigen Legalismen der nationalsozialistischen Politik zu tun.

Den deutschen Juden war unter den Nazis ein ganz anderes Schicksal beschert als ihren osteuropäischen Brüdern. Für die deutschen Juden hatte es zumindest warnende Vorzeichen gegeben. In den sechs Jahren zwischen der Machtergreifung der Nationalsozialisten und dem Beginn des Zweiten Weltkriegs hatten 270000 deutsche Juden auswandern können. Mit Ausbruch des Krieges steigerte sich dann das, was in den ersten Hitler-Jahren als Prozeß der Erniedrigung und Ausgrenzung begonnen hatte, zu dem unbedingten Willen der Nazis, Deutschland „judenrein" zu machen. Ab 1941, als die Ghettos und Konzentrationslager im Osten auf Hochbetrieb liefen, begannen die Nazis die deutschen Juden zu deportieren. Wenige von denen, die in den Osten transportiert wurden, konnten den Lagern lebend entkommen.

Einige tausend deutsche Juden gingen in den Untergrund, andere ließen es darauf ankommen, sich mit Hilfe falscher Papiere durchzumogeln, und eine dritte Gruppe wurde verschont, weil sie in einer – wie es im Nazi-Jargon hieß – „privilegierten Ehe" lebten. In diese Kategorie, die ihnen letztlich das Leben rettete, fielen mit „Ariern" verheiratete Juden, die entweder keine Kinder hatten oder sie christlich erzogen. Alle anderen Einschränkungen galten für sie jedoch ebenso wie für ihre jüdischen Landsleute. Sie bekamen nur winzigste Lebensmittelrationen zugeteilt und durften sie nur zu einer bestimmten Tageszeit einkaufen. Es war ihnen verboten, verschlissene Kleidung zu ersetzen oder Schuhe reparieren zu lassen. Sie durften die Parkanlagen nicht betreten, keine Konzerte, Theater- oder Sportveranstaltungen besuchen und die öffentlichen Verkehrsmittel nicht benutzen. Vielerorts waren an den Stadtgrenzen Schilder aufgestellt mit der Aufschrift „Juden unerwünscht". Nach 1941 mußten alle Juden vom sechsten Lebensjahr an einen gelben Davidstern sichtbar auf ihrer Kleidung tragen. Nach und nach nahm man ihnen sämtlichen Besitz ab und pferchte sie schließlich, zusammen mit ihren „arischen" Partnern, in sogenannte Judenhäuser. Als die Bombardierung durch die Alliierten einsetzte, durften sie die Luftschutzkeller nicht aufsuchen; man verpflichtete sie zur Zwangsarbeit, aber sie wurden nicht in den Osten geschickt – und das bedeutete Leben.

Viele dieser Überlebenden waren nur nach Definition der Nazis Juden. Victor Klemperer zum Beispiel, der während der Hitler-Jahre ein akribisches Tagebuch führte, war 1912 im Alter von einund-

Victor Klemperer (1881–1960), Professor für französische Literatur an der Technischen Universität in Dresden, Autor der herausragenden Tagebücher, die er während der Nazizeit schrieb und bis in die ersten Monate der kommunistischen Übernahme Ostdeutschlands fortführte.

dreißig Jahren zur Evangelisch-Lutherischen Konfession übergetreten. Verheiratet mit einer Christin, hatte er an der Technischen Hochschule in Dresden als Professor für Romanistik Karriere gemacht. Im Jahre 1935 war er dann nach der nationalsozialistischen Gesetzgebung auf einmal Jude, wurde seines Postens an der Universität enthoben und verlor den größten Teil seines Ruhegehalts. In seinem Tagebuch beschreibt er, wie seine Existenz von Tag zu Tag enger wurde, wie man ihm eine Annehmlichkeit nach der anderen und dann auch noch das Lebensnotwendige wegnahm. Schließlich wurden er und seine Frau aus ihrem Häuschen am Stadtrand Dresdens vertrieben und mußten in ein „Judenhaus" umziehen und mit einer Wildfremden die Wohnung teilen. Für die meisten Juden bedeutete dies die letzte Station vor der Deportation, und Klemperer beschreibt die angsterfüllten Nächte mit seinen Nachbarn, wenn diese die Aufforderung erhalten hatten, sich zum Transport zu melden.

Als äußerste – in der Erfahrung Klemperers nicht seltene – Reaktion blieb der Selbstmord. Vor allem ältere Leute machten von dieser euphemistisch „Freitod" genannten Alternative Gebrauch. Auch Martha Liebermann, die fünfundachtzigjährige Witwe des Malers Max Liebermann, wählte im März 1943 lieber diesen Weg als sich deportieren zu lassen.[2] Auf einstige Meriten nahmen die Nazis keinerlei Rücksicht. Mochte ihr Mann auch internationales Ansehen genießen und Präsident der Berliner Akademie der Künste gewesen sein, 1943 zählte für die Nazis nur noch die „Rasse", was zu diesem Zeitpunkt tödliche Folgen haben konnte. Manche Autoren haben diese Selbstmorde als eine Form des Widerstands interpretiert, einen letzten Akt der Auflehnung gegen eine erdrückende Macht. Andere sahen darin einen Beweis, daß diejenigen, die die Aufforderung erhielten, sich zum Abtransport zu melden, sich der Eindeutigkeit und Ausweglosigkeit ihrer Lage bewußt waren. Zwischen 1942 und 1943, der Zeit der massenhaften Verschickungen in den Osten, wählten viele Paare eher den Freitod, als sich dem sicheren Tod auszuliefern. Im riesigen jüdischen Friedhof in Berlin-Weißensee gibt es ein Areal, wo noch die Grabsteine der vielen Paare und Einzelpersonen zu finden sind, die sich lieber das Leben nahmen, als sich der Folter durch die Nazis auszusetzen. Insgesamt wurden in diesen Jahren dort 1279 Juden als Selbstmörder begraben. Obwohl das Dritte Reich keine offizielle Statistik über jüdische Selbstmorde führte, schätzen Fachleute, daß auf dem Höhepunkt der Deportationen an die 3000 Juden ihrem Leben ein Ende setzten.[3]

Obwohl ab 1945 auch Juden in „privilegierter Ehe" aufgerufen wurden, blieb Klemperer von der Deportation verschont. Daß er mit dem Leben davonkam, verdankte er ausgerechnet dem schrecklichen Bombenangriff der Alliierten im Februar 1945, der Dresden in Schutt und Asche legte. Im allgemeinen Chaos, das danach ausbrach, trennte seine Frau den gelben Stern von seiner Jacke ab, und sie schlossen sich der anonymen Menge von Ausgebombten an. Dann meldete er sich offiziell bei der Behörde an, beantragte Lebensmittelkarten und sogar eine Karte für Tabak. Er schreibt: „Ich saß in Restaurants, ich fuhr Eisenbahn und Trambahn – auf alles das steht im 3. Reich für mich der Tod."[4]

Hatte er auch viel erlitten und letztlich überlebt, für Religion hatte Klemperer nichts übrig. Zwar empfand er sich in den zwölf Jahren seit Hitlers Machtübernahme zunehmend wieder – nach Herkunft und Geschichte – als Jude, scheute aber davor zurück, auch der Glaubensgemeinschaft beizutreten. Doch fand er es beunruhigend, weiterhin einer christlichen Konfession anzugehören, und wenige Monate nach Kriegsende handelte er dementsprechend. Es wurde ihm „täglich rätselhafter, wie Menschen an den gütigen lieben Gott glauben...", und am 18. August 1945 traten er und seine Frau aus der evangelischen Kirche aus, „... die mich schmählich im Stich gelassen hat".[5]

Nach zwölf Jahren Naziherrschaft sahen sich die Deutschen nicht nur mit den alliierten Siegern, sondern auch mit einer völlig anderen Art des Denkens konfrontiert. Der NS-Ideologie abzuschwören und sich dem oft mehr schlecht als recht begriffenen demokratischen „way of life" anzupassen, war nichtsdestoweniger unabdingbare Voraussetzung, um am öffentlichen Leben teilzunehmen, bei den Alliierten eine Arbeitsstelle zu bekommen, und überhaupt für alles, was mit einem Neuanfang zu tun hatte. Ein eher bizarrer Aspekt des Lebens in Nachkriegsdeutschland war das Gerangel um die offiziellen Bescheinigungen, daß man kein Nazi gewesen war. Im Volksmund hießen sie ironisch „Persilschein", was eine gewisse Skepsis gegenüber der Vertrauenswürdigkeit der offiziellen Ermittlungen andeutet. Ein boshafter Witz machte damals die Runde, daß man für zehn solcher Zeugnisse einen „Israel" als zweiten Vornamen (den jüdische Männer unter den Nazis annehmen mußten) bekommen könne und für zwanzig sogar ein rotes „J" im Paß.

Wie solche Scherze nahelegen, war die Rückendeckung durch einen jüdischen Überlebenden gar nicht hoch genug einzuschätzen. In Klemperers Antwort an einen ehemaligen Major der Wehrmacht, der ihn um eine solche Bestätigung gebeten hatte, wird deutlich, wie unendlich er gelitten, und wie sehr er sich in den Tausenden von Seiten seines Tagebuchs beherrscht haben mußte, in dem er sich klug abwägend und distanziert äußert. Dem Major schreibt er:

Sie und die anderen mußten wissen, welchen wahnsinnigen Verbrechern Sie dienten, welche unausdenkbaren Greuel Sie durch Ihre Diensttreue in Schutz nahmen und ermöglichten. Ich spreche nur zum kleinen Teil aus persönlicher Verbitterung. Meine Frau und ich haben viel gelitten: Schläge, Fußtritte, Bespuckungen, Hunger, ständige Todesgefahr; für mich selber kamen Zwangsarbeit als Straßenkehrer und in Fabriken hinzu, Verhaftungen, Einzelzelle, zuletzt sind wir nur durch ein Wunder und die unerschütterliche Tapferkeit meiner Frau der sicheren Vernichtung entgangen – die Dresdener Katastrophe hat mich gerettet, man mußte uns für begraben unter dem zusammengebrochenen Hause halten, und so konnten wir fliehen –, aber dies alles ist ein Nichts all den Entsetzlichkeiten gegenüber, die wir jahrelang tagaus tagein in nächster Nähe erlebten, all den Bestialitäten gegenüber, die einen falschen Namen tragen, denn keine Bestie ist solcher Grausamkeit fähig, kein Tier verhält sich auch nur annähernd so, wie es die Gestapo- und die SS-Leute in Uniform! – dauernd taten. Ich spreche dabei gar nicht von den sozusagen Parademorden, die in Nürnberg etc. abgeurteilt werden, sondern bloß von den ganz üblichen Alltagsscheußlichkeiten. Was haben wir mit unseren eigenen Augen mitten im kultivierten Dresden (noch nicht einmal in Polen, nein, hier) angesehen, was haben wir rings um uns sterben sehen! Wir sind sehr einsam geworden, die meisten derer, mit denen wir früher in Verbindung waren, sind tot, ganz selten taucht einer unvermutet aus dem furchtbaren Leichenhaufen auf. Wir selber haben nichts gerettet als eine zerrüttete Gesundheit und den leidenschaftlichen Willen, den Rest unseres Lebens daran zu setzen, daß es in Deutschland noch einmal menschlich werde.[6]

Man begegnet diesem leidenschaftlichen Ton auch bei anderen, die es mit unerschrockenem Scharfblick als ihre Aufgabe ansahen, nach

Deutschland zurückzukehren, um in einem Land, das Hilfe brauchte, die Demokratie zu fördern. Wie sich herausstellte, hatten Klemperer und seine Frau mehr Glück als die meisten und bekamen ihr Häuschen zurück. Es war zwar beschädigt, aber bewohnbar, und als sie im Juni 1945 – er war bereits vierundsechzig Jahre alt – wieder einzogen, rückte die Wiederaufnahme seines gewohnten Lebensstils in greifbare Nähe: lesen, schreiben, Vorlesungen vorbereiten. „Noch einmal gut essen, gut trinken, gut Auto fahren, gut am Meer sein, gut im Kino sitzen... Kein Zwanzigjähriger kann halb so lebenshungrig sein.... Und bei allem beglückt mich, daß Eva [seine Frau] vom Morgen bis zum Abend an IHREM Haus, an IHREM Garten arbeitet und dabei neu auflebt."[7] Mit dieser Lebensfreude stand Klemperer nicht allein. Obwohl er am Anfang seiner Aufzeichnungen voller hypochondrischer Befürchtungen war, er habe nicht mehr lange zu leben, war er nun offensichtlich bereit, sich mit frischer Kraft ins Leben zu stürzen. Wie er schon nach der Bombardierung Dresdens notierte, trauerten weder er noch seine Frau ihrem Hab und Gut nach, sondern freuten sich des nackten Lebens, freuten sich einfach, daß sie überlebt hatten.

Wie diejenigen sich durchschlugen, die untertauchten – dafür gibt es keine typischen Berichte, jeder hatte sein eigenes Schicksal. Manche fanden bei wahrhaft mitfühlenden Menschen Unterschlupf, die sich durch die Beherbergung dieser Flüchtigen selbst in Lebensgefahr brachten. Andere, wie Walter Besser und seine Frau, fanden nachträglich heraus, daß das Ehepaar, das ihnen Zuflucht gewährt hatte, sie umbringen wollte, sobald sie kein Geld mehr hatten.

Im Juni 1933 waren die ursprünglich in Coburg ansässigen Bessers nach Berlin geflohen, nachdem Walter Besser, sein Vater und sein Bruder von der Gestapo verhaftet worden waren. Sein Bruder, ein Kommunist, wurde schlimm zusammengeschlagen. Walter und seinen Vater ließ man unter der Bedingung laufen, Coburg unverzüglich zu verlassen. Als junger Mann von Mitte Zwanzig fand er in Berlin Arbeit und heiratete kurz darauf. Wie alle Juden mußte er dann erleben, wie seine Welt allmählich in die Brüche ging. Bis Februar 1943 konnten er und seine Frau als Zwangsarbeiter in Berlin überleben, weil ihre fachliche Qualifikation sie vor der Deportation bewahrte. Seine beiden Brüder hatten sich da schon lange nach Palästina aufgemacht. Seine Eltern, die in Berlin geblieben waren, wurden 1941 mit den ersten Transporten nach Riga verschickt, und

Besser erfuhr erst nach dem Krieg, wie sie umgebracht worden waren. Einstweilen arbeitete er in einer Fabrik, die Schlauchboote für die Marine herstellte, während seine Frau in einem Betrieb der Siemenswerke beschäftigt wurde. Im Januar 1943 gab ihm der Betriebsleiter seiner Firma den Rat, unterzutauchen. Durch Vermittlung von Freunden fanden er und seine Frau ein Ehepaar, das bereit war, ihnen Unterschlupf zu gewähren, und Besser gab ihnen die 25 000 Reichsmark, die sein Vater unter dem Fußboden ihrer Wohnung versteckt hatte.

Entgegen allen Erwartungen dauerte der erzwungene Aufenthalt in einem Souterrain-Raum im Haus ihrer Gastgeber mehr als zwei Jahre. Sie verbrachten ihre Zeit damit, durch einen Vorhangspalt nach draußen zu starren, oder Besser las seiner Frau etwas vor, während sie an einem langen grünen Kleid strickte. Wenn sie mit der letzten Masche fertig war, trennte sie jedesmal alles sorgfältig auf und begann wieder von vorn. Bedingt durch die äußerst knappe Lebensmittelzuteilung wog Besser am Ende nur noch achtzig Pfund.

Als sie am 27. April 1945 von den Russen befreit wurden, verhörten diese Besser und seine Frau – getrennt – drei Tage lang, bevor man ihnen ihre Geschichte glaubte. Daraufhin übertrug man ihm die Leitung eines Krankenhauses in einer Kleinstadt bei Berlin, obwohl er nicht sehr gebildet war und bisher nur als Maschinenschlosser gearbeitet hatte. Maßgeblich für den russischen Kommandanten ihres Bezirks war die politische „Zuverlässigkeit" Bessers. Juden seien in jenen ersten Tagen in Ostdeutschland sehr umworben gewesen, bemerkt Besser, und so wurde er bald auf eine Technische Hochschule geschickt und nach einem Wirtschaftsstudium in den städtischen Planungsausschuß berufen. So bescherte ihm gerade der Umstand, daß er Jude und damit nicht mit einer Nazi-Vergangenheit belastet war, eine Karriere, die seine eigenen, viel bescheideneren Erwartungen weit übertraf. Wie er freimütig bekannte, hätte er am liebsten eine Autowerkstatt eröffnet.

Obwohl er seit dem Krieg nie die Erlaubnis bekommen hatte, seinen in Israel lebenden Bruder zu besuchen, erwähnte Besser in einem langen Interview mit keinem Wort den Grund dafür und ließ sich auch nicht die leiseste Verstimmung oder Enttäuschung anmerken. Als loyaler Beamter sagte er selbst im Jahre 1995 nichts darüber, wie sehr die DDR ihre Bürger an der kurzen Leine gehalten hatte. Normalen Bürgern waren nur Reisen in den Ostblock oder andere kommunistisch regierte Länder, wie zum Beispiel Kuba, gestattet. Sogar Verwandte in Westdeutschland durften sie erst als Rentner besuchen, da sie bis dahin so viele familiäre Bindungen in der DDR aufgebaut hatten, daß ihre Rückkehr garantiert war. Aber selbst wenn sie sich abgesetzt hätten, wäre das vom Standpunkt der Regierung kein Verlust gewesen, da sie als Nicht-Werktätige ja nur das Gemeinwesen belasteten.[8] Auch noch Jahre nach dem Sturz des DDR-Regimes hält Besser dem Regime, das so viel für ihn getan hat, die Treue, entweder weil er blind ist gegenüber der Art und Weise, wie es Dissidenten verfolgte oder weil er immer noch nicht gewillt ist, öffentlich Kritik zu äußern.

Ilselotte Themal wählte den noch wesentlich riskanteren Weg: Statt unterzutauchen, nahm sie eine falsche Identität an. Obwohl sie in einem gutbürgerlichem Milieu behütet aufgewachsen war, wo „Mädchen wie Puppen behandelt wurden", wie sie sagte, lernte sie in den Nazi-Jahren sehr schnell, Wichtiges von Unwichtigem zu unterscheiden. In einem Interview wies sie darauf hin, daß in der Illegalität zu leben bedeutet hätte, diejenigen in Gefahr zu bringen, die sie versteckten. Diese Verantwortung war ihr zu groß, und so lebte sie mit gefälschten Papieren, womit sie nur sich selbst gefährdete. In Potsdam, wo ihr Vater Arzt gewesen war, hatte ihr Leben eigentlich ganz erfreulich begonnen. Als er Frühinvalide wurde, nahm sie eine Stelle als Verkäuferin bei Karstadt an, um zum Unterhalt der Familie beizutragen. Aber am 1. April 1933, dem Tag des landesweiten Boykotts aller jüdischen Geschäfte, wurden sie und alle anderen jüdischen Verkäuferinnen entlassen. Da ihr klar war, daß ihr der Zugang zu dieser Art von Arbeit nun verschlossen war, begann sie eine Schneiderlehre. 1935 starb ihr Vater, und ein Jahr darauf war sie entschlossen, nach Palästina auszuwandern, in der Hoffnung, später auch ihre Mutter und Geschwister nachkommen lassen zu können. Aber sie schaffte es nicht mehr, wegzukommen.

Im März 1939 heiratete Ilselotte ihren ersten Mann – einen Musiker, dem sie in der zionistischen Bewegung begegnet war –, der aber fünf Monate vor der Geburt ihres gemeinsamen Sohnes Uriel starb. Als ihr Kind im Juni 1940 auf die Welt kam, befand sich Deutschland im Krieg, und alle körperlich leistungsfähigen Juden wurden zur Zwangsarbeit herangezogen. Ilselotte markiert die Meilensteine ihrer Lebensgeschichte anhand der Verfügungen, die die Situation der Juden drastisch veränderten. In ihrem Tagebuch steht der 19. September 1941 in Großbuchstaben – der Tag, an dem das Tragen des gelben Judensterns obligatorisch wurde. Dann begannen im Oktober 1941 die Transporte in den Osten, und Ilselottes Schwester wurde nach Lodz verschickt; drei Monate später wurde auch ihre Mutter deportiert. Ein paar Mal erhielt sie noch vorgedruckte Postkarten, danach hörte sie nie wieder von ihnen. Sie selbst war als Schneiderin jedoch als wertvolle Arbeitskraft eingestuft und mußte riesige Mengen an Herrensakkos nähen – eine Arbeit, die sie zu Hause erledigen durfte. Während dieser Zeit begegnete sie Rolf Themal, der ihr zweiter Mann wurde; er war vorher Anwalt und Unternehmer gewesen, aber nun wie alle gesunden Juden zu Zwangsarbeit für das Militär verpflichtet.

Das nächste wichtige Datum für Ilselotte und ihre Familie war der 27. Februar 1943, der Tag, an dem die sogenannte „Fabrikaktion" stattfand. An diesem Tag sollte auf Anordnung Goebbels' als Geburtstagsgeschenk für Hitler ganz Berlin „judenrein" gemacht werden. Arbeiter wurden an ihrem Arbeitsplatz verhaftet. Alte, Kranke und Kinder wurden daheim oder in den Krankenhäusern – wo immer sie sich aufhielten – aufgespürt und in offenen Lastwagen zu den Sammelstellen gebracht. Rolf Themal befand sich an seinem Arbeitsplatz; Ilselotte, die zu Hause war, nahm den Rat ihres Onkels an, nicht auf ihre Verhaftung zu warten, sondern ihr Kind zu nehmen und einfach die Wohnung zu verlassen. Und in der Tat, als sie, dem Anschein nach eine ganz normale deutsche Hausfrau „mit meinem Jungen auf dem Arm, der Markttasche in der Hand auf die Straße kam, fuhr gerade der Wagen vor, zwei Männer sprangen ab und gingen dicht an mir vorbei in unser Haus, um uns abzuholen". Auch Rolf entging der Festnahme – aber von da an waren sie Gejagte. Aus Sicherheitsgründen trennten sie sich, und jeder machte sich auf seinen eigenen Weg in die Illegalität. Über Rolf schreibt Ilselotte: „[Er] ... hatte zwar einen Ausweis erhalten durch Bekannte, der sonst echt und gut war, aber einer Militärstreife nicht standgehalten hätte." Sie selbst dachte sich etwas Komplizierteres aus und gab vor, sie sei in Hamburg ausgebombt worden und nach Berlin geflohen. Die Behauptung, ihre gesamte Habe einschließlich ihres Ausweises verloren zu haben, ein überzeugender Hamburger Akzent und die dortige echte Adresse einer Freundin ließen sie der Beamtin, die die neuen Ausweise ausstellte, glaubwürdig erscheinen. „‚Ja,' sagte sie, ‚das stimmt, da ist alles weg, da steht nicht mehr ein Haus.'" Auf diese Weise war Ilselotte bis Kriegsende im Besitz offizieller Ausweispapiere und bekam sogar Lebensmittel- und Kleiderkarten.

Mit Unterstützung von Freunden begab sie sich mit Kind und neuer Identität in ein ostpreußisches Dorf, wo sie ohne Schwierigkeiten mit einer typischen Flüchtlingsgeschichte aufwarten konnte: Ihr Mann sei an der Front, sie sei ausgebombt worden und suche Schutz in diesem kleinen Dorf. Dort wurde sie dann von einer Gruppe im nahen Wald operierender polnischer Partisanen, denen sie ihr Geheimnis anvertrauen mußte, angeworben. Als Gegenleistung dafür, daß sie sie beschützten, konnte sie ihnen in vielem behilflich sein, warnte sie vor geplanten Stoßangriffen der deutschen Wehrmacht und beteiligte sich sogar an der Rettung eines entflohenen englischen Kriegsgefangenen. Unterdessen hatte Rolf bei einem Freund in dessen Zoohandlung Unterschlupf gefunden und, so schreibt sie, „schlief in diesem Laden zwischen Kaninchen, Wellensittichen, Fischen und Papageien. Er war nur in den Abendstunden und nachts dort. Am Tage lief er herum", wobei er sich mittels eines Stocks als Kriegsversehrter tarnte.

Als die Kampfhandlungen ihrem Dorf immer näher rückten, beschloß Ilselotte, mit ihrem Sohn nach Berlin zurückzukehren. Als Flüchtling mit „echten" Papieren hatte sie Anspruch auf ein möbliertes Zimmer. Rolf zog, natürlich illegalerweise, bei ihr ein, und so erlebten sie das Kriegsende gemeinsam. Ilselotte schreibt: „Der 2. Mai kam, wir gingen vor die Tür und hatten weiße Laken oder Tücher in der Hand, wir sahen die ersten Russen, unsere Befreier... Noch immer konnten wir es nicht fassen und trauten uns nicht, jemandem zu sagen, was mit uns war. Die ersten Russen kamen, wir hörten von Morden, Vergewaltigungen..." Rolf ging jedoch mit großer Geistesgegenwart den russischen Soldaten bis vor die Haustür entgegen und verlangte einen jüdischen Offizier zu sprechen. Obwohl keiner die Sprache des anderen verstand, konnte Rolf ihn davon überzeugen, daß er Jude war: „Er sagte ihm ‚Schma Isroel'...", die Anfangsworte des jüdischen Gebets, das den einen Gott beschwört. Dies akzeptierte der Offizier als Beweis für Rolfs wahre Identität und stellte ihnen endlich wieder auf ihren richtigen Namen lautende russische Ausweise aus. Diese Papiere sollten ihnen auf absehbare Zeit Schutz bieten.

Auch Marcel Reich-Ranicki überstand die letzten Kriegsjahre in einem Versteck. Er und seine Frau wurden von einem polnischen Ehepaar namens Bolek und Genia in ihr einsam gelegenes Häuschen in Ostpolen aufgenommen. Auch er berichtet von der magischen Wirkung hebräischer Wörter, fast einer Art Erkennungszeichen zwischen Juden in kritischen Situationen. Eingekeilt zwischen den Fronten der Wehrmacht und der Roten Armee, beobachteten die beiden Paare den langsamen Rückzug der Deutschen und das allmähliche Vordringen der Russen. In dieser bedrohlichen Lage, schreibt Reich-Ranicki, „... pochte jemand kräftig, offenbar mit einem Gewehrkolben, an die Haustür. Zitternd und mit erhobenem Haupt öffnete Bolek die Tür. Vor ihm stand ein müder russischer Soldat und fragte laut: ‚Nemzow njet...?' – ‚Keine Deutschen hier?'... Bolek verneinte und rief mich. Er nahm an, mir würde es eher gelingen, mich mit dem russischen Soldaten zu verständigen. Dieser schaute mich scharf an und fragte ‚Amchu?' Ich hatte keine Ahnung, daß es sich um ein in Rußland gebräuchliches Wort handelt (es bedeutet etwa: ‚Gehörst du auch dem Volk an?'), mit dem sich Juden vergewissern, daß ihr Gesprächspartner ebenfalls Jude sei. Da er meine Ratlosigkeit sah, formulierte er die Frage direkt: Ob ich ein ‚Jewrej' sei?..." Reich-Ranicki bejahte und „lachend sagte er: ‚Ich auch Hebräer. Mein Name Fischmann.'"[9] In solchen schrecklichen Augenblicken hatten Juden jedweder Nationalität oder Glaubensstärke das Gefühl, die gemeinsame jüdische Herkunft rechtfertige vollkommenes Vertrauen. Sie konnten von einem anderen Juden Schutz erbitten und erhalten, wo immer die Front verlaufen, welche Sprachbarrieren es auch geben mochte.

Wie Ilselotte Themal mehrere Jahrzehnte später erzählte, war ihr die Vorstellung, nach Ende des Krieges weiterhin in Deutschland zu bleiben, unerträglich, so daß sie ihre ursprünglich geplante Auswanderung nach Palästina in die Tat umsetzen wollte. Ihrem Mann war das zwar gar nicht recht, doch bekam die Familie tatsächlich drei der knappen Berechtigungsscheine für die Einwanderung und machte sich auf den Weg ins Gelobte Land, nur um festzustellen, daß dies nicht die ersehnte Lösung war. Einzig Ilselotte, jünger und anpassungsfähiger als ihr Mann, hätte eventuell von dem Ortswechsel profitieren können. Rolf jedoch sah keine Möglichkeit, im rückständigen und bäuerlichen Palästina der 1940er Jahre seine juristische Ausbildung irgendwie anzuwenden. Er fand das Land provinziell und fremd und fühlte sich dort fehl am Platz. Als kultivierter und nicht-gläubiger Europäer, ohne enge jüdische Verbindungen, konnte er sich nicht mit den beschränkten Verhältnissen in Palästina abfinden. Zu Ilselotte sagte er: „Nur unter Juden zu leben ist mir unmöglich." Binnen eines Jahres waren sie zurück in Berlin und begannen, sich die Art von Existenz aufzubauen, die ihnen vertraut war.[10]

Einige wenige Juden konnten in Deutschland überleben, weil sie sich zur Kollaboration bereitfanden. Besessen davon, untergetauchter Juden habhaft zu werden, hatte die Gestapo eine Anzahl Berliner Juden durch Erpressung dazu gebracht, als Informanten zu fungieren. Besonders berüchtigt war die schöne Stella Goldschlag, die man mit dem Versprechen geködert hatte, ihre Eltern wären vor der Deportation sicher, solange sie auf Streifzügen durch die Straßen Berlins Juden, die versuchten, sich durchzumogeln, identifizierte. Das Leben ihrer Eltern hing davon ab, daß sie Ergebnisse lieferte, daß sie Freunde, Nachbarn, Bekannte aus früheren Tagen denunzierte. Wie viele ihr zum Opfer fielen, ist nicht bekannt, aber Überlebende berichten, daß Stella bald als leibhaftiger Todesengel angesehen wurde und Juden mit zweifelhaften Papieren schon von Angst und Schrecken erfüllt waren, wenn sie sie auch nur von ferne in einem Café oder Konzertsaal erspähten. Erkannt zu werden war gleichbedeutend mit einer Eintrittskarte in die Hölle, da Stella nie ohne Gestapo-Eskorte unterwegs war. Stella überlebte, aber ihre Eltern wurden nach Auschwitz deportiert und umgebracht. Gegen Kriegsende lebten noch zwanzig jüdische Informanten unter Aufsicht der Gestapo in einem Trakt des Jüdischen Krankenhauses in Berlin.[11] Man hatte die gesamte Krankenhausanlage an der Iranischen Straße in ein geschlossenes Ghetto umgewandelt, in dem achthundert Juden, viele krank, einige auch gesund, unter der Bewachung von Gestapoleuten standen. Wer das Glück hatte, chronisch krank zu sein, überlebte dadurch den Krieg; andere wurden mit aller Sorgfalt gesund gepflegt und gleich anschließend in den Osten deportiert, wo sie in den Todeslagern umkommen sollten.[12]

Jeder deutsche Jude, der den Krieg in Deutschland überlebte, hatte aus nächster Nähe die Grausamkeiten des Nazi-Regimes gesehen. Doch solange noch Krieg und das Regime an der Macht war, waren sie zum Stillhalten verdammt und konnten nur hoffen, länger durchzuhalten als das Dritte Reich. Mochten die Nazis alle Juden als ununterscheidbare Masse ansehen, letztlich allesamt Todeskandidaten, so gab es in Wirklichkeit beträchtliche Unterschiede zwischen den einheimischen deutschen Juden. Die größte Gruppe von Überlebenden, die Juden in Mischehen, waren auch am wenigsten jüdisch. Oft gehörten sie nicht der Gemeinde an und fühlten sich nicht einmal der jüdischen Kultur verbunden. Nach dem Krieg jedoch wurden sie bei den neu entstandenen jüdischen Gemeinden oft in führende Positionen gehievt, weil sie die Sprache beherrschten und die Klippen der deutschen Bürokratie zu umschiffen wußten. Aber viele von denen, die untergetaucht oder durchgeschlüpft waren, merkten – wie Inge Deutschkron (die bei Kriegsausbruch gerade ein Studium begonnen hatte) – nach der Befreiung, daß sie auf die nun fälligen Entscheidungen nicht vorbereitet waren. Sie schreibt: „Nie zuvor hatten wir in all den Jahren an den Tag ‚danach‘ gedacht. Alle unsere Energien hatten wir darauf konzentrieren müssen, die nächste Stunde, den nächsten Tag zu überleben.“[13]

Eine winzig kleine Anzahl deutscher Juden wartete im sicheren Hafen des Auslands auf die Gelegenheit, zurückzukehren und Deutschland wieder neu aufzubauen, es wieder „menschlich“ zu machen, wie Victor Klemperer sagte. Aber einige von denen, die gewartet hatten, waren enttäuscht, daß das neue Deutschland nicht von sich aus Einladungen aussprach oder sie aus ihrer neuen Heimat zurückzuholen versuchte. Nur wenige machten es wie der Journalist Karl Marx, der die Kriegsjahre in England verbracht hatte und sobald wie möglich zurückkehrte.

Nach dem Grauen der Nazi-Jahre hatten die Juden im Ausland zunächst nur eines im Sinn, nämlich wie sie die Überlebenden aus Deutschland herausholen konnten. Sogar Karl Marx, der „wohl als erster jüdischer Zivilist, 1946 wieder deutschen Boden betrat“, tat das in der Absicht, „allen unseren jüdischen Menschen, die sich auf deutschem Boden befanden, zu helfen, dieses Land zu verlassen“.[14] Trotzdem blieb er und ließ sich von den Appellen deutscher Politiker wie Kurt Schumacher, dem Vorsitzenden der Sozialdemokratischen Partei, überzeugen, der argumentierte, „daß es nicht möglich sei, ein demokratisches Deutschland ohne Juden aufzubauen... daß, Deutschland judenfrei zu machen, heißen würde, Hitler recht zu geben“.[15] Auf dieses Zeichen hatte Marx nur gewartet. Zusammen mit seinem Journalisten-Kollegen Hans Frey startete er die Publikation der ersten jüdischen Zeitung in deutscher Sprache in der britischen Zone – und nannte sie *Jüdisches Gemeindeblatt für die Nord-Rheinprovinz und Westfalen*. Die erste Ausgabe erschien am 15. April 1946 in Düsseldorf.

Karl Marx' Witwe, um einiges jünger als ihr Mann, erinnert sich an ihrer beider Rückkehr aus England so: „Nach Kriegsende äußerte [er] die Überzeugung, er müsse nach Deutschland gehen, denn es gebe zu wenige überlebende Juden, und er fühle sich verpflichtet, dem Restjudentum in Deutschland zu helfen.... Mein

JÜDISCHES GEMEINDEBLATT
FÜR DIE NORD-RHEINPROVINZ UND WESTFALEN

NUMMER 1	15. APRIL 1946	1. JAHRGANG

ZUM GELEIT

Die Militärregierung hat am 2. April 1946 die Herausgabe eines Mitteilungsblattes für die Gemeinden Rheinlands und Westfalens genehmigt.

Wir stehen vor den Pesach-Feiertagen. Unsere Gedanken gehen zurück, und wir denken an die alte Erzählung von der Befreiung aus der Knechtschaft Ägyptens. War es jemals zeitgemäßer denn heute, uns dessen zu erinnern? Haben wir nicht alle, die wir hinter den Stacheldrähten, in Gefängnissen und hinter Schicksalsmauern geschmachtet haben, die Knechtschaft Ägyptens verspürt?

Dieses Gemeindeblatt, welches noch in einem bescheidenen Umfange herauskommt, ist ein erster Schritt in die Freiheit, ein weiterer Schritt für den Wiederaufbau der jüdischen Gemeinden in Deutschland. Mein Gruß gilt nicht nur unseren treuen Glaubensgenossen des Rheinlands und Westfalens, er geht hinüber in all die Läger, in die unsere Glaubens- und Leidensgenossen heute noch – ein Jahr nach der Befreiung – gesammelt sind. – Wir kennen keinen Unterschied zwischen Ost und West. Wir haben als Juden gemeinsam gelitten, gemeinsam das Leid ertragen und haben jetzt als Juden gemeinsam dafür zu kämpfen, daß wir als vollberechtigte Bürger der Wiedergutmachung erhalten, die uns ein ordnungsgemäßes Leben gewährleistet. Gleichberechtigt wie alle, die guten Willens sind, unter der Voraussetzung der Wiedergutmachung der Zeit von 1933 bis 1945.

Wir danken der Militärregierung für die Unterstützung, die sie unseren Bestrebungen zuteil werden läßt. Wir danken dem JOINT, der JEWISH RELIEF UNIT, dem WORLD-JEWISH-CONGRESS und den übrigen jüdischen Organisationen, die uns vom Ausland aus in den letzten Monaten so tatkräftig geholfen haben. Unsere besten Grüße und unser Dank gehen an das CENTRAL COMMITTEE und insbesondere an seinen Präsidenten Herrn Josef Rosensaft, der in Amerika und mit mir gemeinsam in England für die Interessen der Juden in Deutschland in mannhafter Weise eingetreten ist. –

Möge nunmehr dieses Blatt – welches zweimal monatlich erscheinen wird – ein Bindeglied sein zwischen den Gemeindemitgliedern und ihren Gemeinden, und möge es unseren Brüdern draußen ein anschauliches Bild verleihen über unsere Aktivität in Deutschland. Wir haben für unsere Zukunft vollstes Vertrauen. Der Gott unserer Väter hat uns bis heute nicht verlassen und wird uns auch weiter beistehen.

Dr. Philipp Auerbach

Die Titelseite des *Jüdischen Gemeindeblatts* vom 15. April 1946, der ersten jüdischen Zeitung in Deutschland, die in der britischen Zone erschien.

Mann gehörte einer Generation an, die in Deutschland absolut verwurzelt war, ein Grund dafür, warum er sich hier so leicht wieder wohlfühlen konnte. . . . Ich, die ich sehr jung Deutschland verlassen hatte, blieb im Grunde genommen lange Zeit fremd."[16] Es war wohl nicht unerheblich für die Heimatverbundenheit von Marx, daß seine Familie schon seit sechshundert Jahren im Saarland lebte.

Die von Marx herausgegebene Zeitung erschien zweimal im Monat und sprach von Anfang an die Themen an, die alle Juden, ob sie in Deutschland geblieben oder dorthin zurückgekehrt waren, beschäftigten: Die Erinnerung an die Schrecken der Hitler-Jahre, von den Herausgebern mit Nachdruck in die traditionsreiche, in der Bibel verwurzelte Geschichte jüdischen Gedenkens eingeordnet. Aber die Zukunft war weiterhin unklar. In der ersten Ausgabe des Blattes stand auf der ersten Seite im Geleitwort: „... Wir stehen vor den Pessach-Feiertagen. Unsere Gedanken gehen zurück, und wir denken an die alte Erzählung von der Befreiung aus der Knechtschaft Ägyptens. War es jemals zeitgemäßer denn heute, uns dessen zu erinnern? Haben wir nicht alle, die wir hinter den Stacheldrähten, in Gefängnissen und hinter Schicksalsmauern geschmachtet haben, die Knechtschaft Ägyptens verspürt? Dieses Gemeindeblatt... ist ein erster Schritt in die Freiheit, ein weiterer Schritt für den Wiederaufbau der jüdischen Gemeinden in Deutschland."

Und an dieser Stelle – in freimütigem Eingeständnis alter Antipathien – reichen die deutschsprachigen den osteuropäischen Juden die Hand. Der Autor des Leitartikels, Dr. Philipp Auerbach, Sproß einer alteingesessenen jüdischen Familie aus Hamburg, hatte viereinhalb Jahre in Konzentrationslagern verbracht und übernahm nach seiner Befreiung eine aktive Rolle beim Wiederaufbau der Jüdischen Gemeinde, als Vorsitzender des Landesverbandes der Jüdischen Gemeinden der Nord-Rheinprovinz. Zusätzlich war er Vizepräsident des Zentralkomitees der befreiten Juden in der britischen Zone.[17] In seinem Geleitwort fährt er fort: „Mein Gruß gilt nicht nur unseren treuen Glaubensgenossen des Rheinlands und Westfalens, er geht hinüber in all die Lager, in die unsere Glaubens- und Leidensgenossen heute noch – ein Jahr nach der Befreiung – gesammelt sind." In Anlehnung an das Kaiserwort beim Ausbruch des Ersten Weltkriegs – ,Ich kenne keine Parteien mehr, ich kenne nur noch Deutsche' –, verweist er dann auf das zweite wichtige Thema in den neuen Gemeinden: „Wir kennen keinen Unterschied zwischen Ost und West. Wir haben als Juden gemeinsam gelitten, gemeinsam das Leid ertragen und haben jetzt als Juden gemeinsam dafür zu kämpfen, daß wir als vollberechtigte Bürger die Wiedergutmachung erhalten, die uns ein ordnungsgemäßes Leben gewährleistet." Und ganz zum Schluß berührt Auerbach das dritte Thema, das alle beunruhigte, die in Deutschland geblieben oder dorthin zurückgekehrt waren, die Meinung der Juden im Ausland: „Möge nunmehr dieses Blatt... unseren Brüdern draußen ein anschauliches Bild verleihen über unsere Aktivität in Deutschland."[18]

Die letzte Frage, die beiden Seiten immer wieder Anlaß zum Grübeln bot, war das Verhältnis der Juden zu den Deutschen. Der neuerworbene Argwohn der deutschen Juden galt nicht nur den Richtern, Verwaltungs- und Regierungsbeamten, mit denen sie in Rechtsfragen zu tun hatten, sondern erstreckte sich auch auf Nachbarn, Ladenbesitzer oder Geschäftspartner, denen sie fast täglich begegneten. Nach den vergifteten zwölf Jahren des Hitler-Regimes geriet jeder soziale Kontakt zum Versuchsgelände.

Was vor allem neu überdacht werden mußte, war das Fundament, auf dem die deutschen Juden zwei Jahrhunderte lang ihr Leben aufgebaut hatten, nämlich die Annahme, daß sich in der Unendlichkeit die parallel verlaufenden Bahnen deutscher und jüdischer Lebensart treffen würden. Von skeptischen Juden wurde diese sogenannte „deutsch-jüdische Symbiose" schon seit langem verächtlich abgelehnt; der Wissenschaftler und Zionist Gershon Scholem nannte sie eine „einseitige Liebesbeziehung". Aber vor Hitler, vor dem Krieg, hatten sich die meisten Juden als in der deutschen Gesellschaft fest verankert empfunden – wenn auch mit dem Unterschied, daß sie auf eine andere Geschichte zurückblickten. Auch ein Jude, der selbst das Pessach-Fest nicht feierte, war sich bewußt, daß es für ihn eine Bedeutung hatte, die es für einen Deutschen einfach nicht haben konnte. Es gehörte zu seiner Geschichte, zur Geschichte seines Volkes, gleichgültig, ob er an einem *Seder* teilnahm oder nicht.* Aber das war ein Unterschied, den man vor dem Krieg hatte geltend machen können oder auch nicht, je nachdem wie die Situation es verlangte. Für die meisten deutschen Juden, deren Familien in ihrem Geburtsland einen langen Stammbaum aufweisen konnten, war dies sogar ein rein nomineller Unterschied.

Im großen und ganzen ging es den deutschen Juden kurz vor der Machtergreifung Hitlers gut, und sie fühlten sich *zu Hause*. Eine kleine Minderheit, ca. 7000 von einer halben Million, gehörten einer zionistischen Organisation an, aber sogar sie sträubten sich 1912 dagegen, als radikale Elemente in der Bewegung alle Mitglieder zu der Erklärung verpflichten wollten, daß es letztlich ihre Absicht sei, ins Land der Väter auszuwandern. In einer noch lange nicht vollkommenen Welt blieben ganz normale Juden im Gesell-

---

* *Seder* = die häusliche religiöse Feier an den beiden ersten Abenden des Pessach; besteht in der Rezitation der Pessach haggada und einem Festmahl (Anm. d. Übers.)

schaftsleben lieber unter sich und pflegten ein sehr intensives Familienleben, um die Jugend im heiratsfähigen Alter im Schoß der Familie zu halten. Zwar war der Anteil derer, die die rituellen Feste begingen, nicht sehr hoch, und auch der Synagogenbesuch ließ außer an den hohen Feiertagen zu wünschen übrig, aber zu Hause kultivierte man das Jüdische ganz unbefangen, wozu auch gehörte, daß sich freitagabends und an den wichtigen Festtagen die ganze Familie versammelte. In Gershom Scholems Familie zum Beispiel, obwohl ganz und gar weltlich orientiert, trafen sich am Freitagabend alle ganz selbstverständlich zum Essen im Hause seines Onkels.

Wenn auch die Synagogen – wie das „gute Wohnzimmer" – nur für feierliche Anlässe benutzt werden mochten, errichteten die Jüdischen Gemeinden gleichwohl überall in Deutschland die besten und prachtvollsten Gebäude, die sie sich leisten konnten. Anders als in vormodernen Zeiten, als die Juden ihre Synagogen lieber in Seitenstraßen versteckten oder sorgfältig tarnten, damit sie nicht auffielen, baute man in der Mitte des 19. Jahrhunderts mit Vorliebe im extravaganten „maurischen" Stil. Auch zögerten die jüdischen Gemeinden nicht, in hervorragender Lage zu bauen. Die Synagoge in der Fasanenstraße in Berlin, deren Haupt-Altarraum von drei Kuppeln gekrönt war, bot 1700 Gläubigen Platz. Für die etwas intimere Atmosphäre einer Hochzeitsgesellschaft gehörte auch noch ein kleinerer „Trausaal" dazu, dessen grüne Fliesen eigens bei der Königlichen Manufaktur bestellt worden waren. Am 26. August 1912, dem Tag ihrer Einweihung, besuchte der Kaiser höchstselbst den Gottesdienst.

In diesem verwirrenden Umfeld von privater Geringschätzung und öffentlichen Ehren mußte man die Jugend erst gar nicht in der besonderen Doppelsicht unterweisen, dieser für die vielgeschmähten osteuropäischen Brüder so charakteristischen inneren Distanz. Jüdische Familien lasen die Zeitungen einfach anders als ihre christlichen Nachbarn. Der engagierte Zionist Richard Lichtheim, ein scharfer Beobachter der wohlhabenden jüdischen Berliner Gesellschaft, hat den Lebensstil der jungen Schickeria um 1900 beschrieben – die Winter in St. Moritz, die eifrigen Theater-, Konzert- und Opernbesuche, die Vertrautheit mit den neuesten Romanen, Malern und Musikern. In seinem Bericht über diese Epoche schildert er die Feier zum fünfundsiebzigsten Geburtstag von Theodor Fontane, dem Romanschriftsteller. Als bester deutscher Autor zwischen Goethe und Thomas Mann gerühmt, war Fontane besonders bekannt für seine gestochen scharfen Portraits des märkischen Adels, bemerkte aber bei dieser Gelegenheit selbst, er habe weit weniger Glückwünsche von seinen geliebten Preußen bekommen als – in seinen Worten – „vom prähistorischen Adel", also seinen jüdischen Lesern. Obwohl also die Juden vollkommen in die deutsche Kultur eingebettet waren – zu der sie nicht wenige bedeutende Persönlichkeiten beigesteuert hatten, wie zum Beispiel den Philosophen Moses Mendelssohn und den Dichter Heinrich Heine –, trennte sie doch noch immer „eine Glaswand... die man aber nicht durchschreiten konnte", wie es Lichtheim ausdrückte.[19]

Damit will ich sagen: Was von außen wie ein perfektes Nachahmen ausgesehen haben mag, barg für diejenigen, die innerhalb dieser stark strukturierten und vielschichtigen Gesellschaft lebten, deutliche und klar umrissene Unterschiede. Doch konnte dies jüdischen Unternehmungsgeist und jüdische Kreativität keineswegs lähmen, sondern schien sie im Gegenteil noch anzuspornen.

Vor Hitler hatten sich die Juden nahezu zwei Jahrhunderte lang immer wieder Gedanken darüber gemacht, welchen Platz sie in der deutschen Gesellschaft einnahmen. Waren sie nur Gäste in einer „Wirtsgesellschaft", wie die Zionisten behaupteten? Waren sie Bürger zweiter Klasse, weil man ihnen die vollen Bürgerrechte erst 1871 verliehen hatte? Oder waren sie doch Bürger ersten Ranges, die eben nur den offensichtlich nie erlahmenden, oft unausgesprochenen Antisemitismus, der in vielen Bereichen des gesellschaftlichen, wirtschaftlichen und geistigen Lebens regierte, aushalten mußten? In der Weimarer Republik war es für viele deutsche Juden völlig unproblematisch, sich als Deutsche zu bezeichnen, und sie waren der Ansicht, die Restspuren des Antisemitismus würden sich im Lauf der Zeit schon verwischen. Entscheidender als die voraussichtlich temporären Schwierigkeiten war, wieviel die Juden in Deutschland schon erreicht hatten, seit der Kampf um Anerkennung und Gleichberechtigung begonnen hatte.

Doch diese komplexe alte Welt war 1945 schon lange untergegangen. Die Machtergreifung der Nationalsozialisten hatte der kurzen Ära der Weimarer Republik, die so viele jüdische Künstler und politische Größen hervorgebracht hatte, ein vorzeitiges Ende bereitet. Die kleine Anzahl deutscher Juden, die nach dem Krieg weiterhin in Deutschland lebten, mußten ganz von vorn damit anfangen, sich eine Vorstellung von der neuen Gesellschaft und ihrem Platz darin zu machen.

Wie verwickelt die Beziehungen sein würden, läßt eine Anzeige erahnen, die eine junge Mutter im Februar 1947 in das *Gemeindeblatt* setzte: „Suche für meinen Sohn, ein halbes Jahr alt, gesund und kräftig, Adoptiv-Eltern. Vater des Kindes ist Jude."[20] Als Adresse gibt sie eine Kleinstadt in der Nähe von Frankfurt an. Waren ihre Gründe dafür persönlich oder gesellschaftlich motiviert? War ein Ehemann überraschend aus dem Krieg heimgekehrt? Gab es aufgrund der Abstammung des Kindes Feindseligkeiten seitens der Mitbürger, die eine alleinerziehende Mutter überforderten? War ihr jüdisches Baby ihr fremd geworden, sein Haar zu dunkel und lockig, seine braunen Augen die Augen eines Fremden?

Obwohl das Kind nach jüdischem Gesetz kein Jude war, bot die Mutter ihren Sohn dennoch der Jüdischen Gemeinde an, weil er einen Juden – der vermutlich verschwunden war – zum Vater hatte. Die Anzeige läßt auch den Schluß zu, daß ein solches Kind für „deutsche" Adoptiveltern nicht akzeptabel wäre. Was immer man sich ausmalt, deutlich wird aus den wenigen Zeilen, daß die zwölf Jahre unter Hitler im allgemeinen Denken einen Abgrund zwischen Juden und Deutschen aufgerissen hatten.

Im September 1947, ein halbes Jahr nach der ersten Ausgabe des *Gemeindeblatts*, begannen die Jüdischen Gemeinden in Bayern eine eigene Zeitung, die *Neue Welt*, zu veröffentlichen. Ihr Akzent lag weniger auf der Vergangenheit als auf der Zukunft. Auch sie fühlten sich verpflichtet, den Juden im Ausland ihre Anwesenheit in Deutschland zu erklären. Der Herausgeber schrieb: „Möge dieses Blatt dazu dienen, die Verbindung zu jüdischen Menschen im In- und Ausland aufrechtzuerhalten. Möge die ‚Neue Welt' zu einer Verständigung mit der Umwelt führen, die uns noch nicht versteht. Möge sie schließlich in die Welt hinausgehen als Mittler des Friedens und der Versöhnung, als Träger unserer Ideale und als Künder unserer hohen Ethik. Worte des Geistes und der Kultur mögen von hieraus von jüdischen Menschen sprechen, die sich trotz aller Pein mit Stolz und Würde zu ihrem Judentum bekennen."[21]

Inzwischen nahmen die im realen Leben herrschenden Kräfte von Angebot und Nachfrage Einfluß auf jene Bereiche, in denen eine heimatvertriebene und enteignete Bevölkerungsgruppe einen Neubeginn wagen konnte. Ungeachtet der guten Absichten des *Gemeindeblatts*, die Unterschiede zwischen Ost und West auszulöschen, waren die Aussichten für die *Sche'erith Haplejta* und für die deutschen Juden, die sich in ihren wiederhergestellten Gemeinden einrichteten, jeweils völlig verschieden. Zunächst lebten beide Gruppen unter dem Eindruck, sich in einer Übergangssituation zu befinden. Sogar die Jüdische Gemeinde in Berlin nannte sich anfangs eine „Auswanderungsgemeinde".[22] Aber sowohl der „Rest der Geretteten" als auch die deutschen Juden kamen nicht an der Tatsache vorbei, daß es nur sehr wenigen möglich war, das Land zu verlassen. Zwar sahen sich besonders die osteuropäischen Juden zunächst als Zugvögel, die auf eine Chance zur Auswanderung warteten, aber sogar sie stellten fest, daß sich ihre Haltung änderte, je mehr Zeit verstrich. „Juden haben keine Wurzeln, sie haben Flügel", formulierte es ein Jude aus Ungarn.

Doch fliegen konnten sie nicht und innerhalb der engen Grenzen der DP-Lager vermochten sie nicht allzuviel zu bewegen. Die jüdische Ausbildungsorganisation ORT veranstaltete Kurse, in denen junge Leute nützliche Handwerksberufe erlernen konnten, und richteten improvisierte kommerzielle Werkstätten ein, in denen sie Waren zum Verkauf anfertigten; aber dies alles blieb provisorisch und kurzlebig. Die Lagerbewohner waren zum überwiegenden Teil jung und ungebunden und konnten es kaum erwarten, ihr Leben neu zu beginnen, auch wenn sie in den Kriegsjahren fast alles verloren hatten.

Im Jahre 1947, beim zweiten Jahrestreffen des Komitees der befreiten Juden in Bayern hatten die *Sche'erit Haplejta* begriffen, daß ihr Aufenthalt in Deutschland noch nicht so bald zu Ende sein würde, und sie waren nicht länger gewillt, auf unbestimmte Zeit von den milden Gaben der Besatzungsarmeen oder jüdischen Hilfsorganisationen zu leben. 1947 hatten sie mit verschiedenen kleineren Unternehmen sogar schon erste Schritte gemacht und begannen sich in der lokalen Geschäftswelt zu etablieren. Das Komitee genehmigte im Nachhinein, was ohnehin geschah, mit einer politischen Volte: Dem bereits beträchtlichen ökonomischen Unternehmungsgeist der befreiten Juden stellten sie die politische Selbstverwaltung zur Seite, womit den zionistischen Ideologen die zunehmende aktive Beteiligung von Juden an der deutschen Wirtschaft etwas schmackhafter gemacht wurde.

Was der Kongreß vorschlug, war eine Art Autarkie; schon im folgenden Jahr sollten 36 000 Juden in ihren eigenen Fabriken, Werkstätten und landwirtschaftlichen Betrieben arbeiten. Der Journalist Ernst Landau, der selbst Jude war (er stammte aus Wien) und viereinhalb Jahre Konzentrationslager überstanden hatte, berichtet:

„Diese Fabriken werden ausschließlich für die Selbstversorgung der hier lebenden Juden, für den Export, für Aufträge der amerikanischen Armee, der UNRRA und anderen Institutionen [errichtet]... Fest steht jedenfalls die Annahme des Planes, seine beginnende Praktizierung und damit die vollzogene geistige Umstellung der heimatlosen Juden von dem Genuß karitativer Hilfeleistungen hinweg in der Richtung zu einer Produktivisierung ihrer eigenen geistigen und materiellen Kräfte."[23] Außerdem sollte der Kontakt zu den Deutschen auf das Nötigste beschränkt werden.

Das Thema „produktive Arbeit" hatte eine lange Vorgeschichte in den Diskussionen um die „jüdische Frage" im 19. Jahrhundert. In der damaligen europäischen Agrargesellschaft wurden alle den Juden überlassenen Tätigkeiten – Bankgeschäfte, internationaler Handelsverkehr, Groß- und Einzelhandel, Geldverleih – von Antisemiten als „unproduktiv" diskreditiert. „Produktiv" war nur, wer das Land bebaute oder Gebrauchsgegenstände herstellte. In diesem Modell war kein Raum für Handel und Dienstleistungen. Aber durch das stete Wachstum der Industriegesellschaft wurde dieses simple Weltbild immer komplizierter, und plötzlich waren Banken, Kaufleute, Groß- und Einzelhändler unentbehrlich für den Transport von Gütern sowie zur finanziellen Absicherung von Fabriken, Eisenbahnlinien, Straßen, der Energieversorgung, den Kommunikationssystemen und der gesamten Infrastruktur modernen Lebens.

Die moralische Gewichtung, die sich hinter den nur scheinbar neutralen, antisemitischen Debatten um „produktive" und „unproduktive" gesellschaftliche Kräfte verbarg, fand aus anderen Motiven auch Eingang in die zionistische Ideologie, in der ebenfalls „produktive" Juden erwünscht waren. Juden sollten nicht nur in den Nischen des Wirtschaftssystems arbeiten, sondern eine „normale" Sozialstruktur anstreben, angefangen vom Ackerbau bis hin zu einer eigenen Regierung als Krönung. Diese Denkungsart leitete die Überlegungen beim zweiten Kongreß der befreiten Juden im Jahre 1947. Aber sogar die Zionisten konnten die Ungeduld der jungen heimatlosen Juden nicht ignorieren, die zusehen mußten, wie Monate ihres Lebens ohne Planung oder Fortschritte dahingingen.

Nicht einmal die vorsichtige Ausdrucksweise in einem Bericht der UNRRA aus dem Jahre 1946 vermochte das äußerst gespannte Klima in den DP-Lagern zu verbergen. Die Verfasser schreiben:

Es wird von sämtlichen Behörden anerkannt, daß jüdische Menschen nach all ihren Entbehrungen ... umgehend auf jede Situation reagieren, die sie in irgendeiner Weise an ihr Leben unter den Nazis erinnert. Zwischenfälle der vergangenen drei Monate in der US-Zone haben gezeigt, daß sie jede Form von Beschränkung sofort spüren, und heftige Auswirkungen sind die Folge, wenn irgendeine einschränkende Maßnahme getroffen wird, ohne die gegenwärtige unterschwellige psychische Verfassung der jüdischen Menschen zu berücksichtigen. Zu den emotionalen Spannungen trägt auch bei, daß sie nicht wissen, ob sie schon bald auswandern können oder nicht ...

Die Gruppe der jüdischen displaced persons besteht hauptsächlich aus Leuten unter 35. Den unter 25jährigen wurden in den vergangenen zehn Jahren jede normale Arbeitserfahrung, berufliche oder sonstige Ausbildung vorenthalten. Sie hatten kein normales Familienleben und lebten in Konzentrationslagern, oder sie betätigten sich als Partisanen im Untergrund, etc. ... Der Umstand, daß sie in Deutschland leben, erhöht im Verein mit den oben erwähnten psychologischen Faktoren die Wahrscheinlichkeit von die Sicherheit bedrohenden Zwischenfällen immer mehr.

In Wirklichkeit kamen Zwischenfälle dieser Art erstaunlich selten vor. Die *Sche'erith Haplejta* scheinen ihre Spannungen und Ängste eher fest im Griff gehabt, als sie an der deutschen Bevölkerung ausgelassen zu haben. In der Polizeistatistik für Ausländer in Bayern – wo es die meisten DP-Lager gab – ist sogar angegeben, daß die Juden die geringste Anzahl von Verbrechen begangen hatten. Und mehr noch, 1945 und 1946 war kein einziger Jude in Bayern wegen Mordes, versuchten Totschlags, Raub oder Einbruch angeklagt.[24] Wie groß jedoch die Empfindlichkeit war, läßt sich an folgender unwichtigen, aber typischen Begebenheit ablesen. Als ein leutseliger Amerikaner, zu Besuch im Auftrag einer jüdischen Wohltätigkeitsorganisation, den Arm um einen jungen Lagerbewohner legte, reagierte der prompt und heftig: „Nimm sofort deine Hand da weg!" Für den jungen Überlebenden war die joviale, ein wenig herablassende Lockerheit des Amerikaners einfach nicht tragbar.

Die angespannte und aufgeladene Atmosphäre der jüdischen Lager stand in auffallendem Kontrast zu den Lagern, die mit anderen Osteuropäern belegt waren und ebenfalls von der UNRRA verwaltet wurden. Dabei handelte es sich um Balten und andere Osteuropäer, Menschen, die nicht wie die Juden sechs Jahre lang täglich dem Tod ins Auge gesehen oder die engsten Angehörigen verloren hatten. Manche waren freiwillig zum Arbeiten nach Deutschland gekommen; einige hatten mit den Deutschen kollaboriert und flüchteten sich nun in die Anonymität; einige waren auch Flüchtlinge aus den Kriegsgebieten. Wieder andere waren als Rüstungsarbeiter nach Deutschland verschleppt worden, hatten aber unter ganz anderen Bedingungen gelebt als die Juden in den Baracken für Sklavenarbeiter. Nun sahen sie mit Zuversicht ihrer Rückführung in die Heimat entgegen. Im März 1946 stattete keine Geringere als Eleanor Roosevelt einem von Letten bewohnten DP-Zentrum in Berlin einen Besuch ab. Ein ungemein erfreuliches gesellschaftliches Ereignis für alle Beteiligten. Laut einem Bericht der Lagerzeitung „erschienen die Vertreter der baltischen DPs in Nationalkostümen und überbrachten Mrs. Roosevelt ein Paar selbstgestrickter Handschuhe in original lettischem Muster."

Mrs. Roosevelt war nicht gezwungen, ausgemergelte Körper oder Mitleid erregende Gesichter anzuschauen. Reizende kleine Mädchen überreichten ihr Blumen und Geschenke, und die Älteren warteten nur noch auf die passenden Transportmittel, um heimfahren zu können. Der Bericht schließt mit einem Abschiedsgedicht auf deutsch und lettisch, das eine ziemlich unbeschwerte Ferienlageratmosphäre vermittelt, in krassem Gegensatz zur herzzerreißenden Verzweiflung in den jüdischen Zentren:

Im UNRRA Camp Teltower Damm
Da stehen die Leute oft an
Und versuchen dort ihr Glück
Wollen alle gern zurück

Im Lager da lebt sich's famos
Denn täglich ist irgendwas los
Und an alles wird gedacht
Was den Leuten Freude macht

… und als der Driver aus der Pforte lenkt
Ein jeder voller Wehmut denkt:
‚Good-bye Mr. Fritsch, Soumier and Miss Deed
Wir danken euch alle. You all were so sweet![25]

Die Juden dagegen hatten keine bezaubernden Nationalkostüme; viele waren noch mit ihrer Gefängniskleidung in den DP-Lagern angekommen. Auch hofierte man sie nicht wie ihre ehemaligen Nachbarn, die Polen. Dem neuen kommunistischen Regime in Polen blieb nicht verborgen, wie besorgt die Exilbürger die neue Regierung betrachteten, und es veröffentlichte daher lange beruhigende Artikel in den *Repatriation News* der UNRRA. Darin appellierten die Machthaber an die Heimatliebe der Polen und forderten sie dringend auf, heimzukehren.[26] Es waren genau diese ausdrücklichen Einladungen, an denen es dem Leben der Juden in den Lagern mangelte.

Wenn auch viele deutsche Juden den gleichen Wunsch wie die *Sche'erith Haplejta* hatten, nämlich vor allem anderen Deutschland zu verlassen und sich anderswo niederzulassen, so hatte die Situation der deutschen Juden doch noch eine besondere Dimension. Vor dem Krieg war Deutschland ihre Heimat gewesen. Sie waren mit der deutschen Sprache und Kultur aufgewachsen. Jede Fremdsprache würde eben dies bleiben – fremd, nicht so klangvoll, nicht so fundiert. Die deutschen Landschaften und Gedichte hatten ihr Herz höher schlagen lassen. Ihre frühesten Erinnerungen waren mit einer Kultur verbunden, die sie verstoßen und ihre Angehörigen ermordet hatte. Aber dieser Kultur den Rücken zu kehren, hieß auch einen Teil von sich selbst abzulehnen – und so kamen die deutschen Juden von diesem Punkt nicht los, grübelten über Fragen, die für Juden aus dem Osten keine Bedeutung hatten.

Während offiziell die meisten deutschen Juden nach dem Krieg erklärten, sie wollten Deutschland verlassen – und die Hälfte der 15 000 Überlebenden dies auch tat – wußten einige, daß sie bleiben würden. Manche, wie Karl Marx, fühlten sich berufen, beim Wiederaufbau eines neuen und besseren Deutschland zu helfen. Manche hofften, Besitz und Geschäftsbetriebe zurückzubekommen, die ihnen als Basis für einen Neuanfang dienen konnten. Doch viele blieben einfach mangels Alternativen. Sie hatten zu viel Angst vor dem Unbekannten, um auszuwandern, oder sie waren zu alt oder hatten keine Angehörigen im Ausland. Manche waren krank und nicht erwünscht in Ländern, die kräftige junge Leute zum Zupacken brauchten, oder wie die Vereinigten Staaten keine Leute mit ansteckenden Krankheiten aufnahmen. Eine ganze Reihe der KZ-Überlebenden war an Tuberkulose erkrankt, so daß sie für ein amerikanisches Visum nicht in Frage kamen. Die Folge davon war, daß nicht nur die erkrankte Person selbst, sondern deren gesamte Familie aus Solidarität ebenfalls zurückblieb.

Während für die Juden aus dem Osten Deutschland ausnahmslos „das Land der Amalekiter" war, verdankten die meisten deutschen Juden ihr Leben mutigen Mitbürgern, die ihnen geholfen, sie versteckt, oder ihre Anwesenheit für sich behalten hatten, auch wenn sie nicht aktiv daran beteiligt waren. Es hieß, daß es in der NS-Zeit für jeden Deutschen, der einem Juden half oder ihn versteckte, vier oder fünf andere gab, die davon wußten, und deren Stillschweigen genauso wichtig gewesen war wie die aktive Hilfe. Hans Rosenthal, später ein beliebter Quizmaster im deutschen Fernsehen, hat erzählt, daß ihn ein ganzes Stadtviertel durch Schweigen schützte. Eine Freundin seiner Mutter hatte ihn 1944, als er noch ein Teenager war, in Berlin bei sich aufgenommen und in einer Gartenlaube versteckt. Angesichts der schweren Bombenangriffe des letzten Kriegsjahres beschloß seine Beschützerin, ihn während des Alarms in den Luftschutzkeller mitzunehmen. Er wurde nicht nur nicht verraten, sondern sogar als Glücksbringer behandelt. „Wo ein Jude ist, da fällt keine Bombe hin", sagten die Nachbarn.

Etliche deutsche Juden, die als Zwangsarbeiter in Berlin lebten und für den Weg zur Arbeit die Trambahnen benutzen durften, berichteten später von ähnlichen Erlebnissen auf ihren Fahrten. Nach 1941 konnte man am gelben Stern natürlich leicht erkennen, wer Jude war. Irgendwie passierte es dann im Gedränge der morgendlichen Stoßzeit, daß jemand ein Stück Brot oder eine Stulle in eine Manteltasche steckte. Für die meisten Juden hatten solche Vorkommnisse eine menschliche Qualität, die viel wertvoller war als das bißchen unverhoffte Essen. Viele berichteten auch, daß sie vor der fatalen Durchsuchung der Fabriken im Februar 1943 von ihren Arbeitgebern gewarnt wurden, sie sollten „verschwinden". Doch alle diese Taten wurden von dem Mut der tausenden „arischen" Ehepartner in den Schatten gestellt, die freiwillig das Schicksal ihrer jüdischen Lebensgefährten teilten und ihnen damit das Leben retteten. In den ersten Nachkriegsjahren waren die deutschen Juden endlich wieder täglich unterwegs, unterhielten sich mit ihren Nachbarn, redeten mit Beamten, Ladenbesitzern, Geschäftsleuten. Sie konnten die Zeitung lesen und sozusagen die Temperatur des Landes messen. Die *Sche'erith Haplejta* dagegen – weil sie es so wollten oder wegen der Sprachbarriere – hatten kaum Kontakt zur einheimischen Bevölkerung und kaum Hinweise, an denen sie sich orientieren konnten.

Im Sommer 1946 löste Ernst Landau eine Kontroverse aus, als er in einem Artikel für die zionistische *Jüdische Rundschau* das Thema der Beziehungen zwischen Deutschen und Juden anschnitt.[27] Er ging von der bis dahin noch kaum artikulierten Voraussetzung aus, daß es Juden gab, die tatsächlich in Deutschland bleiben wollten, und fing an, über deren Beziehung zu ihren deutschen Nachbarn zu spekulieren. Abschließend gab er zu verstehen, daß die Juden den Deutschen bei der Aufgabe helfen müßten, sich in der neuen Welt zurechtzufinden.

Die erste Reaktion der DP-Presse war ungläubiges Staunen. In *Unzer Weg* lautete die Überschrift der diesbezüglichen Erwiderung: „Häftlinge aus den Konzentrationslagern sollen zu einer Verständigung kommen mit... Deutschen!" Der nur mit den Initialen R. R. unterzeichnende Autor bringt zwei Leitthemen zur Sprache: den alten Vorwurf der Ostjuden an ihre deutschen Brüder wegen deren Assimilation sowie die Frage, ob es überhaupt irgendwelche Berührungspunkte zwischen Juden und Deutschen gebe. In der erregten Ausdrucksweise dieses Artikels ist die Stimme der polnischen Juden vernehmbar, die nicht einmal ein Jahr zuvor aus den Konzentrationslagern befreit worden waren. Auch Landau hatte in den KZs geschmachtet; aber er und seine jüdischen Landsleute befanden sich in einer emotional viel komplexeren Situation als die polnischen Juden. Landau mußte sich mit der Tatsache auseinandersetzen, daß „damit ein Band gelöst werden [mußte], das durch Jahrhunderte bestanden hatte, aber von Hitler zerrissen worden war und von seinen Nachfolgern nicht wieder zusammengefügt werden konnte".[28]

Daß R. R. die Assimilation als Verrat anprangert, hat eigentlich nicht so sehr mit der Anpassung an die westliche Zivilisation zu tun, als vielmehr mit der Aufkündigung der jüdischen Kultur. Wie im 2. Kapitel deutlich wurde, hatte es sich Ende des 19. Jahrhunderts ja sogar bis zu den Juden im tiefsten Innern der russischen Siedlungsgebiete herumgesprochen, daß sie sich nicht ewig in ihren kleinen jüdischen Dörfern abkapseln und ein zeitloses, von allem unberührtes Dasein würden führen können. Dennoch erschien die Assimilation vielen osteuropäischen Juden wie eine schnöde Negation der jüdischen Vergangenheit, die durch die hochmütige und herablassende Haltung der deutschen Juden gegenüber den unreformierten Ostjuden nur noch unerträglicher wurde. Die Osteuropäer ihrerseits erwiderten diese Gefühle nicht weniger heftig und verfluchten die deutschen Juden für ihr Buhlen um gesellschaftliche Anerkennung um einen solch hohen Preis. Daher sahen sich Autoren wie „R. R." beim Ruf nach Versöhnung mit den Nachfahren der Amalekiter jedesmal sofort lebhaft an etwas erinnert, was sie immer als Liebedienerei vor den Deutschen verstanden hatten. Noch schlimmer war, daß die Juden in ihren Augen den Platz in der Gesellschaft akzeptierten, den die Deutschen ihnen zugedacht hatten und damit die ihnen zugeteilte „humanistische" Rolle übernahmen.

Aber deutsche Juden vertraten eine ganz andere Auffassung von ihrer Position in der Welt und in der deutschen Gesellschaft. Weit davon entfernt, ergebene Diener deutscher Erwartungen zu sein, wurden sie zu Richtern über die Deutschen. Landau prangert in seinem Artikel mit aller Schärfe an, daß es den Deutschen an Mut mangelte im Vergleich zu den anderen Westeuropäern, „die die Last auf sich genommen [haben], jüdische Menschen zu verstecken, zu verpflegen und oft ihr Letztes mit den von einem brutalen System verfolgten Unglücklichen zu teilen. Der deutsche Durchschnittsbürger indessen, der heute keine Gelegenheit versäumt, seine Mitschuld abzuleugnen oder zu verringern, der vielmehr jede Gelegenheit ergreift, um sich vor den Augen der Welt reinzuwaschen... hat diese menschliche, nichts als menschliche Tat, seinen bedrängten Nächsten zu schützen, unterlassen.... Was ihm fehlt ist... der innere Wille, frei und individuell denken zu wollen und nicht sklavisch und kollektiv." Und dann folgt der Absatz, der „R. R." so entrüstete, mit dem Vorschlag einer „Therapie" für diese „Mentalität": „Die Therapie liegt in der künftigen Erziehung der Deutschen, insbesondere der deutschen Jugend. Zu dieser Erziehung müssen wir auch unser Teil beitragen. Das ist unsere menschliche Pflicht, geboren aus der hohen Ethik der heiligen Schriften des Judentums."[29]

Damit berührte er einen wunden Punkt bei den Osteuropäern, die sich gegenüber den Deutschen zu gar nichts verpflichtet fühlten und deren Umerziehung sie als deren ureigene Verantwortung betrachteten. Zu diesem Zeitpunkt waren die Juden aus Osteuropa nicht gerade brennend an der seelischen Verfassung der Deutschen interessiert.

R. R. attackiert Landaus Position bezüglich des deutsch-jüdischen Umgangs miteinander mit beißendem Spott. Er schreibt:

Ah, der Autor ist großzügig und verlangt nicht, daß man engen gesellschaftlichen Kontakt mit den Deutschen pflegen sollte. Gott sei Dank zumindest dafür! Er kann verstehen, daß unsere Wunden jetzt noch zu frisch sind. Trotzdem sollten wir ihnen seiner Meinung nach fortwährend durch unsere Haltung und Erscheinung in der Öffentlichkeit vor Augen halten, daß wir, die Opfer der nationalsozialistischen Barbarei, stets Pfeiler der Menschlichkeit gewesen seien und es auch bleiben wollten. Da haben wir es [fährt R. R. fort], die Ware mit dem wohlbekannten assimilatorischen Gütezeichen. Die Idee, was der Zweck unserer Existenz ist, was uns die Daseinsberechtigung gibt. Wir müssen beweisen, daß wir ehrenhafte ‚Träger der Menschlichkeit' sind. Es obliegt nach seinen Worten immer noch uns, den Opfern der Nazi-Barbarei, daß wir den Leuten, die diese Barbarei in die Welt gesetzt und ausgebaut haben und nicht genug davon bekommen konnten, . . . zu beweisen, daß wir es wert sind, zu leben . . . . Und es ist erst sechzehn oder siebzehn Monate her, daß wir aus den Konzentrationslagern befreit wurden. Wir leben in der Nähe von Dachau, nahe den riesigen Massengräbern unserer unschuldigen Männer, Frauen, Kinder und Säuglinge . . .
Sogar jetzt, wenn Tausende – wie betäubt, ihre Augen voller Tränen der Pein und der Todesangst, sich an die Augen unserer Brüder und Schwestern erinnern, die in die Gaskammern getrieben und unter Qualen vernichtet wurden. Wenn diese Augen einen Tag und Nacht ansehen, verlangen sie von der Welt eine große und gerechte Vergeltung.

Der Schreiber dieser Zeilen wollte nichts zu tun haben mit Landaus gewissenhafter Erforschung der deutschen „Mentalität" oder der jüdischen „Menschlichkeit". Am Ende kochen die Gefühle noch einmal hoch und es bricht aus R. R. heraus: „Mentalität, Menschlichkeit – mögen sie ganz besonders verflucht sein, wenn sich dahinter solch eine schändliche Realität verbirgt."[30]
Zweifellos wurden diese starken Emotionen im Jahr nach der Befreiung von vielen Lesern geteilt. Während sie in DP-Lagern saßen, völlig im Ungewissen, was ihre Zukunft betraf, mußten sie mitansehen, wie es sich die Deutschen – die dieses Unheil über die Welt gebracht hatten – in Heim und Job wieder gemütlich machten, ihre heimische Umwelt intakt, von den Amerikanern umworben und

von den restlichen Alliierten für ihre Ordentlichkeit und Kooperation bewundert. Das hätte sogar einen Engel verbittert.

Aber Ernst Landau, in Wien in der Tradition des abendländischen Humanismus erzogen, und bis 1938 dort als Journalist tätig, sah ganz klar, was der deutschen Gesellschaft fehlte, der Kulturgesellschaft, deren Erbe er war und der er sich noch immer verbunden fühlte. Er war bereit, allen, die sie hören wollten, die Wahrheit zu sagen. In der *Jüdischen Rundschau* schrieb er: „Mit kalter Ablehnung und mit Haß sind Menschen noch nie auf den richtigen Weg gebracht worden. Wollen wir dazu beitragen, daß die künftige Welt friedlich werde, dann müssen wir in unserem bescheidenen Rahmen auch mithelfen, den deutschen Menschen so zu erziehen, daß er nicht mehr den kollektiven Begriff des Deutschtums, wohl aber den individuellen Begriff des Menschentums in den Vordergrund stelle."[31] Das war seine Art, die Welt wieder heil zu machen.

In den Artikeln von anderen deutschen Juden liest man immer wieder, wie enttäuscht sie von ihrem Empfang in Nachkriegsdeutschland sind. In einem Leitartikel des *Gemeindeblatts* wird sogar eine dreihundert Jahre alte Episode zum Vergleich herangezogen, die davon erzählt, wie man einmal die Juden Frankfurts zu Unrecht aus ihrem Stadtviertel vertrieben hatte. Als man sie 1616 auf Geheiß des Kaisers wieder zurückholte, wurden sie „im Triumph mit Paukenschlag und Hörnerklang" zu ihren Häusern geleitet, schreibt der Herausgeber. Dagegen ist „in 1947 noch keiner auf die Idee gekommen, von Staats wegen den jüdischen Religionsgemeinden zumindest dieselbe materielle Zuweisung zuzusprechen, wie sie andere Religionsgemeinschaften heute bekommen".[32]

Nicht nur, daß sie nicht mit Pauken und Trompeten empfangen werden, ihre Zeitungen berichten überdies von einem nicht abreißenden Strom antisemitischer Vorfälle – von bloß verletzenden Bemerkungen von Passanten bis hin zur Schändung von Friedhöfen oder jüdischem Eigentum. In Nürnberg flog eine Bombe in eine Unterkunft für „rassisch Verfolgte". In Wuppertal wurden Hakenkreuze und antisemitische Sprüche an jüdische Geschäfte geschmiert. Unter der Überschrift „Es hat sich nichts geändert" veröffentlichte das *Gemeindeblatt* im Mai 1947 eine zutiefst pessimistische Einschätzung der Situation: „Stellen wir uns vor, Deutschland wäre nicht besetzt, dann wären Pogrome an der Tagesordnung, und wieder würden Millionen dazu schweigen. Daß wir mit dieser Behauptung nicht etwa übertreiben, beweist eine Erklärung, die der

Vorsitzende des Jüdischen Zentralkomitees der amerikanischen Zone, Dr. [David] Treger, auf einer Pressekonferenz abgegeben hat. Treger teilte dort u. a. mit, daß in Bayern kürzlich die Landespolizei gegen eine neue Ritualmordpropaganda einschreiten mußte, und wies auf das Ergebnis einer Umfrage der Militärregierung unter der deutschen Bevölkerung hin, nach der sich 95 % zum Antisemitismus bekannt hatten."[33]

Diese Zahlen waren Schwankungen unterworfen, aber daß sich die Juden einem vergifteten Klima ausgesetzt sahen, wird an zwei in der deutschen Presse berichteten Zwischenfällen deutlich. In der *Süddeutschen Zeitung* stand, daß ein Jude, der gerade aus dem Konzentrationslager zurückgekommen war – noch in seiner Häftlingskleidung –, mithörte, wie zwei Frauen auf der Straße im Vorbeigehen über ihn redeten. „Sieh doch, schon wieder ein Jude!" sagte die eine, „Die Zeitungen schrieben doch, man hätte alle Juden verbrannt, und das ist schon der dritte, der nach Hause zurückkehrt."

In Berlin berichtete das Boulevardblatt *Der Kurier* unter der Überschrift „Eine wahre Geschichte" über einen ähnlichen Vorfall: „Moritz Rosenbaum, Jude, ist... 1940 mit Mutter, Vater und zwei Schwestern abgeholt worden. Der Vergasung durch irgendeinen Zufall als einziger der Familie entgangen. Nach 5jährigem Martyrium als Krüppel, aber immerhin lebend, befreit. Weil nur im Besitz eines K-Z-Drillichs, bekommt Moritz R. einen Anzug von der UNRRA. Zieht ihn an und geht – zum erstenmal seit vielen Jahren wie ein normaler Mensch – in ein Lokal, eine Tasse Kaffee trinken. Sagt einer am Nebentisch zum Nachbarn: Nun sehen Sie sich diesen piekfeinen Juden an. Denen geht es doch nie schlecht."

Zurückgekommen waren sie also, aber waren sie wirklich „heimgekehrt"? Einer der 500 Juden, die bis 1952 nach Berlin zurückkehrten, nachdem sie die Kriegsjahre in Schanghai verbracht hatten, faßte seine Gefühle als Heimkehrer kurz und bündig zusammen: „Ich war mir darüber klar, daß man ja eigentlich nicht zurückkam, sondern viel eher wieder neu hinzukam."[34] Den Juden in Schanghai war keine andere Wahl geblieben. Im Krieg waren sie von den Japanern in einem behelfsmäßigen Ghetto interniert gewesen, wo sie nur in sehr engen Grenzen, fast schon im Verborgenen, einem Beruf nachgehen oder anderweitig Geld verdienen konnten. Es lag auf der Hand, daß sie dort nach Kriegsende nicht länger bleiben konnten, und so kehrten sie an den einzigen Ort zurück, wo sie noch ein Bleiberecht hatten. Doch kaum in Deutschland angekommen, diskutierten sie wie die anderen deutschen Juden die Frage, ob sie gehen oder bleiben sollten.

Hans Frey veröffentlichte seine Überlegungen dazu als Herausgeber des *Gemeindeblatts* in der Ausgabe vom 9. November 1946. Nacheinander ging er auf sämtliche Möglichkeiten ein. Zunächst auf den Traum von Palästina, den er in Frage stellt, weil er zweifelte, ob Palästina überhaupt so viele Juden verkraften könnte. Als nächstes fragt er, ob die Überlebenden, „zerbrochene Menschen", das anstrengende Leben in Palästina überhaupt bewältigen könnten. Aber es betrübte ihn doch. Er schreibt: „Als die Amerikaner und Engländer die KZs befreiten, da kamen die Belgier und holten ihre Landsleute ab, die Franzosen, die Holländer, Ungarn und alle übrigen Staaten taten dasselbe. Völlig allein stehen blieben die Juden, recht- und schutzlos; auf die Gnade und Barmherzigkeit der Alliierten angewiesen. Hätten wir damals einen Judenstaat gehabt, so wüßten wir, an wen wir uns wenden könnten. Darum muß unsere Forderung ein jüdischer Staat sein, und die Juden aller Welt werden Bürger dieses Staates sein…" Doch vorerst blieb Palästina ein Traum, und er befaßte sich mit der Möglichkeit, anderswohin auszuwandern, zum Beispiel nach Amerika oder Australien. Dabei fand er jedoch bestürzend viele Einschränkungen: Nur diejenigen mit nahen Verwandten im Land durften dorthin auswandern, und einmal dort, waren sie erneut auf die Gnade und Barmherzigkeit ihrer Bürgen angewiesen. Auch machte er sich keine Illusionen, wie schwer es war, neu anzufangen: „… denn um dort zu arbeiten, muß man nicht nur die Sprache des Landes beherrschen, man muß Land und Leute kennen und deren Sitten und Gebräuche, und das lernt man nicht in einem oder zwei Monaten." Und er schloß: „Nach meiner Auffassung, und ich stehe mit ihr durchaus nicht allein, haben wir deutsche Juden nicht nur das Recht, sondern die Pflicht, hier in Deutschland auszuharren und wieder aufzubauen, was man uns genommen hat. 8 $\frac{1}{2}$ Milliarden jüdischen Kapitals sind uns geraubt worden, und in der Zeit der Befreiung haben wir gekämpft für die Wiedergutmachung dieses Schadens…. Es mag jeder seinen Entschluß selbst fassen, aber er mag ihn prüfen, denn die Welt ist durch diesen Krieg ärmer geworden; auch Länder, wo dereinst Milch und Honig flossen, sind in diesem Kriege verarmt. Nur durch harte Arbeit, diesseits und jenseits des Ozeans werden wir uns durchsetzen können. Und wir werden es schaffen."[35] Es war wohl diese Mischung aus Resignation und einer gewissen Beharrlichkeit, die manche deutschen Juden in Deutschland ausharren ließ.

Bei Ernst Landau finden wir einige von den positiveren – und stärkeren – Gefühlen, die Juden in Deutschland hielten. Nachdem er im Mai 1945 in Bayern aus den Klauen der Nazi-Schergen gerettet worden war, fing sein Leben nach dem Krieg im DP-Lager Feldafing an. Eines Tages kam eine Gruppe von amerikanischen Offizieren ins Lager, von denen er zwei als Journalistenkollegen aus Wien wiedererkannte, die 1938 ausgewandert waren. Diese Begegnung mit alten Freunden bewegte Landau tief: „Erst diese Wiederbegegnung mit Menschen, die mich von früher kannten, weil sie aus der gleichen Stadt waren und in den gleichen Kreisen verkehrten, oder den gleichen Beruf ausübten, empfand ich als wirkliche Rückkehr ins Leben. Jetzt konnte ich an die Zukunft denken, Pläne machen."[36] Dieses Gefühl der Erleichterung, nach so vielen Jahren als bloße Nummer wieder an die eigene Geschichte und Identität anknüpfen zu können, war ein äußerst starker Anreiz, in einer Gemeinschaft zu bleiben, wo man persönlich bekannt war. Landau bekam einen Posten an einer neuen deutsch-jüdischen Zeitung in München angeboten; und was konnte er als Journalist mehr verlangen, als in seiner Muttersprache arbeiten zu dürfen und für Menschen zu schreiben, deren Belange auch die seinen waren?

Nicht wenige Juden, die von christlichen Freunden versteckt worden waren, fühlten sich nach dem Krieg moralisch verpflichtet, die Ideale, die solchen Heldenmut ermöglicht hatten, weiterzugeben und der Gesellschaft etwas zurückzugeben. Siegmund Weltlinger, ein Berliner Finanzier, der die beiden letzten Kriegsjahre in einem Versteck verbracht hatte, trat dem Vorstand der Gesellschaft für christlich-jüdische Zusammenarbeit bei, die gleich nach dem Krieg in Berlin gegründet wurde. Vom gleichen Verantwortungsbewußtsein getragen war auch die Journalistin Inge Deutschkron, die nach dem Krieg zu ihrem Vater nach England zog und in London zu studieren und zu arbeiten begann, dort aber nicht heimisch werden konnte. Sie schreibt: „Auch in England ließ mich der Gedanke nicht los, wieder nach Berlin zurückzukehren und den Menschen, die mir das Leben gerettet hatten, beim Aufbau einer demokratischen Ordnung zu helfen. Das mag pathetisch und überheblich klingen, aber die menschliche Solidarität, die mir in den so harten Kriegsjahren erwiesen worden war, empfand ich auch meinerseits als Verpflichtung."

Doch war die Sache nicht ganz so einfach, wie Deutschkron sich das vorgestellt hatte. Wieder in Deutschland, stellte sie fest, daß „auch alte Nazis ... in einigen wichtigen Stellungen" saßen, jedoch „die wenigen, die ihren Kopf riskiert und Widerstand geleistet, oder ‚untergetauchten' Juden geholfen ... hatten, fanden nur zwiespältige Anerkennung. Daß sie stille Zeugen der Menschlichkeit in einer unmenschlichen Zeit gewesen waren, wurde kaum zur Kenntnis genommen. Ich spürte bald, daß viele Deutsche, mit denen ich in der Bundeshauptstadt Kontakt hatte, mich und meine Einstellung nicht verstanden. Manchem mag ich als lebendige Anklage unangenehm und unbequem gewesen sein."[37]

Auch die osteuropäischen Juden sahen und spürten die Antipathie oder das Unbehagen vieler Deutscher gegenüber den Juden. Wenn sie einen Neubeginn anstrebten, mußten die *displaced* Juden zwangsläufig mit Deutschen in Berührung kommen. Den Entwurf für ein separates jüdisches Wirtschaftssystem, wie es der zweite Kongreß der *Sche'erith Haplejta* vorgeschlagen hatte, gab es weiterhin nur auf dem Papier. In Wirklichkeit wurde die reale Arbeitswelt der *displaced* Juden von Deutschen dominiert. Ihnen gehörten die Häuser, in denen Juden als Mieter lebten. Mit deutschen Bauern handelten die Juden um landwirtschaftliche Erzeugnisse, die sie in den Städten weiterverkaufen wollten. Mit Deutschen als Geschäftspartnern faßten sie in der deutschen Wirtschaft Fuß.

Da es im normalen Alltagsleben nun einmal nicht immer nach Plan zugeht, gab es langfristig Freundschaften, Liebesbeziehungen und sogar Ehen zwischen Juden und den „Töchtern der Amalekiter". 1950 waren bereits eintausend jüdische DPs mit deutschen Frauen verheiratet.[38] Ein Grund dafür war, daß es mehr Männer als Frauen unter den Überlebenden gab. Im großen und ganzen waren die Beziehungen zwischen den osteuropäischen Juden und den Deutschen jedoch eher von Argwohn und Unsicherheit geprägt. Erst eine Generation später würde die Kluft überbrückt werden können.

Auch wenn das nordrhein-westfälische *Gemeindeblatt* verkündet hatte, keinen Unterschied zwischen Ost und West, zwischen Jiddisch und Deutsch sprechenden Juden mehr zu kennen, sah die Lebenswirklichkeit in der Gemeinde doch anders aus. Anders als in den USA, wo jede Synagogengemeinschaft finanziell unabhängig ist und sich selbst verwaltet, war in Deutschland alles viel zentraler organisiert. Da hier jeder Bürger, der einer Religionsgemeinschaft angehört, Kirchensteuer an das Finanzamt zahlt, das diese Abgabe dann an die Religionsgesellschaften der jeweiligen Konfession weitergibt, sind die einzelnen Jüdischen Gemeinden jeder Stadt zu einer einzigen Körperschaft – der Gemeinde – zusammengefaßt, um diese staatlichen Gelder erhalten und verteilen zu können. Eigentlich ist jeder Rabbiner oder Priester staatlicher Angestellter, der von Steuergeldern lebt. Die Gemeinde ist dann für die Verwaltung der Synagogen, Schulen, Krankenhäuser und Friedhöfe zuständig sowie für die Bezahlung des Personals, das für den Betrieb dieser Institutionen nötig ist. Der Gemeindevorsitzende ist somit der offizielle Sprecher der Gemeinde und kann zuweilen erheblichen politischen Einfluß ausüben.

Weil so viel auf dem Spiel stand, waren die Wahlen für den Vorstand oder den Vorsitz der Gemeinde oft heiß umkämpft; dabei stellten verschiedene politische Parteien Listen mit eigenen Kandidaten auf, die ihren Standpunkt vertraten. Schon immer, selbst im Vorkriegsdeutschland, war der Platz der Ostjuden in diesen Gemeinderäten ein heikles Thema. Eine Reihe von Gemeinden führte eine Regel ein, die Nicht-Staatsangehörige von einem Sitz im Vorstand ausschloß. Sie durften zwar Mitglied sein (d. h. Steuern zahlen, den Gottesdienst besuchen und die Dienstleistungen der Gemeinde in Anspruch nehmen), waren aber politisch nicht stimmberechtigt. Diese Regel war eindeutig auf die osteuropäischen Juden zugeschnitten, da das Verfahren zur Erlangung der deutschen Staatsbürgerschaft dafür berüchtigt war, sich ewig hinzuziehen. Es kam vor, daß Juden polnischer Herkunft seit Jahrzehnten in Deutschland lebten, ohne Staatsbürger zu sein.

Seltsamerweise wiederholte sich diese Situation nach dem Krieg in Augsburg, wo eine Gruppe ehemaliger Augsburger Juden zurückkehrte und die Gemeinde übernahm. Nachdem sich die Lage etwas stabilisiert, und sich die Gemeinde in Augsburg auf Dauer und nicht nur auf Zeit eingerichtet hatte, zeigte es sich, daß die alte Garde nicht gewillt war, „Juden nichtdeutscher Staatsangehörigkeit" anzuerkennen. 1954 kam es zum offenen Skandal, da die „Nichtdeutschen" in der Mehrzahl waren. In einem Protestbrief an das Sekretariat der Jüdischen Gemeinden für ganz Bayern schrieben sie: „Bei uns in Augsburg leben gegenwärtig neben den insgesamt 32 deutschen Juden 60 nichtdeutsche Juden... und 20 Kinder." Um dann ziemlich spitz hinzuzufügen: „Selbstverständlich werden unsere Kinder – im Gegensatz zu den jüdischen Kindern deutscher

Herkunft – jüdisch erzogen, soweit wir als Eltern dazu ohne Lehrer überhaupt in der Lage sind. Keines unserer Kinder ist katholischer oder evangelischer Konfession." Sie weisen darauf hin, daß die nichtdeutschen Juden zwar Steuern zahlen, aber: „Die gegenwärtigen Vorsteher der Augsburger Gemeinde haben uns nicht nur die Mitgliedschaft verweigert, sondern uns auch von jeglicher Mitwirkung in der jüdischen Gemeinde ausgeschlossen. Rechtshilfe wird uns verweigert, ebenso eine Vertretung gegenüber deutschen Behörden. In gesellschaftlicher und kultureller Hinsicht sind wir ausschließlich auf uns allein angewiesen."[39]

Schließlich sah sich der Vorstand gezwungen, den Osteuropäern zumindest die Gleichstellung zu gewähren und 1963 wurde ihr Anführer, Julius Spokojny, Erster Vorsitzender der Augsburger Gemeinde.[40] Diese besonders dramatische und öffentlich ausgetragene Konfrontation war jedoch kein Einzelfall. In einigen Fällen bot sich die Gründung zweier getrennter Gemeinden als Lösung an. Häufiger jedoch gab es ein auf wackligen Beinen stehendes Bündnis, bei dem die polnischen Juden meistens zahlenmäßig überlegen waren, während die deutschen Juden die führenden Positionen in der Öffentlichkeit besetzten. Als Muttersprachler hatten sie bei Verhandlungen mit den lokalen Behörden eine viel bessere Ausgangsposition. Obwohl viele der Männer auf diesen Posten nur deshalb überlebt hatten, weil ihre „arischen" Frauen während des Krieges zu ihnen gehalten und sie dadurch gerettet hatten, wollten viele osteuropäische Juden nur die christliche, nicht aber die heroische Seite dieses Bundes wahrnehmen. Von Zeit zu Zeit wurde in der einen oder anderen Jüdischen Gemeinde eine Resolution eingebracht, die darauf abzielte, Leute mit nichtjüdischen Ehepartnern von offiziellen Funktionen fernzuhalten. War das die Rache für zurückliegende Kränkungen, war es fanatische Intoleranz und späte Abrechnung mit den Männern, die außerhalb ihres Glaubens geheiratet hatten? Die heldenmütigen Frauen hatten weiß Gott Besseres verdient. Noch im Jahre 1974, als eine solche Resolution in München zur Debatte stand, erhob sich ein junger Mann während der Diskussion und appellierte an die Menschlichkeit, indem er sagte: „Wir sind alle gebrannte Kinder. Wir sollten einander nicht das Leben schwer machen."

In Gemeinden mit einem sehr starken Oberhaupt gab es nicht die kleinste Andeutung eines Aufbegehrens. So herrschte in Berlin, wo Heinz Galinski 1949 zum Vorsitzenden gewählt wurde, vier Jahrzehnte lang Ruhe, solange er das Amt innehatte. Die älteren Gemeindemitglieder nannten ihn „unser Kaiser". Als schlechtes Gewissen des Berliner Senats erstritt er üppige Privilegien für die Jüdische Gemeinde, und man fragte ihn stets um Rat, wenn es um jüdische Belange in der Politik ging. In kleineren, weniger stabilen Gemeinden änderte sich die Gewichtung mit den Mitgliederzahlen, aber zumindest in den ersten Jahrzehnten standen überwiegend deutsche Juden als Leiter oder Titelträger an der Spitze der Gemeinden. Gleichwohl lebten die beiden Gruppen lange Zeit jede für sich, voller Mißtrauen gegeneinander und getrennt durch Sprache, Geschichte und ein völlig anderes Denken.

Eine weitere Komplikation für die Gemeinden nach dem Krieg stellten die Nachkommen der „nicht-arischen Christen" dar, die allen Schikanen gegen die Juden ausgesetzt gewesen waren, obwohl manche von ihnen aus Familien stammten, die schon seit Generationen Christen waren. Aber in den Nürnberger Gesetzen von 1935 wurde eine neue Klasse von Mensch erschaffen – „nicht Fisch und nicht Fleisch", wie sie selbst sagten. Aufgrund von fünf oder sechs durch die Nationalsozialisten neu eingeführten Kategorien, beruhend auf einer Kombination aus Abstammung und Konfessionsgebundenheit, sah sich ein „Nichtarier" nun in jedem Lebensbereich unerwarteten Einschränkungen gegenüber. Doch was erlaubt und was verboten war, folgte keiner erkennbaren Logik. In dem aberwitzigen Dickicht willkürlicher Verfügungen, die in Nazi-Deutschland als Gesetzgebung diente, war Nichtariern bis zum 1. November 1940 sogar der Dienst bei der Wehrmacht gestattet.

Als Hitler 1933 an die Macht kam, lebten zwischen 350 000 und 400 000 Menschen gemischter Abstammung in Deutschland, und die neue Klassifizierung der Nürnberger Gesetze zog sofort Schwierigkeiten nach sich, zum Beispiel bei den Bestimmungen über Eheschließungen. Jemand mit einem jüdischen Großvater oder einer jüdischen Großmutter galt als „Mischling 2. Grades" und durfte keinen anderen „Mischling 2. Grades" heiraten. Doch konnte er (oder sie) eine Heiratserlaubnis mit einem „Mischling 1. Grades" bekommen – jemand mit zwei jüdischen Großeltern.[41]

Eine kleine Anzahl dieser „Nichtarier" organisierte sich in Gruppen, deren hauptsächliche Funktion es war, die Mitglieder über die neuesten Verfügungen bezüglich ihres Status auf dem laufenden zu halten. Außerdem enthielt ihr Mitteilungsblatt Bekanntschaftsanzeigen, ein Versuch der jungen Leute, andere „Mischlinge" des erlaubten Grades zu treffen. In Berlin entstanden Klubs für geselliges Beisammensein, die man ironisch „Mampe halb und halb" taufte, nach einem beliebten Mixgetränk, das je zur Hälfte aus Bier und einem süßen Likör bestand.

Viele Deutsche waren über die Entdeckung dieser neuen, gefährlichen Identität zutiefst verstört. Bei manchen war die Integration in die deutsche Gesellschaft so perfekt, daß sie die Nazi-Ideologie ihrer Nachbarn geteilt hatten; urplötzlich fanden sie sich nun auf der anderen Seite wieder, als Gejagte statt als Jäger. Weder die evangelische noch die katholische Kirche waren imstande oder willens, besonders viel für ihre „nichtarischen" Mitglieder zu tun. Im März 1940 erhielten zum Beispiel an die 1200 Protestanten jüdischer Herkunft in Stettin den Bescheid, daß sie nach Lublin in Polen deportiert werden sollten. Ein Vertreter der evangelisch-lutherischen Kirche in Berlin bemühte sich daraufhin, von amerikanischen Lutheranern eine Notfallsumme von 4400 $ zur Unterstützung der zu Deportierenden zu bekommen. Doch die Amerikaner schickten nur ein Telegramm, in dem sie ihr Bedauern ausdrückten, und die Leute wurden ihrem Schicksal überlassen.[42] Lublin war von den Nationalsozialisten zunächst als „Judenreservat" geplant, wo sie bis zum Ende des Krieges festgehalten und dann nach Madagaskar geschickt werden sollten. Doch ließ man diesen Plan bald zugunsten der „Endlösung" fallen. Einer der ersten Historiker, der diesen Abschnitt der jüdischen Geschichte erforschte, schrieb: „Aus dem Reservat für jüdische Besiedlung wurden Arbeitslager, wo Juden langsam zu Tode gefoltert wurden, und aus den Arbeitslagern wurden allmählich Vernichtungslager mit einer technisch hochentwickelten, beschleunigten Methode des Massenmords."[43] Auch die „nichtarischen Christen" aus Stettin dürften dem Schicksal aller anderen in dieses Reservat Deportierten nicht entgangen sein.

Mit wenigen Ausnahmen akzeptierten es die Geistlichen der evangelischen Kirche, daß „Nichtarier" aus ihren Gemeinden weggeschafft wurden, halfen in einigen Fällen sogar tatkräftig dabei mit; und als die Judenverfolgung immer offensichtlicher wurde, reagierte die Kirche mit generellem Schweigen. Rühmliche Ausnahme war Bischof Theophil Wurm aus Stuttgart, der am 9. Dezember 1941 gegen die Tötung geistig und körperlich Behinderter Protest erhob. Bis Wurms Erklärung herauskam, waren jedoch schon 100 000 Menschen der „Euthanasie" zum Opfer gefallen. In der Erklärung heißt es: „Vieles ist geschehen, was nur der feindlichen Propaganda nützen könnte. Wir rechnen dazu auch die Maßnahmen zur Beseitigung der Geisteskranken und die sich steigernde Härte in der Behandlung der Nichtarier, auch derer, die sich zum christlichen Glauben bekennen." Aber ein Kommentator wies darauf hin, daß sich diese eher sanfte Kritik eigentlich nur auf den äußeren Anschein bezog, darauf, „wie es nach außen wirkte".[44]

Auch nach dem Ende des Krieges waren die überlebenden christlichen „Nichtarier" erneut „nicht Fisch und nicht Fleisch". Sie erhoben Anspruch auf die spezielle Unterstützung der internationalen und amerikanisch-jüdischen Hilfsorganisationen, obwohl sie keine gläubigen Juden waren. Schließlich waren sie im gleichen Ausmaß bedroht gewesen. Diese Ansprüche der „nichtarischen Christen" entpuppten sich als eines der heiklen Themen, mit denen sich die jüdischen Gemeinden nach dem Krieg zu befassen hatten.

Besonders beunruhigend war für die in Deutschland gebliebenen Juden die Haltung der jüdischen Gemeinschaft im Ausland. Das schärfste und deutlichste Urteil fällte die Jewish Agency for Palestine. 1949 – ein Jahr nach der Staatsgründung Israels – schloß die zionistische Organisation ihre Geschäftsstellen in Deutschland und äußerte heftige Kritik an den weiter dort lebenden Juden, wobei sie so weit ging, ihnen das Recht abzusprechen, Delegierte zum bevorstehenden Weltkongreß der Juden zu entsenden.[45] Einzelne Juden, die die Kriegsjahre im sicheren Ausland verbracht hatten, reagierten gleichwohl mit Abscheu und Entsetzen bei dem Gedanken, daß Juden in Deutschland leben wollten. Auch wenn sie meist über wenig Informationen verfügten, ließen sie ihren starken Emotionen freien Lauf und zeigten sich unnachsichtig mit einer in ihren Augen völlig verbohrten Entscheidung. Der Soziologe Shalom Adler-Rudel konnte zum Beispiel 1946 in einem Interview in Palästina für die in Deutschland Gebliebenen nur die allerschlimmsten Befürchtungen hegen: „Sollen sie doch in ihrem geliebten Vaterland abwarten, bis man auch ihnen die Gurgel durchschneidet."[46]

Aber es gab auch andere Signale. Der jüdische Weltkongreß, der einen Monat nach der Staatsgründung Israels in Montreux in der Schweiz stattfand, brachte es fertig, nicht nur Abscheu zum Ausdruck zu bringen bei dem Gedanken, daß in Deutschland Juden leben könnten, sondern auch Mitgefühl mit den Dortgebliebenen zu zeigen. Der Kongreß lobte „die Entschlossenheit des jüdischen Volkes, sich nie wieder auf dem blutgetränkten deutschen Boden niederzulassen." Zugleich appellierte er an die alliierten Nationen, Vorkehrungen zum Schutz der Juden in Deutschland zu treffen, und forderte Deutschland selbst auf, die jüdischen DPs im Land anzuerkennen: „Es sollte für ihren Lebensunterhalt sorgen und ihnen Mittel zur Verfügung stellen, damit sie wieder ins Erwerbsleben eintreten können."[47] Diese Widersprüche sind auch ein halbes Jahrhundert nach dem Krieg, nach einem halben Jahrhundert jüdischen Lebens in Deutschland noch ein ungelöstes Thema für die Juden in Israel wie auch in anderen Teilen der Welt.

Mit der Staatsgründung Israels 1948 und der Anerkennung Westdeutschlands als unabhängigem Staat durch die Alliierten im Jahre 1949 wurde für die Juden in Deutschland die Frage noch dringlicher, welchen Status sie durch die neue Rechtslage erhielten. In Westdeutschland lebten sie nicht mehr unter dem Schutz der Alliierten, sondern unter einer deutschen Regierung, der Bundesrepublik Deutschland, die aus den Besatzungszonen der West-Alliierten bestand, Berlin ausgenommen. Die Juden reagierten prompt und realistisch. Bis 1949 waren die meisten DP-Lager aufgelöst, die Juden – bis auf 20 000 – waren ausgewandert – am häufigsten nach Israel oder in die USA –, und es schien eine unabänderliche Tatsache, daß nach Krieg und Besatzung mit einer permanenten, wenn auch kleinen jüdischen Gemeinschaft in Deutschland zu rechnen war.

In den fünf Jahren seit Kriegsende hatten die Juden im Westen, die nicht in DP-Lagern lebten, die traditionellen Gemeinden wieder aufgebaut und waren mit ihren durch Staatsgelder unterstützten Institutionen in das öffentliche Leben in Deutschland eingebettet. So wenig sie ihrem Platz im neuen Deutschland auch getraut haben mögen, gingen sie doch systematisch daran, eine dauerhafte Präsenz zu schaffen und die Interessen der im Entstehen begriffenen Gemeinde zu fördern. Als erstes beriefen sie im Juni 1949 eine Konferenz in Heidelberg ein, auf der die Frage „Gehen oder Bleiben" diskutiert werden sollte.

Es handelte sich dabei nicht um eine geschlossene Privatveranstaltung. Sowohl ausländische als auch lokale Vertreter der unterschiedlichen Standpunkte reisten an, um das künftige jüdische Leben in Deutschland zu erörtern. Zu ihnen gehörten Eliahu Livneh, der israelische Konsul aus München; John J. McCloy, der Hochkommissar der amerikanischen Zone; Harry Greenstein, „Advisor" bei der amerikanischen Militärregierung; außerdem Vertreter amerikanisch-jüdischer Organisationen, wie dem American Jewish Joint Distribution Committee, dem American Jewish Commitee und HIAS. Auch Beobachter von ORT, dem World Jewish Congress und der Jewish Agency waren anwesend. Der Standpunkt, daß die Juden Deutschland verlassen sollten, wurde unter anderen von dem Journalisten und ehemaligen KZ-Häftling Eugen Kogon heftig bekämpft: „Erlauben Sie mir, in tiefer Trauer zu sagen, daß Ihre vollkommen verständliche Haltung einen endgültigen Triumph Hitlers bedeutet. Was Hitler erreichen wollte, wäre somit vollbracht." Seine Ansicht war jedenfalls diejenige, die sich durchsetzte.

Ein Jahr danach, im Juli 1950, kamen die Juden in Deutschland zusammen, um ihre eigene Spitzenorganisation zu gründen, den *Zentralrat der Juden in Deutschland*. Er umfaßte nicht nur die Jüdischen Gemeinden in den Besatzungszonen der West-Alliierten, sondern auch die in der Sowjetzone sowie das Zentralkomitee der befreiten Juden. Im Januar 1951 wurden die ersten Amtsträger gewählt: der Rechtsanwalt Hendrik van Dam als Generalsekretär, und ein Vorstand, der sich aus Vertretern aller deutscher Zonen zusammensetzte – Norbert Wollheim für die britische, Philipp Auerbach für die amerikanische, Julius Meyer für die sowjetische, und Leonhard Baer für die französische Zone. Als Vertreter Berlins mit seinem Sonderstatus wählte das Komitee Heinz Galinski, den Vorsitzenden der Berliner Gemeinde. Sogar der israelische Konsul gab der neuen Organisation seinen Segen und meinte, „daß Israel seine Kinder nicht vergißt, wo immer sie auch leben".[48]

Danach richtete man die „Zentrale Wohlfahrtsstelle" wieder ein, die es schon vor dem Krieg gegeben hatte, damit kein Jude je Hilfe aus deutscher Hand beantragen müßte. Auf der lokalen Ebene bauten sie ihre Synagogen und Gemeinden wieder auf. Sie gründeten Logen des B'nai-Brith-Ordens, wo man Vorträge über Politik und die Künste hören konnte, sich aber vor allem zum geselligen Beisammensein traf. Jeder erdenkliche Lebensbereich schien von der einen oder anderen jüdischen Organisation abgedeckt, vom Sportverein „Makkabäer" bis zu dem Heiligen Verband (*Chewre Kadische*, die für die Vorbereitung der Toten für das Begräbnis zuständig waren.

Aber die großzügige Haltung Eliahu Livnehs wurde nicht von allen geteilt. Insbesondere die Jewish Agency nahm einen unnachgiebigen zionistischen Standpunkt ein und kritisierte die neugegründete Jüdische Gemeinde heftig. Doch brauchten die Juden in

Deutschland keine Vorwürfe von offizieller Seite, um das Eigentümliche ihrer Position zu begreifen. Sie wußten sehr wohl, daß sie bei vielen Juden der westlichen Welt als Parias galten, und daß diese Juden sich weigerten, Deutschland zu betreten oder deutsche Produkte zu kaufen. Und auch viele Organisationen lehnten es prinzipiell ab, in Deutschland zu tagen. In Kenntnis dieser harten Urteile sagte Hendrik van Dam 1963 in einem Interview, ein deutscher Jude sei anfangs stärker beschuldigt worden als ein deutscher Nazi. Man habe ihn der Verblendung geziehen, weil er überhaupt hier leben wollte.[49] In Israel spielten weder das Israelische Symphonieorchester noch die staatlichen Rundfunkstationen die Musik von Richard Wagner. In der Aufbauphase nach dem Krieg machte die rigorose Mißbilligung ihrer jüdischen Brüder im Ausland den jüdischen Gemeinden in Deutschland ihre ohnehin schwierige Existenz nicht gerade leichter.

Wieder Juden in Berlin: Die Gemeinde, die Lager

Nach Kriegsende war Berlin das magnetische Zentrum der Welt, Ziel von Zehntausenden polnischen Juden, ein Ort, den Bertolt Brecht als „dieser Ruinenhaufen bei Potsdam" bezeichnete. Inge Deutschkron, die sich während des Krieges in Deutschland versteckt gehalten hatte, brauchte damals sechs Stunden zu Fuß, um von Potsdam nach Berlin zu gelangen und bestätigte Brechts Bemerkung. Im Juli 1945 war Berlin, schreibt sie, „eine Ansammlung von Trümmerhaufen aus Schrott, Steinen und zerfetzten Bäumen, aus denen Menschen wie Maulwürfe aus ihren Hügeln ans Tageslicht krochen. Müde und erschöpft schlichen sie durch die von Bomben aufgerissenen Straßen, manche standen apathisch an Pumpen nach einem Eimer Wasser an, andere suchten verzweifelt in den Trümmern nach brauchbaren Dingen."[1] Harry Hopkins, langjähriger Berater von Präsident Roosevelt, hatte Berlin im Mai 1945 aus der Luft gesehen und als „zweites Karthago" beschrieben.[2] Nach

Frauen bei Aufräumungsarbeiten der Trümmerfelder in einer Berliner Straße (ca. 1949).

der jahrelangen Bombardierung durch die Flugzeuge der Alliierten, der Beschädigung durch die Geschosse der russischen Artillerie und mit seinen von Einschüssen aus Straßenkämpfen durchlöcherten Gebäuden, war Berlin zu 85 Prozent zerstört. Als endlich Frieden herrschte, gab es anstelle mancher Straßen und Häuser vor allem Trümmerhaufen und Schutt, und die Wasser-, Gas- und Stromversorgung – eben alles was eine Stadt bewohnbar macht – funktionierte nur zeitweise oder überhaupt nicht. Wie der Alltag im Juni 1945 – einen Monat nach dem Ende der Kampfhandlungen – aussah, schildert eine Mutter mit vier Kindern, die noch in ihrer alten Wohnung lebte, folgendermaßen:

> Leider klappt es mit den versprochenen Lebensmittelzuteilungen überhaupt nicht. Oft habe ich für die Kinder nur Wassersuppe mit einigen Graupen als Einlage und manchmal etwas Grün drin. Brot ist schlecht und wenig. Ich bin den ganzen Tag mit dem Kochen von irgendwelchen Ersatzaufstrichen aus den unmöglichsten Dingen beschäftigt. Ich koche meine Suppe auf einem umgedrehten Bügeleisen. Strom ist da. Gas noch nicht. Und Holz und Kohlen für den Herd habe ich auch nicht. Schon manches Möbelstück, das ich nicht unbedingt brauche, habe ich zerhackt. Ruinen werden nach Brennbarem durchsucht, Zäune bei Nacht gestohlen. Jeder hat Holzaugen für seine warme Mahlzeit.[3]

Und doch war Berlin selbst in diesem Zustand nicht nur das Wunschziel osteuropäischer Juden, sondern auch Zentrum der Macht. Als erste hatten sich im Mai 1945 die Sowjets dort etabliert. Am 1. Juli 1945 trafen die Amerikaner und Briten ein und am 12. August die Franzosen.[4] Gemeinsam gingen sie daran, die Stadt in vier Sektoren aufzuteilen.

Obwohl die Alliierten anfangs noch gemeinsam mittels einer zentralen Kommandantur regierten, erhielt jeder Sektor in kurzer Zeit seine ganz individuelle Prägung. Für die aus dem Osten kommenden Juden war das Wichtigste, daß das besetzte Berlin der erste sichere Stützpunkt in einem durchweg – jedenfalls für sie – sehr gefährlichen Nachkriegseuropa war. Doch je tiefer der Graben zwischen den Sowjets und den restlichen Alliierten wurde, desto folgenschwerer war es, wenn man im Ost- statt im Westsektor gelandet war. Besonders schwer wog, daß die Sowjets 1946 verfügten, niemand dürfe aus ihrer Zone ausreisen. Für die Juden aus dem

Osten, die Berlin nur als Zwischenaufenthalt auf dem Weg zu einem endgültigen Domizil intendiert hatten, war diese Order gleichbedeutend mit einer Haftstrafe; daher ist es kein Zufall, daß im Sowjetsektor keine DP-Lager eingerichtet wurden. Ganz andere Sorgen hatten in diesen kritischen ersten Monaten die einheimischen deutschen Juden Berlins, die noch am Leben waren.

Nach dem Ende der Kampfhandlungen zeichnete sich zur allgemeinen Überraschung der Außenwelt ab, daß ungefähr 7000 deutsche Juden den Krieg in Hitlers eigener Hauptstadt überlebt hatten. Wenig genug, verglichen mit den 160 564 Juden, die 1933 in Berlin gelebt hatten, aber ein Wunder, wenn man bedenkt, mit welch gnadenloser Entschlossenheit das Hitler-Regime noch den letzten Juden gejagt hatte, um Berlin „judenrein" zu machen.

Zwischen Oktober 1941 und Februar 1945 hatten die Nazis mit über 180 Transporten 50 535 Juden aus Berlin deportiert. Zu Beginn der Deportationen gab es noch 60 000 bis 75 000 Juden in der Stadt. Obwohl die zuvor überfüllten „Judenhäuser" geleert, die Juden überall in großer Zahl zusammengetrieben und am Arbeitsplatz verhaftet worden waren, und obwohl viele eines natürlichen Todes oder durch eigene Hand gestorben waren, wußte die Gestapo, daß immer noch Juden frei herumliefen.[5]

So wenige es auch sein mochten, im Sommer 1945 stellte sich rasch heraus, daß es viele verschiedene Arten von Juden mit sehr unterschiedlichen Schicksalen in Berlin gab. Bei der ersten von der Jüdischen Gemeinde veranstalteten Zählung waren 1321 untergetaucht oder mit falschen Papieren durchgekommen; 1628 waren aus Konzentrationslagern zurückgekommen; 2126 waren mit Nichtjuden verheiratet und hatten keine Kinder; 1995 waren mit Nichtjuden verheiratet und erzogen ihre Kinder im christlichen Glauben.[6] Letztere hatten noch relativ Glück gehabt, weil sie nicht wie alle anderen den Judenstern hatten tragen müssen. Von den 7070 Überlebenden lebten also mehr als die Hälfte in sogenannten privilegierten Ehen, meist zwischen jüdischen Männern und nichtjüdischen Frauen. Diese christlichen Ehepartner waren verantwortlich für den einzigen wesentlichen und erfolgreichen Akt des Widerstands gegen das Nazi-Regime. Der Vorfall war um so beeindruckender, als er sich mitten in Berlin, unweit des berühmten Alexanderplatzes zutrug.

Am 27. Februar 1943 hatten die Nazis die bis dahin umfassendste Aktion zur Zusammentreibung der Juden veranstaltet, diesmal mit dem erklärten Ziel, Berlin definitiv „judenrein" zu machen; sie schonten daher auch nicht mehr die privilegierten Ehen und isolierten zweitausend ihrer Opfer im ehemaligen Verwaltungsgebäude der Jüdischen Gemeinde in der Rosenstraße.[7] Nach der Beschlagnahme durch die Nazis war es zu Ställen mit Unterkünften für die Kavallerie umgewandelt und in Hermann-Goering-Kaserne umbenannt worden.[8] Nun benutzte man es als provisorisches Deportationszentrum. Aber alle diese Häftlinge hatten nichtjüdische Frauen oder Männer und Kinder. Spontan versammelten sich nun Hunderte christlicher Frauen auf der Straße vor dem Gebäude und forderten die Freilassung, indem sie im Chor schrien: „Laßt unsere Männer frei. Wir wollen unsere Männer wiederhaben."[9] Diese Frauen hatten bereits zehn Jahre Widerstand hinter sich. Von Anfang an hatten die Nazis Nichtjuden aufgefordert, sich von Juden scheiden zu lassen und sexuelle Beziehungen zwischen beiden als „Rassenschande" gebrandmarkt. Durch ihre Weigerung, sich von ihren Männern zu trennen, hatten sich diese Frauen der zunehmend fanatischen Propaganda täglich standhaft widersetzt.

Anders als ihre stille Gehorsamsverweigerung in den eigenen vier Wänden war die Aktion in der Rosenstraße ganz und gar nicht privat. Waren die Frauen auch jeweils aus eigenem Antrieb zu der Deportationsstelle gekommen, schöpften sie doch Mut und Kraft aus der Anwesenheit der anderen. Eine der Beteiligten erinnerte sich: „Niemand hatte es organisiert oder dazu aufgerufen. Alle waren einfach da. Ganz genau wie ich. Das ist das Wunderbare daran." Die Menge der protestierenden Frauen wurde von Tag zu Tag größer und war bis zum Wochenende auf sechstausend angewachsen. Daß sich der Aufenthalt ihrer Ehemänner dort so lange hinzog, war schon für sich ein Zeichen, daß man höhererseits nicht genau wußte, wie man reagieren sollte. Normalerweise wurden die arrestierten Juden für höchstens zwei Tage in Gewahrsam genommen und dann in den Osten verfrachtet. Nun aber stieg die Spannung von Tag zu Tag, während die Nazi-Führer darüber diskutierten, wie ihre Differenzen beizulegen waren. Inzwischen waren zu der Ansammlung „auch Leute hinzugekommen, die keine inhaftierten Angehörigen hatten ... und das Ganze bekam eine deutlich politische und Anti-Nazi-Note", wie eine Augenzeugin anmerkt.

Am Ende der Woche gingen die Wachen vor dem Gebäude plötzlich mit Gewalt vor. Eine der Frauen von der Rosenstraße schilderte, wie es zu dem Angriff kam:

Unvermittelt begannen die Wachposten Maschinengewehre aufzubauen. Damit zielten sie auf die Menge und schrien: ‚Wenn ihr nicht sofort verschwindet, schießen wir.‘ Für einen Moment wich die Menge unwillkürlich zurück, aber dann fingen wir zum erstenmal wirklich laut an zu schreien. Jetzt war uns alles egal. ‚Ihr Mörder‘, brüllten wir, und was man sonst noch so rufen kann. Wir dachten uns, sie werden sowieso schießen, also schreien wir genauso laut. Wir brüllten ‚Mörder, Mörder, Mörder, Mörder.‘ Wir riefen es nicht nur einmal, sondern immer wieder, bis wir keine Luft mehr hatten. Dann sah ich ganz vorne einen Mann den Mund aufreißen – wie zu einem Kommando. Man konnte es in dem Lärm nicht hören. Aber daraufhin räumten sie alles weg und es herrschte absolute Stille. Nur gelegentlich war eine Schwalbe zu vernehmen.[10]

Am 6. März löste sich die Pattsituation auf, weil Joseph Goebbels – dessen offizieller Titel, Reichsminister für Volksaufklärung und Propaganda, wenig von seiner Bösartigkeit und seiner Machtstellung in Berlin ahnen läßt – einfach die Freilassung aller in der Rosenstraße Internierten befahl. Es war ein Unruheherd, mit dem das Regime besonders behutsam umgehen mußte. Die Niederlage in der Schlacht von Stalingrad, die die Nazis gerade zugegeben hatten, hatte das Leben von über 300 000 deutschen Soldaten gefordert. Und Goebbels hatte das ungute Gefühl, daß die Deportation tausender Juden mit nichtjüdischen Familienangehörigen nicht ohne Wirkung bleiben würde: Viele tausend Deutsche mehr hätten allen Grund, auf das Regime wütend oder ihm gegenüber nicht mehr loyal zu sein. Ganz offensichtlich hatte die Demonstration in der Rosenstraße nichts mit irgendeiner organisierten politischen Bewegung zu tun, wie eine der Frauen sagte: „Wir haben mit dem Herzen gehandelt.“ Aber wohl aus der Angst heraus, dieses Beispiel des Protests könnte Schule machen, wollte Goebbels es beendet sehen, ohne zusätzlichen Anlaß zur Gegenwehr zu geben. „Warum hätte Goebbels sie alle verhaften lassen sollen?“ sagte später Leopold Gutterer, sein Stellvertreter im Propagandaministerium. „Dann hätte es nur noch mehr Unruhe gegeben, seitens der Angehörigen der neu Verhafteten.“[11] Auch wenn dieser Vorfall die Uneinigkeit der verschiedenen Ministerien demonstrierte, kam auch nach seiner Beilegung die „Endlösung“ nicht zum Stillstand, weder in den Todeslagern des Ostens noch in den Zwangsarbeiterlagern in Deutschland. Trotz ihrer Heldenhaftigkeit gegenüber einem mörderischen Regime dauerte es lange, bis diese christlichen Partner nach dem Krieg in den Jüdischen Gemeinden Anerkennung fanden.

Die Juden, die ohne den Schutz christlicher Ehepartner überlebten, stellten keine besonders homogene Gruppe dar, noch hatten sie besonders starke jüdische Bindungen. Von den namhaften Führungspersönlichkeiten der Gemeinde aus der Vorkriegszeit waren viele deportiert und ermordet worden. Andere waren emigriert, darunter so bedeutende Geistesgrößen des wissenschaftlichen und kulturellen Lebens, daß Deutschland noch ein halbes Jahrhundert nach dem Krieg ihre Abwesenheit als Verlust empfand. 1974 machte der Berliner Journalist Bernt Engelmann diesen Verlust konkret anschaulich mit der Veröffentlichung von *Deutschland ohne Juden. Eine Bilanz.* Für jedes einzelne Fachgebiet in den Künsten, der Wissenschaft und dem Sport listet er die dort tätigen namhaften Experten auf, die Deutschland nun fehlen, weil sie ausgewandert sind oder von den Nazis ermordet wurden. Rabbi Leo Baeck, vor dem Krieg das allseits respektierte Oberhaupt der Berliner Gemeinde, hatte eine zweijährige Kerkerhaft im KZ Theresienstadt überlebt, doch noch im Alter von zweiundsiebzig Jahren, im Juli 1945, wollte er lieber nach England auswandern als nach Deutschland zurückzukehren. Fast alle, die in Berlin blieben oder nach Berlin zurückkehrten, hatten vor, sich dort nur vorübergehend aufzuhalten, nur so lange, bis die Vorbereitungen auf der Suche nach einem dauerhaften Domizil abgeschlossen waren. Daher fluktuierte die Führung der Gemeinde in den ersten Jahren stark, weil der Auswanderung und sich bietenden Chancen im Ausland Priorität gegenüber der Verantwortung in der Gemeinde eingeräumt wurde.

Ganz im Geiste der Improvisation, die für die ersten Tage charakteristisch war, wartete man nicht, bis alles offiziell organisiert war, um die Gottesdienste zu begehen. Am 6. Mai, nur vier Tage, nachdem die Sowjets Berlin erobert hatten, hielt Rabbi Kahane, der Oberrabbiner Polens, der mit den sowjetischen Streitkräften nach Berlin gekommen war, den ersten Gottesdienst in einem Zimmer des jüdischen Krankenhauses in der Iranischen Straße. Bruno Blau, einer der damaligen Patienten, kommentierte:

Obwohl die Veranstaltung gänzlich improvisiert war, konnte der Raum die tiefbewegte Menge nicht fassen, ein Teil der Erschienenen mußte in den Nebenräumen und Korridoren verharren. Der Rabbiner sprach zunächst das Mincha-Gebet und schilderte dann in kurzen, prägnanten Zügen die Lage; er wies darauf hin, daß das Naziregime sechs Millionen Juden das Leben gekostet habe, davon dreieinhalb Millionen allein in Polen. Der gleichfalls der polnischen Armee angehörende Chasan sang zum Gedenken an die Opfer das „El mole rachamim" [das bei Beerdigungen und Trauerfeiern übliche Totengebet], das von dem Schluchzen der ergriffenen Zuhörer unterbrochen wurde.[12]

Am Freitag, dem 11. Mai 1945, hielt der Prediger Martin Riesenburger den ersten Sabbat-Gottesdienst in einem Friedhofsgebäude in Weißensee, im Ostteil Berlins. Während des Krieges hatte er auf Befehl der Nazis auf dem Friedhof gearbeitet, nämlich die Trauerfeiern für die toten Juden Berlins abgehalten. (Erwähnenswert ist, daß Riesenburger es seiner „arischen" Frau zu verdanken hatte, daß er überlebte. Sie war zwar zum Judentum übergetreten, doch zählte für die Nazibeamten nicht ihr Glaubensbekenntnis, sondern daß sie vier „arische" Großeltern hatte.)[13] Als nächstes leitete Adolf Schwersenz, der sich selbst als „Tora-Vorleser" bezeichnete, am 17. Mai einen Gottesdienst in der Synagoge in der Levetzowstraße, der – wie er selbst schrieb – vorläufig in der Hochzeitskapelle improvisiert und seitdem regelmäßig abgehalten wurde.[14] (Auch Schwersenz verdankte seiner „arischen" Frau sein Überleben in Berlin. Im März 1947 emigrierten sie nach New York.)[15]

Zunächst sahen die Juden in Berlin davon ab, die alte Zentral-Gemeinde, die traditionell die jüdischen Angelegenheiten verwaltet hatte, wieder neu aufzubauen. Statt dessen entstanden vier jüdische Gemeindeverwaltungen in den verschiedenen Teilen der Stadt, jede mit einer noch existierenden Synagoge – bzw. was davon übrig war – als Mittelpunkt. Am aktivsten war die Administration in der Levetzowstraße unter der Leitung von Adolf Schwersenz. Dort wurden nicht nur Gottesdienste – nach liberalem Ritus – abgehalten, sondern auch Kulturprogramme veranstaltet.

Der erste Kulturabend fand am 21. Juni 1945 in der Synagoge statt, nur sechs Wochen nach der Befreiung. Die vielen Fasern jüdischer und deutscher Kultur, die sich durch diese Gemeinde zogen, waren in der Programmgestaltung erkennbar. Bachmann, Bürgermeister des Bezirks Tiergarten – in dem die Synagoge lag – eröffnete feierlich den Abend, gefolgt von Harry Dörfel, Theologe und Kirchenreferent im Magistrat der Stadt. Schwersenz selbst übernahm als Sänger von Schubert-, Schumann- und Giordanoliedern eine wichtige Rolle in dem Konzert. Ein gewisser Leo Merten las die Erzählung „Wenn nicht noch höher" des jiddischen Schriftstellers I. L. Peretz – über den wundertätigen Rabbi von Nemerow – in deutscher Übersetzung, sowie vier Gedichte von Heinrich Heine. Der Abend klang aus mit der Darbietung eines Klaviertrios von Mozart.[16] Das war ein Programm ganz nach dem klassischen Geschmack deutscher Juden, aber es war etwas Neues dazugekommen – die Anerkennung jiddischer Literatur.

Doch zu jener Zeit erhitzten die Gemüter sich ziemlich schnell, und der scheinbar harmlose Versuch, das kulturelle Leben wieder anzukurbeln, veranlaßte zumindest ein Gemeindemitglied zu einem scharfen Protestbrief. Der Ingenieur I. Moses teilte darin mit, er nehme erstens Anstoß daran, daß für die Umwandlung der Synagoge in einen Konzertsaal der heilige Schrein von seinem Platz entfernt wurde. Des weiteren habe er mit Bestürzung festgestellt, daß die meisten Leute, die Eintrittskarten kauften, keine Juden waren und das Konzert im übrigen wohl dazu dienen sollte, Schwersenz' unterbrochene Sangeskarriere zu fördern. (Es war kein Geheimnis, daß Schwersenz bis 1936 unter dem Namen Adi Patti als Opernsänger aufgetreten war. Von den Nationalsozialisten als jüdischer Künstler mit Berufsverbot belegt, begann er eine Ausbildung zum Kantor. Nach dem Krieg galt sein ganzes Bestreben dem Aufbau der Kultusgemeinde in der alten Synagoge an der Levetzowstraße, und er konnte in den ersten Monaten seines Wirkens 300 Mitglieder gewinnen. Außerdem richtete er ein Aufnahmezentrum für Menschen ein, die aus Konzentrationslagern oder Verstecken kamen und vorübergehend eine Unterkunft brauchten.) Damit sprach Moses einen weiteren wunden Punkt an, da Schwersenz sich selbst zwei Gehälter zahlte – eins für seine Funktion als Kantor und ein zweites für seine Gemeindearbeit. Diese Praxis sollte eines Tages noch großen Ärger verursachen.

Zwar waren die Gottesdienste in der Synagoge ein erster Schritt auf dem Weg zur Normalität, aber der Wiederaufbau der traditionellen Jüdischen Gemeinde wurde immer dringlicher, weil die Juden wieder auftauchten und die Stadtverwaltung sich zu formieren begann. Doch verlief die Geburt der Gemeinde weder unkompliziert noch ohne Schmerzen. Es ging um 3,5 Millionen Reichsmark, die der Gemeinde vor dem Krieg gehört hatten und die die Nazis zusammen mit den beträchtlichen Immobilienwerten beschlagnahmt hatten.[17] Sämtliche Vermögenswerte – Synagogen, Schulen, Friedhöfe, Altersheime, das Jüdische Krankenhaus usw. – waren von 1939 bis zu ihrer Auflösung 1943 durch das Naziregime der Zwangsorganisation „Reichsvereinigung der Juden in Deutschland" unterstellt. Nun waren die Eigentums- und Zuständigkeitsverhältnisse völlig ungeklärt. Welche Organisation sollte die Nachfolge antreten? Und welche Gruppe würde die staatliche Unterstützung erhalten?

In den ersten Monaten nach dem Krieg wurden Regelungen für die Religionsgemeinschaften der Stadt vom Beirat für Kirchliche Fragen getroffen, der wiederum vom Städtischen Magistrat ernannt wurde. Dieser Rat beeinflußte nachhaltig die Richtung, die das aufstrebende jüdische Leben in Berlin nehmen sollte. Am 21. Juni 1945 ernannte er einen neunköpfigen Vorstand, der die Verwaltungsangelegenheiten der bald – wenn es nach ihm ginge – ungeteilten Jüdischen Gemeinde regeln sollte. Außerdem richtete man eine treuhänderische Verwaltung für die Immobilien und andere Vermögenswerte der ehemaligen Reichsvereinigung ein. Doch diese aufs Geratewohl zusammengestellte Gruppe von Leuten hatte mit Schwierigkeiten zu kämpfen, noch bevor sie ihre Arbeit aufnehmen konnten.

Zu den neun Mitgliedern des Vorstands gehörte auch Adolf Schwersenz, der in einem offenen Brief an den Beirat zwei seiner Vorstandskollegen als „Gestapo-Gehilfen" denunzierte. Gleichzeitig erhoben andere Vorstandsmitglieder ihrerseits Anschuldigungen gegen ihn und wiederholten Ingenieur Moses' Vorwurf, Schwersenz zahle sich selbst aus der Kasse der Synagoge zwei Gehälter aus und zweckentfremde die Gottesdienste dazu, sein künstlerisches Talent zur Schau zu stellen.

Zusätzlicher Widerstand kam von Dr. Walter Lustig, dem Ärztlichen Direktor des Jüdischen Krankenhauses an der Iranischen Straße, der sich weigerte, seine Selbständigkeit aufzugeben. Das Krankenhaus bestand eigentlich aus sieben Einzelgebäuden, darunter eine Synagoge sowie Kliniken, ein Schwesternheim und Verwaltungsgebäude. Nach der Auflösung der Reichsvereinigung 1943 war der gesamte Betrieb von der Gestapo übernommen worden.

Wie bereits erwähnt, war daraus praktisch ein Ghetto innerhalb Berlins geworden, von dem aus die Gestapo Deportationen nach Theresienstadt und anderen Lagern im Osten organisierte. Als Leiter des Jüdischen Krankenhauses führte Dr. Lustig die Aufsicht über diese Ansammlung beklagenswerter Menschen. In der nicht gerade beneidenswerten Position, auswählen zu müssen, wer zur Erfüllung der von den Nazis festgelegten Quoten deportiert werden sollte, war er Herr über Leben und Tod von Patienten und Personal im Krankenhaus. Nach den Erinnerungen der vielen überlebenden Augenzeugen zu urteilen, scheint er eine ziemlich zwielichtige Rolle gespielt zu haben.

Doch am 6. Juni 1945, als man es den Juden verweigern wollte, als „Opfer des Faschismus" besonders berücksichtigt zu werden, schrieb er einen geharnischten Brief zu ihrer Rechtfertigung an den Magistrat: „Ein Bevölkerungsteil, der durch den Faschismus* in einer so entsetzlichen Weise betroffen wurde, wie es in der Geschichte noch nie dagewesen ist, kann sich mit der formellen „Gleichstellung" [mit anderen Faschismusopfern] nicht zufriedengeben."[1] Er verlangte, statt dessen die jüdischen Überlebenden vorzuziehen, ihnen extra Kleidung und Lebensmittelrationen zukommen zu lassen und sie von den harten Aufräumarbeiten zu befreien, die für alle Empfänger öffentlicher Unterstützung obligatorisch waren.[18] Die Sowjets hatten eine Rangliste mit sechzehn verschiedenen Arten von „Opfern des Faschismus" erstellt. Nur als „Opfer" statt als „Kämpfer" erfaßt zu sein bedeutete für den Antragsteller tatsächlich die Zweitrangigkeit.[19]

Nachdem Dr. Lustig mit seiner Gemeinde seinen Alleinvertretungsanspruch nicht aufgeben wollte, nahm der Beirat Abstand von der Idee der Vereinigung und bestand nur noch darauf, daß jede der vier unabhängigen Gemeinden innerhalb ihrer eigenen Bezirksgrenzen bliebe. Dieser Einspruch erübrigte sich ohnehin bald, da die sowjetischen Machthaber Dr. Lustig verhafteten, möglicherweise wegen des Verdachts der Kollaboration mit den Nazis, vielleicht aber

---

* Bemerkenswert ist, daß Dr. Lustig in seinem Brief zwar starke Worte wählte, sich aber doch an die offizielle Sprachregelung hielt. Sowohl die Sowjets als auch später die Ostdeutschen verwendeten das Wort „Faschist" statt Nationalsozialist in bezug auf das Hitlerregime, vermutlich um ihren Sozialismus und den der Nazis auseinanderzuhalten. Dieser Sprachgebrauch diente jedoch bald als sicheres Zeichen dafür, daß jemand die sowjetische Position vertrat oder mit ihr sympathisierte.

auch, weil sie ihn als potentiellen Störfaktor einstuften. Mehrere Monate wurde er in einem Berliner Gefängnis eingesperrt und dann ohne Gerichtsverhandlung zum Tode verurteilt. Am 31. Dezember 1945 wurde er hingerichtet.[20]

Daß Leute nach Gutdünken verhaftet wurden oder verschwanden, gehörte bald zum Alltag im Sowjetsektor, so daß jüdische Flüchtlinge sich verständlicherweise fürchteten, in Ostberlin zu bleiben. Die Angst um die eigene Sicherheit war nicht auf Juden beschränkt und hatte zur Folge, daß die Bewohner der Sowjetzone ihr Leben lang vor der Willkür der dortigen Regierung zitterten. In einem Text über das Leben in Berlin in den ersten Nachkriegsmonaten erinnert sich der Schriftsteller Günter Kunert, daß niemand, der zu Fuß unterwegs war, sich sicher fühlen konnte, weil „die Gefahr bestand, von Greiftruppen der Roten Armee zur Arbeit weggefangen zu werden, wobei ungewiß war, ob man sich, ausgerüstet mit einer Schippe, am Alexanderplatz wiederfand oder in Nowosibirsk."[21]

Eine Frau, die als Kind mit ihrer Familie bei den Luftangriffen der Alliierten im Februar 1945 ausgebombt worden war, erzählte, wie sie und ihre Familie in einem Dorf in der Nähe Unterschlupf fanden. Nachdem die Sowjets dieses Gebiet übernommen hatten, fiel ihr auf, daß immer wieder Nachbarn und Freunde auf mysteriöse Weise verschwanden. Noch Jahrzehnte später konnte sie sich erinnern, daß sie nachts im Bett in Panik geriet, sobald das Licht von Autoscheinwerfern ins Zimmer fiel, weil sie dachte, „sie" seien gekommen, um ihren Vater abzuholen.[22]

Wie wir noch sehen werden, war Dr. Lustig nicht der einzige prominente Jude, dessen Schicksal von den Sowjets ohne viel Federlesens besiegelt wurde. Doch stand ungeachtet seiner Verhaftung der offenbar unausweichliche Wiederaufbau der Einheitsgemeinde kurz bevor. In dem beklemmenden politischen Klima, das sofort nach der Machtübernahme der Sowjets in ihrem Teil Berlins herrschte, konnte die Konstituierung einer Vereinigten Jüdischen Gemeinde nur auf ein Signal der sowjetischen Besatzer hin erfolgen. Im Juni 1945 ließ General Nikolai E. Bersarin, der Kommandant der sowjetischen Streitkräfte, Dr. Moritz Blum, einen jüdischen Berliner Zahnarzt zu sich rufen und betraute ihn mit der Aufgabe, das neue jüdische Vorstandsgremium zusammenzustellen.[23] Noch wichtiger war, daß Bersarin das historische Gelände an der Oranienburger Straße zum Gemeindezentrum bestimmte.[24]

Der Repräsentantensaal in der Neuen Synagoge in Berlin im Jahre 1884. Dieser Raum befindet sich in dem Teil des Gebäudes, der nach dem Krieg noch erhalten war und dessen Wiederaufbau noch unter Honecker betrieben wurde.

Hier befand sich die Ruine der großartigen Neuen Synagoge, mit dem Verwaltungsgebäude auf der einen und dem früheren Jüdischen Museum auf der anderen Seite. Zwar hatten diese Bauten Schäden davongetragen, doch war ihr Zustand noch gut genug, um darin Büros und Versammlungsräume für die im Entstehen begriffene Jüdische Gemeinde einzurichten. Die im maurischen Stil erbaute, prächtige Neue Synagoge war mit dem Neujahrsgottesdienst des Jahres 1866 eröffnet worden. Daß sie in der „Kristallnacht" nicht der Zerstörung durch die Nazis anheimfiel, war dem kühnen Handeln von Wilhelm Krützfeld zu verdanken, dem Vorsteher des Polizeireviers im 16. Bezirks, in dem sie lag. In der Nacht vom 9. auf den 10. November 1938 waren Hitlers Braunhemden, seine paramilitärische Sturmtruppe, auf Synagogen und jüdische Geschäfte angesetzt worden mit der Aufgabe, sie zu zerstören und ausgewählte jüdische Männer zu verhaften. „In dieser Nacht", schrieb ein Historiker, „waren SA-Leute eingedrungen und hatten Feuer gelegt. Doch nicht lange, da erschien der Vorsteher des zuständigen Polizeireviers mit ein paar Mann am Tatort und verjagte die Brandstifter. Mit vorgehaltener Pistole und einem Aktendeckel, in dem sich ein Schriftstück befand, das den bedeutenden Kunst- und Kulturwert des Gebäudes unter polizeilichen Schutz stellte. Gleichzeitig beorderte der Polizeioffizier die Feuerwehr zur Brandstelle." Daß diese erschien und das Feuer tatsächlich löschte, ist um so bemerkenswerter, als überall sonst die Feuerwehrleute tatenlos zusahen, wie jüdisches Eigentum verbrannte und nur eingriffen, wenn die Flammen auf benachbarte Gebäude, die nicht Juden gehörten, überzugreifen drohten.[25]

Der Held dieser Szene, Krützfeld selbst, kam keineswegs glimpflich davon. Am nächsten Tag wurde er von seinem Vorgesetzten gemaßregelt und danach mehrfach strafversetzt, was ihn zermürbte, auch weil er ganz auf sich allein gestellt war. Parteimitglied war er nie gewesen, und sein Sohn berichtete später, er fühlte sich ... „wie er öfter sagte, von Nazis überwacht."[26] 1942 ging er vorzeitig in den Ruhestand und verließ Berlin. Seine Beweggründe für die Rettung der Synagoge lassen sich nicht mehr feststellen. Zu Hause redete er niemals über diesen Vorfall, doch möglicherweise hielt er es als Polizeibeamter der alten Schule für seine Pflicht, das historische Bauwerk in seiner Obhut zu schützen.

Das Gebäude überstand den Krieg nicht unversehrt, aber der vordere Teil, die Eingangshalle und die Räume in den darüberliegenden vier Stockwerken waren noch verwendbar. Für Juden war dies ein wichtiger Ort jüdischer Geschichte in Berlin. Nur eine Straße weiter befand sich der älteste jüdische Friedhof Berlins, auf dem Moses Mendelssohn seine letzte Ruhestätte gefunden hatte. An der Rückseite der Synagoge schloß sich ein Haus an, das nacheinander als jüdisches Waisenhaus, Schule, Krankenhaus, Altersheim und schließlich als Deportationszentrale von den Nazis genutzt worden war. Gleich in der nächsten Querstraße, in der Artilleriestraße, lagen zwei Ausbildungsseminare für Rabbiner – ein orthodoxes unter der Leitung von Rabbi Esriel Hildesheimer und ein liberales, das Rabbi Leo Baeck leitete. (Berliner Juden nannten diese Institutionen in ihrer Glanzzeit wortspielerisch die schwere und die leichte Artillerie.) Das Seminar von Rabbi Hildesheimer war in einem aus einer Synagoge und Verwaltungsräumen bestehenden Gebäudekomplex der orthodoxen Adass-Jisroel-Gemeinde untergebracht, die seit 1869 ein von der Jüdischen „Einheits"-Gemeinde unabhängiges Dasein führte.[27]

Nach dem Krieg geriet die Adass-Jisroel-Gemeinde in Vergessenheit und nur ehemalige, nun im Ausland lebende Mitglieder erinnerten sich noch an sie, nicht aber die wenigen Juden in Ostberlin. Erst 1986 war es soweit, daß sie ihre unabhängige Existenz wieder aufnehmen konnte – dank der ungewöhnlichen Verhältnisse, die in den letzten Jahren des Bestehens der DDR herrschten. Was für die Zukunft der Juden in Berlin gleich nach dem Krieg bedeutsam wurde, war, daß das gesamte Viertel, das die Synagogen, Seminarschulen und andere Ausbildungsstätten beherbergt hatte, nun im sowjetischen Sektor lag. Und die Sowjets beobachteten die religiösen Gemeinschaften mit Argusaugen, wobei sie, wie erwähnt, sogar so weit gingen, die Kandidaten für den ersten Vorstand der jüdischen Gemeinde nach dem Krieg vorzuschlagen.

Im Juli 1945 fand sich eine Gruppe aus sechs Männern mit Erich Nelhans an der Spitze spontan zum Vorstand der neuen Gemeinde zusammen. Die neue Führung wurde von der damals noch ungeteilten Stadtregierung als offizielle Nachfolgegemeinde anerkannt und bestätigt: „Die Jüdische Gemeinde zu Berlin tritt wieder in ihren alten Rechtszustand ein."[28] Die anderen Mitglieder waren Dr. Hugo Ehrlich, Dr. Leo Hirsch (ein Arzt), Arnold Peyser, Erich Mendelsohn und Erich Zwilsky, der Dr. Lustigs Assistent im Jüdischen Krankenhaus an der Iranischen Straße gewesen war.[29] Außerdem gab es noch eine neunzehn Personen umfassende Repräsentanten-Versammlung.

Eine der ersten offiziellen Handlungen des neuen zentralen Vorstands war die Einführung des Grundsatzes: „Es gibt nur eine Jüdische Gemeinde zu Berlin, der alle Juden Berlins unterstehen." Ferner ordnete er an, daß die Gemeinde im Bezirk Tiergarten – der Schwersenz vorstand – nun in die offizielle vereinigte Gemeinde aufgenommen werde. In einem vom 10. August 1945 datierten Brief teilte man Schwersenz mit, man werde ihn weiter als Kantor beschäftigen, aber auch nur dafür bezahlen. Allen anderen Aktivitäten dürfe er sich in seiner „Freizeit" und „ehrenamtlich" widmen, wenn er dies wünsche.[30]

Doch die Stadtregierung, unzufrieden mit dem selbsternannten Komitee in der Oranienburger Straße, bat Siegmund Weltlinger, einen neuen Vorstand vorzuschlagen. Der Finanzier Weltlinger war Vorstandsmitglied der Jüdischen Gemeinde zu Berlin vor dem Krieg und ebenfalls in der Reichsvereinigung tätig gewesen. Auch er ging 1943 in den Untergrund und hielt sich mit seiner Frau die restlichen Kriegsjahre versteckt. Bei der Bildung des städtischen Magistrats nach dem Krieg ernannte man ihn zum jüdischen Referenten im Beirat für religiöse Angelegenheiten. In seinem biographischen Bericht schrieb er: „Meine spezielle Aufgabe ist dabei die Vertretung der jüdischen Interessen. Darüber hinaus betrachte ich es als meine Verpflichtung, darauf zu achten, daß das jüdische Gemeindeleben, welches durch die Nazi-Herrschaft völlig vernichtet wurde, im Sinne wahrhafter Demokratie wiederaufgebaut wird."[31] Den Anfang machte er mit der Ernennung eines eigenen Beratergremiums, dessen prominentestes Mitglied Dr. Leo Löwenstein war, Leiter der Berliner Sektion des Reichsbundes jüdischer Frontsoldaten bis zu seiner Auflösung im Jahre 1938. Löwenstein überlebte Theresienstadt und kehrte nach Berlin zurück, übersiedelte aber 1946 nach Schweden.[32] Zu den anderen Beiräten gehörten Dr. Kurt Werthauer, Dr. Lichtenstein, der mit Weltlinger für die Reichsvereinigung gearbeitet hatte, und Dr. Hans-Erich Fabian, ein Rechtsanwalt, der ebenfalls aus Theresienstadt nach Berlin zurückgekehrt war.

Nach einer Konferenz Ende September, auf der der bereits existierende Vorstand einstimmig seine Autorität akzeptierte, nominierte Weltlinger sechs Männer, die als Gründungsvorstand der wiederhergestellten Gemeinde fungieren sollten. Am 12. Oktober 1945 wurde Hans-Erich Fabian Vorsitzender und machte es sich neben seinen sonstigen Verpflichtungen zur Aufgabe, eine Gemeindezeitung zu gründen. Die restlichen Mitglieder waren Erich Nelhans, der Rechtsanwalt Dr. Hans Munzer sowie Carl Busch, die alle die letzten beiden Kriegsjahre im Untergrund verbracht hatten. Carl Busch, aktives Mitglied der liberalen Synagoge in der Pestalozzistraße, war daran interessiert, das religiöse und gesellschaftliche Leben in der Gemeinde wieder herzustellen. Später begründete er die

Zionistische Vereinigung Berlins wieder neu.[33] Weitere Mitglieder des Vorstandes waren Dr. Leo Löwenstein und Julius Meyer, der lange Zeit Mitglied der Kommunistischen Partei gewesen war. Meyer war nach jahrelanger Zwangsarbeiterfron in Berlin von den Nazis 1943 mit Frau und Kind nach Auschwitz deportiert worden. Seine Familie wurde im KZ ermordet, aber er selbst überlebte nicht nur Auschwitz, sondern überstand auch einen anschließenden Todesmarsch und kehrte zurück nach Berlin. Dort heiratete er wieder und betätigte sich aktiv in der Gemeinde.[34] (Sein Einsatz für die jüdischen Belange brachte ihn unter dem kommunistischen Regime in Ostberlin in ernste Schwierigkeiten, die wir im 5. Kapitel erörtern werden.) Der Vorstand berief noch zusätzlich einen Beirat aus neunzehn Repräsentanten, und diese beiden Gruppen zusammen bildeten die Grundlage der Verwaltung für die Gemeinde. Aber es dauerte noch bis zum 1. Februar 1948, bis die ersten demokratischen Wahlen abgehalten wurden.

Als im September 1945 die Zeit der hohen religiösen Feiertage nahte, war es möglich, in fünf Berliner Synagogen die entsprechenden Gottesdienste zu halten. Keine einzige Synagoge war unversehrt geblieben, aber wie in der Levetzowstraße hatte man Bereiche gefunden, die zu verwenden waren. Ernst Günter Fontheim, ein Student, der während des Krieges untergetaucht und wie Inge Deutschkron zu Fuß von Potsdam nach Berlin zurückgegangen war, schilderte die Gottesdienste am Thielschufer. In einem Erinnerungsbericht schrieb er: „Als Sitzgelegenheiten dienten von der U.S.-Armee zur Verfügung gestellte Klappstühle. Außer uns Gläubigen aus der Zivilbevölkerung nahm auch eine ziemlich große Anzahl von Soldaten der Alliierten Streitkräfte teil.... Rabbi Riesenburger leitete den Gottesdienst.... Er hielt eine sehr emotionale Predigt, in der er an all jene erinnerte, die nicht mehr unter uns weilten. Kaum ein Auge blieb trocken. Ich erinnere mich auch, daß es nur einige wenige Talliths gab. Daher wurde immer dem, der zur Thora-Lesung nach vorn gerufen wurde, ein Tallith gereicht und dann an den nächsten, der aufgerufen wurde, weitergereicht.“[35]

Das war die Lage der Dinge, als Philip Skorneck, der erste Vertreter des American Jewish Joint Distribution Committee, im November 1945 nach Berlin kam. Als Amerikaner, der erwartete, auf eine demokratische Jüdische Gemeinde zu treffen, war er von der improvisierten Verwaltung und besonders dem Niveau der Leitung doch sehr beunruhigt. An die Zentrale seiner Organisation schickte er folgenden Bericht: „Schon jetzt sind einige der fähigsten Führungspersönlichkeiten und einige der besten Mitglieder nach Amerika ausgewandert. Höchstwahrscheinlich werden viele von den Begabteren in der Gemeinde ebenfalls bald weggehen. ... Übrigbleiben werden nur diejenigen, die glauben, sie seien zu alt, um in einem anderen Land noch einmal von vorn anzufangen, oder die sich einfach nicht in fremde Länder hinaustrauen. ... Der weitaus größere Teil der Berliner Juden, die dableiben, werden die sein, die in die Gruppe der Mischehen gehören. ... "[36] Zu jener Zeit waren Eheschließungen zwischen Juden und Nichtjuden in Amerika äußerst selten, und so fiel es Skorneck schwer, die Praxis der Mischehen zu akzeptieren, die ein herausragendes Merkmal der deutsch-jüdischen Gemeinden nach dem Krieg war. Außerdem konnte ein Außenstehender nur schwer nachvollziehen, wie stark während der Nazi-Jahre das normale Leben mit seinen Regeln aus den Fugen geraten war.

In den komplizierten und schwierigen Verhältnissen, die der Krieg und die Verfolgung durch die Nazis mit sich gebracht hatten, und unter den gefährlichen Bedingungen des Lebens im Untergrund kamen sonderbare Interessengemeinschaften zustande. Und häufig entsprachen sie nicht den rigorosen Abgrenzungen der Vorkriegszeit. Erich Nelhans, einer der ersten, der in der Gemeinde Verantwortung übernahm und sich mit der Bitte um Nahrungsmittel und andere Unterstützung an die Amerikaner wandte, war nach zwei Jahren im Untergrund gerade erst wieder aufgetaucht. In dieser Schattenwelt hatte sich sein Weg mit dem von Gad Beck gekreuzt, einem jungen Zionisten, der für eine große Anzahl in der Illegalität lebender Zionisten in Berlin die Verantwortung übernommen hatte. Für ihren Unterhalt ließ er Gelder des schweizerischen Zionismusverbandes von Kurieren ins Land schmuggeln. Neben der Unterstützung mit Essen und Kleidung galt seine größte Sorge dem Aufspüren neuer Unterkünfte für die Untergetauchten, wo sie längere Zeit bleiben konnten, denn nur die wenigsten genossen den Luxus einer festen Wohnung.

Einer seiner wertvollsten Kontakte war ein Fräulein Schmidt, eine Berlinerin um die vierzig. Aus einer vornehmen preußischen Familie stammend, hatte sie als junge Frau einen „Fehltritt" begangen und arbeitete inzwischen als Prostituierte auf dem Straßenstrich am Alexanderplatz. Sie hatte ganz genau verstanden, worum es Beck ging und war ihm eine große Hilfe bei der Suche nach Verstecken für seine Schützlinge. Anfang 1945 bahnte sich eine Katastrophe an, als zwei Mitglieder aus Becks Gruppe während eines Luftangriffs von der Polizei überrascht wurden. Einer konnte entkommen, aber der zweite, der eine Adressenliste der anderen Mitglieder bei sich hatte, wurde verhaftet. Kaum hatte Fräulein Schmidt erfahren, was passiert war, schwang sie sich auf ihr Fahrrad und fuhr – die Liste nur im Kopf – kreuz und quer durch den ganzen Berliner Nordosten, um die Versteckten zu warnen. Nach Becks Schätzung rettete sie sechsunddreißig Menschen das Leben. Nur wunderte es ihn, daß sie ihm ungeachtet ihres Engagements für seine Sache nie erlaubte, ihre eigene Wohnung zu benutzen. Erst nach dem Krieg fand er heraus, warum. Die letzten eineinhalb Kriegsjahre hatte sich dort Erich Nelhans versteckt gehalten. Im Laufe der Zeit waren sie ein Liebespaar geworden und blieben auch zusammen, als der Krieg vorbei war. Als Nelhans Vorsitzender der Jüdischen Gemeinde wurde, war, nach Becks Worten, „unsere erste – inoffizielle – ‚First Lady‘ ... eine adlige ehemalige Alexanderplatznutte".[37]

Wie die Juden bald feststellen mußten, wurde ihnen der Weg zurück in ein normales Leben von den Behörden nicht gerade leicht gemacht. In einem verzweifelten Brief an das American Jewish Joint Distribution Committee vom 8. Juli 1945 bat Nelhans als Sprecher für die Berliner Gemeinde inständig um amerikanische Unterstützung. Die einzigen, die zu diesem Zeitpunkt nennenswerte Hilfe von den damals für Berlin zuständigen Sowjets erhielten, waren die „Opfer des Faschismus". Und laut Nelhans waren das „fast ausschließlich ... politische Gefangene aus den Konzentrationslagern und [solche, die] vor 1933 in der kommunistischen oder der sozialistischen Partei gewesen waren. Außerdem Leute, die nachweislich während des Nazi-Regimes gegen den Faschismus gekämpft hatten.... Wir Juden, die wir aus den Lagern oder unseren Verstecken zurückkommen, erhalten die schlechtesten Essensrationen.... Wir haben Hunger. Wir haben geglaubt, unsere Not und unser Unglück seien vorbei, aber leider haben wir noch immer unter den Folgen des noch immer vorhandenen Antisemitismus zu leiden. Deshalb ist unser erster Hilferuf eine Bitte um Lebensmittel."[38]

Die amerikanischen Organisationen ließen sich nicht lange bitten und das American Jewish Joint Distribution Committee schickte umgehend seine eigenen Vertreter vor Ort. Im September 1945 hatte das Joint in den amerikanischen Besatzungszonen ein Zusatzhilfsprogramm für die verbliebenen deutschen und die aus dem

Osten geflüchteten Juden gestartet. Bis zum Jahresende hatte die Organisation über 600 000 US-Dollar für Lebensmittel, Kleidung und Medikamente für Juden in Deutschland und Österreich ausgegeben. Diese Vorräte wurden aus der Schweiz, Dänemark und Frankreich mit Lastwagen herangeschafft, die das AJDC aus Lagerbeständen der US-Armee gekauft hatte; aber die ersten Lieferungen waren hauptsächlich für die DP-Lager bestimmt.

Als Skorneck am 10. November 1945 das Büro des AJDC in Berlin eröffnete, stellte er fest, daß nur sehr wenig bei der Berliner Gemeinde ankam. Doch fand er einen genialen Weg, die Verzögerung wettzumachen. Nur zehn Tage nach seiner Ankunft schrieb er in seinem ersten Bericht: „Vielleicht überrascht uns das AJDC ja, und hält sein Versprechen [Lebensmittel zu schicken]. Inzwischen verpflegt der jüdische GI die Berliner Juden."

Einige Monate später, im Februar 1946, berichtete Skorneck, wie er durch Improvisation die Lage in Berlin gemeistert hatte. „Ich habe mich mit vielen jüdischen US-Soldaten und -Zivilisten getroffen, und sie waren einverstanden, die vielen Pakete, die sie von zu Hause erhielten, dem AJDC zu überlassen. In meinen ersten beiden Monaten hier in Berlin erhielt und verteilte das Joint über 5000 fünf-Pfund-schwere Pakete, und das stellte die erste materielle Hilfe dar, die das Joint der jüdischen Gemeinschaft geben konnte."[39]

Aber gerade diese zusätzliche Unterstützung bescherte der Gemeinde ein heikles Problem. Neben den ungefähr 7000 anerkannten Juden in Berlin gab es viele mehr, die glaubten, Forderungen gegenüber der Gemeinde und ihren Ressourcen geltend machen zu können. Besonders zwei Gruppen waren der Meinung, auf jeden Fall Anspruch auf Hilfe zu haben. Skorneck führte aus: „Als erste fühlten sich jene Protestanten und Katholiken, die nach den Nürnberger Gesetzen als Juden galten, weil sie jüdischer Abstammung waren [und] die unter Hitler gelitten hatten, berechtigt, vom Joint Hilfe einzufordern. Die nächsten waren die Ehepartner von Juden, die gelitten hatten, ... weil sie ihre Rationen mit ihren jüdischen Männern oder Frauen teilen mußten, auf deren „Judenkarten" man [während des Krieges] nicht genug zu essen bekam."[40] Bis Juni 1946 beantragten noch zusätzlich ca. 2500 Personen, die vor dem Krieg aus der Gemeinde ausgetreten – und zum Teil konvertiert – waren, wieder die Mitgliedschaft.[41] Auf eigene Verantwortung beschloß die Gemeinde, diejenigen, die dem Judentum aus Angst um ihr Leben abgeschworen hatten, wieder in die Gemeinde aufzunehmen. Aber die vielen Zweifelsfälle mußten auf einen Rabbiner warten, der ihren Fall nach jüdischem Gesetz beurteilen konnte.

Einige Zeit später meldeten sich eine beträchtliche Anzahl von Deutschen bei der Jüdischen Gemeinde und wollten zum Judentum übertreten. Dies löste in der Gemeinde, die sich mit ihrer zusammengewürfelten Mitgliedschaft in einer komplizierten neuen Welt zurechtzufinden versuchte, Verwirrung aus. Nathan Peter Levinson, ein in Berlin geborener und am Liberalen Seminar des Rabbi Leo Baeck ausgebildeter Rabbiner, war 1941 nach Amerika gegangen. Als er 1950 nach Berlin zurückkam, um eine Stelle als Rabbi anzutreten, fand er sich zu seinem Erstaunen mit sechstausend Konvertierungsanträgen konfrontiert. Einige der Antragsteller waren wohl, wie er meinte, Opportunisten, denen es um CARE-Pakete ging; aber die Gruppe, der von Anfang an seine Sympathie galt, waren die deutschen Frauen der jüdischen DPs. „Für jüdische DPs, die deutsche Frauen heirateten, war es selbstverständlich, daß sie jüdische Kinder haben sollten, also mußten die Frauen konvertieren."[42]

Im März 1946 begann die Gemeinde mit der Veröffentlichung ihrer ersten Nachkriegszeitung *Der Weg* – bestehend aus acht gedruckten Seiten in Briefpapierformat. Erster Redakteur war der Vorstandsvorsitzende Hans-Erich Fabian. In der ersten Ausgabe brachte *Der Weg* das Problem zur Sprache, das jeden überlebenden deutschen Juden beschäftigte – ob es möglich sei, in diesem Land zu bleiben, oder ob die Auswanderung zwingend sei. Die Redaktion setzte voraus, daß diejenigen, die Verwandte im Ausland hatten, auf jeden Fall weggehen würden. Die Gemeinde nannte sich selbst zunächst sogar „Liquidationsgemeinde". Aber die Redaktion bezweifelte, daß eine Massenemigration stattfinden würde. Sie wiesen darauf hin, daß erstens die Hälfte der überlebenden Juden mit Christen verheiratet oder verwandt war. Außerdem seien die meisten Gemeindemitglieder „an der Grenze zum Greisenalter... Wenn man sich, so bitter auch die Erkenntnis ist, klarmacht, daß wir nicht mit offenen Armen in der Welt empfangen werden und die Eingliederung in einen neuen Lebenskreis sehr viel Kraft und jugendliche Anpassungsfähigkeit erfordert, so sieht man die schwierige Lage der älteren Generation." Wer jedoch bleibe, müsse sich auf komplizierte Beziehungen zu den Deutschen gefaßt machen. Sowohl Juden als auch Deutsche müßten die Last der Vergangenheit auf sich nehmen.

DER WEG

ZEITSCHRIFT FÜR FRAGEN DES JUDENTUMS

| JAHRG. 1 / NR. 27 | BERLIN, 30. AUGUST 1946 | PREIS 15 PFENNIG |

WIR WARTEN ·

Im Laufe unserer Geschichte haben wir Juden das Warten gelernt. Seit den Tagen unserer Väter haben wir gewartet. Und es scheint, als ob die Zeit des Wartens für uns noch nicht vorüber ist. Nachdem wir zwölf Jahre lang auf die Befreiung von dem Hitlerregime gewartet hatten, glaubten wir, daß die Zeit des Wartens für uns vorbei sei. Wir hofften, daß jetzt die Zeit der Erfüllung kommen würde, wir mußten aber feststellen, daß diese Hoffnung nicht wahr wurde, daß vielmehr eine neue Zeit des Wartens begonnen hat. Wir erwarteten, daß wir alsbald nach der Befreiung in unsere alten Rechte eingesetzt würden, daß wir unsere Wohnungen, unsere Möbel, unsere Werte zurückerhalten würden. Nichts davon wurde wahr. Noch heute ist ein großer Teil unserer Menschen ohne Wohnung. Die Wohnungen, aus denen wir vertrieben wurden, sind noch immer im Besitze derjenigen, die die Nutznießer der Juden-Verfolgungen waren. Die Möbel, die uns das Bergungsamt zum Ersatz für die verlorenen zur Verfügung stellte, werden freigegeben, und um die Wiedergutmachung ist es still geworden. So warten wir denn weiter. Wir glaubten, daß alsbald nach der Befreiung für uns die Grenzen geöffnet würden, daß wir zu unseren Angehörigen fahren könnten. Und wir stellen fest, daß die Auswanderungsmöglichkeiten nur in verschwindendem Maße die Rede ist. Lediglich aus der US-Kontrollgebiet ist in beschränktem Umfang die Einwanderung möglich. Ein Teil der Menschen kommt aber auch aus dem US-Kontrollgebiet nicht heraus, weil sie sich in der Zeit der Verfolgung Leiden zugezogen haben, welche die Einreise unmöglich machen. Aus den anderen Besetzungsgebieten ist eine Auswanderung praktisch nicht möglich. Und so warten wir weiter auf die Auswanderungsmöglichkeiten. Wir hofften, daß nach dem Kriege das Problem Palästina endlich gelöst würde. Und wir erleben es, daß es nur Beratungen und Konferenzen gibt. So warten wir weiter und hoffen, daß auch hier eine Lösung gefunden wird. Wir nahmen an, daß nach dem Kriege der Antisemitismus endgültig überwunden sei, und daß es kaum noch Judenhaß geben würde. Und auch hier haben uns unsere Hoffnungen getäuscht und wir warten weiter darauf, daß die Menschen zur Einsicht kommen. So warten wir, wie wir bisher gewartet haben, warten wir, wie wir auf den Messias die Jahrtausende das Warten gelernt hätten, wenn wir nicht durch die Schule des Wartens gegangen wären, müßten wir zweifeln. Wir hoffen, daß unsere Wünsche sich doch noch realisieren werden und das gibt uns die Kraft. Wir warten.

Carl Busch

Lagerleben

1933 begann für uns Juden in Deutschland das Leben hinter Stacheldraht im Lager. Wenn auch anfangs erst wenige in die Konzentrationslager kamen, so waren doch die übrigen von einem unsichtbaren Stacheldraht umgeben, der ihr Leben von der Welt abschloß, bis auch sie in eines der Todeslager des Naziregimes verschleppt wurden.

Wir Juden haben eine schwerere Verantwortung für unser Leben und unseren Glauben als vielleicht jede andere religiöse Gemeinschaft.

Suche nicht bei jeder Handlung Schutz in dem Gedanken: „Es ist meine eigene Angelegenheit". Es ist deine Angelegenheit, aber es ist auch die Angelegenheit der anderen Juden, noch können, wir die Welt um uns übersehen. Es hellt Licht liegt auf den Juden. Es ist eine ernste Verantwortung, ein Jude zu sein; und du kannst ihr nicht entfliehen, selbst wenn du sie ignorieren willst. In ethischen und religiösen Dingen dürfen wir Juden niemals leichtfertig handeln. Ehen schlechte Juden können genügen um uns zu verdammen; zehn gute Juden können uns retten. Zu welchen willst du gehören?

Claude G. Montefiore, 1858—1938.

Auch heute noch, eineinhalb Jahre nach der Befreiung, gibt es Lager, und wir fragen uns, wann dieses Elend einmal ein Ende nehmen wird. Der Stacheldraht ist immer noch vorhanden, aber die beklagenswerten Menschen, die sich gezwungenermaßen im Lagerleben führen, können sich wenigstens auch außerhalb des Stacheldrahtes bewegen. Das nennen wir Judenschicksal.

Die Jüdische Gemeinde zu Berlin war nach der Befreiung durch die Alliierten gezwungen, Lager zu errichten, die die Rückkehrer aus den Konzentrationslagern aufnahmen. Zuerst schien es, als ob diese Tausende unserer Brüder aus dem Osten fliehen mußten, wurden sie zu ständigen Einrichtungen. Wir haben an die Hilfe der Welt geglaubt, wir haben auf die

Unterstützung der charitativen Organisationen gehofft, und doch ist es bis jetzt nicht möglich gewesen, diesem Zustand ein Ende zu bereiten und diese Menschen wieder einem normalen Leben zuzuführen. Zur Zeit unterhält die Gemeinde ein Durchgangsheim in der Iranischen Straße, das als Altersheim umgebaut wird. Daneben besteht unter Aufsicht und Betreuung der französischen UNRRA das Lager in Wittenau. Unter dem Schutz der amerikanischen UNRRA steht das Lager in Schlachtensee und das in den letzten Julitagen entstandene Lager Tempelhof.

Die Not und das Elend in dem zuletzt errichteten Lager in Tempelhof, in das die letzten Ankommenden aus dem Osten eingewiesen wurden, ist kaum zu schildern. Es befinden sich dort Menschen aller Altersstufen. Wenigstens die Kinder konnten dank der tatkräftigen Hilfe mit dem Notwendigsten versorgt werden. Trotzdem sind alle nur notdürftig bekleidet, man kann fast sagen zerlumpt, und der größte Teil von ihnen ist ohne Schuhe. Nun warten diese unglücklichen Geschöpfe auf die Hilfe von draußen. Sie wollen auch einmal so nett gekleidet sein, wie die anderen Kinder, die sie in den Straßen Berlins spielen sehen. Und mit den Erwachsenen, steht es noch schlimmer. Trotz der Hilfe der Organisationen ist es nicht möglich, die dort untergebrachten Menschen mit dem Notwendigsten zu versehen, da es an allem fehlt. Dabei muß man bedenken, daß viele, die jetzt hierher geflohen sind, um das nackte Leben zu retten, einst als Partisanen für die Befreiung Europas gekämpft haben.

Viele dieser Menschen sind Schuster, Schneider, Tischler und würden gern für die Lagerinsassen arbeiten, aber es fehlt das Handwerkszeug, es fehlen alle Dinge, wie Material usw. Verwundert schauen sie auf die Umwelt, und mit Verbitterung im Herzen fragen sie, warum diese Zustände nicht geändert werden.

Ist es eigentlich verwunderlich, wenn der eine oder andere strauchelt, obwohl es nicht die Frage nach der Schuld neu aufwerfen? Es handelt sich zumeist um junge Menschen, die heute 18 oder 19 Jahre alt sind, die seit Jahren als Kinder das Lagerleben begannen, die heute wieder in einem Lager leben müssen, und die erst zu einem normalen Leben umerzogen werden müssen. Wir lesen ja auf der anderen Seite täglich in ...

Die Titelseite einer frühen Ausgabe von *Der Weg*, der Zeitung der Jüdischen Gemeinde in Berlin.

Unter der Überschrift „Wir warten" wird bemängelt, daß den deutschen Juden nach der Befreiung noch immer nicht ihr Eigentum (Wohnungen und Möbel) zurückgegeben worden ist. Der längere Artikel berichtet über das Leben in den DP-Lagern und weist darauf hin, daß eineinhalb Jahre nach Kriegsende Juden immer noch hinter Stacheldraht leben müssen.

Und was die Deutschen angehe – „Die aufgeklärten Geister des deutschen Volkes müssen hieraus die Verpflichtung entnehmen, im Kampfe für ein neues Deutschland auch für die Beseitigung des Antisemitismus zu streiten." Der Artikel endet auf einer etwas düsteren Note mit einem Satz, den Dr. Zalman Grinberg auf dem letzten Kongreß der befreiten Juden in München geäußert hatte. „Man erwartet von uns, daß wir am Wiederaufbau Europas mithelfen, aber vielleicht wird dieses gleiche Europa für uns wieder einmal Krematorien errichten." Der positivste Satz, zu dem sich die Redakteure zum Schluß durchringen konnten, lautete: „Das deutsche Volk hat uns und der Welt Beweise seiner inneren Wandlung zu bringen. Aufmerksam werden wir jedes Zeichen hierfür verfolgen."[43]

Das klang allerdings nach einer ziemlich verzweifelten Position, in der die Überlebenden mangels anderer Möglichkeiten den Strom der Ereignisse einfach über sich hereinbrechen ließen. Ein paar Wochen später brachte *Der Weg* unter der Überschrift „Juden in Deutschland oder deutsche Juden" einen Artikel, der den traditionellen deutsch-jüdischen Standpunkt aus der Vorkriegszeit erneut nachdrücklich vorbrachte und die Redaktion für ihre Einstellung rügte. Ein gewisser W. P. C. schrieb:

> Sie vergessen dabei, daß eine große Zahl hierbleiben, ganz einfach, weil sie Deutsche sind.... [und das tun auch wir] die wir deswegen keine schlechteren Juden sind, weil wir gute und *wahre* Deutsche zu sein glauben, Deutsche, die ihre kulturelle Bildung in deutschen Schulen erhielten, die Gedanken über Gottes Wort aus jüdischem Mund auf Deutsch vom Rabbiner gehört haben und weiter hören und sich nicht schämen, Deutschland als ihr Vaterland und Deutsch als ihre Muttersprache... zu sehen. Ich und meinesgleichen, wir sind in Deutschland geblieben, weil wir nicht herausgehen wollten, weil uns kein Narr und Wahnwitziger, kein Verführer unserer deutschen Heimat unser Deutschsein rauben sollte und konnte. Wir meinen das wahre Deutschland, das eines Schiller, Goethe, Kant, welches weltbürgerlich zu denken imstande ist und die konstruktiven Kräfte entwickelt, am Wiederaufbau Europas und der Errichtung einer neuen, besseren und schöneren Weltordnung als gleichgestellter und wohlgeachteter Partner teilzunehmen. Besteht Deutschland denn erst seit zwölf Jahren?[44]

Hier erklang die alte idealistische Stimme der Aufklärung, mit der sich in Deutschland geborene Juden unauflöslich mit ihrem Land verbunden erklärten, einem Land, dessen ehrwürdige Geschichte in ihren Augen sehr viel weiter zurückreichte als die schändlichen zwölf Jahre der NS-Herrschaft. Doch im Lauf der Zeit wurde diese Stimme immer schwächer. Wie im Titel des Artikels angedeutet, war der alte Glaube an die Idee von „deutschen Juden" stark im Schwinden begriffen. Sogar diejenigen Juden, die in Deutschland geboren und freiwillig geblieben waren – weil sie sich ihren Rettern verpflichtet fühlten, weil sie zum Wiederaufbau *ihres* Landes beitragen wollten, weil sie nicht bereit waren, ihre vertraute, wenn auch schwierige Umgebung zu verlassen –, sogar sie waren der Ansicht, daß diese zwölf Jahre ein riesiges Loch in die jüdische Geschichte gerissen hatten. Nach 1945 gab es „Juden in Deutschland", und nur im Ausnahmefall hätte ein Jude gesagt, er sei „Deutscher".

Während die Zeit der Nazi-Herrschaft Juden und Deutsche politisch eindeutig entzweit hatte, ging es auf der kulturellen und seelischen Ebene nicht so geordnet zu. Wie auch vom Autor in *Der Weg* dargelegt, hatten Sprache und Erziehung unauslöschliche Spuren hinterlassen. Schon in den 1920er Jahren hatten idealistische junge Zionisten ihre Bechsteinflügel in die neue Heimat Palästina mitgenommen und dort weiter ihre Schubert- und Beethovensonaten gespielt. Und Gott weiß, wie viele Heine- und Goetheausgaben die deutschen Juden mit sich führten, als sie in den 1930ern fliehen mußten. Diese Kultur war auch die ihre. Und zum ersten Pessachfest nach dem Krieg druckte *Der Weg* Heines berühmte unvollendete Erzählung *Der Rabbi von Bacherach*, die Geschichte über das tragische Schicksal der Juden im Spätmittelalter anläßlich des Pessachfests, einen in jedem deutsch-jüdischen Haushalt bekannten Klassiker.

Im nur eine Straßenbahnfahrt entfernten Berliner DP-Lager dagegen, wo polnische Juden darauf warteten, nach Westen weiterziehen zu können, schöpfte die jiddische Lagerzeitung aus einem völlig anderen Dichterpantheon. Auch wenn die polnischen und deutschen Juden dasselbe Schicksal teilten, vertraten sie doch zwei ganz verschiedene Welten. Daß die zwei Sprachen, in denen sie sich jeweils ausdrückten, miteinander verwandt waren, sie sich aber gegenseitig kaum verständlich machen konnten, war möglicherweise symbolisch für eine heikle Beziehung, die sich jahrzehntelang auch nicht änderte.

Wie um das jüdische Verwurzeltsein in der deutschen Kultur zu bestätigen, erschien in *Der Weg* sogar eine lange Artikelreihe über namhafte jüdische Persönlichkeiten in der Literatur, den Künsten, den Wissenschaften und der Politik. Die Aufzählung war beachtlich und für die Leser sicher tröstlich, doch wirkten solche Aufrechnungen in der Nachkriegswelt als eine zumindest überholte, wenn nicht gar unangebrachte Art und Weise, die Kultur von Juden in Deutschland zu betrachten.

All das gehörte zu den Eröffnungszügen bei den Versuchen der deutschen Juden, sich in der Welt nach dem Krieg neu zu definieren, und in den ersten Jahren waren die Seiten von *Der Weg* voll von Essays, in denen alles, was geschehen war, zum Gegenstand von Reflexionen wurde. In den Schriften deutscher Juden tauchte das gleiche Gefühl auf, das so viele Aussagen von osteuropäischen Juden kennzeichnete, nämlich, daß lebendig und frei zu sein etwas Unwirkliches hatte. In einem Artikel in *Der Weg* im August 1946 fand Hans-Erich Fabian ähnliche Worte wie Dr. Zalman Grinberg ein Jahr zuvor:

> Gewiß, der Druck der SS ist fort, der Zwang, der auf uns lastete, ist vorbei; sind wir aber damit schon befreit? Wir fühlen uns heute noch nicht frei. Woran liegt das? Die Antwort hierauf ist nicht so leicht zu finden. ... Wir hatten unsere Selbständigkeit verloren. Wir waren nicht mehr Herr über uns selbst gewesen. Über uns bestimmten andere Mächte, die uns wie die Figuren eines Spiels hin und her schoben, die uns ängstigten und hetzten, und deren letztes Ziel war, uns zu vernichten. Und als diese Mächte fortgefegt waren, standen wir da und wußten nicht, wie wir unsere Freiheit nutzen konnten, wir hatten den Begriff Freiheit verlernt.[45]

Dem äußeren Chaos entsprach bei den deutschen Juden eine innere Desorientierung und Unsicherheit gegenüber der Welt, in die sie zurückgekehrt waren. Und während es manchen deutschen Juden gelang, sich schnell wieder in den alten Überzeugungen, den alten Sprüchen einzurichten, hatten andere das Gefühl, parallel zur Gemeinde auch sich selbst wieder neu aufbauen zu müssen.

Angesichts der materiellen Verwüstung und seelischen Ungewißheit, die damals allerorten herrschten, gab es nur eine einzige Gruppe ehemaliger Berliner, die eine Ausnahme darstellten und darauf brannten, zurückzukommen – die Juden, die den Krieg über in

Das Foto zeigt einen vor dem Krieg nach Schanghai geflohenen jüdischen Mann, der 1947 im August nach Berlin zurückkehrt. Die Passantin rechts im Bild schaut diskret beiseite, so als ob sie nicht stören wolle.
(Foto: Henry Ries)

einem von den Japanern kontrollierten Ghetto in Schanghai interniert waren. Vor dem Krieg ließ Schanghai als einziger Ort auf der Welt Ausländer ohne Visum einreisen. Jeder, der die Reisekosten aufbringen konnte, fand dort eine Zuflucht. Alles in allem kamen ungefähr 18 000 österreichische und deutsche Juden, darunter 2000 Berliner, in Schanghai unter. 1946 war die Stadt in die Hände der

166

Japaner gefallen, die die Juden im Bezirk Hongkew einsperrten. Bei Kriegsende emigrierten die meisten dieser Flüchtlinge nach Israel, Australien oder in die Vereinigten Staaten. Aber fünfhundert Berliner wollten lieber in ihre Heimatstadt zurückkehren. Folglich befanden sich in der ersten Gruppe von Deutschen und Österreichern, die am 25. Juli 1947 von Schanghai abfuhren, 295 Berliner. Ein ehemaliges amerikanisches Truppentransportschiff, die „Marine Lynx", brachte sie in einer dreiwöchigen Fahrt via Suezkanal nach Neapel. Dort stiegen die Berliner in den Bummelzug, mit dem sie am 21. August 1947 zu Hause ankamen.[46] Manche waren schon als Kinder weggegangen; andere, die damals schon erwachsen gewesen waren, kehrten mit gemischten Gefühlen zurück.

Am Görlitzer Bahnhof in Westberlin hatten sich Vertreter der Jüdischen Gemeinde und Bürgermeister Ferdinand Friedensburg zu ihrer Begrüßung eingefunden. Der Bürgermeister bedauerte in seiner Willkommensansprache, daß er sie mit leeren Händen empfangen mußte. Was er ihnen jedoch anbieten könne, sei ihre Anerkennung als „Opfer des Faschismus", wodurch ihr Anspruch auf bessere Versorgung mit Lebensmitteln und Wohnraum sowie die Befreiung von den obligatorischen Aufräumarbeiten garantiert sei. Außerdem könne er ihnen versichern, daß dies nicht mehr das Deutschland war, das sie vor zehn Jahren verlassen hatten. Was die Neuankömmlinge eventuell über Antisemitismus zu hören bekämen, sei mit Vorsicht zu genießen. Presseberichte, sagte er, seien oft maßlos übertrieben und durch reine Sensationsgier bedingt.

Aber des Bürgermeisters beruhigende Worte hatten kaum eine Woche Bestand. Schon am folgenden Wochenende, als die Ankunft der Flüchtlinge aus Schanghai in der Wochenschau gezeigt wurde, gab es unter den Kinozuschauern in der ganzen Stadt lautstarke antisemitische Äußerungen. Auch hatte der Bürgermeister nicht erwahnt, daß der Status als „Opfer des Faschismus" nur für einen Monat galt – bis zum 1. Oktober 1947. Danach „begann wieder einmal ein Papierkrieg", wie eine Chronistin über diese Zeit schreibt.[47] Die Neuankömmlinge mußten immer neue Formulare ausfüllen, Fragebögen voller verhaßter rassistischer Naziformulierungen beantworten und bei Anhörungen erscheinen, um ihren Status zurückzubekommen. Ein 1883 geborener Heimkehrer schrieb in heller Verzweiflung, es müsse doch jedem einleuchten, daß er Berlin 1938 wegen der Judenverfolgung verlassen hatte: Er wäre doch im Alter von fünfundfünfzig Jahren nicht mehr freiwillig nach China ausgewandert! Doch beschränkte sich der „Papierkrieg", wie so mancher feststellen mußte, nicht auf die Flüchtlinge aus Schanghai.

Am vordringlichsten für alle Juden in Berlin war das Entschädigungsproblem: die Forderung nach Rückgabe von Grundbesitz, Geschäftsbetrieben, Wohnungen, Möbeln – alles, dessen sich das Hitler-Regime bemächtigt hatte. Die Spalten von *Der Weg* sind voll von Berichten über enttäuschte Berliner Juden, die ihren Fall vor Gericht gebracht hatten und damit gescheitert waren. Offensichtlich betroffen von dem Vorwurf, sie würden solche Forderungen gar nicht stellen, wenn sie loyale Deutsche wären, brachte *Der Weg* eine beherzte Erwiderung.

> Wir wollen lediglich klarstellen, daß die Wiedergutmachung nicht eine Sache der Loyalität, sondern eine Sache des Rechts ist, eines Rechts, das unabdingbar und unverlierbar ist, und das auf jeden Fall erfüllt werden muß, wann immer Deutschland den Anspruch geltend macht, ein Rechtsstaat zu sein.[48]

Trotzdem dauerte es noch bis Ende 1947, bis die alliierten Mächte ihre Wiedergutmachungsbestimmungen ausgearbeitet hatten, so daß Ansprüche mit einiger Aussicht auf Erfolg bearbeitet werden konnten. Die Bestimmungen unterschieden zwischen Personen, die ihren Anspruch persönlich geltend machen konnten und denen, die ausgewandert waren oder deren Ansprüche von den Erben angemeldet wurden, weil der nominelle Besitzer durch die Naziverfolgung umgekommen war. Schließlich war da noch das Eigentum derjenigen, die nie wiederkamen, und in deren Namen sich auch keine Erben meldeten. Die Ansprüche der offiziellen Jüdischen Gemeinde auf ihre beweglichen und unbeweglichen Güter, ihre Geld- und anderen Vermögenswerte, waren Gegenstand wieder anderer Gesetze. Ein amerikanischer Fachmann schätzte die Summe aller jüdischen Eigentumseinbußen, beschlagnahmten Bankkonten und Geschäfte – nach dem Geldwert der Kriegsjahre gerechnet – auf zwölf Milliarden Dollar.[49]

Im Jahre 1948 wurde in der amerikanischen Besatzungszone und zeitgleich in der britischen sowie der französischen Zone eine entsprechende Einrichtung – die Jewish Restitution Successor Organization (JRSO) – gegründet, die für das Problem von herrenlosem, privaten wie gemeinschaftlichen Eigentum zuständig war. In Berlin wurde es so gehandhabt, daß sämtlicher kommunaler Besitz, der noch genutzt wurde – Synagogen, Friedhöfe, Altersheime und andere Institutionen – der Gemeinde übergeben wurde. Anderes Vermögen, wie nicht zugeordnete Immobilien, Kunstobjekte, Antiquitäten und Bankkonten, kam unter die Verwaltung der JRSO. Am Ende erhielt die jüdische Gemeinde 40 Prozent des erfaßten Vermögens, und 60 Prozent verblieben bei der JRSO.

Die Kunstwerke verteilte die JRSO im Laufe der Zeit auf jüdische Museen in allen Teilen der Welt. Das führte 1992 zu der reichlich absurden Situation, daß das Centrum Judaicum in Berlin für eine geplante Ausstellung die Werke jüdischer Künstler wie Moritz Oppenheim und Max Liebermann von weit her ausleihen mußte, obwohl sie vor dem Krieg dem Jüdischen Museum oder Privatsammlern in Berlin gehört hatten.

Diese allerersten Bestimmungen in den militärisch besetzten Zonen waren eng konzipiert und bezogen sich auf die Rückgabe materieller Güter, die die Nazis konfisziert hatten und die nun ihren Besitzern zurückerstattet und von diesen persönlich entgegengenommen werden sollten. Dabei handelte es sich um Restitution im engsten Sinne. Erst nach 1949, als im geteilten Deutschland zwei unabhängige Regierungen gebildet wurden, entstand ein umfassenderer Gesetzentwurf, der auch ins Ausland geflohene Verfolgte einbezog. Dieses zweite Entschädigungsgesetz berücksichtigte eher immaterielle Einbußen wie Abbruch der Ausbildung oder der beruflichen Laufbahn, gesundheitliche Schäden, in NS-Arbeitslagern oder Konzentrationslagern verbrachte Zeit, aufgrund erzwungener Auswanderung erlittene Verluste; außerdem war darin nicht nur für beschlagnahmten Besitz, sondern auch für von den Nazis erhobene Geldstrafen eine finanzielle Entschädigung vorgesehen.

Sowohl die Bundesregierung als auch die einzelnen Länder Westdeutschlands verabschiedeten bis 1952 Gesetze zur Entschädigung derer, die pauschal als „Opfer der nationalsozialistischen Verfolgung" bezeichnet wurden. Diese Regelung bot Juden und anderen, die während der Nazizeit ins Ausland geflohen waren, Wiedergutmachung an. Das vom Berliner Senat verabschiedete Sondergesetz umfaßte auch die sogenannten unbesungenen Helden – Deutsche, die in der Nazizeit Juden geholfen hatten.[50] Für Flüchtlinge mit einer staatlichen Rente bedeuteten diese Zahlungen oft den Unterschied zwischen Armut und einem Alter in Würde. Die Bearbeitung der Anträge durch die Behörden dauerte oft Jahre, so daß für viele der Überlebenden die Entschädigungszahlungen erst Ende der 50er Jahre begannen.[51] Im Jahre 1986 erhielten noch 26 000 ehemalige

BerlinerInnen eine monatliche Rente. In Anbetracht der Altersstruktur der Flüchtlinge ist nach Berechnungen der Versicherungsstatistiker zu erwarten, daß die Zahl der Renten bis zum Jahr 2020 auf 1700 zurückgehen wird.[52]

Mit der Aufnahme von Wiedergutmachungsverhandlungen zwischen West-Deutschland und Israel sowie der Einrichtung der Conference on Jewish Material Claims gegenüber Deutschland verlagerte sich das Thema 1951 auf eine neue, internationale Ebene. Im Grunde war die Erfüllung der Ansprüche Israels ein erster Schritt für die Anbahnung diplomatischer Beziehungen zwischen den beiden Staaten. Erklärtes Ziel des dritten Verhandlungspartners, der Nachfolgeorganisation und Erbin des herrenlosen Eigentums der zerstörten Jüdischen Gemeinden in Deutschland, war es, seine Mittel „zur Unterstützung, Wiedereingliederung und Umsiedlung jüdischer Opfer der nationalsozialistischen Verfolgung [zu verwenden] und beim Wiederaufbau der jüdischen Gemeinden und Einrichtungen zu helfen, die von den Nazis zerstört worden waren".

In dem am 10. September 1952 in Luxemburg unterzeichneten Schlußabkommen verpflichtete sich die Bundesregierung, fast drei Milliarden Mark an Israel zu zahlen, und zwar in Form von Sachleistungen, landwirtschaftlichen Produkten und Entschädigungszahlungen an Einzelpersonen sowie 115 Millionen Dollar an die Jewish Claims Conference. Davon verwendete die Conference fast sieben Millionen Dollar zum Wohl der Juden in der BRD. Außer Zuschüssen an die Zentralwohlfahrtsstelle der Juden in Deutschland, die einzelne jüdische Opfer der Naziverfolgung unterstützte, baute die Claims Conference auch Altersheime und Jugendzentren und richtete mehrere Kreditbüros ein, um Gemeindemitgliedern bei diversen Unternehmensgründungen unter die Arme zu greifen.[53]

Für Israel war an diesem Abkommen mit Deutschland besonders wichtig, daß es Fertigprodukte und Rohmaterial bekam, die es als unabhängiger Staat in der Aufbauphase dringend benötigte. Felix Shinnar, der stellvertretende Leiter der israelischen Delegation auf der Konferenz, erläuterte, was sich hinter diesen Importen verbarg: „Ungefähr 80 Prozent des Abkommens bezog sich auf Investitionsgüter aller Art...die in diesen ersten Jahren einen beträchtlichen und dauerhaften Beitrag zum Aufbau der Industrie in Israel leisteten. ... Die Lieferungen aus dem Abkommen machten 12 Prozent des jährlichen [zwischen 1953 und 1965] israelischen Importvolumens aus. Israel bekam ca. fünfzig Schiffe, fast alles Frachter; der Bau der Schmelzhütten in den König-Salomon-Kupferminen im Süden unseres Landes sowie der Eisenhütten im Norden wurde vollständig mit deutschen Lieferungen bestritten. Zusätzlich erhielten im Rahmen des Vertrags 2000 Einzelunternehmen – von größeren Handwerksbetrieben bis zu mittelständischen Fabriken – Maschinen und Geräte, die eine Modernisierung und Rationalisierung der Betriebe ermöglichten."[54] Doch betrachteten beide Seiten das Abkommen nicht nur als Gelegenheit, einen Ausgleich für materielle Schäden zu schaffen, sondern auch – laut Shinnar – als „Wiederbegegnung des deutschen und des israelischen Volkes nach der Zeit des Unrechts und der Gewalt unter Hitler". Außenminister Moshe Sharrett, der den Vertrag für Israel unterzeichnete, hielt ihn ebenfalls für „etwas noch nie Dagewesenes, dem ein Platz in der Geschichte Israels und Deutschlands gebührt. Es war eine historische Tat", fuhr er fort, „die dem freien Nachkriegsdeutschland zur Ehre gereicht und für Israel eine äußerst konstruktive Hilfe bedeutet".[55] Konrad Adenauer, als Bundeskanzler Unterzeichnender für die Bundesrepublik Deutschland, betonte, daß das Schreckliche, das im Namen Deutschlands begangen worden war, als schwere Bürde auf allen politischen Problemen lastete, mit denen sich jede deutsche Regierung befassen müsse. Für die Deutschen sei die wichtigste politische Entwicklung gewesen, daß man den Weg zu Israel und dem jüdischen Volk gefunden habe.[56]

Zur gleichen Zeit schickte sich die Besatzungsmacht in der sowjetischen Zone an, das Land praktisch seiner Industrie zu berauben. Ganze Fabriken und Werkstätten wurden zusammengepackt und in die Sowjetunion transportiert, wo sie dann oft in den Transportkisten ungenutzt vor sich hin rosteten. Außerdem konfiszierten die Sowjets Kraftfahrzeuge, Eisenbahnwaggons und -lokomotiven, und sogar die Schienen der Gleise. Dem Historiker Henry A. Turner zufolge betrug der Wert der sowjetischen Enteignungen schätzungsweise bis zu einem Viertel der Gesamtindustrie in ihrer Zone.[57] Unter diesen Umständen mußte bei der von der kommunistischen Ideologie geprägten neuen Regierung Ostdeutschlands der bloße Gedanke an die Rückerstattung von Privateigentum auf grundlegende Schwierigkeiten stoßen. „Soll jüdischen Kapitalisten ihr Besitz zurückgegeben werden?" lautete die rhetorische Frage an Antragsteller, die versuchten, zurückzubekommen, was die Nazis entwendet hatten. Ab 1948 gehörte die Wiedergutmachung zu den

Themen, die das Regime lieber auf der ideologischen als auf der faktischen Ebene diskutierte.

Während der langen Zeitspanne, in der sich der Wandel Deutschlands von einem eroberten und besetzten Land zu einer geteilten Nation mit zwei unabhängigen Regierungen vollzog, erlebte auch die Jüdische Gemeinde zu Berlin bedeutende Veränderungen. Im November 1947 hatte die Alliierte Kommandantur ihr die Genehmigung erteilt, Wahlen abzuhalten, die daraufhin für Februar 1948 angesetzt wurden. Zu diesem Zeitpunkt war der ursprüngliche Eindruck der kleinen Anzahl von Berliner Juden, sie seien eine *Liquidationsgemeinde* – also in Auflösung begriffen –, einer hoffnungsfrohen und tatkräftigen Stimmung gewichen. Nun war die Rede von einer *Aufbaugemeinde*.

Eine der bewährten Persönlichkeiten in der Gemeinde, Erich Nelhans, konnte jedoch nicht mehr am Gemeindeleben teilnehmen. Am 13. März 1948 wurde er von den Sowjets verhaftet und beschuldigt, Soldaten der Roten Armee zur Flucht in den Westen verholfen zu haben. Im Schnellverfahren verurteilte ihn ein sowjetisches Militärtribunal zu fünfzehn Jahren Zwangsarbeit, und man deportierte ihn ohne Aufschub in ein Straflager in der Nähe von Workuta, einer ca. 42 Kilometer nördlich des Polarkreises gelegenen Stadt im Ural. Als 1955 viele deutsche Kriegsgefangene aus diesem Lager entlassen wurden, war Nelhans nicht unter den Heimkehrern, und man hat nie wieder von ihm gehört. Daher nimmt man an, daß er die Haft nicht überlebt hat.[58] Wie wir bereits gesehen haben, waren solche Verhaftungen unter den Sowjets an der Tagesordnung, und die in Demokratien üblichen Mittel der Revision oder auch nur des Auskunftsrechts über den Gefangenen standen einfach nicht zur Verfügung. Die offiziellen Akten der Gemeinde vermerken Nelhans' Verhaftung ohne weiteren Kommentar. Die Juden im sowjetischen Sektor, wo sich die Geschäftsräume der Gemeinde befanden, lernten allmählich, mit einer launenhaften und willkürlich agierenden Regierung zu leben und die Freiheiten auszuschöpfen, die man ihnen gewährte. Redefreiheit gehörte nicht dazu.

Ein Zeichen für die zunehmende Vitalität der Jüdischen Gemeinde im noch ungeteilten Berlin war auch die Tatsache, daß sich für die erste freie Wahl auf Anhieb drei Gruppierungen bildeten, die um die einundzwanzig Sitze der Repräsentantenversammlung kämpften. Ihre jeweiligen Programme spiegelten die traditionellen Unterschiede in der Gemeinde wider, die bis weit in die Vorkriegszeit zurückreichten. Spitzenkandidaten der Liberalen Liste waren Hans-Erich Fabian, Heinz Galinski, der schon zuvor der Repräsentantenversammlung angehört hatte, und Jeanette Wolff, die als eingefleischte Sozialdemokratin in zwölf Leidensjahren zunächst von den Nazis in Deutschland eingesperrt und danach in ein Konzentrationslager deportiert worden war.

Die National-Jüdische Einheitsliste, zu deren Kandidaten Julius Meyer, Fritz Katten, Carl Busch und Aron Saurymper gehörten, plädierte für die Auswanderung der Juden aus Deutschland und für die garantierte Staatsbürgerschaft aller Juden in dem gerade entstehenden jüdischen Staat. Dieses scheinbar harmlose Programm enthielt in Wahrheit eine subversive Botschaft, die dem alten Selbstverständnis der deutschen Juden zuwiderlief, daß sich nämlich die Juden ausschließlich über die Religionszugehörigkeit definierten. Die nach dem Krieg wieder aktivierte neue Gemeinde vertrat mit Entschiedenheit erneut den Standpunkt der Aufklärung, daß Juden keine Rasse seien, wie von den Nazis behauptet, und auch keine Nation, wie es die Liberale Liste propagierte. Die Definition von Juden als religiöser Minderheit zu bestätigen, war sogar der Zweck eines Memorandums der Gemeinde an den Magistrat im Februar 1946, worin sie ihre Position als legitime Nachfolgegemeinde zu begründen versuchte. Darin heißt es: „Nach dem Zusammenbruch ist der Begriff ‚Jude‘ wieder ausschließlich in religiösem Sinne zu verstehen. Danach sind als Juden diejenigen Personen anzusehen, die sich zur Jüdischen Gemeinde zu Berlin zusammengeschlossen haben. ... auf welche die Bestimmungen des Gesetzes ... vom 23. Juli 1847 Anwendung finden."[59] Mit diesem Gesetz hatte Preußen erstmalig die Jüdische Gemeinde zu Berlin als „juristische Person öffentlichen Rechts" anerkannt und als *Synagogengemeinde* bezeichnet; auf diesen hundert Jahre zurückliegenden historischen Ursprung mit seiner religiösen Definition berief sich nun die neue Gemeinde.[60]

Dagegen setzte die jüdische Einheitspartei eine weniger enge und eher säkulare Interpretation, was einen Juden ausmachte, womit sie sich jedoch über die Ambitionen aus hundert Jahren jüdischen Gemeindelebens in Deutschland hinwegsetzten und erneut die alte Frage aufwarfen, „Was ist ein Jude?" Die Wähler hatten somit eine schwere Entscheidung zu treffen.

Als Zeichen ihres weitreichenden Einflusses gab die Gruppe ein Flugblatt auf Jiddisch heraus, das an den „jüdischen Wähler" appellierte, für die Liste 2 zu stimmen, weil sie „den Kampf für eine Jüdische Gemeinde unterstützt. ... und weil es den Mitgliedern eine Ehre ist, die blau-weiße Fahne unserer nationalen Befreiung hochzuhalten."[61] Dieses Flugblatt stellte schon an sich einen Meilenstein dar, weil es nicht innerhalb der überwiegend deutschsprachigen Mitgliedschaft blieb, sondern sich an die in Berlin lebenden jiddisch-sprachigen Juden aus Osteuropa wandte. Ab April 1946 gab es in der Gemeinde unter den siebentausend Mitgliedern ungefähr tausend, die nicht die deutsche Staatsangehörigkeit besaßen: das heißt, Juden aus Polen oder anderen Ländern oder Staatenlose.[62] Man nahm an, daß die Muttersprache der meisten Jiddisch war. Zugleich gab es in der Umgebung der Stadt zusätzlich Tausende von polnischen Juden in den DP-Lagern, die vielleicht eines Tages der Gemeinde beitreten würden.

Die kleinste Gruppe, die von Erich Mendelsohn und Dr. Hugo Ehrlich geleitete Unabhängige Liberale Liste, sah es als ihre Hauptaufgabe an, die Interessen der mit Nichtjuden verheirateten Mitglieder zu vertreten. Auch sie begrüßte die Schaffung eines jüdischen Staates und forderte wie die anderen Parteien Wiedergutmachung für das erlittene Unrecht.

Mit zehn von einundzwanzig Sitzen ging die Liberale Partei, deren Programm viele von den anderen Gruppierungen geforderte Punkte umfaßte, siegreich aus den Wahlen hervor; die Einheitsliste und die Unabhängigen Liberalen gewannen sechs bzw. fünf Mandate. Das bedeutete, die alte Definiton des Juden als Mitglied einer religiösen Gemeinschaft setzte sich durch, wenn auch kombiniert mit einer so leidenschaftlichen wie inkonsequenten Bejahung des neuen Staates Israel. Obwohl die liberale Gruppierung haushoch gewonnen hatte, wurden nachfolgend – taktisch klug – Vertreter aller Parteien in den Vorstand gewählt, und zwar Dr. Hans-Erich Fabian und Heinz Galinski von den Liberalen, Julius Meyer und Bernhard Wollstein von der Einheitsliste und Dr. Hugo Ehrlich von den Unabhängigen.[63] Dr. Fabian wurde Vorstandsvorsitzender und behielt dieses Amt bis zu seiner Emigration nach New York im März 1949. Sein Nachfolger wurde Heinz Galinski, und dieser energische Fürsprecher für die Juden in Deutschland allgemein, und Sachwalter für den Wiederaufbau der Berliner Gemeinde im besonderen, war bis zu seinem Tod im Jahre 1992 das unbestrittene Oberhaupt dieser Gemeinde. Mehr als vier Jahrzehnte lang galt seine zielstrebige und unbeirrbare Sichtweise der Dinge, in der die Naziverbrechen an den Juden immer einen vorderen Platz einnahmen, in den Medien als der offizielle Standpunkt der jüdischen Gemeinschaft in Deutschland.

Galinski wurde 1912 in der Kleinstadt Marienburg in Westpreußen – einem Ort mit nur 170 Juden – geboren. Seine Eltern, die ein Textil- und Kurzwarengeschäft betrieben, engagierten sich in der Gemeinde und ließen ihrem Sohn die nach der Schule übliche jüdische Ausbildung angedeihen. Aber als er das Erwachsenenalter erreichte, war Hitler bereits an der Macht und die Textilbranche, wo er eine Lehre machen wollte, wurde „arisiert", bevor er damit beginnen konnte. Nach Einschätzung eines seiner Biographen waren es diese Umstände, die ihn gegen jede Provokation gleich von Anfang an Einspruch erheben ließen.[64]

Wie viele andere Juden aus kleinen Städten zog Galinski nach Berlin, wo er Zuflucht und Schutz in der Menge zu finden hoffte. Kurz nach der „Kristallnacht" 1938 heiratete er seine erste Frau. Und wie die anderen Juden, die nach der Invasion Polens noch in Berlin blieben, zog man sie beide zur Zwangsarbeit in Rüstungsbetrieben heran. Im Februar 1943 gerieten sie in die große „Fabrik-Aktion", bei der hauptsächlich die in der Kriegsproduktion arbeitenden Juden verhaftet und deportiert wurden. Zusammen mit seiner Frau und seinen Eltern wurde Galinski nach Auschwitz geschickt und dort von ihnen getrennt; er sah seine Familie nie wieder. In Auschwitz wurde er zur Arbeit in einer Gummifabrik der Bunawerke eingeteilt. Als im Januar 1945 die Sowjetarmee im Anmarsch war, schickte man seine Abteilung auf einen Todesmarsch nach Bergen-Belsen, wo er im April 1945 mit den anderen Überlebenden von britischen Truppen befreit wurde. Es gelang ihm, sich nach Berlin durchzuschlagen, und als er im August 1945 dort wieder ankam, war er fest entschlossen, zu bleiben. Unverzüglich begann er im Amt für die Opfer des Faschismus sowie in der Jüdischen Gemeinde zu arbeiten. Zu einer Zeit, in der so viele Mitglieder der Gemeinde zutiefst verunsichert waren, was sie persönlich betraf, sich sogar fragten, ob es sich überhaupt lohnte, in Deutschland wieder eine Jüdische Gemeinde aufzubauen, stellte Galinski mit seiner Gewißheit eine Ausnahme dar, die ihm den Platz an der Spitze der Gemeinde sicherte.

Auch wenn die Mitglieder der Jüdischen Gemeinde mit der Neugestaltung ihres Lebens vollauf beschäftigt waren, entging es ihnen doch nicht, daß Berlin seit Herbst 1945 für die Juden aus Osteuropa zur Zwischenstation auf ihrer Flucht nach Westen geworden war. Wie bereits erwähnt, konnten die polnischen Juden nicht in ihrer Heimat bleiben, und nachdem die Westmächte zunächst vergeblich versucht hatten, sie abzuweisen, sahen sie ein, daß sie mit diesen nicht aufzuhaltenden Menschenmassen einfach irgendwie fertigwerden mußten. Gemäß den nach dem Krieg neu festgesetzten Grenzverläufen lag Berlin jetzt fast am östlichen Rand Deutschlands, kaum achtzig Kilometer von der polnischen Grenze entfernt. Doch mit seiner unsicheren Lage als Insel inmitten der sowjetischen Zone konnte es den verängstigten Juden auf der Flucht nicht annähernd die gleiche Sicherheit wie die Lager unter Aufsicht der Alliierten in Westdeutschland bieten.

Was im Sommer 1945 als ständiger Strom von *displaced persons* verschiedenster Nationalität begonnen hatte, die es kaum erwarten konnten, nach Hause zu kommen, erhielt mit Anbruch des Winters eine radikal andere Qualität. Ab November trafen täglich an die 120 bis 130 polnische Juden im Berliner UNRRA-Lager ein. In der vorsichtigen Ausdrucksweise des UNRRA-Berichterstatters „gaben diese Personen an, daß der Antisemitismus in Polen sich derart gewalttätig äußert, daß sie gezwungen waren, wegzugehen, weil ihre Sicherheit nicht mehr gewährleistet war. ... Ein paar dieser illegal Eingereisten waren zwar gut gekleidet und mit einem ansehnlichen Privatvermögen ausgestattet, aber die Mehrzahl kam in Lumpen nach Berlin. Nach jüngsten Schätzungen sollen sich ungefähr 4000 polnische Juden in die Stadt Berlin eingeschmuggelt haben."[65]

In einem detaillierten Bericht für das Anglo-American Committee of Inquiry nannte H. J. Fishbein, Leiter eines UNRRA-Teams in Berlin, genauere Gründe für die Flucht der Neuankömmlinge:

> Was sie über ihre Erlebnisse in den vergangenen sechs Monaten erzählen, klingt eintönig, weil alle Flüchtlinge aus Polen dasselbe sagen. Sie berichten von Briefen, die sie von einer als ‚A. K.' [Armia Krajowa = Heimatarmee] bekannten polnischen Organisation ... die gegen die gegenwärtige polnische Regierung opponiert, bekommen haben. Diese Briefe drohen den Juden unumwunden ihre Ermordung an, sollten sie weiter in dieser Gegend bleiben. Meistens gibt man ihnen eine Frist von 24 bis 48 Stunden. Diese Briefe werden zusätzlich untermauert durch konkrete Terrorakte – Plünderungen und Morde –, die diese Organisation erst vor wenigen Wochen verübt hat.[66]

Es war ein katastrophaler Zeitpunkt, eine *displaced person* zu sein. Die Flucht aus Polen fand statt, als gerade einer der härtesten Winter anbrach, den Europa seit langem erlebt hatte. Da ohnhin noch alles durch den Krieg verwüstet, die Ernte mager ausgefallen und die gesamte Infrastruktur durcheinander war, drohten die bevorstehenden Monate ein einziges Elend zu werden. Colonel Frank Howley, Chef der Militärregierung im amerikanischen Sektor von Berlin, hatte ein sehr bescheidenes Ziel – die Bevölkerung der Stadt einigermaßen gut genährt und am Leben zu erhalten. Dies hoffte er mit in der ganzen Stadt verteilten „Wärmestuben" zu erreichen, wo man auch warmes Essen bekommen konnte.

Unermüdlich in ihrem Bemühen, Juden von Polen nach Berlin und von dort weiter in die DP-Lager in Westdeutschland zu bringen, war die illegale zionistische Vereinigung *Bricha*. Aber von den militärischen Befehlshabern, denen die westlichen Sektoren der Stadt unterstanden, wurde ihr Einsatz nicht gern gesehen. Die vier Sektoren reagierten mit unterschiedlichen Maßnahmen darauf, daß sich immer mehr Menschen aus dem Osten absetzten; und *Bricha* verfolgte ihre wechselnden Taktiken genau, um dadurch wie an präzise geeichten Instrumenten abzulesen, welche Routen sie wann benutzen konnten.

Philip Skorneck, der Repräsentant des AJDC in Berlin, arbeitete eng mit *Bricha* zusammen, mit dem Ziel, die eintreffenden Flüchtlinge in längerfristig konzipierte Lager im Westen weiterzuleiten. Ende Dezember 1945, als pro Tag etwa 300 Juden eintrafen, hatten bereits 5000 Juden ausgeschleust werden können, unter dem Vorwand, sie seien Deutsche, die nach Hause zurückkehrten.[67] Skorneck schaffte es sogar, eine Vereinbarung mit der UNRRA zu treffen, die den regelmäßigen Transfer von Juden aus Berlin ermöglichte. Die Lastwagen, mit denen die UNRRA Lebensmittel nach Berlin brachte, wurden nach dem Entladen auf dem Rückweg zum Transportmittel für die Flüchtlinge umfunktioniert.

Jede Besatzungsmacht wählte ihre eigene Lösung für das unausweichliche Flüchtlingsproblem. Die Briten weigerten sich standhaft, in den Juden etwas anderes zu sehen als polnische Staatsbürger, die in ihre Heimat zurückgeschickt werden mußten. Die Russen griffen zu summarischen Maßnahmen. Am 4. Januar 1946 informierten sie die 2500 polnischen Juden in ihrem Sektor, daß sie binnen zwei Tagen aus ihren Übergangsunterkünften in ein DP-Lager in Prenzlau, östlich von Berlin, verlegt würden. Die mißtrauischen polnischen Juden, die schon so einiges erlebt hatten, schöpften sofort Verdacht, daß die Reise nicht nach Prenzlau, sondern viel weiter nach Osten gehen sollte, und nutzten die Zweitagesfrist dazu, zu fliehen. „Am 7. Januar gab es keine Juden mehr im russischen Sektor", wie der Historiker Yehuda Bauer lakonisch feststellte.[68] Die meisten flüchteten in den französischen oder den amerikanischen Sektor Berlins, während 250 sich mit gefälschten Papieren auf den Weg in die britische Zone im Westen machten. Im französischen Sektor, heißt es im Augenzeugenbericht des „Joint", „der bereits von polnisch-jüdischen Illegalen überfüllt war, verursachte die Flucht der Juden aus dem russischen Sektor beinahe unerträgliche Bedingungen". Nachdem sich Philip Skorneck eingeschaltet hatte, stellten die französischen Behörden den Neuzugängen einen Wohnblock in ihrem Sektor in Wittenau zur Verfügung.[69] Zunächst erklärten sich die Franzosen bereit, 500 Personen aufzunehmen, doch in kürzester Zeit hatten sich 2400 in dem Lager einquartiert.

Unterdessen zeigte sich die Militärregierung im amerikanischen Sektor nicht gewillt, noch weitere Neuankömmlinge aufzunehmen. Besonders prekär war die Lage für etwa 200 Frauen, deren Männer aus dem russischen Sektor geflohen waren und nun in einem Haus, das ihnen ein Berliner Jude zur Verfügung gestellt hatte, auf sie warteten. Viele dieser Frauen waren hochschwanger, andere hatten ihre kleinen Kinder bei sich. Angesichts dieser Extremsituation hatten die Amerikaner ein Einsehen und bestanden nicht mehr auf Zurückweisung der „Illegalen".

Binnen weniger Tage nach dieser Krise quartierte Colonel Howley eine Infantrie-Division aus und stellte deren Kaserne im Bezirk Schlachtensee (mit dem Namen Düppelcenter) den *displaced persons* zur Verfügung. In ihren neuen Behausungen waren sie wie beim Militär untergebracht, „vier Personen in einem Zimmer, in zweistöckigen Holzhäusern".[70] Aber nicht einmal das genügte, um alle Neuzugänge unterzubringen, und so wurde ein weiteres DP-Zentrum eröffnet, wieder in einer freigeräumten Kaserne, diesmal im Vorort Mariendorf, die 4000 Personen Platz bot.[71]

Die Fluchtbewegung der Juden aus Polen über Berlin in den Westen erreichte ihren Höhepunkt im Zeitraum zwischen dem Jahresende 1945 und September 1946; damals hielten sich ca. 25 000 Juden auf ihrem Weg in die Westzonen vorübergehend in den Berliner DP-Zentren auf. Aber bis zum Winter 1946 flaute die fieberhafte Fluchtwelle allmählich ab, und die Juden, die in Berlin gelandet waren, beschlossen, wie ihre jüdischen Brüder im Westen erst einmal an Ort und Stelle abzuwarten, was die Zukunft bringen würde. Daraufhin nahmen die beiden größten DP-Lager einen dauerhafteren Charakter an und es entwickelten sich Einrichtungen, auf die wir bereits in den Lagern im Westen gestoßen sind: Synagogen, Schulen und Berufsbildungsstätten, vielfältige kulturelle Aktivitäten, Sportveranstaltungen usw. Im Frühjahr 1947 hatte das Lager in Schlachtensee ungefähr 3300 und das Mariendorfer Lager 2500 Bewohner.[72]

Wie die US-Armee und die Verwaltungsbeamten von UNRRA in anderen Gebieten schon erfahren hatten, waren die jüdischen *displaced persons* bekanntermaßen „schwierig" (im offiziellen Sprachgebrauch) und wehrten sich gegen jede Anweisung von oben. Im Herbst 1946 hatten sie ihr eigenes Zentralkomitee der Befreiten Juden in Berlin, mit Vertretern aus den Zentren in Schlachtensee und Mariendorf, gebildet. Eins ihrer Hauptziele war die Selbstverwaltung der Lager, und da die UNRRA gerade ihr Personal reduzierte, übertrug sie einen Großteil des Lagerbetriebs den dort lebenden Juden.

Man konnte die Lager schwerlich als homogene Gemeinschaften bezeichnen, eher als Konglomerat von Juden ganz unterschiedlicher Herkunft, verschiedenen Alters, mit einem vielfältigen Erfahrungs- und Sprachhintergrund. Doch einte die meisten die lingua franca dieses Lagers – und aller anderen Lager – Jiddisch. Im August 1946 wurde die Lagerzeitung *Undzer Leben* gegründet – in jiddischer Sprache, aber anders als die meisten jiddischen Zeitungen im Westen in hebräischen Lettern gedruckt. Bei den – ausschließlich zionistischen – Parteien, die bei den Wahlen zur Lagerverwaltung gegeneinander antraten, waren alle Schattierungen vertreten, die es vor dem Krieg gegeben hatte, von den religiösen Zionisten bis zu den linken Gewerkschaftlern. Obwohl sie sich auf Hebräisch als jüdische Nationalsprache festgelegt hatten, wurden die Debatten immer noch in Jiddisch geführt.

Die Herausgeber der Lagerzeitung räumten freimütig ein, daß Jiddisch inzwischen nicht mehr die einzige, die selbstverständliche Sprache der Juden war, plädierten aber leidenschaftlich dafür, sie beizubehalten. Es war ohnehin die Unterrichtssprache in den Schulen. Das Lager in Schlachtensee unterschied sich insofern von den Lagern im Westen, als dort hauptsächlich junge, unverheiratete Menschen lebten. In Berlin umfaßte die Lagerbevölkerung eine verhältnismäßig große Anzahl junger Familien mit Kindern, die während des Krieges in entlegenen Gegenden der Sowjetunion gelebt hatten und dann freigelassen worden waren. Um diese Kinder entwickelte sich ein Tauziehen zwischen den „Jiddischisten" und den Zionisten, die für Hebräisch plädierten. Außerdem gab es noch eine dritte Sprache.

„Die Erwachsenen sprechen Polnisch", schrieben die Zeitungsredakteure mit Bedauern, „aber die Kinder werden in der Sprache des Kulturamtes unterrichtet [Jiddisch]. In den Schulen sollte auf die Kinder dahingehend eingewirkt werden, daß sie zu Hause und draußen dieselbe Sprache wie in der Schule sprechen. Das Theater muß die besten jiddischen Werke aufführen. Man muß dem Publikum, das in deutsche und polnische Aufführungen rennt, eine gute jiddische Inszenierung zeigen ... und sie damit überzeugen, daß Jiddisch keine verarmte Sprache ist."

Ein anderer, schärferer Artikel rückt dem Thema mit jenem Sarkasmus zu Leibe, der das Markenzeichen der jiddischen Presse war. Der Ingenieur D. Kohn schreibt: „Man ist aus Polen geflüchtet, hat alles zurückgelassen in diesem verfluchten Land, wo sogar jetzt noch unsere Brüder umgebracht werden. Aber man hat sich die polnische Sprache als ‚kostbares Andenken' über alle Grenzen hinweg mitgebracht, und kann sich unmöglich von dieser ‚geliebten' Sprache trennen. Man empfindet es als ‚vornehmer', polnisch zu sprechen. Manche Juden sprechen lieber schlechtes Polnisch als gutes Jiddisch." Kohn weiß die Lösung: „Die Lagerverwaltung kann zur Stütze der jiddischen Sprache werden, indem sie sie zur einzigen offiziellen Sprache erklärt."[73] Was sie ja auch war.

Trotz solcher Befürchtungen entfaltete sich auf den Seiten von *Undzer Leben* der Witz und die Energie ihrer jungen Leserschaft. Hauptattraktion war eine Doppelseite Comics, die die Politik im Ausland, aber auch die Eigenheiten des Lagerlebens ironisch aufs Korn nahm. Die Zeitung veröffentlichte Gedichte und Geschichten, und – über mehrere Ausgaben hinweg – eine köstliche Parodie auf Sholem Aleichems Figur Menachem Mendl.

Dieser in den Tewje-Erzählungen vorkommende Protagonist ist ein Taugenichts, der seine Frau Shayne Shayndl samt Kindern in Kasrilevka zurückläßt und auf und davon geht, um in Odessa sein Glück zu machen. Der Weg zum Erfolg, den er sich ausgesucht hat, ist die Finanzspekulation, und in einer Episode holt er sogar etwas Geld aus Tewje heraus, um es für ihn zu „investieren". Wir erfahren seine Erlebnisse aus den Briefen an seine Frau, in denen er ganz aufgeregt stets kurz vor dem entscheidenden Durchbruch steht, der dann im nächsten brieflichen Bericht unweigerlich doch wieder gescheitert ist. Shayne Shayndl erscheint in ihren Antwortbriefen als der gesunde Menschenverstand in Person und dringt in ihn, seine unnützen Träume aufzugeben. Er solle lieber heimkommen und sich um Frau und Kinder kümmern und seinen Lebensunterhalt mit traditionellem, ehrlichem Handwerk verdienen.

In *Undzer Leben* nun feiert Menachem Mendl „fröhliche Urständ" (mit Unterstützung eines gewissen David Kohn) unter der Überschrift „Menachem Mendl in Berlin". Wie gewohnt berichtet er Shayne Shayndl von seinen neuesten Devisengeschäften, diesmal in amerikanischen Dollars. Außerdem äußert er sich sarkastisch über die exzessive Religiosität des Lagerlebens: „Da du gefragt hast, wo ich wohne, sollst du wissen, daß ich bei UNRRA lebe und eine Menge anderer Juden dazu. Wir haben eine Synagoge, außerdem einen Religionsausschuß, eine koschere Küche, und wir sind so gut versorgt mit Jüdischsein, gelobt sei der Name des Herrn, daß es uns schon zu den Ohren rauskommt!"

Weiter schreibt er ihr: „Die Dollars sind auf 100 Punkte gestiegen, aber es lohnt sich für mich nicht, sie zu verkaufen, weil alle sagen, daß sie immer weiter steigen werden. Es ist, als stehe alles in Flammen, da [der Devisenmarkt in Frankfurt] sich auch auf diese Güter stürzt." Und dann verliert sich Menachem Mendl in bekannter Weise in Phantasien. „Ich werde dir einen Persianermantel mit einem Besatz aus Silberfuchs kaufen und dazu Stiefelchen, weil all die vornehmen Frauen hier so angezogen sind."

Shayne Shayndl antwortet in ihrer gewohnt galligen Art: „Ich habe dich tatsächlich für verrückt gehalten, als ich in deinem Brief gelesen habe, daß du mit Devisen handelst. ... Hör' auf mich, Mendl, diese ganze Sache gefällt mir nicht. Von meinem Vater pflegte ich nie etwas über solche windigen Geschäfte zu hören. Und wie meine Mutter sagt (lang soll sie leben!), ,Von Wind kriegt man bloß eine Erkältung.'... Und dann versteh' ich nicht, was du über UNRRA schreibst. Ist das der Name einer Frau? Und falls ja, hast du großen Kummer über mein Haupt gebracht. Das fehlte mir grade noch im Leben! Du solltest diesen Ort sofort verlassen, statt aus mir eine mit drei kleinen Kindern sitzengelassene Ehefrau zu machen."

Mendl beruhigt sie wegen UNRRA: „Ich kann dir versichern, daß es weder Mann noch Frau ist, sondern eine Behörde mit einem

Direktor und all dem üblichen Klimbim. Sie sind hergegangen und haben uns Juden mit einem Zaun aus Stacheldraht umgeben und man nennt es ein Lager. Dort bekommen wir dreimal täglich kostenloses Essen, und Kleidung auch umsonst. Davon abgesehen werden wir von der ganzen Welt respektiert. Sie nennen uns DPs, und sie beteuern, daß wir so Gott will irgendwann weiterziehen können. Das würden wir gerne, aber wann, das weiß hier keiner."

Wie immer hat Shayne Shayndl das letzte Wort: „Ich verstehe nicht, warum sie euch dort hinter Stacheldraht eingesperrt halten wie irgendwelche Räuber oder Diebe. Um welche Art von Verbrechen geht es hier?" Zum Schluß fragt sie: „Wie lang willst du noch in der Weltgeschichte herumgondeln und die alten windigen Geschäfte betreiben? Es ist an der Zeit, Mendl, über den richtigen Weg nachzudenken, und nicht nur für dich allein, sondern auch für alle Angehörigen des Volkes Israel."[74]

Nachdenken über den „richtigen Weg", in der Welt nach dem Krieg zu leben – davon waren die Spalten der Lagerzeitung voll. Während sich die Offiziere der Besatzungsarmeen und die Beauftragten der Hilfsorganisationen mit den ganz realen Problemen herumschlugen, wie Nahrung und Unterkunft für Tausende von heimatlosen Juden zu beschaffen war, überlegten die Juden selbst hin und her, wie sie ihr Leben ohne die lebendige und kulturgetränkte Atmosphäre, in der sie vor dem Krieg gelebt hatten, führen könnten. Das Kulturamt im Lager war kein reines Vergnügungszentrum, sondern machte sich Gedanken, wie die kulturelle jüdische Identität in der Nachkriegswelt zu definieren war. „Während wir vor dem Krieg eine einheitliche Gesellschaft darstellten, bestehend aus Menschen mit einem ordentlichen Lebenswandel, sind wir heute eine vielgestaltige Gemeinschaft. Wir haben Kinder, die mehr erlebt haben als Erwachsene, aus jeglichem Jüdischsein herausgerissene Kinder; Kinder, die viele verschiedene Sprachen sprechen; wir haben Erwachsene, die Ghettos und Konzentrationslager erlebt und das Leben von Partisanen geführt haben; Menschen, die sich als Arier getarnt haben und damit durchgekommen sind. ... Nach sieben harten Jahren, als sich die Sche'erith Haplejta auf dem verfluchten deutschen Boden wieder aufzurichten begann, da kam eine neue Spielart von Gemeinschaft zum Vorschein, die ziemlich selbst-bewußte, unabhängig organisierte Lagergemeinschaft."[75]

Als 1946 das Düppel-Center eingerichtet wurde, gab es 800 Kinder unter den Bewohnern, die meisten von ihnen Waisen. Ein Bericht des Jugendhilfebeauftragten der UNRRA macht die Erlebnisse dieser Kinder deutlich: „Sie waren in Konzentrationslagern, hatten ihre Eltern verloren und sich viele Jahre lang durchschlagen müssen – Homosexualität, Betrügereien, Diebstahl und andere Gesetzesübertretungen – in alldem zeigten sich die Verhaltensstörungen dieser Gruppe, die unbedingt von Fachleuten behandelt werden mußte, damit die Kinder die Chance bekamen, wieder ein normales Leben zu führen."[76] Sowohl für die Kinder als auch für die Erwachsenen, denen sie anvertraut waren, schien das Gemeinschaftsleben in einem Kibbuz in Palästina die ideale Lösung zu sein – mit einem Schlag bekamen sie eine Ersatzfamilie und die Gelegenheit zu einem produktiven Leben. In den Interviews, die *Undzer Leben* im September 1946 veröffentlichte, als 750 Kinder nach Palästina aufbrachen, begegnet man Acht- und Neunjährigen, die für ihr Alter viel zu ernst und verantwortungsbewußt sind. Sie sprachen ausnahmslos davon, einen Beruf erlernen zu wollen, damit sie anderen helfen könnten, so als ob sie trotz ihrer Jugend für sich selbst keine Freude mehr erwarteten.

Noch viel schwieriger gestaltete sich das Problem der Wiedereingliederung in die Gesellschaft bei einigen der älteren Buben, die in den sechs Kriegsjahren beinahe zu Wilden verkommen waren. Etwa zwanzig Häftlinge, die von ihren Bewachern auf einem Todesmarsch sich selbst überlassen wurden, bildeten den Kern des Lagers in Feldafing. Ein ungarischer Lehrer mit dem Spitznamen „Batchi" fühlte sich berufen, mit den Jungen zu arbeiten, die zusammen mit ihm und einer Gruppe gerade befreiter Männer angekommen waren. Batchi berichtete: „Bei den Männern befanden sich auch einige Jungen, die zwischen vierzehn und siebzehn Jahre alt waren. Die Jugendlichen waren nicht nur in besserer körperlicher Verfassung als der Rest von uns, sie waren auch knallhart, furchtlos, vollkommen skrupellos und anscheinend emotionslos. Verachtet und sogar von älteren und stärkeren Männern gefürchtet, konnten sie die Strapazen der Lager trotz ihrer Jugend hauptsächlich deshalb überstehen, weil sie körperlich fit waren und die besondere Beachtung der „Kapos" und anderer privilegierter Häftlinge genossen, die sie als Maskottchen und als Partner für ihre sexuellen Perversionen benutzten. In einigen Lagern hatten die Deutschen speziell junge Leute herausgegriffen und ihnen „Kapos" und Blockwarte zugeteilt, weil sie wußten, daß die Jugendlichen sich ohne zu zögern gegen ihre Kameraden stellen würden, sobald man sie bevorzugt behandelte und ihnen Macht gab."

Sein Lagergenosse Simon Schochet schrieb: „Obwohl Batchi sich bemüht hat, verschiedene Aktivitäten zu organisieren und ihnen die Grundregeln sozialen Verhaltens beizubringen, dringt er kaum zu ihnen durch. Sie schließen sich zu Banden zusammen und stehlen nicht nur untereinander, sondern auch von anderen Blocks, obwohl sie genug zu essen und anzuziehen haben. Es toben schreckliche Kämpfe zwischen den Jungen, und manche verschwinden einfach. Homosexualität ist ebenfalls ein großes Problem."[77]

Einer dieser jungen Rowdys war Samuel Pisar, der im Alter von zwölf Jahren mit seiner Familie aus Bialystok verschleppt worden war. Seine Familie kam ums Leben, doch traf er in den Lagern zwei Buben seines Alters. In kürzester Zeit waren sie wie eine Familie füreinander und überlebten gemeinsam den Krieg. Bei Kriegsende war Samuel sechzehn Jahre alt, seine Familie ermordet, und er überlegte, wie es weitergehen sollte. In seinen Erinnerungen schrieb er, daß er zwar hingehen konnte, wo er wollte, als in Europa wieder Frieden herrschte, aber keinen Platz wußte, der ihm ein Zuhause sein könnte. Er und seine Freunde wußten, daß es in Bialystok keine überlebenden Juden mehr gab, und sie trauten sich nicht dorthin zurück, weil die Stadt inzwischen unter sowjetischer Verwaltung stand. „Wir waren drei verlorene Seelen, die sich ohne festen Boden unter den Füßen vorwärtstasteten – aber angeregt und beflügelt von der berauschenden Atmosphäre einer brandneuen Welt, in der alles möglich und alles erlaubt war. Inmitten von Chaos und Zerstörung blühten wir auf. … [Aber] die Verkommenheit des Lagerlebens und der amoralische Wirrwarr der Nachkriegszeit hatten meinen Sinn für Recht und Unrecht empfindlich gestört. Wie hätte es auch anders sein können! Heute, da es mich immer noch in Erstaunen versetzt, dem Holocaust entkommen zu sein, danke ich dem Schicksal dafür, mich nicht nur am Leben gelassen, sondern auch vor der seelischen Verderbtheit gerettet zu haben, auf die ich zusteuerte, auf eine Art Nachkriegsjugendkriminalität."

Gerettet wurde er nicht nur vom Schicksal, sondern von einem Onkel – dem Bruder seiner Mutter, den er nie gesehen hatte –, der aus Australien angereist kam und ihn zu sich holte, als er erfuhr, daß der Junge lebte. Nach dessen eigenen Worten war das Familienleben für dieses verwilderte Kind jedoch „viel zu zahm für meinen Geschmack". Aber auch er begriff, daß er „nachdem ich sechs Jahre wie ein Tier nur im Körperlichen und Unmittelbaren gelebt, ohne Zugang zu Nahrung für die Seele" etwas nachzuholen hatte. „Mein

Leben, begriff ich jetzt, war in eine Sackgasse gemündet. Physisch war ich davongekommen. Ich war am Leben, aber Hitler hatte noch aus dem Grab heraus meine geistige und moralische Vernichtung geplant. Wieder fand ein Überlebenskampf statt, Überleben durch Lernen. Er mußte mit derselben Entschlossenheit, mit derselben Heftigkeit geführt werden."[78] Samuel Pisar hatte Glück. Seine Familie liebte ihn und war entschlossen, auf ihn aufzupassen und ihm bei der Neugestaltung seines Lebens zu helfen. Das Los von Leuten wie ihm, aber ohne Familie oder Freunde, war ungleich schwerer.

Zwar stellten die von Schochet geschilderten Gruppen das Extrem dar unter den Tausenden verwaister Kinder, die den Krieg überlebt hatten, aber auch die anderen brauchten mehr als den normalen Schulunterricht. Denjenigen, die zu jung waren, um sich an eine geordnete Welt, an eine solidarische Gemeinschaft zu erinnern, mußten die Grundbegriffe sozialen Verhaltens beigebracht werden, wenn auch bei vielen der emotionale Schaden nie wieder gutzumachen war. Die Erwachsenen, die Zeitungen herausgaben, Theater gründeten und wieder politische Parteien bildeten, sich also für tiefempfundene Ideen erneut stark machten, verstanden sich alle als Teil einer Brücke zwischen der rohen Gegenwart und der reichen, geschichtsträchtigen Vergangenheit, weil jede Erzählung, jedes Gedicht oder Lied Zeugnis ablegte von der komplexen jüdischen Geschichte. Im Wortschatz beider jüdischer Sprachen – Jiddisch und Hebräisch – waren wichtige historische Hinweise verewigt. Sprache, Geschichte und Volk waren eins. Der Vierzehnjährige, der weder Jiddisch noch Hebräisch kannte, der nur das ungehobelte Polnisch oder Deutsch seines Kerkermeisters sprach, mußte wieder an seinen Platz in der jüdischen Gesellschaft, in der jüdischen Geschichte gesetzt werden.

Ein früher Leitartikel der Lagerzeitung *Undzer Leben* betonte die Unabhängigkeit und erkannte zugleich die von der UNRRA geleistete materielle Hilfe an. „Jedoch", fährt der Autor, M. Chait, fort, „es ist nicht Aufgabe der externen Organisationen, unsere geistige Wiederauferstehung zu leisten. Wir allein müssen dazu den Anstoß geben und dieses Unterfangen verwirklichen – der wichtigste Punkt auf der Tagesordnung für die Wiederbelebung unseres Volkes."[79]

In den Berliner DP-Lagern wie in den DP-Lagern im übrigen Deutschland war es beinahe das letzte Mal, daß sich Künstler, Musiker, Schauspieler, Schriftsteller und politische Denker vor ihrem angestammten Publikum artikulieren konnten. Waren sie erst einmal fortgegangen, würden sie in anderen Kulturen aufgehen. In ihren neuen Heimatländern würden sie wahrlich ein „Rest, ein Überbleibsel" sein und versuchen, in schon bestehenden Jüdischen Gemeinden Fuß zu fassen. Dieses Gefühl, vielleicht für einen letzten, einzigartigen Augenblick unter sich zu sein, verlieh den Zeitungsbeiträgen einen ziemlich erregten Ton. Ein Autor verglich die Situation in Berlin mit dem entscheidenden Moment nach der Zerstörung des Tempels (im Jahr 70 n. Chr.), als „das jüdische Volk zu vergessen drohte". Damals gründete man in Jabneh, einer Stadt an der Küste von Judäa, eine Gelehrtenschule, um die Gefahr des Vergessens abzuwenden. Mit Sinn für die Nahtlosigkeit jüdischer Geschichte weist der Autor der Stadt Jabneh und der Stadt Berlin fast zweitausend Jahre später die gleiche Aufgabe zu: jüdische Gelehrsamkeit zu retten. Wie diese jüdische Gelehrsamkeit zu definieren war, wurde natürlich sofort zur Debatte gestellt, da vielerlei Kulturtraditionen um die Vorherrschaft rangen. Während sich in den Schulen, im Theater und bei Veröffentlichungen die säkularen Jiddischisten zu behaupten schienen, standen bei den heimatlosen Juden sicherlich die Zionisten an erster Stelle, da viele von ihnen eines Tages ins Heilige Land auswandern wollten. Das hatte zur Folge, daß die Zeitung von Geschichten über Palästina voll war.

Zugleich kritisierten die Verfechter der säkularen jüdischen Kultur (in Jiddisch) die engere, zionistische und hebraistische Sicht und behaupteten, Peretz und Sholem Aleichem seien ihnen ebenso lieb und teuer wie [der hebräische Dichter] Bialik. „Es gibt starke Bande", schrieben sie, „zwischen unserer Nationalkultur und der kulturellen Schatzkammer der Menschheit. Das Hohelied, die Weisheit Salomons hat Generationen von Dichtern inspiriert, und umgekehrt haben sich unsere jiddischen Schriftsteller an Cervantes und Shakespeare geschult."[80] Hier ging es um mehr als nur um die Sprache, es ging um das Selbstverständnis der Juden in der modernen Welt. Hundert Jahre lang, seit Aufklärung und Säkularisierung den Durchbruch geschafft hatten, in den fünfzig Jahren, seit der Zionismus ein greifbares Ziel geworden war, hatten Juden diese Alternativen zur traditionellen, abgekapselten religiösen Lebensführung ergriffen. In der Nachkriegszeit war diese Diskussion nicht weniger dringlich. Die Entscheidung für Hebräisch oder Jiddisch als Unterrichtssprache in einer Schule bedeutete nicht nur die Festlegung auf eine Sprache, sondern auf eine ganze Weltanschauung.

Die Verfechter traditioneller jüdischer Schulen gründeten eine *Jeschiwe* (Talmudschule) im kleinen Berliner Tempelhof-Lager sowie eine Grundschule für Kinder und ein spezielles Seminar für gläubige Frauen. Außerdem nahmen sie starken Einfluß auf den Alltag im Lager – wie es Menachem Mendl beklagte –, indem sie die Einhaltung des Sabbath zu erzwingen versuchten und auf koscherem Essen bestanden.

In den Lagern wußten die jüdischen Kulturschaffenden jedoch ganz genau, wie kurzlebig ihre Arbeit war. Im Juni 1946 formierte sich aus einigen der Musiker und Schauspieler im Berliner Düppel-Center eine Theatergruppe, die sich „Baderech" (Hebräisch für unterwegs) nannte. Mit dieser Namensgebung gab sich die Truppe als zeitlich begrenzt zu erkennen und ging dann mutig daran, zu improvisieren, weil sie weder ein angemessenes Bühnenbild, noch entsprechende Kostüme und oft nicht einmal Texte hatten. Bei den Proben zu dem immer wieder gern gesehenen Stück *Der Großgewinn* von Sholem Aleichem mußten sich die Akteure den Text sogar aus dem Gedächtnis zusammenstellen. Doch hatte die Truppe manchmal drastische personelle Veränderungen zu verkraften. Ende 1946 zum Beispiel wanderten innerhalb einer Woche sämtliche Musiker aus, so daß sie danach nur noch Sprechtheater bieten konnten.

Die Bewohner waren nicht ausschließlich auf die Angebote innerhalb der Lagergrenzen angewiesen, und für diejenigen, die Deutsch verstanden, wurden Ausflüge zu Theatern in Berlin organisiert. Als Ergänzung zu einer Darbietung von Schillers *Räubern* im Dezember 1946 veranstaltete das Kulturbüro zum Beispiel einen Vortrag über „Das Stück *Die Räuber* und seine Zeit", zu dem dreihundert Leute erschienen. Redner war Elijahu Yones, einer der Herausgeber der Zeitung.

Im Oktober 1947 verbündete sich das normalerweise streitlustige Lager plötzlich in der einhelligen Weigerung, ein Konzert zu besuchen, das Yehudi Menuhin in Berlin gab. Ungeachtet seines Namens war Menuhin von seinen hebräischsprachigen Eltern in einem stark antizionistisch geprägten Klima erzogen worden. Zugleich war es ein eher weltfremder Haushalt; und obwohl beide Eltern ursprünglich aus Rußland stammten, lebten sie in San Francisco, wo Menuhins Vater seinen Lebensunterhalt als Hebräischlehrer verdiente, ohne Kontakt zur dortigen Jüdischen Gemeinde. Die Eltern bildeten ihre Kinder zu Hause selbst aus und widmeten sich vor al-

lem der Förderung der musikalischen Karriere ihrer beiden ungewöhnlich begabten Ältesten, Yehudi und Hephzibah.

Ende September 1947, mit einunddreißig Jahren, gab Menuhin in
Berlin ein Benefizkonzert für ein deutsches Kinderhilfswerk. Dirigent war Wilhelm Furtwängler, dessen Ruf gelitten hatte, weil er seinen Posten als Orchesterleiter in Berlin auch unter den Nazis weiter ausgeübt hatte. 1947 war Furtwängler von der direkten
Kollaboration entlastet und, in Menuhins Worten, „wieder an seinem Ehrenplatz. Wie ich es mir vorgestellt hatte", fuhr Menuhin
fort, „war es ein Erlebnis von beinahe religiöser Intensität, die bedeutendste deutsche Musik mit diesem bedeutendsten aller deutschen Dirigenten zu spielen. Nun fiel ich aus allen Wolken, mich als
Verräter hingestellt zu sehen."[81]

Was war geschehen? Er hatte sich auf Vorschlag der amerikanischen Militärregierung bereit erklärt, am Tag nach seinem Wohl-
tätigkeitskonzert für die Juden im Düppel-Center zu spielen. Da es
im Lager keinen geeigneten Konzertsaal gab, mietete man das
Tivoli, einen ehemaligen Kinopalast mit 2000 Plätzen, und stellte
Lastwagen bereit, um die Juden zum Konzert zu bringen. Zur festgesetzten Uhrzeit mußte Menuhin feststellen, daß nur etwa fünfzehn Personen gekommen waren. Ein Artikel von Elijahu Yones in
der Lagerzeitung machte klar, was den Juden in Düppel mißfallen
hatte. Yones, der selbst das Lemberger Ghetto und die anschließende Deportation überlebt hatte, bezog sich auf diese Erfahrungen in einem offenen Brief an Menuhin, verfaßt im bekannt bis-
sigen jiddischen Zeitungsstil.

„Als ich von Ihren ‚menschenfreundlichen Aktionen' für die ‚notleidende deutsche Jugend' las und wie Ihre neuen Verehrer Ihnen ap-
plaudierten, wußte ich, daß im Publikum auch die beiden leidenschaftlichen Musikliebhaber Eppel und Kempke gesessen haben
müssen – SS-Leute aus dem Lager Jurewitz bei Lemberg, die uns
gerne singen ließen, wenn sie unsere Brüder niederschossen. ... Wohin Sie auch reisen, unsere Zeitung wird Ihnen wie ein Fluch über-
allhin folgen, bis Ihr Gewissen erwacht."[82]

Menuhin beschloß, sich seinen Kritikern zu stellen und stattete
am Tag nach dem gescheiterten Konzert in Begleitung seiner Frau
dem Düppel-Lager einen Besuch ab. Das Paar scheint gar nicht bemerkt zu haben, wie emotional aufgewühlt die Menschen waren,
denen sie begegneten, denn wie Menuhin selbst erzählt, wurden sie
bei ihrer Ankunft sofort von einer ernst dreinschauenden Menge

יהודי מנוחין האָם לעצטן זונטיק געשפילט אַ קאָנצערט אין בערלין. די הכנסה איז איבערגעגעבן געוואָרן פאַר דייטשע
קינדער (ס.ע.ם.ר.). פראָיעקט און צייכנונג פון 14-יעריקן קינסטלער, שמואל באַק.

Eine Karikatur, gezeichnet von dem 14jährigen Shmuel Bak nach dem
Konzert, das Yehudi Menuhin im Oktober 1947 in Berlin gegeben hat.
Bak hatte mit seiner Mutter im Landsberger DP-Lager gelebt. Die Zeile
neben Menuhin lautet: „Yehudi Menuhin, der berühmte Geiger". Die
Kinder halten ein Schild hoch, auf dem steht: „Deutsche Hitlerjugend" –
der Name „Hitler" ist durchgestrichen. In der jiddischen Bildunterschrift
heißt es: „Letzten Sonntag gab Yehudi Menuhin ein Konzert in Berlin.
Der Erlös kam einem deutschen Projekt zugute wie auf der Zeichnung
dargestellt." Die Karikatur erschien in der national erscheinenden *Jidisze
Caytung* vom 3. Oktober 1947, S. 6.

umringt. Seine Frau streckte dem am nächsten Stehenden die Hand
hin und begrüßte ihn mit „Guten Morgen". Offensichtlich hatte sie
keine Ahnung, wie ein Gruß auf Deutsch in diesen Ohren klingen
mußte. In aller Unschuld schrieb Menuhin, der Mann habe gestutzt
und gezögert, aber sie habe ihre Hand so lange ausgestreckt, bis er
gezwungen war, sie zu nehmen.

Dieses Mal fand sich die gesamte Bewohnerschaft des Lagers ein
und füllte den Versammlungsraum, in Menuhins Worten „bleich-
gesichtige Männer und Frauen in fadenscheinigen Anzügen und mit
Kopftüchern, die sich noch unter Ausgestoßenen als Ausgestoßene
fühlten, als Verlorene zwischen echten Nationen, als Verdammte,
die noch nicht ganz tot waren".[83] Diese „bleichgesichtigen Männer
und Frauen" waren jedoch Menschen mit tiefen Gefühlen und kla-
ren Vorstellungen über Recht und Unrecht. Einmütig schoben sie
Elijahu Yones als ihren Wortführer vor. Nur ein Jahr älter als Menuhin, hatte er die Schrecken der NS-Verfolgung und die Ermordung

seiner ganzen Familie erlebt. Mit seinen Äußerungen versuchte er, Menuhin den Gemütszustand seiner Zuhörer nahezubringen. Auf Jiddisch sagte er: „Herr Menuhin, Sie und wir finden keine gemeinsame Sprache. Anstatt miteinander zu sprechen, sollten wir uns vorstellen, wie wir gemeinsam durch die Straßen von Berlin gehen. Wenn Sie, der Künstler, die Ruinen sehen, werden Sie sagen: ‚Wie schade, daß so viel Schönes zerstört wurde.‘ Wenn wir, die wir unsere Familien verloren haben, die gleichen Ruinen sehen, werden wir sagen: ‚Schade, daß so viel stehen blieb.‘"[84] Das Treffen endete schließlich in versöhnlicher Stimmung; aber erst ein paar Tage später, als Richter Louis E. Levinthal, der Adviser of Jewish Affairs, Menuhin in die Reichsbank in Frankfurt mitnahm, begann letzterer sich mit zumindest einem Aspekt des Naziterrors auseinanderzusetzen. Ein Geschichtsforscher schildert diesen Vorfall folgendermaßen: „Levinthal zeigte ihm Gewölbe vollgestopft mit Bergen von Trauringen, Ohrringen, Armbändern, Goldzähnen, Medaillons von Kindern und anderem Goldschmuck, den die Deutschen den in den Konzentrationslagern umgekommenen Juden abgenommen hatten, sowie stapelweise Goldbarren, die aus ähnlichen Gegenständen zusammengeschmolzen waren. Bei diesem Anblick wurde Menuhin blaß und einen Moment lang verschlug es ihm die Sprache. Schließlich sagte er an Levinthal gewandt: ‚Nun erst verstehe ich, was man mir in Berlin gesagt hat.‘"[85]

Am anderen Ende der Stadt war man sich bei der Gemeindezeitung *Der Weg* anscheinend nicht bewußt, welch heftige Gefühle Menuhins Auftritt ausgelöst hatte, und berichtete über das Benefizkonzert mit Furtwängler in Form einer Rezension der musikalischen Darbietung und Menuhins Spiel. Doch waren die ersten Zeilen des Artikels Furtwängler gewidmet, der, wie die Redaktion schreibt, „ja bekanntlich vielen Juden in der Zeit der Bedrängnis Beistand geleistet hat".[86]

Neun Monate später, im Juni 1948, wurden diese einander widersprechenden Beurteilungen der Vorgänge hinweggefegt von einer erneuten internationalen Krise, die nicht nur Berlin, sondern die ganze Welt betraf. Innerhalb der Allianz der vier Besatzungsmächte war Berlin für die West-Alliierten stets eine Schwachstelle, die Anlaß zur Beunruhigung bot. Da es tief im Innern der Sowjet-Zone lag und nicht einmal ein neutraler Landkorridor von der Stadt zu einer der anderen alliierten Zonen führte, war Berlin völlig den Launen der Sowjets ausgeliefert. Es kam vor, daß die Grenzwachen aus heiterem Himmel einen Kontrollpunkt schlossen und dadurch den Verkehr stunden-, manchmal tagelang aufhielten, bis sie entschieden, ihn wieder zu öffnen. Am Übergang zum sowjetischen Sektor innerhalb Berlins waren die Kontrollen sogar noch strenger, und Besucher aus dem Westen durften keine Kameras, keine Bücher, keine Karten, nicht einmal Kalender einführen. Doch handelte es sich bei alldem nur um einen Abglanz der großen Weltpolitik, da die Flitterwochen der kriegsbedingten Kooperation allmählich zu Ende gingen und der Kalte Krieg anbrach. Das bedeutete für Berlin eine Art permanenten Belagerungszustand, weil die Versorgung auf dem Landweg abgewickelt wurde, der über russisch kontrolliertes Gebiet führte.

Unter diesen zunehmend schwierigen Umständen sprach Col. William B. Stinson, Leiter der Abteilung für *displaced persons* bei der amerikanischen Militärregierung, bereits im Mai 1947 die dringende Empfehlung aus, bis August die DP-Lager zu schließen. Hauptgrund war die große Belastung, den gesamten Nachschub für die Lager aus der US-Zone im Westen nach Berlin transportieren zu müssen. Außerdem hatten viele Juden aus den Berliner Lagern Verwandte im Westen, mit denen sie wieder zusammenkommen wollten. Und schließlich hätten auch die Hilfsorganisationen die DPs lieber im Westen gehabt, wo sie in die bereits bestehenden Einrichtungen einbezogen werden konnten. Den *displaced* Juden selbst lag ebenfalls nichts an Berlin, das sie nur als Zwischenstation auf ihrem Weg nach Westen betrachteten.

Col. Stinsons Empfehlung wurde nicht umgesetzt, aber in diesem Sommer des Jahres 1947 begannen die Sowjets damit, den geregelten Personen- und Güterverkehr von und nach Berlin systematisch zu stören. Zunächst wurden ab Januar 1948 die Unterbrechungen im Verkehrsfluß immer zahlreicher, angeblich wegen „technischer Schwierigkeiten". Im März trat dann Marschall V. D. Sokolowskij, der sowjetische Vertreter des Verwaltungsrats der vier Besatzungsmächte für Berlin, von seinem Posten zurück, womit praktisch auch die bislang noch bestehende Rest-Kooperation zwischen den Alliierten beendet war. Im Juni 1948 bat der amerikanische Kommandant, General Lucius Clay, die Jewish Agency, Fahrpläne für die Züge auszuarbeiten, mit denen die Flüchtlinge in die amerikanische Zone fahren sollten.

Diesem wohldurchdachten Plan kamen die Sowjets zuvor. Am 24. Juni 1948 erklärten sie die Totalblockade Berlins und versetzten damit die Stadt faktisch in den Belagerungszustand. Militärisch waren die Westalliierten in Deutschland stark im Nachteil. General Clay verfügte in Berlin über 6500 Mann, während die Sowjets nur einen Steinwurf von der Stadt entfernt 400 000 Soldaten stationiert hatten. Die zusätzlichen 60 000 Mann starken amerikanischen Truppen, die auf das übrige Europa verteilt waren, konnten das nicht im entferntesten wettmachen. Ohnehin waren die Amerikaner nicht gewillt, einen Krieg vom Zaun zu brechen, aber sie waren bereit, sich zu wehren. Nachdem ihm der Berliner Bürgermeister, Ernst Reuter, versichert hatte, daß die Bewohner Berlins lieber jede noch so große Not in Kauf nehmen würden, als zu kapitulieren, unternahm General Clay die ersten Schritte zur Einrichtung einer Luftbrücke, die bald eindrucksvolle Ausmaße annehmen sollte. Das erste Flugzeug mit Nachschublieferungen landete am 26. Juni, zwei Tage nach Beginn der Blockade, und die Versorgung durch die Luftbrücke wurde bis zum 12. Mai 1949 aufrechterhalten, als sich die Sowjets bereit erklärten, die Blockade zu beenden. Ihre Bedingung war allerdings ein Treffen der Außenminister aller vier Mächte, auf dem der Status Berlins diskutiert werden sollte. Bis dahin hatten die Amerikaner fast zweieinhalb Millionen Tonnen Güter eingeflogen, in einem Tag und Nacht nicht abreißenden Strom von Flugzeugen, alle zweiundsechzig Sekunden eines.[87]

Doch lange bevor die Blockade beendet war, waren die Lager in Schlachtensee und Mariendorf leer. Einen Monat nach Beginn der Blockade hatte General Clay beschlossen, alle DPs, die dazu bereit waren, zu evakuieren. Zum Teil hoffte er, die Anzahl der zu versorgenden Menschen auf diese Weise wenigstens um ein paar Tausend zu verringern. Ab dem 23. Juli 1948 durften mit seiner Genehmigung die Flugzeuge, die Lebensmittel aus der amerikanischen Zone eingeflogen hatten, auf dem Rückweg DPs als Passagiere mitnehmen. Für viele war das die erste Flugreise ihres Lebens. In den darauffolgenden zehn Tagen wurden 5536 Personen von Berlin nach Frankfurt geflogen und von dort mit dem Zug in ca. zwanzig verschiedene DP-Lager in der amerikanischen Zone gebracht. Aber etwa 150 Juden im amerikanischen Sektor zogen es vor, in Berlin zu bleiben. Einige hatten eine unüberwindliche Angst vor dem Fliegen; andere hatten bereits geschäftlich Fuß gefaßt und hatten keine Lust, diese gute Ausgangsposition wieder aufzugeben.

Im französischen Sektor, wo nur 180 Juden im Lager Wittenau und etwa vierzig als Privatleute lebten, verzögerte sich die Evakuierung bis Mitte September; dann wurden auch diese Juden, wiederum mit amerikanischen Versorgungsflugzeugen, nach Frankfurt ausgeflogen.

Am Ende der Berlin-Blockade gab es kaum noch *displaced* Juden, lediglich die kleine Anzahl, die freiwillig geblieben war. Die Gemeinde bestand, anders als in anderen Jüdischen Gemeinden Deutschlands, überwiegend aus einheimischen Juden. Aber in politischer Hinsicht befand sie sich in einer ungewöhnlichen Situation. Ringsum herrschte eine angespannte Atmosphäre. Die Grenzen zwischen den Berliner Sektoren waren deutlicher zu erkennen. Zwar wechselten die Leute einigermaßen ungehindert hin und her, gingen zur Arbeit in dem einen Sektor und hatten ihre Wohnung in einem anderen, doch wurde die Stadt nun insgesamt viel strenger kontrolliert. Obwohl es der Gemeinde ganz normal erschienen war, ihre Hauptgeschäftsstelle in der großen Synagoge im Osten einzurichten, zogen ihre Mitglieder nun stetig in die westlichen Sektoren um. Der Hauch des Totalitarismus, der das neue System umwehte, bewog die meisten Juden im Osten, sich eine etwas demokratischere Alternative zu wählen, außer denen natürlich, die der kommunistischen Ideologie anhingen. Doch behielten diejenigen, die sich absetzten, im Nachhinein recht, da die immer höher schwappende Welle des Antisemitismus in der Sowjetunion nur allzu bald über den Köpfen der Juden in den Satellitenstaaten zusammenschlug.

FÜNFTES KAPITEL

Juden in Ostberlin

Mit dem Ende der Luftbrücke im Mai 1949 waren die veritablen Unterschiede zwischen dem Ost- und dem Westsektor Berlins nicht mehr zu übersehen. Die Weigerung der zuständigen Stellen im russischen Sektor, die Juden als „Kämpfer" gegen den Faschismus anzuerkennen, war jetzt als frühes Anzeichen der grundsätzlichen Verunglimpfung der Juden in der sowjetischen Besatzungszone zu erkennen. Da Juden lediglich als „Opfer" eingestuft wurden, gehörten sie einer weniger wichtigen Kategorie an als die „Widerstandskämpfer". Wir haben ja bereits gehört, daß es als einer sozialistischen Gesellschaft unangemessene kapitalistische Forderung zurückgewiesen wurde, wenn Juden ihren Anspruch auf die Rückgabe von Besitz oder Betrieben geltend machten. Aber die Durchsetzung dieses Grundsatzes schuf die bittere Realität, daß die Juden gleich doppelt enteignet wurden: erst von den Nazis und dann von den kommunistischen Machthabern. Als im Jahr 1951 der neu gegründete Staat Israel die beiden deutschen Staaten bat, ihm bei der Neuansiedlung der Kriegsflüchtlinge zu helfen, die nun in Scharen ins Land drängten, reagierte die bundesdeutsche Regierung mit einem komplexen Angebot aus Güterlieferungen und Geldsummen. Die ostdeutsche Regierung dagegen weigerte sich, Mittel zur Verfügung zu stellen mit der Begründung, dies würde nur „Israel als Aggressionszentrum gegen die arabische nationale Befreiungsbewegung unter dem Deckmantel der ‚Wiedergutmachung'... stärken". Im selben Atemzug bezeichnete sie die Bereitschaft der BRD, mit Israel zusammenzuarbeiten, als „Wiederaufnahme der Kolonialpolitik".[1]

Nicht Westdeutschland, sondern der Osten genoß die Sympathie einer speziellen Gruppe von Juden, die entweder in der Vergangenheit der kommunistischen Partei angehört hatte oder aber nun – nach dem Krieg – die Gelegenheit gekommen sah, in einem neu entstandenen kommunistischen Staat zu leben. Doch hatten diese Juden mit jüdischen Lebensformen überhaupt nichts zu tun. Im Gegenteil, sie waren in ihre Heimat zurückgekehrt, um den Sozialismus aufzubauen, nicht die Jüdische Gemeinde. Doch zahlenmäßig waren sie denen, die einfach wieder an ihr Leben vor dem Krieg anknüpfen wollten, haushoch überlegen. Nicht einmal 300 von denen, die 1955 in den Osten zurückgekehrt waren, gehörten der Gemeinde an. Dagegen verstanden sich 3000 der heimgekehrten Juden als Atheisten ohne jede religiöse oder ethnische Bindung.[2] In erster Linie sahen sich die mit wiedererstarktem Idealismus Heimgekehrten als deutsche Kommunisten. Unter diesen kommunistischen Getreuen, die die Hitlerjahre im Ausland – häufig in Mexiko – zugebracht hatten, gab es eine Anzahl illustrer Namen. Zu den bekanntesten gehörten der Romancier Arnold Zweig, die Dichterin Anna Seghers und der Schriftsteller Stefan Heym, der während des Krieges bei der US-Armee gewesen war. Berühmte Juden mit kommunistischer Gesinnung wurden natürlich mit offenen Armen aufgenommen und privilegiert behandelt, was Wohnung, Arbeit und finanzielle Unterstützung für ihre künstlerischen Projekte bedeutete.

Noch viele andere wollten eigentlich ins sowjetisch beherrschte Deutschland zurück, wurden aber von einer zunehmend mißtrauischen Regierung daran gehindert. Die Ostdeutschen hatten die russische Angst vor schädlichen Einflüssen aus dem Westen übernommen. Der 1913 in Hamburg geborene Autor Helmut Eschwege konnte zwar zunächst zurückkehren, erkannte aber immer deutlicher, wie sehr sich das Klima verschlimmerte. Im Jahr 1934 war er als Mitglied der links-zionistischen Bewegung Hashomer Hatzair nach Palästina ausgewandert; bei Kriegsende noch immer überzeugter Kommunist, beschloß er, in die sowjetische Zone Deutschlands zurückzukehren. Im Jahr 1946 machte er sich auf den Weg, mit einem Zwischenaufenthalt in Prag, um sich von dem bekannten Journalisten Egon Erwin Kisch ein Schreiben geben zu lassen, das seine politische Zuverlässigkeit verbürgte. Außerdem hatte er eine Liste mit den Namen weiterer, nicht minder idealistischer Freunde aus Palästina bei sich, die hofften, er könnte ihnen bei der beabsichtigten Rückkehr ins kommunistische Deutschland helfen. Nachdem er sich 1947 in Dresden hatte niederlassen dürfen, legte er diese Liste potentieller Einwanderer dem zuständigen Regierungsbüro in Berlin vor. Obwohl er alle zwei Wochen nach Berlin reiste, um nachzufragen, wie weit die Antragsbearbeitung gediehen war, mußte er nach einiger Zeit erkennen, daß seine Freunde keine Chance hatten. In seinen Erinnerungen schrieb er: „Später erfuhr man, daß bereits zu dieser Zeit die obskure Ideologie vorherrschte, wonach Westemigranten mit festen Aufträgen des Imperialismus in sozialistische Länder zurückkämen, um die sozialistische Entwicklung rückgängig zu machen. Deshalb war man bestrebt, möglichst wenige der sogenannten westlichen Agenten in die sowjetisch besetzte Zone einreisen zu lassen."[3]

Bei anderen Juden, die sich bei Kriegsende in der sowjetischen Zone befanden, handelte es sich wie im Westen um solche, denen es gelungen war, im Untergrund oder mit falschen Papieren oder, wie Victor Klemperer, aufgrund eines „arischen" Ehepartners zu überleben. Eine kleine Anzahl war aus Konzentrations- oder Arbeitslagern zurückgekommen und hatte natürlich wieder den Heimatort aufgesucht, von dem aus sie verschleppt worden waren. Wie lange sie dann dortblieben, hing von einer Reihe von Faktoren ab, nicht zuletzt von ihrer Einstellung zur Sowjetunion und deren Marionettenregierung in der DDR.

Es war die Berliner Blockade, die das schon brüchige Viermächte-Bündnis endgültig auseinanderbrechen ließ. Kurz vor Beginn der Blockade, im Juni 1948, hatten die Westalliierten gerade die neue Deutsche Mark eingeführt, um so dem illegalen und unrentablen Handel, der typisch für die Nachkriegsjahre war, ein Ende zu machen. Allen war klar, daß es nur mit einer stabilen Währung möglich sein würde, den Schwarzmarkt und den ungesetzlichen Tauschhandel in Deutschland abzuschaffen. Die Russen wollten die neue Mark in ihrer Zone jedoch nicht zulassen, und die Folge war ein anhaltendes wirtschaftliches Gefälle zwischen den beiden Sektoren, um so mehr, als die Deutsche Mark sich zu einer der solidesten internationalen Währungen entwickelte. Es dauerte nicht lang, bis die in Ostberlin wohnenden Menschen merkten, wieviel lukrativer es war, im Westen zu arbeiten und harte D-Mark zu verdienen, statt in den schlecht zahlenden, staatlich geführten „volkseigenen Betrieben" im Osten, zumal das Ostgeld außerhalb der Staatsgrenzen nichts wert war. „Unser Geld", sagte ein Arbeiter, „ist eigentlich nichts als eine Ersatzwährung."

Der Währungsreform im Westen entsprach ein nicht weniger einschneidender politischer Machtwechsel im Osten. In den ersten Jahren nach dem Krieg machten noch eine Vielzahl politischer Parteien einander Konkurrenz. Anton Ackermann, einem Mitglied der von höchster Stelle unterstützten SED (Sozialistische Einheitspartei Deutschlands) war daran gelegen, den Stalinismus in Rußland und die Entwicklung in Deutschland auseinanderzuhalten. Er schlug sogar „einen eigenen deutschen Weg zum Kommunismus" vor. Aber auf der 13. Tagung des Parteivorstands der SED im September 1948 wurden sämtliche Abweichungen von der Parteilinie, selbst Ackermanns behutsam patriotische Formulierung, scharf kritisiert.[4] Unter dem Einfluß Moskaus verwandelte sich die Partei von einer Volkspartei der breiten Masse mit allen dazugehörigen Variationen und Meinungsverschiedenheiten in ein streng organisiertes Instrument unter der Fuchtel eines disziplinierten Kaders indoktrinierter Parteimitglieder. Im Januar 1949 verbot die neue Zentralorganisation SED die Gründung jeglicher politisch abweichender Fraktionen oder Gruppierungen innerhalb der Partei.

Die Juden in den Ostblockstaaten waren es schon lange gewohnt, daß die kommunistischen Parteien ihre Grundsätze in wichtigen und unwichtigen Angelegenheiten unnachgiebig durchsetzten. Unvorbereitet traf sie allerdings, daß nach dem Ende des Krieges ein unversöhnlicher, organisierter Antisemitismus entbrannte. Von Moskau aus zentral dirigiert, griff er auf alle kommunistischen Satellitenstaaten in Osteuropa über. Der Auslöser war Stalin, dessen Paranoia ihn eine gegen ihn gerichtete jüdische Verschwörung wittern ließ, doch trug der althergebrachte, weitverbreitete Antisemitismus seinen Teil dazu bei. Eifrig gehorchten sämtliche Ostblockstaaten Stalins Wink und gingen daran, altgediente, loyale Kommunisten jüdischer Herkunft ihrer Ämter zu entheben. Die gerade neu hinzugekommene Sowjetzone Deutschlands bildete da keine Ausnahme.

Schon im Jahr 1947 hatte die Sowjetunion eine Pressekampagne gegen das „Weltbürgertum" initiiert, was übereinstimmend als Kodewort für Juden gewertet wurde. Noch unmißverständlicher wandte sich die nächste Kampagne im Jahr 1948 gegen den „jüdischen kleinbürgerlichen Nationalismus". Und da der allseits bekannte Hang der Bourgeois, es sich wohlergehen zu lassen, der Unfähigkeit des kommunistischen Regimes, für dieses Wohl auch zu sorgen, diametral zuwiderlief, war sonnenklar, welche Haltung die politisch korrekte war. Doch durfte man es nicht bei diesen theoretischen Begründungen belassen, so daß die Kampagne schon bald eskalierte und jüdische Parteimitglieder nun der Illoyalität gegenüber dem Regime bezichtigt wurden. Doch waren die Juden nicht die einzige Zielscheibe des Regimes. Die ostdeutschen Kommunisten legten es ebenso darauf an, sich aller konkurrierender sozialistischer Parteien zu entledigen.

Mit brutalen Methoden jagte die Sozialistische Einheitspartei, die einzige von den Sowjets am Ende geduldete Partei im Osten, die Sozialdemokraten und andere Nicht-Kommunisten buchstäblich aus dem Berliner Rathaus hinaus. Im September 1948 setzten sich die demokratischen Parteien unter der Führung Ernst Reuters in den Westen ab, wo sie eine neue Stadtregierung bildeten. Im November erkannten die Sowjets die Rumpfverwaltung in Ostberlin an, doch im Dezember – bei einer Wahlbeteiligung von 86 Prozent – stimmte bei den freien Wahlen im Westsektor die Mehrheit für eine sozialdemokratische Regierung in ihrem Teil der Stadt. Dieser gewählten Regierung mit Ernst Reuter als Bürgermeister gelang es, den Westsektor während der Blockade durch entschlossenes Handeln zusammenzuhalten. Am 23. Mai 1949, zwei Wochen nach dem Ende der Blockade, wurde die Bundesrepublik Deutschland (BRD), mit ungefähr 49 Millionen Einwohnern, offiziell gegründet. Wenige Monate später zog der Volkskongreß nach und erklärte feierlich die Gründung der Deutschen Demokratischen Republik (DDR), in der 16 Millionen Menschen lebten. Damit war die de facto bereits erfolgte Teilung des Landes in zwei wirtschaftlich und politisch getrennte Zonen offiziell besiegelt.[5]

Zu den ersten Opfern, an denen die interne „Säuberung" der SED öffentlich demonstriert wurde, gehörte Bernhard Steinberger – ein Jude, dessen Frau aus Ungarn stammte, und den man im Juni 1949 festnahm. Einige Wochen zuvor war seine Frau im Zusammenhang mit der Verhaftung Laszlo Rajks, des einstigen Innen- und nun Außenministers Ungarns, in Budapest gefangen genommen worden; das genügte, um Steinberger in ein Netz von Verdächtigungen zu verstricken. Die Verhaftung Rajks war der Auftakt zu einer Verhaftungswelle innerhalb der ungarischen Regierung, wobei von achtunddreißig Festgenommenen siebenundzwanzig Juden waren. In dem im September 1949 anberaumten Prozeß beschuldigte man Rajk und seine beiden jüdischen Mitangeklagten – übrigens alle Funktionäre der kommunistischen Partei – „Komplizen der zionistischen Bewegung [zu sein], die als Gehilfe des kapitalistischen Imperialismus gegen die Volksdemokratien in der ganzen Welt einschlägig bekannt ist". Nach einer kurzen Verhandlung wurden alle drei schuldig gesprochen, zum Tode verurteilt und sofort gehängt.[6]

Rajks Prozeß war der erste der stalinistischen Schauprozesse der Nachkriegszeit, bei denen nicht nur für die Hauptbeteiligten das Todesurteil feststand, sondern die auch immer weitere Kreise zogen und alle erfaßten, die irgendwie mit den Beschuldigten in Berührung gekommen waren. Man warf Steinberger nicht nur den angeblichen Kontakt zu Rajk – über seine Frau – vor, sondern auch den Umstand, daß er die Nazizeit durch seine Flucht nach Italien und später in die Schweiz überlebt hatte. Laut einer neuen Weisung von General Ivan Serow, Leiter des Militärbüros für Innere Angelegenheiten in der Sowjetzone, war die SED gehalten, „all jene zu entfernen, die während des Kriegs vom Westen verdorben worden waren. Dazu gehören Kameraden, die längere Zeit als Kriegsgefangene in Jugoslawien verbrachten oder in den Westen emigriert waren, so daß sie möglicherweise von Imperialisten oder Titoisten als Agenten angeworben wurden."[7]

Wie Erich Nelhans von der ersten Berliner Gemeinde, wurde Steinberger im Schnellverfahren zu einem Strafaufenthalt von unbestimmter Dauer im Arbeitslager von Workuta verurteilt. Doch anders als Nelhans blieb er am Leben, wurde 1955 entlassen und durfte in die DDR zurückkehren. Er war allerdings nur das erste von vielen Opfern. Serows Weisung wurde vom Zentralkomitee der Partei übernommen und zeitigte eine regelrechte Hexenjagd auf jeden einzelnen, der durch Kontakt zu amerikanischen Geheimdiensten kontaminiert war. Nach der sowjetischen Definition gehörten dazu als das schlimmste Schreckgespenst die zionistische Bewegung, dicht gefolgt von den jüdischen Hilfsorganisationen wie AJDC und HIAS (Hebrew Immigrant Aid Society), die als „trotzkistische jüdische Bewegung" bezeichnet wurde. Der Jude Leo Trotzki, Stalins Erzfeind, war ins mexikanische Exil vertrieben und dort 1940 von sowjetischen Agenten ermordet worden. Von da an symbolisierte er für alle Zeiten das Dissidententum schlechthin, und es gab keinen verabscheuenswerteren Namen als seinen. „Zionismus" hielt zu dieser Zeit gerade Einzug in das stalinistische Vokabular als abfälliges Schlüsselwort. Später definierte die Partei den Zionismus präziser als eine „nationalistische, imperialistische Bewegung" und verlangte von den Mitgliedern des Ostblocks, Israel zu attackieren und die Palästinenser als Opfer des israelischen Imperialismus zu verteidigen.

Inmitten und aufgrund all dieser Veränderungen waren die Berliner Juden in eine ungewöhnliche Situation geraten, weil sich ihre Zentrale in der Synagoge an der im Osten gelegenen Oranienburger Straße befand, während die Gemeindemitglieder sowohl im sowjetischen als auch in den westlichen Sektoren wohnten. Angesichts der merklichen Abkühlung in der offiziellen Haltung des Ostens ihnen gegenüber, wurde den Juden in der Sowjetzone sehr bald klar, daß sie in einem anderen Land als ihre Glaubensgenossen in den Zonen der Westalliierten lebten. Dessen ungeachtet stellte Berlin – als unter den vier Mächten aufgeteilte Stadt – lange Zeit eine konkrete Verbindung zwischen den beiden Jüdischen Gemeinden dar.

Im Lauf der Zeit machten die Juden im Osten immer mehr die Erfahrung, wie isolierend sich dieser Zufall des geographischen Ortes auf sie auswirkte. Schon im Juli 1946 hatten die größeren Jüdischen Gemeinden im Osten den „Verband Jüdischer Gemeinden in der Russischen Okkupationszone" gebildet. Dazu gehörten die acht in der Sowjetzone noch übriggebliebenen Jüdischen Gemeinden, von denen Leipzig und Dresden die beiden größten waren. (Berlin gehörte nicht zu den Gründungsmitgliedern.) Der neue Dachverband sollte ihre eigenen Aktivitäten koordinieren und sie außerdem bei Verhandlungen mit der sowjetischen Besatzungsmacht vertreten. Zum Präsidenten wurde Julius Meyer gewählt, ein loyales Mitglied der kommunistischen Partei, der in Ostberlin lebte, aber auch im Vorstand der Berliner Gemeinde saß.[8] Doch als 1950 in Düsseldorf der Zentralrat der Juden in Deutschland gegründet wurde, ließ es die ostdeutsche Regierung nicht zu, daß der dortige Verband mit den Gemeinden ihrer Glaubensbrüder im Westen zu einer einzigen einheitlichen Organisation verschmolz.

Die Jüdische Gemeinde in Berlin sah sich einem zweifachen Druck ausgesetzt: einmal von der sowjetgesteuerten ostdeutschen Regierung und zum anderen von den Juden im Rest der Welt, die weiterhin eine jüdische Präsenz in Deutschland nicht tragbar fanden. Im Jahr 1950 kehrte Nathan Peter Levinson, ein Berliner, der bis zu seiner Emigration im Jahr 1941 an der Hochschule für die Wissenschaft des Judentums studiert hatte, als Rabbiner in die Gemeinde zurück. Als von außen Kommender konnte er besonders klar beobachten, wie sich der Druck und die Spannung, unter denen die Gemeinde stand, auswirkte. In seinen Memoiren schreibt er: „... in der Hauptverwaltung der Gemeinde spielten sich des öfteren dramatische Szenen ab. ... wenn ... die Gemeinde wieder einmal von den Ostbehörden ersucht wurde, eine Entschließung gegen den ‚revanchistischen Geist der Bundesrepublik' [beispielsweise] und den ‚dort herrschenden Faschismus' zu verabschieden. Man schrie sich stundenlang gegenseitig an ... und wußte immer genau, was der andere sagen würde ... "

Gleichzeitig konnten sie nichts anderes tun, als die Mißbilligung der Juden draußen voller Traurigkeit hinzunehmen. „Ob man es wollte oder nicht", schrieb Levinson, „ob es den Organisationen außerhalb Deutschlands lieb war oder nicht, es gab wieder oder noch Juden in Deutschland, die die Instrumente ihrer jüdischen Identität benötigten... " Aber es gab nur noch wenige, die geeignet und qualifiziert waren, diese „Instrumente" – die Schulen, Synagogen, Ausbildungsinstitute für Gelehrte, religiöse Feierlichkeiten – zu leiten. Daher, bemerkte Levinson, mußte „die Verwaltung jüdischer Gemeinden in den ersten Nachkriegsjahren ein Provisorium sein".[9]

Obwohl fünf Synagogen in Berlin ihrer Bestimmung gemäß genutzt wurden, war Levinson der einzige Rabbiner und mußte mit drei „Predigern" auskommen, die nicht ordiniert waren, aber Gottesdienste und Schulunterricht abhalten durften. Einer dieser Prediger war Martin Riesenburger, der nur eine sehr unzureichende jüdische Ausbildung genossen hatte, nämlich zwei Jahre Studium der Religionsphilosophie an der Liberalen Hochschule für die Wissenschaft des Judentums und ein weiteres Jahr an einem orthodoxen Rabbinerseminar. Gleich anderen hielt Levinson nicht besonders viel von Riesenburgers Qualifikationen, wissend, daß er unfähig war, einen unpunktierten hebräischen Text zu lesen.[10] [Im Hebräischen werden die Vokale durch diakritische Zeichen (Punkte) unter den Konsonanten, aus denen die Buchstaben des hebräischen Alphabets bestehen, markiert. Ein versierter Leser braucht die Punkte nicht.] Diese Unzulänglichkeit war sehr hinderlich im Gottesdienst. Wenn die Tora (Schriftrolle) aus dem Allerheiligsten herausgenommen und auf dem Lesepult in der Synagoge entrollt wurde, hätte Riesenburger den Text – da unpunktiert – nicht direkt von der Rolle lesen können.

Als Levinson 1950 eintraf, steckten die Jüdischen Gemeinden im Osten gerade in einer besonders unangenehmen Lage, weil sie die hohen Anforderungen der Regierung erfüllen mußten und dazu noch der Mitgliederschwund anhielt. Doch standen sie erst am Anfang einer ernsthaften Krise. Die ersten Andeutungen dessen, was ihnen bevorstand, kamen aus dem Ausland, wo die Säuberungen, die mit dem Fall Laszlo Rajk begonnen hatten, weitergingen.

Die Tschechoslowakei hatte sich als kommunistischer Musterstaat erwiesen: Bereits 1948 hatte sie zionistische Organisationen verboten, verstaatlichte die Ressourcen jüdischer Wohlfahrtseinrichtungen und sperrte Gemeindemitglieder ins Gefängnis, die mit ausländischen Hilfsorganisationen wie dem AJDC zusammengearbeitet hatten. In den Jahren 1951 bis 1952 schloß die tschechische kommunistische Partei alle jüdischen Mitglieder aus. Aber der brutalste Racheakt brach im Prozeß gegen Rudolf Slansky – im November 1952 in Prag – über die Juden herein. Seit jeher Kommunist, hatte Slansky die Kriegsjahre in Moskau verbracht und war 1945 in seine Heimatstadt Prag zurückgekehrt, wo er als Generalsekretär der regierenden Kommunistischen Partei fungierte. Zusätzlich Mitglied des Politbüros, hatte er im gerade Gestalt annehmenden Ostblock eine Machtstellung inne.

Am 25. November 1951 wurde er verhaftet und beschuldigt, ein Handlanger des amerikanischen Imperialismus und Zionismus zu sein. Nach einem Jahr Haft begann für ihn und dreizehn andere hochrangige Parteimitglieder in wichtigen Regierungsposten am 20. November 1952 der Prozeß. Elf der vierzehn Angeklagten waren Juden, und so wurde wieder einmal das Märchen von der jüdischen Weltverschwörung, von dem die Nazis so wirkungsvoll Gebrauch gemacht hatten, in die Welt gesetzt, diesmal von einem kommunistischen Regime. Während des Schauprozesses „gestanden" alle Angeklagten in höchst formelhafter Diktion die ihnen zur Last gelegten „Verbrechen". Slansky selbst begann damit, daß er seiner bürgerlichen jüdischen Herkunft die Schuld gab, ging dann dazu über, sich als „Karrierist, Opportunist und Heuchler" zu bezeichnen, als „Feigling, der seine Kameraden an die Polizei verraten hat" und schließlich als „Verräter, Mörder und Spion". Nach nur wenigen Prozeßtagen wurden er und elf weitere Angeklagte zum Tode, die restlichen drei zu lebenslänglichen Haftstrafen verurteilt. Bereits am 3. Dezember 1952 wurden die Verurteilten ohne weiteren Aufschub gehängt.[11]

Sozusagen direkt vor der eigenen Haustür gab es den Fall Paul Merker in Berlin, der kein Jude war, vor dem Krieg dem Politbüro der Deutschen Kommunistischen Partei angehört hatte und vor den Nazis nach Mexiko geflohen war. Nach dem Krieg kam er nach Deutschland zurück und wurde am 30. November 1952, nur vier Tage vor Slanskys Hinrichtung, wegen zwei schwerwiegender Abweichungen von der Parteilinie in Berlin verhaftet. In allen seinen Schriften – sowohl in Mexiko als auch später – hatte Merker stets den Antisemitismus als Kern der Nazi-Ideologie beschrieben. Als er 1946 wieder in Ostberlin war, wandte er sich gegen die Regelung, mittels derer die für die „Opfer des Faschismus" zuständige Organisation die Juden nur als „Opfer" einordnete und ihnen somit die Hilfe verweigerte, die „antifaschistischen Widerstandskämpfern" zukam. Im Gegensatz zur offiziellen Parteilinie befürwortete Merker auch eine finanzielle Wiedergutmachung für die deutsch-jüdischen Überlebenden. Der Historiker Jeffrey Herf schrieb, die Ablehnung dieser Ansichten seitens der Partei „machte letztlich die Hoffnung auf eine spezifisch ostdeutsche Auseinandersetzung des Kommunismus mit der jüdischen Katastrophe weitgehend zunichte."[12] Für Paul Merker nahm mit diesen Anschuldigungen jedenfalls das Verhängnis seinen Lauf.

In seinen Abweichungen von der offiziellen Linie sah die Führungsspitze der Partei zu viel Kritik, als daß sie sie hätte tolerieren können. Schon 1950 war Merker aus der Partei ausgeschlossen worden und wurde dann 1952, wie bereits erwähnt, verhaftet und beschuldigt, mit Slansky und zwei seiner Mitangeklagten konspiriert zu haben, um den Kommunismus in Ost- und Mitteleuropa zu untergraben. Wie sich erweisen sollte, blieb Merker trotz dieser Anklage am Leben, kam aber in Haft, bis er 1955 endlich vom Vorwurf der Spionage freigesprochen wurde. Allerdings hatte ihn sein Einsatz für jüdische Belange den Parteioberen auf ewig verdächtig gemacht und er bekleidete nie wieder ein öffentliches Amt.

Die winzige Jüdische Gemeinde in Ostdeutschland verfolgte diese Entwicklungen mit großer Sorge. Eine Woche nach den Slansky-Hinrichtungen begann die Fluchtwelle nach Westberlin. Wer die Politik im Osten aufmerksam beobachtet hatte, dem war klar, daß die Presse und andere ostdeutsche Staatsorgane bei ihren Angriffen gegen die Juden nun das Tempo forcierten. Am 4. Januar 1953, einen Monat nach der Hinrichtung Slanskys, veröffentlichte das *Neue Deutschland*, das offizielle Parteiblatt der DDR, einen Artikel mit der Überschrift: „Lehren aus dem Prozeß gegen das Verschwörerzentrum Slansky". Die Verfasser prangerten den „zersetzenden Charakter des Judentums" an, und attackierten den Zionismus als „vom amerikanischen Imperialismus organisierte, gesteuerte und beherrschte" Bewegung, die die Interessen jüdischer Kapitalisten vertrete. Zwei Tage darauf holte die Zentrale Parteikontrollkommission Julius Meyer zum Verhör, ein langjähriges Parteimitglied, aber auch wichtiger Funktionsträger im Vorstand der Jüdischen Gemeinde zu Berlin. Zwei Tage lang wurde er von der ZPKK verhört, um ihm das Eingeständnis zu entlocken, der AJDC sei als internationale jüdische Organisation in die Slansky-Verschwörung verwickelt. Nachdem man ihn wieder hatte gehen lassen, fuhr Meyer sofort Richtung Süden zu den Jüdischen Gemeinden in Erfurt, Leipzig und Dresden, um sie vor den zu erwartenden Verhaftungen zu warnen und den besonders gefährdeten Gemeindemitgliedern dringend zur Flucht zu raten, solange diese noch möglich war. Innerhalb einer Woche ließen die führenden Funktionäre der Jüdischen Gemeinden in Dresden, Leipzig, Erfurt, Halle, Eisenach und Magdeburg alles stehen und liegen und begaben sich mit ihren Familien nach Berlin.[13] Da die Grenze zwischen Ost- und Westdeutschland großenteils bereits abgeriegelt war, befand sich der einzige leicht zugängliche Übergang in den Westen in Berlin, wo man mit der S-Bahn von der einen in die andere Zone gelangen oder mit einem Privatauto den amerikanischen Checkpoint Charlie passieren konnte. Schließlich gab es noch den Bahnhof Friedrichstraße mit dem berühmten Wartesaal, der im Volksmund „Tränenpalast" hieß, weil dort die Mitglieder auseinandergerissener Familien voneinander Abschied nahmen. Allein im Januar flohen fünfhundert Juden aus allen Teilen der Sowjetzone nach Westberlin; am Tag nach der Hinrichtung Slanskys verließ ein Drittel der 163 Dresdner Juden ihre Stadt in Richtung Westen. Der damals selbst in Dresden lebende Helmut Eschwege schildert, wie sich zunehmend Panik ausbreitete: „Die Angst unter den Juden nahm gefährliche Formen an. Nicht nur Gemeindevorsitzende, sondern auch jüdische Funktionäre der Partei und parteilose Juden flüchteten in großer Zahl ins Ausland. Die zurückgebliebenen Juden, ob Mitglieder der Gemeinde oder andere, waren kopflos."[14]

Am 14. Januar bat Rabbi Levinson Heinz Galinski, den Vorsitzenden der Berliner Gemeinde, mit ihm zusammen eine Pressekonferenz abzuhalten und die Juden in der DDR dringend aufzufordern, das Land so bald wie möglich zu verlassen. Galinski wie auch die anderen Mitglieder des Vorstands weigerten sich nicht nur, sondern mokierten sich über Levinsons Vorstoß als „amerikanische Politik". Doch hatte Levinson inzwischen erfahren, daß der Staatssicherheitsdienst die Geschäftsstellen der Gemeinden durchsucht und offizielle Dokumente beschlagnahmt hatte. Überdies hatte er davon gehört, daß man Gemeindemitglieder verhaftete und ins Verhör nahm. Er trat also ohne Galinski vor die Presse und sprach vom offiziellen Antisemitismus, der eine Bedrohung für die Jüdischen Gemeinden sei. Dann riet er allen Juden in der Ostzone, in den Westen hinüberzugehen. Da er selbst 1941 vor Hitler geflohen war, lautete seine Botschaft schlicht und einfach, wie er in seinen Erinnerungen schreibt: „Ihr sollt verschwinden. Ich habe das schon einmal erlebt."[15]

Der für seinen selbstherrlichen Führungsstil bekannte Galinski hatte Levinson mit fristloser Entlassung gedroht, sollte er mit der Presse sprechen. Da Levinson nicht nachgab, stand auch Galinski zu seinem Wort und kündigte ihm die Stellung als Rabbiner für Berlin. Aber da Levinson kein Blatt vor den Mund genommen und klipp und klar darauf hingewiesen hatte, in welch gefährlicher Situation sich die Juden befanden, war der Gemeindevorstand gezwungen, selbst Stellung zu beziehen und ein öffentliches Statement abzugeben.[16]

Am Tag darauf brachte das *Neue Deutschland* eine Meldung über die Verhaftung der jüdischen Ärzte in Moskau, die Stalin behandelt hatten. Wortwörtlich aus der sowjetischen Presse übernommen hieß es da, die Ärzte seien Agenten des AJDC, „der internationalen jüdischen bürgerlich-nationalistischen Terrororganisation".[17] Laut Anklage hatten sie bereits mehrere hohe sowjetische Funktionäre ermordet und waren gerade noch daran gehindert worden, auch Stalin umzubringen. Da zögerte die Jüdische Gemeinde nicht länger. Galinski berief eine weitere Pressekonferenz ein und sagte im Grunde dasselbe, was Rabbi Levinson tags zuvor erklärt hatte. Am 16. Januar, dem Tag nach der Meldung über das „Ärzte-Komplott" schloß die Gemeinde ihre Geschäftsstelle in Ostberlin und zog in den Westen um. Am selben Tag wurden in Budapest der Präsident des Landesverbandes der ungarischen Jüdischen Gemeinden und der AJDC-Beauftragte für Ungarn verhaftet.[18]

Auch das ostdeutsche Regime verschwendete keine Zeit. Zwei Tage später gründete es eine neue Jüdische Gemeinde für „Groß-Berlin", die sich in den gerade von der vorigen Gemeinde geräumten Büros in der Oranienburger Straße einrichtete. In kurzer Zeit wurden vom Magistrat ein neuer Vorstand und ein Beirat berufen. Wie zu erwarten, waren fast alle neuen Amtsträger verläßliche Mitglieder der SED. Auch fanden sich Spitzel unter ihnen, die regelmäßig der Stasi Bericht erstatteten: Der Staatssicherheitsdienst hatte ein wachsames Auge auf eine Gruppe, die in einem kommunistischen Staat per se suspekt erscheinen mußte. Als einziger Funktionsträger der vormaligen Gemeinde blieb der Prediger Martin Riesenburger zurück.[19] In einem am 19. Januar im *Neuen Deutschland* veröffentlichten Propaganda-Artikel gab er zusammen mit zwei an-

Die Jüdische Gemeinde in West-Berlin. Willy Brandt besuchte die Berliner Gemeinde 1957 anläßlich seiner Amtsübernahme als Regierender Bürgermeister von West-Berlin. In der Mitte links Brandt zusammen mit Heinz Galinski, dem Haupt der Jüdischen Gemeinde. Außerdem sind abgebildet: Jeanette Wolf und Siegfried Cohn, Mitglieder der Vorstands- und Repräsentanten-Versammlung

deren Mitgliedern des neuen Vorstands ein Statement ab, damit nur ja kein Zweifel an der Loyalität der Juden dem Staat gegenüber aufkäme. Darin priesen sie unter anderem den „Geist der Völkerfreundschaft und des proletarischen Internationalismus" in der DDR, wo Antisemitismus nicht geduldet werde.[20]

Die Reaktion der Ostregierung auf die Flucht der jüdischen Führungspersönlichkeiten war zumindest in der Form, wenn auch nicht in der Tat brutal. Durch ihre stellvertretende Organisation, die VVN, ließ sie zwei Tage später einen Hetzbericht über die Massenflucht veröffentlichen, in dem sie erklärte: „Nachdem sie [die Geflüchteten] erkannten, daß ihre sowohl in der Jüdischen Gemeinde als auch in der VVN [Vereinigung der Verfolgten des Naziregimes] gespielte Doppelrolle durchschaut wurde... [haben sich] Meyer und seine Kumpane... nach Westberlin abgesetzt und bezeichnenderweise in diesem Eldorado der faschistischen Mordbanden, der Henker an Millionen jüdischer Menschen, im Hauptquartier der amerikanischen Agentenzentrale Zuflucht gesucht. Sie sind in den

Schoß der Organisatoren der faschistischen Massenvernichtungsla-
ger von Auschwitz, Maidanek und Treblinka, der Organisatoren
des barbarischen Massenmordes und der Zerstörung von Lidice
und Oradour geflüchtet. ... " Und in diesem Ton ging es noch eine
Weile weiter.[21]

Welches Schicksal den beiden Jüdischen Gemeinden Berlins jeweils
beschert war, kommt anschaulich zum Ausdruck in der Art, wie sie
in den Jahren nach der Spaltung untergebracht waren. Nach ihrem
Umzug in den Westen ließ sich die Berliner Gründungsgemeinde
vorübergehend in der Joachimsthaler Sraße nieder – wo es eine orthodoxe Synagoge gab, deren Nebenräume die Gemeinde als Büros
nutzen konnte. Nur wenige Häuserblocks entfernt standen die Ruinen der Synagoge an der Fasanenstraße. Der 1912 mit großem
Pomp eingeweihte Bau war in der „Kristallnacht" 1938 von den
Nazis verwüstet und geschändet worden. Obwohl das Gotteshaus
bei den Luftangriffen im Krieg unversehrt geblieben war, hielt man
es in den 50er Jahren für nicht mehr sanierungsfähig. Daher trafen
die Gemeinde und der Berliner Senat ein Abkommen über die künftige Nutzung des wertvollen Grundstücks im Herzen Westberlins:
Die Gemeinde übernahm den Abriß der Ruinen, und der Senat
wollte für die Beseitigung des Schutts aufkommen sowie ein Gemeindezentrum errichten, das nicht nur Platz für Geschäftsräume,
sondern auch für eine kleine Synagoge, ein Restaurant, Tagungs-
und Unterrichtsräume und eine Bibliothek bot. Die Verhandlungen
und Baumaßnahmen dauerten einige Zeit, aber im Jahr 1958 war
das neue, im sachlich modernen Stil erbaute Gemeindehaus endlich
fertig. Den Architekten war es gelungen, das Portal der alten Synagoge zu retten und wieder als Haupteingang zu verwenden, und
auch eine Säule aus dem ehemaligen Innenraum schmückte nun die
Fassade. Eingemeißelt war der Spruch aus dem 3. Buch Mose, Kapitel 19, Vers 18: „Liebe deinen Nächsten wie dich selbst."
    Ein Schmuckstück des neuen Gemeindehauses war die unter der
Leitung von Jürgen Landeck entstandene Bibliothek. Der eigentlich
aus Magdeburg stammende Landeck war 1939, im Alter von fünfzehn Jahren, aus Sicherheitsgründen von seinen Eltern nach Palästina geschickt worden. Seine Eltern kamen um, doch er kehrte auf
Einladung der Berliner Gemeinde nach dem Krieg dorthin zurück.[22]
In den 80er Jahren hatte er einen erstklassigen Bibliotheksbestand
von mehr als 60 000 Bänden an Judaica zusammengetragen, dar-

Der Hauptsitz der Jüdischen Gemeinde in Berlin. Das 1959 fertiggestellte
Gebäude wurde an der gleichen Stelle errichtet, an der die im Krieg zerstörte Synagoge in der Fasanenstraße gestanden hatte. Sowohl das Ein-
gangsportal als auch eine der mit Ornamenten verzierten Säulen konnten
aus der Ruine des alten Gebäudes gerettet werden.

unter eine besonders beeindruckende Sammlung von Geschichten
über Jüdische Gemeinden in den Städten Deutschlands. Wie er
selbst wehmütig anmerkte, fand sich in vielen alten Büchern, die er
von Händlern, auf Auktionen oder von Privatleuten kaufte, auf dem
Deckblatt noch der Stempel der jüdischen Gemeindebücherei, der
die Bücher gehört hatten, bevor sie vom Nazi-Regime beschlagnahmt worden waren – ein stummer Kommentar ihrer eigenen Geschichte.

In Ostberlin war die wunderschöne Neue Synagoge während des
Krieges bei Bombenangriffen der Alliierten beschädigt worden, aber
ihre Überreste, eine Erinnerung an frühere Pracht, waren der Regierung ein ständiges Ärgernis. 1958 gab die ostdeutsche Gemeinde
der Regierung die Erlaubnis, den Teil der Synagoge mit dem großen
Betsaal als „verkehrsgefährdend" niederzureißen – eine bis heute
kontrovers diskutierte Entscheidung, denn, wie ein Mitglied der
orthodoxen Gemeinde betont, grenzt der Bau nicht an eine Straße,
aber hinter der mit Türmchen geschmückten Fassade – die man ste-

hen ließ – nahm er die Fläche eines Wohnblocks ein.[23] Ursprünglich war die Synagoge von drei stattlichen Kuppeln – einer großen in der Mitte und rechts und links jeweils einer kleineren – gekrönt, doch war eine der kleinen Kuppeln im Krieg zerstört worden. Diese schäbigen, unsymmetrischen Überreste des ehemaligen Eingangsbereichs dienten nun der neuen Ostberliner Gemeinde als Hauptsitz und blieben es – unverändert und ohne irgendwelche Renovierungen – für die nächsten vier Jahrzehnte.

Nach Stalins Tod im März 1953 und Chruschtschows spektakulärer Distanzierung vom Stalinismus auf dem 20. Parteitag im Jahre 1956, wurde die Lage der in der Sowjetzone verbliebenen Juden etwas leichter. Der Historiker Michael Brenner meinte dazu: „In der poststalinistischen Ära zeigte sich die Führung der DDR zunehmend interessiert an der Existenz einer wenn auch noch so kleinen Jüdischen Gemeinde und ließ dieser staatliche Unterstützung zukommen. Die wenigen hundert Juden, die noch in den Jüdischen Gemeinden eingetragen waren, wurden wie die letzten Exemplare einer aussterbenden Tierart beschützt, machte es doch in den Augen der Weltöffentlichkeit keinen guten Eindruck, wenn ausgerechnet der antifaschistische Erbe des Dritten Reiches ,judenrein' sein sollte."[24]

Dieses Doppelspiel löste unter den Juden in Berlin eine gewisse Verwirrung aus. Zur gleichen Zeit, da die Regierung führende Gemeindemitglieder verfolgte und verhaftete, gefiel es ihr, die Synagoge an der Rykestraße als ein Prunkstück von Andachtsstätte zu restaurieren. In Nordostberlin gelegen, war der Gesamtkomplex im Entstehungsjahr 1904 für eine liberale Gemeinde konzipiert worden und beherbergte ursprünglich eine Schule für fünfhundert Schüler, die an der Straße lag, während man zur Synagoge selbst – die zweitausend Gläubigen Platz bot – über einen Innenhof gelangte, den man durch einen Torbogen von der Straße her betrat. Die Rykestraßen-Synagoge war nicht – wie beispielsweise die Neue Synagoge im beliebten maurischen Stil, der den Synagogenbau im späten 19. Jahrhundert beherrschte, errichtet worden, sondern ging auf die klassische norddeutsche Architektur aus Backstein zurück, mit Giebeln und einem Ziegeldach. Im November 1952 genehmigte der Magistrat 300 000 Mark für die Restaurierung, und im September 1953 wurde das Gebäude unter dem neuen Namen „Friedenstempel" für die Neujahrsfeiern unter der Leitung von Martin Riesenburger wiedereröffnet.[25] Da man nicht genug Leute hatte, um täglich einen offiziellen Gottesdienst abzuhalten – für den mindestens zehn erwach-

Die Ruine der Neuen Synagoge in der Oranienburger Straße in Ost-Berlin. Sie diente der Jüdischen Gemeinde im Ostsektor der Stadt für über 40 Jahre als Hauptsitz bis zum Beginn ihres Wiederaufbaus im Jahre 1988.

sene Männer, der sogenannte *Minjan*, anwesend sein mußten –, wurde die Synagoge nur am Sabbat und an den Festtagen genutzt. Wie eine Sehenswürdigkeit verwendete die Regierung sie nun als eindrucksvollen Rahmen für ausgewählte Feierstunden.

Nicht nur die offizielle Berliner Synagoge, sondern auch den Rabbiner dafür bestimmte das Regime und vergab das Amt 1953 an den Prediger Martin Riesenburger, dem die Diskrepanz zwischen seinen Amtshandlungen und seiner tatsächlichen Qualifikation durchaus bewußt war. Erst 1950 aber übernahm er dann selbst in seinem Briefkopf den Titel „Prediger". Mit der Verleihung des Titels Rabbi würdigte man also mehr seine Loyalität dem Regime gegenüber denn seine jüdische Gelehrsamkeit.[26]

Ungeachtet seiner mangelnden akademischen Ausbildung begann Riesenburger seine Laufbahn im Jahr 1933 im jüdischen Altersheim von Berlin, indem er in der dortigen Synagoge Gottesdienste abhielt und predigte; er blieb dort bis 1942, als man alle Bewohner deportiert und das Heim geschlossen hatte. Im Jahr 1943 beauftragte ihn die Deutsche Jüdische Kultusvereinigung, deren Geschäftsräume in der Oranienburger Straße lagen, die Gottesdienste in der Synagoge an der Levetzowstraße zu leiten, die damals als Sammelplatz für Juden diente, die in den Osten deportiert werden sollten. Nach seiner Darstellung hielt er in der Levetzowstraße keine Gottesdienste ab. Im Juni 1943 wurde er dann an den Friedhof in Berlin-Weißensee versetzt, wo er Bestattungen vornehmen und bei der Verwaltung des Friedhofs behilflich sein sollte.[27]

Als glänzender Redner und loyaler Parteianhänger war Riesenburger für das Regime unentbehrlich, und es setzte den als „roten Rabbi" bekannten Mann des öfteren ein, bei öffentlichen Großveranstaltungen die Regierungspolitik zu erläutern.[28] Im Jahr 1961 beförderte man ihn sogar zum „Landesrabbiner", eine Geste, die an das alte deutsche Amt des „Judenbischofs" erinnerte. Im Mittelalter war es Tradition gewesen, daß die deutschen Landesfürsten jeweils einen „Judenbischof" ernannten, der eine Vermittlerrolle zwischen der Obrigkeit und der Jüdischen Gemeinde spielte. Als Diener zweier Herren waren diese Leute bei ihren Glaubensbrüdern nie besonders beliebt; und wie seinen Vorgängern brachte man auch Riesenburger eine gewisse Skepsis entgegen, zumindest unter den in der Berliner Gemeinde verbliebenen orthodoxen Juden.

Die widersprüchlichen Botschaften aus der Regierungsecke trugen nicht dazu bei, die Atmosphäre für die im Land verbliebenen Juden zu entspannen; unberührt von ideologischen oder realen Gegebenheiten lebten die alten Vorurteile munter fort. Die 1933 in Berlin geborene Salomea Genin war auf der Flucht vor Hitler als Kind mit ihren Eltern nach Australien ausgewandert. Als Erwachsene wurde sie eine engagierte Kommunistin und kehrte 1963 nach Ostberlin zurück. An der dortigen Universität wurde ihr nach und nach klar, welche Einstellung ihre Kollegen Juden gegenüber tatsächlich hatten. In diesem Zusammenhang schildert sie eine Unterhaltung mit einer Freundin über eine Soziologenkonferenz in Uppsala. Ihr war im Programm der Name eines der Veranstalter aufgefallen, Sven Levy. Sie fragte ihre Freundin, ob diese glaube, daß Levy Jude sei. „Erschrocken schaute sie mich an. ‚Das würde ich doch niemals fragen!‘ ‚Warum nicht?‘ fragte ich erstaunt. Beim nächsten Satz stotterte sie. ‚Da... da hätte ich doch das Gefühl, ich... würde jemand fragen, ob er ein Dieb ist oder Tbc hat.‘... Plötzlich begriff ich, warum es in der DDR-Presse und Literatur keine Juden, sondern nur ‚jüdische Menschen‘ oder ‚jüdische Mitbürger‘ gab. Sie empfinden das immer noch als Schimpfwort! Das ist doch Antisemitismus.“[29] Salomea Genin schlug sich bis Mai 1989 mit ihren Zweifeln herum und kehrte dann der Partei endgültig den Rücken.[30]

Die anhaltende Fluchtbewegung der jüdischen Bevölkerung von Ost nach West ist vielleicht der deutlichste Beweis für die zunehmenden Verdächtigungen und Feindseligkeiten gegen die Juden einerseits und die vermehrte jüdische Skepsis andererseits, was die Parolen von „Brüderlichkeit“ und „Toleranz“ betraf, die in der DDR immer wieder beschworen wurden. In den Jahren 1948–1949 gab es in der gesamten Sowjetzone nur 3800 Juden, und mehr als die Hälfte von ihnen, 2625, lebten in Ostberlin.[31] Von den 316 Juden, die 1950 in Leipzig wohnten, verließen 54 die Stadt, was in der Amtssprache „unbekannt verzogen“ hieß. Jeder – Juden wie auch alle anderen – wußte, daß sie in den Westen geflüchtet waren. Im Jahr 1956 gab es nur noch 1900 Juden in Ostdeutschland. Dieses stille Ausbluten der jüdischen Bevölkerung setzte sich ungehindert fort bis 1961, als das Regime Ausreisen grundsätzlich unterband. Aber schon lange vorher hatten die Jüdischen Gemeinden die Veränderung gespürt, weil sie ihre aktiven Mitglieder und die Jugend verloren hatten.

Nach der großen Flucht Anfang 1953 zeigte sich in den statistischen Erhebungen eine äußerst unsymmetrische Zusammensetzung der jüdischen Bevölkerung. Schon vor 1953 waren mehr als die Hälfte der Gemeindemitglieder in der DDR über fünfundvierzig Jahre alt. Im Lauf der Zeit spitzte sich dieser Trend zu, und im Jahre 1974 lag das Alter von 90 Prozent der dortigen Jüdischen Gemeinde zwischen 55 und 90 Jahren. Im ganzen Land blieben nur achthundert Juden übrig, von denen 450 in Ostberlin lebten. Nur 18 dieser Berliner waren jünger als einundzwanzig.[32] Als 1989 die Berliner Mauer fiel und das DDR-Regime zusammenbrach, gab es in der ganzen DDR nur noch 377 Juden. Da die Jüdischen Gemeinden immer mehr schrumpften und die meisten übriggebliebenen Mitglieder über das gebärfähige Alter weit hinaus waren, entstand eine Atmosphäre des Niedergangs und des Verfalls. Eine Geburt oder Bar-Mizwa war nicht nur für die Familie ein Anlaß zum Feiern, sondern ein sensationelles Ereignis für die ganze Gemeinde. Aber unweigerlich fanden immer weniger solche Erneuerungsfeste statt.

Wie bei allen Statistiken, die von einem totalitären System stammen, verschleiern diese Zahlen ebensoviel, wie sie enthüllen. Eine erste Frage wäre, nach welchen Kriterien man in diesem kommunistischen und atheistischen Staat Juden als Juden klassifizierte. In der DDR war die Kategorie so eng wie möglich gefaßt. Juden wurden nur nach ihrer Religion definiert, ohne historische, ethnische oder soziale Zusammenhänge zu berücksichtigen. Auch war es nicht geraten, sich als Jude zu erkennen zu geben, wenn man in der Regierung, an der Universität oder in irgendeinem anderen exponierten Bereich Karriere machen wollte, sei es im Verlags- und Pressewesen, im Theater, als Musiker usw. Als die regierende SED 1950 eine Säuberungsaktion in den eigenen Reihen unternahm, um unerwünschte Mitglieder loszuwerden, beauftragte man den Journalisten Bodo Uhse, in einem Leitartikel für das offizielle Parteiorgan eine Beschreibung dieser „unerwünschten Personen" zu liefern. Es finden sich darin alle antisemitischen Klischees wieder: „staatenlose, wurzellose Kosmopoliten, bärtige und hakennasige Feinde nationaler Unabhängigkeit, internationale Unterwanderer einer wahren Volkskultur."[33] Etwa 150 000 Mitglieder wurden ausgeschlossen, in der Mehrzahl ehemalige Sozialdemokraten und viele Juden. Von Inge Deutschkron erfahren wir, daß ein Parteiausschluß dem wirtschaftlichen Ruin gleichkam, da „keine Behörde, keine Institution und keine Organisation einen Ausgeschlossenen beschäftigte".[34]

In dieser Phase unterzog Helmut Eschwege, stets ein stürmischer Geselle, beim Ausfüllen eines Fragebogens der Partei die Definition von „Jude" einem Test. In seinen Erinnerungen schrieb er: „Ich trug in die Rubrik Nationalität „Jude" ein, weil ich mich nach allem, was ich erlebt hatte, als solcher fühlte. Offenbar hatte es aber damals eine Anweisung an die Überprüfungskommission gegeben, wonach die jüdischen Mitglieder der SED sich als Angehörige der deutschen Nationalität einzutragen hatten." Die Bezeichnung „jüdisch" war ausnahmslos der Religionszugehörigkeit vorbehalten. Für diesen Verstoß wurde Eschwege 1953 vor einem Parteigericht wegen Abweichung in der „Nationalitätsfrage" der Prozeß gemacht. In einer Gesellschaft, in der bestimmte Texte mindestens soviel galten wie es in religiösen Sekten der Fall ist, glaubte Eschwege sich gut beraten, zu seiner Verteidigung eine Rede Stalins von 1920 zu zitieren, in der dieser die Idee von der friedlichen Koexistenz mehrerer Nationalitäten in einem Staat befürwortet. Doch wurde er mit einem anderen Zitat übertrumpft: „Wir in der DDR stützen uns in der Frage der jüdischen Nationalität auf die Arbeit über die nationale Frage von Stalin aus dem Jahre 1913", urteilten seine Richter.[35] In diesem (in gewissen Kreisen) vielzitierten Essay hatte Stalin den Juden den Status einer Nation abgesprochen: „Eine Nation ist eine historisch konstituierte stabile Gemeinschaft von Menschen, die sich auf der Grundlage einer gemeinsamen Sprache und psychischen Veranlagung, gemeinsamen Territoriums und Wirtschaftslebens gebildet hat und sich in einer gemeinsamen Kultur manifestiert... unter den Juden gibt es keine mit dem Land verbundene starke und stabile Schicht, die die Nation auf natürliche Weise zusammenschweißen würde."[36] Ergo waren die Juden keine Nation.

Während nach dieser engen Definition die Anzahl der Juden bis zum Ende der DDR auf weniger als vierhundert gesunken war, gab es eine wahrscheinlich zehnmal größere Zahl von Leuten, die sich als Juden fühlten, aber nicht der offiziellen Gemeinde angehörten. In diesen Anfangsjahren voller Gefahr und Terror wollten sich eben nur wenige, die nicht ohnehin in der Gemeinde eingetragen waren, neu anmelden.

Eine Folge der rein religiösen Definition von Juden war die, daß lange Zeit alles, was an jüdischen Aktivitäten über Gottesdienste in der Synagoge und Bestattungen hinausging, unmöglich gemacht war. Unterricht in Hebräisch und Jiddisch, Vorträge über jüdische Geschichte und Literatur, Konzerte mit jüdischer Musik, die nicht zur Liturgie gehörte – das alles war in den engen Grenzen der kommunistischen Definition nicht erlaubt. Aber es gab dabei einen Widerspruch. Obwohl die Juden in der DDR als Religionsgemeinschaft definiert wurden, behandelte man sie wie eine Nation. Die Regierungspolitik, die die Ausrottung jüdischer Gelehrsamkeit und jüdischer Kultur zum Ziel hatte, kopierte haarklein die politische

Linie der Sowjetunion, wo die Juden tatsächlich als Nation eingestuft waren.

Mit der Gründung des Staates Israel wurde dieser Kontrast zwischen Theorie und Praxis in der DDR besonders auffällig. Wie bereits erwähnt, konnte die Propagandamaschine im Osten nicht anders, als die „zionistischen, imperialistischen" Unterdrücker der
Palästinenser zu verdammen. Dennoch hatte die UdSSR als eines der
ersten Länder den israelischen Staat anerkannt. Als Israel jedoch
keinerlei Bereitschaft zeigte, dem Ostblock beizutreten, sondern sich
statt dessen dem Westen als möglichem Partner zuwandte, nahm die
Sowjetunion einen raschen Kurswechsel vor.[37] In diesem Abschnitt
des Kalten Krieges wurde Israel als Teil des westlichen Lagers zum
Ziel der gleichen Attacken, denen auch andere „kapitalistische" und
„imperialistische" Mächte ausgesetzt waren. Während die Juden in
der BRD ihrer Begeisterung für Israel freien Lauf lassen konnten,
mußten die Juden in der DDR alle Hinweise auf eine Verbindung
kappen. Helmut Eschwege schreibt dazu in seinen Erinnerungen:
„Von den Fenstern ihrer Gemeindebüros wehten fortan... zu allen
festlichen Anlässen die jüdischen [israelischen] Fahnen. Wohl ab
1952 wurden sie versteckt gehalten."[38] Was immer ihre Gefühle gewesen sein mochten, die Jüdischen Gemeinden hielten sich diskret
zurück, wenn ihre Regierung bei jeder Gelegenheit Beschimpfungen
gegen das noch junge Israel vom Stapel ließ. Als *religiöse* Minderheit
und loyale Bürger eines totalitären Regimes hatten sie keine andere
Wahl, als die Außenpolitik ihres Landes zu billigen.

Ebenfalls als Folge dieser eng begrenzten Definition des Jü-
dischseins wurde den Juden die Bestätigung verweigert, daß sie
unter dem Nazi-Regime gelitten hatten. In den staatlich geförderten
Gedenkstätten für die in den KZs Buchenwald und Sachsenhausen
Umgekommenen waren die Juden nicht einmal erwähnt. Als
„religiöse Minderheit" wurden sie dem jeweiligen Volk ihres Her
kunftslandes zugerechnet; auf diese Weise trugen sie zu Erhöhung
der Anzahl von Polen, Ungarn, Deutschen usw. bei, an die in den
Lagergedenkstätten erinnert wurde. Als der israelische Wissenschaftler Felix Bergmann, der 1933 aus Deutschland geflohen war,
Buchenwald im Jahr 1960 besuchte, war er außer sich vor Zorn
über diese Unterlassung. Sein wütender Brief an Otto Grotewohl,
den damaligen Präsidenten der DDR, wurde in Grotewohls Namen
vom Leiter des Komitees der antifaschistischen Widerstandskämpfer beantwortet und wiederholte nur kühl die offizielle Linie. Berg-

mann schrieb zurück, diesmal noch unverblümter, und nannte die offizielle Politik „eine furchtbare Verdrehung der Tatsachen... die Juden kamen ins Lager als ‚Juden‘, d. h. als Angehörige des jüdischen Volkes, und wurden daher innerhalb des Lagers in einem abgezäunten Sonderlager, getrennt von den ‚Ariern‘ aller anderen Länder und Völker, mit besonders bestialischen Methoden und besonders niedrigen Hungerrationen zu Tode gequält. ... Ist Ihnen nicht bekannt, daß in den Vernichtungslagern und Gaskammern neben den Söhnen Ihres Volkes auch Polen, Ukrainer und andere ‚tätig‘ waren [bei der Judenvernichtung]? Es ist wirklich eine Verhöhnung meines Volkes, wenn Sie jetzt erklären, die ‚Juden wurden als polnische, russische, ungarische... deutsche Staatsbürger in die Lager geschleppt und ausgerottet.“ Weiter verurteilte er die geltende DDR-Regelung, wonach Juden in der DDR nicht als Teil der jüdischen Nation anerkannt wurden, als Fortführung dieser historisch falschen Interpretation und als die alte Brutalität in neuem Gewand.[39] Natürlich hatte Bergmanns Protest keinerlei Auswirkung auf die Parteirichtlinien, und die Gemeinden vegetierten weiter dahin. Zwei Jahre später war Peter Lust, ein für eine deutschsprachige Zeitung schreibender Kanadier in Ostdeutschland zu Gast, und sein Bericht über den Besuch in Buchenwald, bei dem er von einem ehemaligen kommunistischen Häftling geführt wurde, bestätigte Bergmanns Befürchtungen. Lust schreibt über das heldenhafte Sterben polnischer und sowjetischer Widerstandskämpfer. Er berichtet auch die Legende, nach der ein vierjähriger Judenjunge ins Lager geschmuggelt und von den Insassen gerettet wurde. Aber kein Wort über die Zehntausende von Juden aus Deutschland, Holland, Ungarn, Rumänien und anderen Ländern, die dort starben oder nach 1942 in den sicheren Tod nach Auschwitz geschickt wurden. Was er zu sehen und zu hören bekam, trichterte man natürlich auch zahllosen ostdeutschen Schulkindern bei ihren Pflichtbesuchen ein; die verließen dann Buchenwald und die anderen Lager im Bewußtsein der Heldenhaftigkeit von Kommunisten unter der Naziverfolgung und ohne die leiseste Ahnung, daß dort Juden ermordet worden waren.

Während seines gesamten Aufenthalts blieb Lust als Berichterstatter naiv und leichtgläubig. Er pries die Anstrengungen der Regierung, die Jüdische Gemeinde zu unterstützen: zum Beispiel mit der Zahlung einer Pension für jüdische „Opfer des Faschismus“, die älter als 60 Jahre waren. Das sei genug, plapperte er seinen Gastgebern nach, „für einen einfachen Lebensstil". Und damit müßte in einem sozialistischen Staat doch jeder zufrieden sein, soll das wohl heißen. Auch merkte er an, daß die Regierung für die Instandhaltung der jüdischen Friedhöfe aufkam, und „sehr darauf achtet, Tempel und Synagogen wieder aufzubauen, wo immer das Vorhandensein einer jüdischen Gruppe das sinnvoll erscheinen läßt". Daß die Juden ihr Land nicht verlassen durften, ließ er jedoch nur ganz nebenbei anklingen – im Bericht über ein Gespräch mit einem alten Mann. Der Mann fragt: „Israel? Ich würde liebend gern dorthin gehen und mein Leben im Gelobten Land beschließen. Aber schreiben Sie das bitte nicht, und falls doch, erwähnen Sie meinen Namen nicht!" Und sein Sohn fügt hinzu: „Wie sollten wir wohl dahin kommen? Wir können ja nicht mal nach Westdeutschland." Aber Lust fragte nicht weiter nach, was solche Restriktionen eigentlich bedeuteten. Als „vorbildlicher Gast" schloß er seinen Bericht: „Weit davon entfernt, sie zu schikanieren, behandelt die Obrigkeit die Glaubensgemeinschaften wie eine Rarität. ... Sie sind Museumsstücke, und die DDR-Regierung möchte sie so lange wie irgend möglich erhalten, um der Welt draußen zu beweisen, daß sie von allen Regierungen in Europa tatsächlich die entschiedenste Anti-Nazi-Haltung einnimmt."[40]

In dem ohnehin stark eingeschränkten Leben der Juden in der DDR hatte es die Ostberliner Jüdische Gemeinde besonders schwer in ihrem Bemühen um Anerkennung. Obwohl es die größte und am besten ausgestattete Gemeinde war, weigerte sich der Verband der Jüdischen Gemeinden in der DDR, sie aufzunehmen, weil ihr Vorstand von der Partei handverlesen war. Es sollte noch bis zum Jahr 1961 dauern, bis der Verband unter einem neuen Präsidenten, der selbst der Partei angehörte, die Gemeinde als Mitglied aufnahm.[41] Der von Regierungsstellen streng beaufsichtigten Gemeinde blieb kaum etwas anderes übrig, als zu allen wichtigen Jubiläen dem Regime die unterwürfigsten Glückwünsche zu entbieten und seine Politik rückhaltlos zu unterstützen.

Die Kontrolle von zentraler Stelle wirkte sich auf jeden Aspekt jüdischen Lebens im Osten aus. Ab Januar 1953 stellte das Gemeindeblatt *Allgemeine Jüdische Wochenzeitung*, das ursprünglich in allen Besatzungszonen erhältlich war, sein Erscheinen im Osten ein, um die Abonnenten nicht zu gefährden. Wie in der Sowjetunion selbst waren alle Bücher, Zeitungen und Zeitschriften aus dem Westen verboten. Zeitweilig veröffentlichte die Ostberliner Gemeinde ein Lokalblatt, das 1961 vom *Nachrichtenblatt* abgelöst wurde; dabei handelte es sich um ein vierteljährlich und landesweit erscheinendes Magazin, das der Zentralverband herausgab. Wegen seiner glatten und positiven Berichterstattung war es auch für die Verteilung im Ausland geeignet, und so gingen 600 Exemplare der Auflage von 2500 an jüdische Institutionen und Einzelpersonen außerhalb der DDR. Die Zeitschrift enthielt zwar Berichte über jüdisches Leben in anderen Ostblockländern, niemals jedoch Nachrichten aus jüdischen Gemeinden im Westen.[42] Doch war der Inhalt selbst für ostdeutsche Verhältnisse zu uninteressant. Sogar der Staatssekretär für Kirchenfragen beschwerte sich einmal, die Zeitschrift müsse doch mehr zu bieten haben, als nur Grüße und Glückwünsche zu übermitteln. Auch Peter Kirchner, Leiter der Berliner Gemeinde nach 1971, schloß sich dieser Klage an und fügte hinzu, er habe sowohl von Gemeindemitgliedern als auch von ausländischen Adressaten gehört, das Blatt wandere „ungelesen in den Papierkorb! ... Sind wir unseren Lesern, gleich wo sie leben, nicht mehr schuldig?"[43]

Der Staat hatte überall seine Hand im Spiel und nahm auf die Angelegenheiten der Juden Einfluß – und zwar nicht nur bei der Berliner Gemeinde. Zum Beispiel machte der Zentralverband im Jahr 1956 den Vorschlag, achtzehn Kinder zwischen sechs und vierzehn Jahren in ein Ferienlager in Bayern zu schicken, das von der Zentralwohlfahrtsstelle im Westen organisiert wurde. Dieser erste Antrag wurde mit einem brüsken Telefonanruf negativ beschieden. 1958 stellten die Gemeinden den Antrag erneut, diesmal mit der Absicht, ein eigenes jüdisches Ferienlager innerhalb der DDR einzurichten. Auch dieses Ansinnen lehnten die Behörden ab mit der Begründung, die jüdischen Kinder könnten an einem der staatseigenen Ferienlager der Pioniere teilnehmen – einer Art Trainingslager für künftige Parteimitglieder. Dort dürften die jüdischen Kinder – unter der Oberaufsicht der Lagerleitung – eine eigene Gruppe bilden.[44] Im Jahr 1959 gab der Verband die Hoffnung auf, seine Kinder in den Westen verschicken zu können. Die Verbandsfunktionäre hatten erfahren, daß das Zentrale Parteikomitee die Ausreisegenehmigung verweigerte, um die Kinder vor dem „in Westdeutschland auflebenden Faschismus und Antisemitismus" zu schützen. Angesichts der Tatsache, daß sogar die Kinder Gefangene im eigenen Land waren, fühlten sich die Jüdischen Gemeinden in der DDR zwar entmutigt, aber sie versuchten immer wieder ein eigenes Ferienlager im Inland zu organisieren; schließlich hatten sie auf der Ostseeinsel Rügen Erfolg. Dieses Ferienprogramm wurde vom Regime akzeptiert, weil es zwar einen Sabbat-Gottesdienst an den Freitagabenden sowie Unterricht in Hebräisch und den Grundlagen des Judaismus anbot, ansonsten aber den Richtlinien für die Lager der Jungpioniere folgte.[45]

Bis 1971 wurde die Berliner Gemeinde von einem staatlicherseits berufenen Vorstand unter dem Vorsitz von Heinz Schenk geleitet. Nach Schenks Tod übernahm das langjährige Gemeindemitglied Peter Kirchner sein Amt. Als praktizierender Arzt für Neurologie und Psychiatrie widmete er seine Zeit nicht ausschließlich der Verwaltungstätigkeit; doch da er das Glück hatte, den Posten zu einer Zeit zu übernehmen, als im politischen Klima Tauwetter angesagt war, konnte er die Dürftigkeit des jüdischen Lebens in Ostberlin in bescheidenem Umfang reichhaltiger gestalten. Aber erst im Jahr 1976 fanden die ersten freien Wahlen für einen unabhängigen Vorstand in der Ostberliner Gemeinde statt. Kirchner wurde zum Gemeindevorsitzenden gewählt und blieb es bis Januar 1991, als die beiden Teile der Berliner Jüdischen Gemeinde nach fast vierzig Jahren des Getrenntseins wieder vereint wurden;[46] aber bei seinem Amtsantritt 1971 hatte er das Gefühl, er stehe einer im wahrsten Sinn des Wortes sterbenden Gemeinde vor: 1971 gab es 450 Mitglieder, 1983 waren es nur noch 200. In einem Interview sagte er damals: „Ich muß eingestehen, daß aufgrund der Überalterung die Zahl der Mitglieder auch in den nächsten Jahren sich weiter verringern und die Zahl der Neuhinzukommenden gering bleiben wird, so daß man in einigen Jahren noch etwa hundert Mitglieder zählen wird."[47]

Dennoch gelang es Kirchner, neben den Gottesdiensten im verfallenden Gemeindezentrum in der Oranienburger Straße eine Vortragsreihe über jüdische Geschichte und Literatur sowie Konzerte mit Synagogal- und Volksmusik zu veranstalten. Seine Frau Renate leitete eine Gemeindebibliothek, die mit einem Bestand an 1600 Büchern 1977 eröffnet und in den folgenden zehn Jahren auf mehr als 5000 Bände erweitert wurde.[48]

Auffallend ist allerdings, wieviel von den Kämpfen, Qualen und Ängsten in den Anfangsjahren der Gemeinde in den für das Ausland bestimmten Berichten ausgespart wurde. Als Gemeindevorsitzender in Ostberlin beteiligte sich Kirchner 1988 mit einem Essay über seine Gemeinde an einem Buch über jüdisches Leben in Berlin. Nur ein Jahr vor dem Fall der Mauer verfaßt, finden sich darin sämtliche

Merkmale der offiziellen Sprachregelung der Partei: Die DDR ist noch immer die beste aller möglichen Welten, wo in einer von keinerlei Problemen belasteten Atmosphäre nur Gutes geschieht.

In seiner Darstellung über Einrichtungen für Kinder schreibt Kirchner unverbindlich: „Alljährlich wird vom Verband der Jüdischen Gemeinden auf der Insel Rügen in den Sommermonaten ein Kinderferienlager veranstaltet, zu dem auch die Kinder unserer Gemeinde fahren, und das sich großer Beliebtheit erfreut und gleichzeitig den Kontakt zwischen den jüngsten Mitgliedern der verschiedenen Gemeinden in unserem Lande herstellt." Kein Wort verliert er über die traurige Vor- und erzwungene Entstehungsgeschichte dieses Lagers. Der Schluß seines Aufsatzes klingt geradezu jubilierend: „Die in der DDR lebenden jüdischen Menschen [N. B. nicht „Juden"!] fühlen sich in allen Fragen als gleichberechtigte Bürger eines Staates, in welchem sie frei von jeglicher antisemitischer Verfolgung und Anfeindung leben und ihren religiösen Neigungen nachgehen können. Auf Grund der in der Verfassung garantierten Religionsfreiheit sind sie keinerlei Beschränkungen unterlegen."[49]

In dem schon erwähnten Interview ein paar Jahre zuvor hatte Kirchner eine ziemlich große Beschränkung für die ostdeutschen Juden allerdings elegant übergangen. Auf die Frage, welche Beziehung die Gemeinde zu Israel habe, antwortete er, als handle es sich um ein Privileg: „Auch einige Mitglieder unserer Gemeinde haben nahe Angehörige in Israel, die sie besuchen dürfen, wenn sie das Rentenalter erreicht haben. ..."[50] Man kann sich denken, welchen Kummer diese Bestimmung vielen Juden in der DDR bereitete. Helmut Eschwege zum Beispiel erhielt zwar die Erlaubnis, seine hochbetagte Mutter zu besuchen, obwohl er das Rentenalter noch nicht erreicht hatte, aber da war sie bereits eine Woche tot. Eugen Gollomb, der Gemeindevorsitzende in Leipzig, dessen gesamte Familie – Eltern, Ehefrau und Kind sowie siebzig weitere Angehörige – von den Nazis ermordet worden waren, wollte unbedingt seinen einzigen noch lebenden Bruder in Israel besuchen. Nach vielen aufgebrachten Briefen an die zuständigen Behörden erhielt er endlich sein Visum – mehrere Wochen nach dem Tod seines Bruders.[51] Und das sind nur die Erlebnisse der prominenten jüdischen Gemeindemitglieder. Peter Kirchner hat stets bestritten, Mitglied der SED gewesen zu sein, doch hätte er linientreuer kaum sein können.

In den letzten Jahrzehnten ihres Bestehens wirkte die Berliner Gemeinde auf Neulinge nicht gerade einladend. Es war die Zeit, als die

Suche nach den eigenen „Wurzeln" sogar bis hinter den Eisernen Vorhang vorgedrungen war. Viele junge Leute – Volljuden oder partielle Juden – waren von ihren der Partei treu ergebenen Eltern in Unkenntnis ihrer Abstammung aufgezogen worden und nahmen nun fasziniert von dieser neuen Seite ihres Lebens Kenntnis. Doch nach der Schilderung Thomas Eckerts, der aus einer solchen Familie stammte und sich um Aufnahme in die Berliner Gemeinde bemühte, muß es eine entmutigende Erfahrung gewesen sein: „Soweit meine Erinnerung zurückreichte, wußte ich, daß es eine Jüdische Gemeinde in Ost-Berlin gab. Ich war auch sehr oft an der Synagoge vorbeigegangen. Aber die Jüdische Gemeinde in Ostberlin ist eine Gemeinde, die nach außen hin den Eindruck erweckt, als beherberge sie eine Gemeinschaft hinter verschlossenen Türen. Manchmal hat man das Gefühl, sie sei eine eingefrorene, verschworene Gemeinschaft, weil sie nur sehr wenige Mitglieder hat, die sich alle schon seit Jahrzehnten kennen. Für einen jungen Menschen ist es sehr schwer, sich zu integrieren."[52] Allerdings hatte Thomas Eckert ohnehin vor, die DDR zu verlassen und einen offiziellen Ausreiseantrag gestellt. Einige andere, die zu bleiben gewillt waren, wendeten auch mehr Energie auf, um der versteinerten Gemeinde wieder etwas Leben einzuhauchen. Einer davon war Heinz Rotholz, der in der von Vorschriften wimmelnden DDR einen erstaunlich ungezwungenen Lebensstil pflegte. Es gelang ihm, als freier Unternehmer tätig zu sein, und zwar, indem er zunächst einen Spielzeugladen und dann einen für Kunstgewerbe eröffnete, den er zu einer privaten Kunstgalerie umgestaltete. In seiner Eigenschaft als Mitglied des Gemeindevorstands versuchte er das Interesse junger Leute zu erregen und bot in Verbindung mit den Gottesdiensten am Freitagabend ein Kulturprogramm an. Zu seinen kühnsten Taten gehörte die Vorführung einer Dia-Show über Israel. „Unsere Abende habe ich nicht durch Anti-Zionismus stören lassen, auch wenn die Gemeinde damals [in den 70ern] noch sehr gegen Israel war", sagte er dazu.[53]

Daß sich das kulturelle Klima in den 70ern veränderte, konnte man als erstes an den Kirchen erkennen. In den fast zwanzig Jahren seit der revolutionären Strenge der Slansky-Zeit war eine neue Generation ans Ruder gekommen. In den christlichen Kirchen war nun Interesse am „christlich-jüdischen Dialog" vorhanden, und Pfarrer und Priester hielten es für lehrreich, mit ihren Schützlingen Synagogen zu besuchen und sie im Konfirmanden- und Firmunterricht mit den religiösen Bräuchen der Juden bekannt zu machen. Überdies konnte eine im Osten entstandene Gruppierung junger Aktivisten unter dem Namen „Aktion Sühnezeichen" viele Idealisten dafür gewinnen, einen Teil ihrer Zeit und Arbeitskraft im jüdischen Umfeld einzusetzen. Als Buße für die Sünden der Nazi-Generation gehörte zu ihren Projekten unter anderem die Arbeit auf vernachlässigten jüdischen Friedhöfen, wo sie Grabsteine restaurierten, Unkraut jäteten, Gestrüpp beiseite räumten etc. So stilisierend dieser Umgang anmuten mag, diente er doch dazu, die Isolation der Jüdischen Gemeinden aufzubrechen und sie mit weniger linientreuen Angehörigen des kommunistischen Staates wie auch mit Außenstehenden in Kontakt zu bringen. Ebenfalls in dieser Zeit fingen die verschiedenen Religionsgemeinschaften an, von sich aus etwas zu unternehmen.

Das Dresdner Gemeindemitglied Helmut Eschwege war einer der ersten, der sich der Bewegung für den christlich-jüdischen Dialog anschloß und referierte als sehr gefragter Redner über jüdische Geschichte. Er gehörte der Gruppe „Begegnung mit dem Judentum" an, die sich in Dresden um führende Persönlichkeiten der evangelischen und katholischen Kirche gebildet hatte. In Leipzig traf sich alljährlich ein Kreis mit dem Namen „Kirche und Judentum", dessen fünfzig Teilnehmer sich überwiegend aus Theologen, Priestern, Pfarrern oder interessierten Studenten zusammensetzten. Die in diesen Arbeitsgemeinschaften übliche Erörterung religiöser und historischer Themen geriet im November 1975 in politisches Fahrwasser, als die Vereinten Nationen beschlossen, eine vom Ostblock und den arabischen Staaten eingebrachte Resolution zu verabschieden. Diese berüchtigte Resolution, die eigentlich einen versteckten Angriff auf Israel darstellte, verurteilte den Zionismus als eine Form des Rassismus. Doch wurde sie von der Evangelisch-Lutherischen Kirche in der DDR unverzüglich kritisiert, was in einem so gar nicht an Widerspruch gewöhnten Land ein sehr mutiger Schritt war.[54]

Inzwischen waren sowohl Juden als auch der Judaismus in der DDR so gut wie ausgestorben, so daß es ungefährlich erschien, die jüdische Kultur wieder aufleben zu lassen. Auf einmal traten singende Vertreter der osteuropäischen Volksmusik – von denen manche nicht einmal Juden waren – auf den Plan und spielten Klezmer-Musik vor einem nicht-jüdischen Publikum. Ein wenig gespenstisch wirkten diese Auftritte schon deshalb, weil dies nicht die Musik der deutschen Juden war, sondern der russischen, polnischen und rumänischen. Aber für die deutschen Hörer entsprach sie wohl dem Stereotyp jüdischer Volksmusik, die die meisten überhaupt nicht kannten. Diese Veranstaltungen erfreuten sich großer Beliebtheit bei nichtjüdischen Zuschauern, einem zugleich ehrfürchtigen, begeisterten und ignoranten Publikum. Bei einem Festival, das jüdische Lebensweisen in der Ukraine zelebrierte und zu einer ab 1982 einmal jährlich stattfindenden Veranstaltungsreihe gehörte, hielt zum Beispiel der Herausgeber einer jiddischen Literaturzeitschrift aus Kiew eine Rede in Jiddisch. Der Vortrag vor seinen aufmerksamen, fast nur aus deutschsprachigen Berlinern bestehenden Zuhörern war grammatisch fehlerlos, aber er hätte ebensogut auf Esperanto sein können. Er war so steril, als habe er ihn nach einem phonetischen Transkript eingeübt. Der charakteristische Tonfall und Klang des Jiddischen, seine Seele sozusagen, fehlte. Aber der Redner war ebenfalls ein Museumsstück und erhielt begeisterten Applaus.[55]

Zu den erfolgreichsten unter den neuen Unterhaltungskünstlern gehörte Jalda Rebling, deren Eltern – die holländisch-jüdische Mutter, eine Sängerin, und der deutsche Vater – beide engagierte Kommunisten waren und sich den Krieg über in den Niederlanden versteckt gehalten hatten. Rebling ist 1952 in Ostberlin geboren, wo sich ihre Eltern niedergelassen hatten. Eigentlich als Schauspielerin ausgebildet, sang sie später ebenfalls die jiddischen Lieder, mit denen ihre Mutter aufgetreten war. Ihre Arbeit wurde von offizieller Seite gefördert und sie revanchierte sich durch absolute Regimetreue. 1983 gab sie der kanadischen Soziologin Robin Ostow in Berlin ein Interview. Mit Blick auf Reblings oft bereits Monate im voraus ausverkauften Konzerte, fragte Ostow, welche Art von Zuhörern sie anzog. Rebling antwortete nichtssagend, aber politisch völlig korrekt: „Sehr viele ganz junge, aber auch einige ältere Menschen. ... Viele junge Leute fühlen sich wahrscheinlich auch als Reaktion auf das Wiederaufleben des Neofaschismus – vor allem in der BRD, Frankreich und in den USA – von unseren Veranstaltungen angezogen." Auch ihre Kommentare über eine Konzertreise nach Israel folgen der gleichen vernagelten Ideologie, wenn sie eine unbeirrt in Gut und Böse – das Proletariat und die Imperialisten – zweigeteilte Welt schildert: „Für uns war es auch wichtig, daß wir den Israelis etwas über die DDR erzählen konnten und umgekehrt später die Möglichkeit hatten, unseren Freunden hierzulande über Israel zu berichten." Aber sie versteht, warum die Araber und die Israelis nicht friedlich zusammenleben können: „Daß es dort keinen

Frieden gibt, ist das Ergebnis des *divide et impera*, der ‚Teile-und-herrsche-Politik' der Kolonialmächte."[56]

Nicht weniger loyal zeigte sie sich gegenüber der Sowjetunion und war voll des Lobes über die Provinz Birobidschan, die Stalin 1928 zynischerweise zum „jüdischen Heimatland" erklärt hatte. Aus Berichten in der sowjetisch-jüdischen Zeitschrift *Sowjetisch Heimland* hatte sie erfahren, daß „Jiddisch noch eine lebendige Sprache ist und immer noch in Birobidschan gelehrt wird, wo auch jiddische Lieder und Bücher weiterhin geschrieben werden".[57] Aber das war ein Märchen. Die Besiedlung von Birobidschan begann im 1. Jahrzehnt des 20. Jahrhunderts mit der Ankunft von einigen 35 000 bis 40 000 Juden. Die Siedler waren sehr schnell enttäuscht über die vorgefundene Situation, und um 1970 war die Zahl auf 11 452 zurückgegangen. Was Rebling nicht aus der zensierten Presse in der DDR erfuhr, war, daß während der stalinistischen „Säuberung" viele der jüdischen führenden Intellektuellen in Birobidschan als „Lakaien der westlichen bürgerlichen Kultur" angegriffen wurden, daß das jüdische Museum geschlossen, seine Kunstgegenstände verstreut und 30 000 jüdische Bücher aus der Volksbücherei verbrannt worden waren. Diejenigen, die verhaftet wurden, wurden geschlagen, eingesperrt und manchmal exekutiert. Das „Tauwetter" in den 6oer Jahren bot der jüdischen Kultur oder der jüdischen Bevölkerung kaum Möglichkeiten, Werke von Bedeutung zu schaffen.[58]

Doch selbst in einem totalitären Staat ist die Parteilinie nicht unveränderbar. Dem Beispiel der Sowjetunion folgend hatte die DDR 1967 die diplomatischen Beziehungen zu Israel abgebrochen, doch erwies sich dies langfristig als Symbol ihrer Selbstisolation.[59] In seinen letzten Jahren im Amt hegte Erich Honecker, letztes Staatsoberhaupt der DDR, für sich und sein Land internationale Träume. Allmählich war er der untergeordneten Rolle müde, die seine Auslandsreisen und feierlichen Empfänge auf andere Ostblockstaaten beschränkten. Seine Hoffnungen gingen dahin, der DDR einen unabhängigen Platz unter den Ländern der Welt zu sichern und aus der Position als Oberhaupt eines unbedeutenden Satellitenstaates herauszuwachsen. Auch wollte er den wirtschaftlichen Spielraum der DDR erweitern, indem er aus den auf die Warschauer-Pakt-Staaten beschränkten Handelsbeziehungen ausbrach; dafür mußte er allerdings zu den früher verteufelten Westmächten Kontakte knüpfen. Insbesondere hoffte Honecker, für die DDR den Status der „meistbegünstigten Nation" als Handelspartner der USA zu erhalten und für sich selbst eine Einladung ins Weiße Haus. Mit diesem Ziel vor Augen empfing er im Januar 1986 persönlich eine elfköpfige Delegation von Repräsentanten des US-Kongresses. Doch trotz einiger diplomatischer Verhandlungen verlief die Angelegenheit im Sande.[60]

Während es dem DDR-Regime ideologisch ganz gut in den Kram gepaßt haben mag, der Jüdischen Gemeinde weiterhin ihre abhängige, museumsartige Existenz in viel zu großen Synagogen zu gestatten, erkannte die Regierung allmählich aber auch, daß sie die Behandlung der jüdischen Minderheit würde ändern müssen, wenn sie ihre internationalen Ambitionen verwirklichen wollte. Alles, was den ideologischen Grundsätzen der Partei entsprach, erregte im Westen nur einhelliges Mißtrauen. Von der Rechtfertigung für die umfassenden Reisebeschränkungen zum Beispiel, nämlich Schutz der DDR-Bürger vor dem „Neofaschismus", ließ sich im Westen niemand täuschen. Was die Westler registrierten, war, daß die Ostdeutschen eingesperrt waren und daß die Erlaubnis, ins Ausland zu reisen, nur selten und willkürlich erteilt wurde. Als Helmut Aris, der Vorsitzende des Verbands Jüdischer Gemeinden, an einer Tagung des Jüdischen Weltkongresses in New York teilnehmen durfte, beklagte er sich bei seiner Rückkehr darüber, wie extrem unfreundlich sich amerikanische Juden ihm gegenüber verhalten hätten; offensichtlich hätten sie angenommen, da man ihn habe ausreisen lassen, müsse er wohl Parteifunktionär sein und vertrete daher in New York die Interessen seiner Partei.

Bereits 1974 hatte der US-Kongreß in Verhandlungen mit der Sowjetunion die „Meistbegünstigungsklausel" an die Bedingung geknüpft, daß die sowjetischen Juden Ausreiseerleichterungen bekämen. Obwohl sich in der DDR das Auswanderungsproblem (noch) nicht stellte, war es den Machthabern klar, daß es nun an der Zeit war, die „jüdische Karte" auszuspielen.[61]

Unglückseligerweise saß die Regierung in der Falle ihrer eigenen Propaganda und konnte nur heimlich, still und leise eine Wiederannäherung einläuten. Im Jahr 1980 begann die DDR ihre Beziehungen zu Israel behutsam zu normalisieren, zunächst mit einem kulturellen und wissenschaftlichen Austauschprogramm. Neben unverfänglichen Literaturlesungen und dem Besuch von Tanz- und Theatergruppen erhielten Archivare und Historiker aus Israel sogar Zugang zu ausgewählten Archiven in der DDR. Ein Schlüsselereignis, das den Wandel in der Parteilinie kundtat, war die Einladung an Edgar Bronfman, den Präsidenten des Jüdischen Weltkongresses und Chef des internationalen Konzerns Seagram's, im Oktober 1988 die DDR zu besuchen. Mit dem Kontakt zu Bronfman hoffte das Regime, den Handelsbeziehungen mit dem Westen den Weg zu ebnen. Bei den offiziellen Feierlichkeiten verlieh Honecker Bronfman den „Stern der Völkerfreundschaft" in Gold, „in Anerkennung seiner großen Verdienste für die Wahrung der Gerechtigkeit in der Welt im Geiste des Humanismus und des Antifaschismus, für Frieden, Freundschaft und Zusammenarbeit zwischen den Völkern."[62] Bei weiteren Treffen im Verlauf des Besuchs schnitt Außenminister Oskar Fischer erneut die Frage der Handelsbeziehungen zu den USA an, und Bronfman versprach, sich für dieses ostdeutsche Anliegen einzusetzen.

Im Zuge ihrer Bemühungen, langfristig einen Platz in der internationalen Arena zu ergattern, begann die Regierung auch, dem noch existierenden Rest einer Jüdischen Gemeinde Aufmerksamkeit zu schenken. Der Grund für dieses plötzliche Interesse lag darin, daß die Juden in der DDR – obwohl zahlenmäßig nur ein kleines Häufchen – weitreichende internationale Kontakte hatten, wie das Regime nach wie vor glaubte, nämlich Freunde und Verwandte in der ganzen Welt, von denen manche durchaus einflußreich waren. Sie für das ostdeutsche Anliegen zu gewinnen, erhielt oberste Priorität. Ungeachtet des üblen Ruchs, in dem ein solches Ansinnen, insbesondere nach der noch nicht sehr lang zurückliegenden Nazi-Ära, stehen mußte, machten sich Honecker und Genossen an seine Umsetzung. Unter diesem Blickwinkel sind einige Ereignisse, die Juden in den letzten Jahren der DDR betreffen, und eigentlich kaum zu erklären sind, vielleicht eher verständlich.

Zu den merkwürdigsten dieser Ereignisse gehört die Wiederbelebung einer orthodoxen Gemeinde mit Unterstützung der Regierung. Der Aufbau nahm seinen Anfang in den 1980er Jahren, als es nur zwei ortsansässige Mitglieder gab – Vater und Sohn Offenberg. Die Adass-Jisroel-Gemeinde war 1869 gegründet worden und durchlief in den sieben darauffolgenden Jahrzehnten eine beachtliche Entwicklungsgeschichte. Anfangs nur eine Minderheit in einer Minderheit, hatte die Adass zunächst die gleichen Rückschläge erlebt wie andere orthodoxe Gemeinden im 19. Jahrhundert, weil in Deutschland die liberale Bewegung die Oberhand gewann und die Einheitsgemeinden dominierte, zu denen alle Juden obligatorisch gehörten.

Erich Honecker, Staatsratsvorsitzender der DDR, verleiht dem Präsidenten des Jüdischen Weltkongresses, Edgar M. Bronfman, den Großen Stern der Völkerfreundschaft. Links Israel Singer, Generalsekretär des Jüdischen Weltkongresses. Oktober 1988.

Die traditionelle jüdische Religionsausübung, die das Leben der Juden in Deutschland jahrhundertelang gekennzeichnet hatte, geriet im 19. Jahrhundert ins Kreuzfeuer, weil zeitgemäß gebildete Juden und besonders die Verfechter der Aufklärung die traditionelle Liturgie und viele orthodoxe Rituale in Frage stellten. Zum Teil ging es ihnen darum, das Judentum in dem Sinne zu reformieren, daß die Gesetzesvorschriften, die alle jüdischen Lebensbereiche bis ins Detail regelten, von den später durch die Rabbiner eingeführten Auswüchsen befreit würden. Außerdem wollten sie aber auch die jüdischen Gottesdienste nach westeuropäischem Vorbild modernisieren. In der Mitte des 19. Jahrhunderts standen die 2000 Jüdischen Gemeinden Deutschlands weitgehend unter dem Einfluß dieser liberal-religiösen Haltung, was Abweichler vor große Probleme stellte. Doch handelte es sich dabei nicht um eine rein innerjüdische Angelegenheit, da die Regierung es vorzog, diese Unterschiede nicht anzuerkennen.

Schon vor der Entstehung eines Deutschen Reichs im Jahr 1871 hatte Preußen zunehmend die Herrschaft über die bis dahin unabhängigen deutschen Kleinstaaten an sich gerissen. Als Teil seiner Zentralisierungsbestrebungen setzte Preußen sich zum Ziel, auch die Interna der verschiedenen Religionsgemeinschaften zu regeln. Laut einem 1847 verabschiedeten Gesetz wurden die Juden jeder Stadt gezwungen, sich der einzigen dort ansässigen Jüdischen Gemeinde anzuschließen und Steuern für ihren Unterhalt zu entrichten.[63] Jeder Ansatz, aus der Gemeinde auszutreten, wurde als Lossagung vom Glauben interpretiert.[64] Unangenehm wirkte sich dieses Gesetz auf zwei kleine, aber lautstarke jüdische Gruppierungen aus, die sich an entgegengesetzten Polen jüdischer Religionsausübung befanden. Das waren zum einen die Mitglieder der Reformbewegung, die viel radikalere Ansichten hatten als die Liberalen. In Berlin zum Beispiel hielt die kleine Reformgemeinde ihre Gottesdienste am Sonntag ab und stellte die Notwendigkeit einer Beschneidung in Frage.

Am anderen Ende der Skala standen die orthodoxen Juden, die relativ wenige, aber um so fester in ihren Überzeugungen waren. Im Jahr 1914 gehörten sogar nur 10 bis 20 Prozent der deutschen Juden offiziell zu dieser Gruppe.[65] Aus der Sicht der Orthodoxen wurde man in den Einheitsgemeinden mit ihrer erdrückenden Mehrheit von Liberalen nicht nur ihren speziellen Wünschen nicht gerecht, sondern verwendete auch noch ihre Steuergelder für Aktionen, die sie nicht billigten, zum Beispiel den Bau einer Orgel in der Synagoge. In Frankfurt am Main, der Geburtsstätte der Neo-Orthodoxie unter der Leitung von Rabbi Samson Raphael Hirsch, bewahrten sie ihre Unabhängigkeit, indem sie sowohl in der offiziell anerkannten Gemeinde als auch in ihrer eigenen orthodoxen Gemeinschaft Steuern entrichteten. Trotz sinkender Anhängerzahlen sahen sich die Orthodoxen weiterhin als die wahren Bannerträger des Judentums, und kaum war das Gesetz von 1847 amtlich, begannen sie den Kampf um die offizielle Anerkennung ihrer eigenen Gemeinden.

Das langersehnte Ziel war 1876 erreicht, als der preußische Landtag das „Austrittsgesetz" verabschiedete, das den Orthodoxen gestattete, sich von den Einheitsgemeinden loszusagen und ihr religiöses und kulturelles Leben nach eigenem Gutdünken zu gestalten.[66] Zusätzlich stimulierend wirkte die gleichzeitige Zuerkennung eines anteiligen staatlichen Zuschusses für den Unterhalt ihrer Institutionen. Genauso eine „Austrittsgemeinde" wollte Adass Jisroel in Berlin sein, erlangte aber die volle Anerkennung dieses Status durch die Regierung erst 1885, sechzehn Jahre nach der tatsächlichen Trennung von der Berliner Einheitsgemeinde.[67]

Inmitten der Fülle von einhundert Synagogen in Berlin nahm Adass Jisroel eine einmalige und unabhängige Stellung ein. Nach einem bescheidenen Anfang mit einer kleinen Synagoge in der Gipsstraße gründeten sie 1873 das hervorragende orthodoxe Rabbinerseminar unter der Leitung von Rabbi Esriel Hildesheimer. Im Jahre 1904 zog die Gemeinde in einen neuen Gebäudekomplex in der Artilleriestraße, der nach ihren eigenen Plänen erbaut wurde und die Synagoge als Herzstück mitten in die sie umgebenden Bauten stellte. Dieser Bauplan knüpfte an die alte Tradition an, *die Bima* (Hebräisch für Lesepult) in der Mitte und die Lade für die heiligen Schriftrollen an der Ostwand der Synagoge unterzubringen. Die Synagoge hatte 450 Sitze für die Männer im Hauptraum und 350 weitere Frauenplätze auf einer Empore, die mit einem schmiedeeisernen Gitter verkleidet war. Der neue Gebäudekomplex beherbergte auch das Rabbinerseminar mit einer eigenen kleinen Synagoge, einem Ritualbad, Wohnungen für den Rabbiner und einige andere Amtsträger sowie Gemeindebüros.[68] Obwohl die Gemeinde mit höchstens 500 Mitgliedern im Spitzenjahr 1913 im Vergleich zur Einheitsgemeinde klein war, war sie ungeheuer aktiv und die Mitglieder fühlten sich ihrer Gemeinde zutiefst verbunden. Adass Jisroel stellte nicht nur eine Andachtsstätte zur Verfügung, sondern kümmerte sich auch um die tägliche Versorgung, die für strenggläubige Juden so wichtig war – z. B. um das Angebot an koscherem Fleisch, Brot und Milch, und sogar einen koscheren Lebensmittelladen. Ein ehemaliges Gemeindemitglied, Dr. Jacob Levy, der in den 1930er Jahren nach Palästina geflüchtet war, beschrieb in seinen Lebenserinnerungen die Atmosphäre in der Synagoge. Als Kind hatte er den Eindruck, als sei das Würdevolle und Andächtige der Gemeinschaft der Gläubigen an den Festtagen noch gesteigert gewesen, weil feierliche Kleidung Pflicht war. „Es war damals üblich, bei feierlichen Gelegenheiten einen Zylinderhut zu tragen, und es machte in der Tat einen feierlichen Eindruck, wenn am Schabbath die ganze Gemeinde aufstand und die Strahlen der Sonne – etwas gedämpft durch einige bunte Fensterscheiben – in dem Seidenglanz der Zylinder reflektiert wurden."[69]

Die Adass-Jisroel-Gemeinde zählte damals zu ihren führenden Mitgliedern nicht nur Persönlichkeiten, die in der jüdischen Glaubenstradition bewandert waren, sondern auch solche, die zugleich in der säkularen Welt wirkten. Herausragend unter ihnen war Abraham Berliner, der Vorsitzende der Adass-Jisroel-Gemeinde. Das Werk dieses Gelehrten reichte von wissenschaftlichen Abhandlungen über Rashi und Onkeles bis zu Studien über jüdisches Leben im Mittelalter, eine Monographie über die Juden von Rom und Biographien über große jüdische Persönlichkeiten. Joseph Wohlgemuth, Gründer der orthodoxen Zeitschrift *Jeshurun*, lehrte Homiletik am Rabbinerseminar, war aber außerdem Verfasser vieler religiöser und säkularer Werke.

Dr. Esra Munk, der der letzte Rabbiner für Adass Jisroel werden sollte, trat sein Amt 1899 an. Doch nach dem ersten Boykott jüdischer Geschäfte durch die Nazis am 1. April 1933, war er über die unglückseligen Auswirkungen des neuen Regimes im Bilde und versäumte nicht, dies seiner Gemeinde kundzutun. Für seine Predigt an diesem Apriltag wählte er die Worte der hebräischen Hymne „Erneuere unsere Tage wie ehedem" und sprach zu seiner Gemeinde: „Meine andächtigen Zuhörer, geben wir uns keinen Illusionen hin. Die Tage wie ehedem, als wir in Ruhe und Frieden, in gesicherter wirtschaftlicher Stellung hier in den Tag hineinlebten – diese Tage werden nicht wiederkehren. Für uns kann „Erneuere unsere Tage wie ehedem" nur heißen: Rückkehr zu unseren alten, ureigenen, jüdischen Werten!"[70] Diese frommen Worte waren keine Hilfe gegen das Nazi-Programm, und im Sommer 1941 fand der letzte Synagogengottesdienst statt.

Zusätzlich zu den eingetragenen Mitgliedern der Adass-Jisroel-Gemeinde kamen noch ungefähr 2500 ihr nahestehende Juden zu den Veranstaltungen und nutzten ihre Einrichtungen bei besonderen Anlässen. In der Zeit zwischen den Weltkriegen war die Synagoge in der Artilleriestraße an hohen Feiertagen sogar so überfüllt mit Neuankömmlingen aus Polen, daß der Mittelgang als „polnischer Korridor" bezeichnet wurde. Im Jahr 1930 eröffnete die Gemeinde im eleganten Hansa-Viertel einen neuen Schulkomplex mit einer Grundschule und jeweils einem Gymnasium für Jungen und Mädchen. Da zu diesen neuen Gebäuden auch eine Synagoge gehörte, zogen die orthodoxen Juden Berlins, die Mitglied bei Adass Jisroel waren, bald zunehmend in diese Gegend. Als 1933 die Nazis an die Macht kamen, gehörten der Gemeinde drei Synagogen, ein Ritualbad, die Schulen im Hansa-Viertel, ein Friedhof und ein Krankenhaus. In der Nacht vom 9. auf den 10. November 1938, als fast alle Synagogen in Berlin angezündet wurden, blieben die beiden größten Synagogen von Adass Jisroel – in der Artilleriestraße und in Siegmundshof – unangetastet.[71] Doch blieb die Gemeinde nicht verschont, da die Nazis am 10. November die Lehrer zum Abtransport in Konzentrationslager versammelten.

Im Jahr 1939 war das gesamte Eigentum der Adass Jisroel von der NS-Regierung beschlagnahmt worden und ging nach 1945 in den Besitz der Nachfolge-Regierung über – die Deutsche Demokratische Republik. Irgendwann übergab die DDR diese Liegenschaften der Jüdischen Gemeinde in Ostberlin, auch wenn es sich im Grunde nur um eine Transaktion auf dem Papier handelte, da die Gemeinde keine Verwendung für die Überreste dieser Einrichtungen hatte. In Wirklichkeit wurde die alte Synagoge der Adass-Jisroel-Gemeinde in Büros für verschiedene Staatsfirmen und das Krankenhaus zum Geschäftssitz der Deutschen Reichsbahn umgewandelt.

Vier Jahrzehnte lang schien es, als sei die Gemeinde seit dem Krieg ausgelöscht und lebe nur in der Erinnerung ihrer in alle Winde zerstreuten ehemaligen Mitglieder weiter. Daß in den letzten Jahren vor dem Zusammenbruch der DDR auf einmal wieder eine rechtlich anerkannte Adass-Jisroel-Gemeinde auftauchte, war der Willenskraft zweier Männer zu verdanken, deren Absichten in geradezu abenteuerlichem Gegensatz standen. Auf welchen verschlungenen Pfaden Mario Offenberg vom Ehrgeiz Honeckers profitieren und Vorstand einer von der DDR üppig geförderten Phantomgemeinde werden konnte, dafür gibt es in vieler Hinsicht noch immer keine befriedigende Erklärung.

Offenberg, obwohl in Israel geboren, ging zum Studium an die Freie Universität nach Berlin; seine Dissertation, die er 1975 abschloß, trug den Titel: *Kommunismus in Palästina – Nation und*

Klasse in der antikolonialen Revolution. Darin schlug der Anti-Zionist vor, Juden und Araber sollten gemeinsam gegen den Imperialismus kämpfen. In den folgenden drei Jahren produzierte er Dokumentarfilme über den Konflikt zwischen Juden und Arabern und zeigte sie auf dem Leipziger Dokumentarfilmfestival. Im Jahr 1977 bekam er den Filmpreis der Palästinensischen Befreiungsorganisation (PLO) für den Film *Der Kampf um den Boden oder Palästina in Israel*.[72]

Zehn Jahre später tauchte ein völlig veränderter Mario Offenberg in Ostberlin auf, nun mit dem festen Willen, Adass Jisroel wieder zum Leben zu erwecken. Sollte es noch alte Adassianer dort gegeben haben, hielten sie sich gut versteckt. Daher kam es, daß Mario Offenberg und sein Vater Ari die gesamte ortsansässige Gemeinde konstituierten. Doch der Zeitpunkt war kritisch, da auf einem Teil des alten Adass-Jisroel-Friedhofs in der Wittlicher Straße ein neues Gebäude der Stasi entstehen sollte. Obwohl der Friedhof offiziell von der Jüdischen Gemeinde (Ost) verwaltet wurde, war er seit 1974, nachdem der einzige Gärtner und Aufseher in den Ruhestand gegangen war, ziemlich verwahrlost. Da der rückwärtige Teil nicht eingezäunt war und die vorhandenen Umfriedungsmauern bröckelten, war der Friedhof immer wieder leichte Beute für Vandalen. Diesen scheinbar ungenutzten hinteren Teil hatte die Gemeinde im Dezember 1982 an das Ministerium für Staatssicherheit verkauft, das dort ein Büro- und Wohngebäude errichten wollte. Im November 1985 behauptete Mario Offenberg, während des Krieges seien auf diesem Areal Juden illegal begraben worden und es handle sich daher um heiligen Boden. Sein As im Ärmel war jedoch die Mitteilung an Honecker, er habe Adassianer aus aller Welt zu einem Treffen im Juni 1986 nach Berlin eingeladen. Das letzte, was Honecker zu diesem Zeitpunkt brauchen konnte, waren Berichte im Ausland über einen vernachlässigten und geschändeten Jüdischen Friedhof in der DDR.

Was dann geschah, war erstaunlich. Im Auftrag Honeckers wurde unter Einsatz der bestmöglichen Mittel und mit Hochdruck an der Restaurierung des Friedhofs gearbeitet. Weil der Winter sehr kalt war, setzte man sogar spezielle Heizapparate ein, um die Instandsetzung der Steinmauern, die den Friedhof umgaben, ausführen zu können. Bis Juni waren die Umfriedungsmauern wiederhergestellt, die Grabsteine aufgerichtet, Wildwuchs und Unterholz beseitigt. Als die einhundert geladenen Adassianer aus dem Ausland dann ihre Familiengräber besuchten, erwartete sie ein gepflegter Friedhof, der in ihrem Beisein feierlich wiedereingeweiht wurde.[73] Während ihres Aufenthalts gründeten die ehemaligen Adassianer und ihre Nachkommen eine Gesellschaft zur Förderung der Adass Jisroel Berlin e. V., die sich die Wiedereinsetzung der Gemeinde und die Rückgabe allen Eigentums zum Ziel gesetzt hatte.[74] Außerdem gaben sie Mario Offenberg die Vollmacht, in ihrem Namen seine Arbeit fortzusetzen.

Doch weder der Westberliner Senat noch die Gemeinde im Westen waren gewillt, die Rechte der Offenbergs anzuerkennen, genauso wenig wie deren Anspruch, *ihr* Adass Jisroel sei Rechtsnachfolger der 1939 von den Nazis aufgelösten Gemeinde. Nach dem einleitenden Bravourstück Offenbergs, durch das die Restauration des Friedhofs an der Wittlicher Straße gelungen war, hielt sich das DDR-Regime mit seiner Unterstützung plötzlich auffallend zurück. Daraufhin nahmen sich die Offenbergs einen Anwalt, Lothar de Mazière, der ihr Anliegen an höchster Stelle vertreten sollte. Doch dort war man geteilter Meinung. Während Staatssekretär Klaus Gysi die neue Adass Jisroel als Nachfolgerin der Vorkriegsgemeinde bestätigen wollte, weigerte sich das Zentralkomitee der Partei, „Volkseigentum" in private Hände zu geben. Überdies machten die Vorsitzenden der beiden etablierten Gemeinden in Ost und West – Peter Kirchner bzw. Heinz Galinski – keinen Hehl aus ihrer Ansicht, Offenberg sei ein Eindringling und das Eigentum der alten Adass Jisroel sollte keinesfalls seinem Vorstand übergeben werden.

Doch wurden sämtliche Protagonisten vom Rad der Geschichte überrollt. Am 9. November 1989 fiel die Berliner Mauer und in Ostberlin kam eine neue provisorische Regierung an die Macht. Dank glücklicher Umstände hieß der neue Minister für Kirchenfragen Lothar de Mazière. Mit einem Verbündeten in einem hohen Regierungsamt liefen die Dinge für die Offenbergs wieder besser. Am 14. Dezember 1989 faßte der Ministerrat den Beschluß, die Adass-Jisroel-Gemeinde wieder in ihre Rechte einzusetzen und ihr die erforderliche Unterstützung seitens der Regierung zu gewähren.[75] Im März des darauffolgenden Jahres stellte der Ministerrat per Beschluß Adass Jisroel ein Budget von 810 000 Mark zur Verfügung, inklusive Löhne und Gehälter für fünfzehn Beschäftigte – darunter drei Friedhofswärter, eine Bibliothekarin, ein Hebräischlehrer, ein Rabbiner und ein koscherer Schlachter. Mario Offenberg behielt das Amt des Geschäftsführers.[76]

Der Eingang zum Hof von Adass Jisroel um 1987. Das Portal stammt noch aus dem 1904 errichteten Gebäudekomplex.

Zu diesem Zeitpunkt waren bereits zwei Räume im alten Gebäudekomplex an der Artilleriestraße (in DDR-Zeiten in Tucholsky-straße umbenannt) freigemacht und der neuen Gemeinde zur Verfügung gestellt worden. Wenig später wurde ihr das gesamte Gebäude zurückgegeben, und Adass Jisroel richtete wieder eine Synagoge ein, restaurierte das Ritualbad und begann ein Gemeindeleben aufzubauen – in der Hoffnung, orthodoxe Juden aus Ost und West für sich zu interessieren. Neue Mitglieder in nennenswerter Zahl fanden sich vor allem unter den russischen Juden, von denen aufgrund des wachsenden Antisemitismus und des allgemeinen Chaos in ihrer Heimat immer mehr in Berlin eintrafen. Die im Frühjahr 1990 verabschiedete Resolution der Regierung, „verfolgten Juden in der DDR Asyl zu gewähren", bestärkte sie noch zusätzlich darin, sich auf den Weg zu machen. Bis Februar 1991 hatten etwa viertausend von dem Angebot Gebrauch gemacht.[77] Weil sie aktiv auf die Neuankömmlinge zugingen, konnte Adass Jisroel gegen Ende des Jahres 1990 zweihundert Mitglieder verbuchen, von denen die meisten russische Zuwanderer waren.[78] Als Neulinge im Westen mußten sie in zwei Kulturen eingewiesen werden: das neue deutsche Umfeld, in dem sie in Zukunft leben wollten, und die alte jüdische Tradition, mit der viele zum erstenmal in Berührung kamen. Ob sie auch auf Dauer den strengen Glaubensvorschriften, wie sie die orthodoxe Adass Jisroel praktiziert, treu bleiben, wird sich erst erweisen müssen.

Ob nun die gegenwärtige Adass Jisroel letzlich zur legitimen Nachfolgerin der 1869 gegründeten Institution bestimmt wird oder nicht, unbestritten bleibt, daß die heutige Gemeinde von ganz anderem Zuschnitt ist als die ursprüngliche Glaubensgemeinschaft, der neben Gelehrten nur Leute angehörten, die sich der gewissenhaften Ausübung des orthodoxen jüdischen Glaubens verschrieben hatten; in der neuen Gemeinde suchen die meisten noch ihren Weg und viele sind Neulinge im Judentum, die sich erst seine Grundlagen aneignen müssen.

Das gespannte Verhältnis zwischen Adass Jisroel und der Berliner Gemeinde entschärfte sich erst 1997 mit der Wahl von Andreas Nechama zum Vorsitzenden der Berliner Einheitsgemeinde. Ab 1992, als Heinz Galinski starb, der dieses Amt seit 1949 innegehabt hatte und ein unversöhnlicher Gegner der Adass Jisroel gewesen war, hatte Jerzy Canal als Interimspräsident die Geschäfte geführt. Erst mit Nechamas Wahl war der Weg für ein wirkliches Umdenken frei. Kurz nach dieser Wahl, im Juli 1997, verabschiedeten die beiden Gemeindevorsitzenden eine gemeinsame Erklärung, die hervorhob, daß ihre Beziehungen „fortan auf der Grundlage von gegenseitigem Respekt, Gleichberechtigung und Kooperation" beruhen sollten. Weiter hieß es darin: „Mit diesem Bekenntnis zu jüdischem Pluralismus soll das jüdische Leben Berlins auf religiösem, kulturellem und sozialem Gebiet gestärkt und ein Beitrag zur

Bereicherung des geistigen und gesellschaftlichen Lebens der deutschen Hauptstadt geleistet werden." Diese Erklärung wurde auf der ganzen Welt von ehemaligen Adassianern wohlgefällig aufgenommen, und auch Rabbi Lord Jacobovits, Vorsitzender der Europäischen Rabbinerkonferenz, meldete sich aus London zu Wort: „Diese Einigung werden jüdische Gemeinden nah und fern mit großer Erleichterung vernehmen."[79]

Nach vier Jahrzehnten der Unterdrückung jüdischen Lebens in der DDR war die letzte und spektakulärste Geste des Honecker-Regimes gegenüber der Jüdischen Gemeinde der Wiederaufbau der großen Synagoge in der Oranienburger Straße in ihrer ganzen Pracht und Herrlichkeit. Den Anstoß dazu gab der bevorstehende 50. Jahrestag der Nazi-Pogromnacht vom 9./10. November 1938. Zum Gedenken an die vergangene Gelehrsamkeit in der Oranienburger Straße, aber auch um der Welt vor Augen zu führen, wie sehr die DDR die Juden schätzte, richtete die Regierung im Juli 1988 die „Stiftung Neue Synagoge Berlin – Centrum Judaicum" ein. Hermann Simon, stellvertretender Vorsitzender der Berliner Gemeinde (Ost) wurde zum ersten Direktor dieses neuen Forschungs- und Archivierungszentrums ernannt.[80] Zu den Schätzen des Centrum Judaicum gehört ein Teil des Gesamtarchivs der deutschen Juden. Darin wurden seit 1904 schriftliche Unterlagen gesammelt, die die Geschichte Jüdischer Gemeinden in ganz Deutschland dokumentieren. Nach Kriegsende lagerte man sie im Zentralarchiv der ostdeutschen Regierung ein. Im Jahr 1950 erhielt die Berliner Gemeinde einen Teil davon und dieser Teil landete schließlich im Centrum Judaicum. In dessen Beständen sind fast 400 Gemeinden vertreten. Ein anderer Teil wurde dem Zentralarchiv für die Geschichte des jüdischen Volkes in Jerusalem übergeben, und ein kleiner Teil befindet sich im Leo-Baeck-Institut in New York.[81]

Der kostspieligste Abschnitt der Restaurierungsarbeiten war die Wiederherstellung der Fassade und des Eingangsbereichs der Synagoge. Mit äußerster Sorgfalt brachte man Ziegel, Steine und reliefartige Verzierungen an den noch vorhandenen Ruinen in Sicherheit und numerierte sie gewissenhaft. Alte Pläne, Fotografien und Bauzeichnungen wurden zu Rate gezogen, und alles in allem investierte die Regierung 85 Millionen Mark in das Projekt.[82] Obwohl die Arbeit gerade erst begonnen hatte, fanden die Wiedereinweihungsfeiern pünktlich zum 50. Jahrestag der „Kristallnacht" statt; dabei wurde eine neue Tafel an der Außenmauer der Synagoge enthüllt.

Die Neue Synagoge in der Oranienburger Straße in Berlin nach ihrem
Wiederaufbau im Jahre 1992.

Der Text lautet: „50 Jahre nach der Schändung dieser Synagoge und
45 Jahre nach ihrer Zerstörung wird dieses Haus nach unserem
Willen mit Unterstützung vieler Freunde in unserem Lande und
aller Welt neu erstehen. Jüdische Gemeinde Berlin. 9. November
1988.“

Das sorgfältige Sichten des Schutts zahlte sich erstmals fast ein Jahr später aus. Am 19. Oktober 1989 fanden Arbeiter das originale Ewige Licht, das vor dem Allerheiligsten gehangen hatte. Man hatte immer angenommen, die 1866 angebrachte, feingearbeitete Silberlampe sei mit dem Rest der Synagoge zerstört worden. Malvin Warschauer, der ehemalige Rabbiner der Gemeinde, gab das allgemeine Gefühl wieder, es sei ein Wunder geschehen, und bezeichnete den Fund als „fast ein modernes Chanukka".[83] Im Dezember 1994 war das Gebäude endlich fertig, und mit seinen drei Kuppeln, die türkis und golden über der Stadt leuchten, stellt es erneut ein Wahrzeichen Berlins dar. Unterdessen war Honecker, der Mann, der dieses Projekt – aus lauter falschen Gründen – auf den Weg gebracht hatte, nach Chile geflohen und hatte die Auflösung seiner Regierung und die Vereinigung seines Landes mit der Bundesrepublik erlebt. Die Deutsche Demokratische Republik existierte nicht mehr.

SECHSTES KAPITEL

Die neue jüdische Generation in Deutschland

Ein halbes Jahrhundert nach dem Ende des zweiten Weltkriegs hallt Deutschland von Echos wider. Stimmen, Bilder, Sprachen werden von damals ins Heute zurückgeworfen und wecken unerwartete und intensive Gefühle. Blickten die Juden in Deutschland auf diese fünfzig Jahre zurück, ließ sich in der selbstbewußten, gutorganisierten Gemeinde, die sie aufgebaut hatten, ihr einstiges angstvolles und *displaced* Selbst nur schwer wiedererkennen. Doch sahen sie sich zu Beginn des 21. Jahrhunderts auch mit unerwarteten Problemen konfrontiert, als mit dem Ende des Wirtschaftsbooms in Deutschland auch ein paar schwere, häßliche Webfehler in der Gesellschaftsstruktur offenkundig wurden.

Der Leser mag sich erinnern, daß die osteuropäischen Juden – der „Rest der Geretteten" –, die sich in den späten 1940er Jahren zum Bleiben entschlossen hatten, eine höchst zwiespältige Haltung ihrer neu gewählten Heimat gegenüber einnahmen. Diese Verunsicherung, die mit einem beinahe physischen Widerstreben gegen ein Zusammentreffen mit Deutschen einherging, führte dazu, daß ihr Leben in genau abgesteckten gesellschaftlichen Bahnen verlief.

Wie sie es ausdrückten, lebten sie „auf gepackten Koffern", aber diese Metapher bedeutete eigentlich, daß sie so lebten, wie sie es in Osteuropa immer schon gewohnt waren – unter ihresgleichen. In ein paar Zeilen Max Hermann Friedländers, eines Autors aus dem 19. Jahrhundert, kommt die damalige Atmosphäre wunderbar zum Ausdruck: „... das düstere Ghetto, in dem die Juden seit dem Mittelalter ‚die große Kunst erlernen mußten, ohne Grund und Boden, ohne Haus und Hof, ohne Recht und Freiheit, ohne Licht und Luft zu leben und ihr Dasein zu fristen.'"[1]

An dieser alten Formel hatten sich nun zwei Dinge geändert: „Recht" und „Grund und Boden". Die Juden lebten nach dem Krieg in Deutschland in einem Rechtsstaat, waren nicht mehr den Launen eines tyrannischen Herrschers ausgesetzt, und seit 1948 hatten auch sie, wie andere Völker, ein eigenes Land – den Staat Israel –, in dem alle Juden ein „Heimrecht" hatten. Diese beiden Umstände waren der Grund, daß die osteuropäische jüdische Gemeinschaft nach dem Krieg überhaupt in Erwägung ziehen konnte, sich in dem am wenigsten vorstellbaren aller Länder eine Existenz aufzubauen. Das Letzte, was sie wollten, war sicherlich, gesellschaftlich mit ihren Nachbarn zu verkehren. Und so ergab es sich aus der langen Ghettoerfahrung als natürlich und sogar erstrebenswert, auch in Deutschland ein Leben ganz für sich zu führen. Das Gefühl des Für-sich-Seins war für diese Überlebenden um so stärker, als sie sich auch von ihren Glaubensbrüdern im Ausland allein gelassen fühlten, die sie als Parias brandmarkten.

Was sie erlebt und von den Deutschen erduldet hatten, beherrschte ihre Gedanken und Träume, aber lange Zeit wollte die Außenwelt nicht das Geringste davon hören. Echte, fraglose Freundschaft und Verständnis war nur bei denen zu finden, die wie sie Verluste erlitten, Schrecken ausgestanden und eine ähnliche Vorgeschichte hatten.

Es war keine freudlose Welt, die sich die osteuropäischen Juden nach dem Krieg in Deutschland aufbauten, aber sie war überschattet. Sie selbst waren ganz davon in Anspruch genommen, sich eine Existenz zu schaffen und gingen in ihrer Familie auf; die Schatten fielen auf ihre Kinder. Die Elterngeneration war ja sehr bewandert darin, in *Goles*, im Exil zu leben. In vielerlei Hinsicht fühlten sie sich in ihrem Umfeld wohler als ihre Kinder. Sie schufen sich eine Welt aus Freunden, Verwandten und Landsleuten, die ihre Sprache sprachen. Und in dieser kleinen Welt fanden sie sich zusammen, um in der Gemeinschaft Gleichgesinnter Schutz und Trost zu suchen.

Die junge Generation mußte einen neuen Weg finden, Jude in Deutschland zu sein. Das alte Modell der Akkulturation, die vor dem Krieg als Ideal gegolten hatte, war nicht mehr angemessen, und selbst für die übriggebliebenen deutschen Juden war der Zauber verflogen. Wenn sie vielleicht auch die deutschen Klassiker noch mit Genuß lasen und sich nach dem gesellschaftlichen Kodex einer längst vergangenen Zeit richteten, so war ihr Verhältnis zu anderen Deutschen nun doch anhaltend gereizt und problematisch.

Um 1950 herum begannen die 20 000 Juden, die nun fest und sicher in Nachkriegsdeutschland Fuß gefaßt hatten, sich selbst eine äußere Struktur zu geben. Wie bereits erwähnt, waren zwei Drittel dieser Juden osteuropäischer Herkunft und ein Drittel Einheimische. Doch sah die Verteilung in jeder Stadt anders aus. In München waren zum Beispiel neunzig Prozent der Gemeindemitglieder nach dem Krieg Osteuropäer. In Berlin, wo sich die meisten osteuropäischen Juden in der Zeit der Luftbrücke im Jahre 1948 aus den DP-Lagern hatten ausfliegen lassen, bestand die verbliebene Gemeinschaft größtenteils aus deutschen Juden. So herrschten in jeder Gemeinde eine eigene Atmosphäre und unterschiedliche Schwerpunkte, je nachdem, welcher Teil überwog. Und diese Unterschiede hatten manchmal heftige Kämpfe zur Folge. In Köln, wo der erste Vorstand nach dem Krieg gewählt wurde, erhob die Minderheit erbittert Einspruch, weil „der neue Vorstand... in keiner Weise das Vertrauen [genießt]. Im Vorstand befindet sich keine Vertretung der Frauen. Kein Mitglied, das im Konzentrationslager war. Kein Mitglied, das jüdisch verheiratet ist."[2]

Jenseits ihrer eigenen, mit Bedacht konstruierten Welt beschäftigte Israel ihre Phantasie. Daß es nun auf wundersame Weise als Staat existierte, nachdem es jahrtausendelang nur ein Traum gewesen war, stellte den jüdischen Triumph schlechthin dar. Viele Juden in Deutschland trugen sich mit dem Gedanken, eines Tages, sobald sie nach eigener Einschätzung finanziell genügend abgesichert waren, dort endgültig ihre Koffer auszupacken. Mit der Zeit schickten die Familien ihre Kinder für ein Studienjahr, zum Dienst in der Armee oder zur Arbeit in einem Kibbuz nach Israel, auch in der kaum verhehlten Hoffnung, sie würden dort einen jüdischen Lebenspartner kennenlernen. Unterdessen verbrachten sie zahllose Abende damit, zuzuhören, wenn Leute, die dort herkamen oder gerade von einer Reise dorthin zurückgekehrt waren, die Wunder des Gelobten Landes schilderten. Im Religionsunterricht in der Synagoge lernten die Kinder Hebräisch und Israelkunde, so als sollten sie für eine spätere Auswanderung fit gemacht werden.[3] Und Wohltätigkeitsbälle und -basare sowie andere Veranstaltungen sorgten dafür, daß der Spendenstrom für die israelische Sache nicht abriß.

Diese überschaubare Nachkriegswelt war etwas ganz anderes als die komplexe Gesellschaft der halben Million Juden, die früher in Deutschland existiert hatte. Im Laufe der Jahrhunderte hatte diese untergegangene Gemeinschaft die Synagogen und Institutionen errichtet, die die Neuankömmlinge jetzt wiederherstellten. Auch wenn sie überall von den Trümmern dieser versunkenen Gesellschaft umgeben waren, hatte der Rest der osteuropäischen Juden andere Sorgen, waren sie Juden auf ganz andere Art und Weise. Was man in den ersten Jahrzehnten nach dem Krieg schmerzlich vermißte, waren die Intellektuellen – sowohl diejenigen, die eine Zierde des Lebens zu Hause in Osteuropa gewesen waren, als auch die aus dem deutsch-jüdischen Umfeld, die als so hervorragende Persönlichkeiten jüdischer Gelehrsamkeit und deutschen Kulturlebens galten. Ein paar der überlebenden Journalisten kamen zurück, darunter Hans Habe, Karl Marx, Ernst Landau. Die ideologiekritischen Soziologen und Philosophen Max Horkheimer und Theodor W. Adorno kehrten an ihr Institut in Frankfurt zurück; auch Schauspieler und Schriftsteller, die nicht ohne ihre Sprache auskommen konnten, kehrten heim. Aber die meisten dieser schöpferischen Persönlichkeiten traten der Jüdischen Gemeinde nicht bei. Als die Gemeinde in Hamburg 1960 ein jüdisches Krankenhaus baute, gab es nicht genügend jüdische Ärzte oder Krankenschwestern, um alle Stellen zu besetzen.[4]

Daß es in der ersten Generation der *Sche'erith Haplejta* so wenige gut ausgebildete Leute gab, wurde kaum registriert. Die *displaced* Juden in Deutschland fingen in einem im Grunde feindlich gesinnten Klima noch einmal von vorne an und schätzten sich glücklich, von einer sicheren Basis aus ihren Lebensunterhalt verdienen zu können. Sie betrieben kleine Fabriken oder waren als Groß- und Einzelhändler tätig. Einige waren gelernte Handwerker, eine Handvoll ging wieder in ihren alten Beruf als Arzt oder Rechtsanwalt zurück, und einige, die später besonders von sich reden machten, spekulierten in Immobilien. Viele Hunderte bekleideten Posten in den wiederauflebenden jüdischen Gemeindezentren. Schon 1946 beschäftigte die Berliner Gemeinde 540 Personen, von denen die Hälfte, 272, im Gemeindekrankenhaus arbeitete.[5] Was das soziale und gesellschaftliche Leben betraf, verließen sich die Juden in Nachkriegsdeutschland nur auf ihre eigenen Kreise. Sie lebten Seite an Seite mit ihren deutschen Mitbürgern, aber in wechselseitig unverständlichen Gesellschaftssystemen.

Der 1947 im DP-Lager Föhrenwald geborenen Lea Fleischmann wurde während ihrer Jugend in Deutschland allmählich immer klarer, welche fundamentalen Unterschiede sich sogar in ganz alltäglichen Begebenheiten bemerkbar machten. In einem Lebensbericht vergleicht sie die Reaktionen von deutschen und jüdischen Müttern auf etwas so häufig Vorkommendes wie das Hinfallen eines Kindes. „Ein Kind fällt hin, tut sich weh und beginnt zu weinen, da schimpft die Mutter: ‚Reiß dich zusammen und heul nicht so'... Mir ist diese Reiß-dich-zusammen-Pädagogik fremd... Fiel ich hin und weinte, dann wurde ich aufgehoben, von oben bis unten abgeküßt, gedrückt und getröstet. Abhärtung in der Erziehung kannten meine Eltern nicht." Viele jüdische Mütter hatten ihre Kinder in den Vernichtungslagern verloren; da war es kein Wunder, daß sie ihre Nachkriegskinder für „zarte Pflänzchen" hielten, die man „päppeln und behüten muß".[6]

Zweifellos hatten nach dem Krieg in Deutschland als Kinder osteuropäischer Eltern geborene Juden größere Probleme mit ihrer Identität, wußten weniger, wohin sie gehörten als ihre Eltern, die qua Geburt, Sprache und Lebensgeschichte, ob weltlich oder religiös, unauflöslich der osteuropäischen jüdischen Kultur angehörten. Manche waren schon als Kinder herausgerissen worden, empfanden sie aber dennoch als Mittelpunkt, in dem jede weitere Identifikation wurzelte. Noch bis in die 1970er Jahre gaben die Ostjuden in München sogar eine jiddische Zeitung heraus, die in ganz Deutschland vertrieben wurde. Dort, wo sie die Mehrheit in der Synagoge innehatten – wie in der Reichenbachstraße in München und in der Joachimstalerstraße in Berlin – setzten sich die alten osteuropäischen Melodien und die alte Gottesdienstordnung durch: keine Orgel, nichts von der Synagogenmusik Louis Lewandowskis aus dem 19. Jahrhundert, die den deutschen Juden vor dem Krieg so sehr am Herzen lag.

Für ihre in der BRD geborenen Kinder begann das Leben mit einer Frage: Waren sie Deutsche oder Juden oder deutsche Juden oder jüdische Deutsche? Was der ersten Generation – dem „Rest der Geretteten" – genügt hatte, nämlich das unerschütterliche Bewußtsein des eigenen Selbst in einem klar umrissenen Universum, verursachte der zweiten Generation Unbehagen. Auch sie befanden sich in *Goles*, aber das Exil hatte für sie eine andere Qualität. Sie hatten sich die deutsche Kultur zu eigen gemacht, sie beherrschten die Sprache, und wenn sie heirateten, wählten 70 Prozent von ihnen Deutsche. Die abgeschottete Welt ihrer Eltern, in der Deutsche nur selten auftauchten, war nicht die ihre.[7]

Trotzdem hätten nur wenige von sich behauptet, „deutsch-jüdische Patrioten" zu sein, wie der Politologe Michael Wolffsohn dies tat. In dem Wissen, wie provokativ eine solche Formulierung wirkt, erläuterte er sie ganz genau: „Gemeint ist damit vor allem staatsbürgerlicher Einsatz für dieses Gemeinwesen ‚Bundesrepublik', weil es eine demokratische deutsche Republik ist. Aus Scheu vor dem Wort ‚Patriot'", merkte er mit einer gewissen Ironie an, „sprechen heute manche lieber von ‚citoyen'. Das ist französisch und unverdächtig."[8]

Auch Rafael Seligman, ein Autor mit einem ähnlichen Lebensweg wie Wolffsohn, wurde in Israel als Kind deutscher Eltern geboren, die aus Deutschland geflohen waren und 1957, als er zehn Jahre alt war, zurückkehrten. 1990 erklärte er in einer Talkshow, er fühle sich als Deutscher, „und gewiß als besserer Deutscher als etwa Herr Schönhuber und Konsorten". Die Reaktion darauf war seinen Worten nach „zwiespältig. Das Publikum klatscht, ein jüdischer Gesprächsteilnehmer aber meint: ‚Damit identifizierst du dich mit zwölf Jahren Nazismus.' Er macht so das Dilemma von uns Nachkriegsjuden deutlich: die Angst, durch die Identifikation mit Deutschland das eigene Judentum zu verleugnen und sich aus Opportunismus auf die Seite der Täter zu schlagen."⁹

Es gibt noch immer deutsche Juden der älteren Generation, die sich beharrlich auf die Vorkriegsformulierung berufen, sie seien „deutsche Bürger jüdischen Glaubens". Doch in der spannungsgeladenen und leicht reizbaren Jüdischen Gemeinde sind diese Stimmen nicht sehr zahlreich und werden immer schwächer – außer einer. Die herausragendste Persönlichkeit, die diesen alten Ausdruck für sich in Anspruch nahm und von der man es am wenigsten erwartet hätte, war Ignatz Bubis, Vorsitzender des Zentralrats der Juden in Deutschland von 1992 bis zu seinem Tod im Jahre 1999 – überraschend deshalb, weil Bubis nicht einer seit langem bestehenden deutsch-jüdischen Tradition verhaftet war. Bubis war 1927 im (damals deutschen) Breslau als Kind russisch-jüdischer Eltern geboren. 1935 zog die Familie nach Deblin in Polen, um dem wachsenden Antisemitismus in Deutschland zu entkommen. Aber der Krieg holte sie ein; Bubis überlebte als einziger der Familie und ließ sich wegen des Antisemitismus in Polen nach dem Krieg in Berlin nieder, wo er ein neues und erfolgreiches Leben begann. In einem in Buchform erschienenen Interview erklärte er 1993, was er sich dabei gedacht hatte, die alte Formel wieder hervorzukramen. Er hatte sie zwar verwendet, ihr aber mit einer Erweiterung einen ganz neuen Akzent verliehen. „Wir sind deutsche Staatsbürger", hob er an, um dann ein paar wichtige Wörter hinzuzufügen, „mit allen Rechten und Pflichten und jüdischen Glaubens".¹⁰

Alle diese verschiedenen Formulierungen ähneln einander insofern, als sie betonen, wie wichtig es für Juden ist, in einem Rechtsstaat zu leben. Doch ließ diese Staatsbürgerschaft samt der Verpflichtung, dieses Recht auch zu verteidigen, ihre unwandelbare Identifizierung als Juden unberührt. Dem Vollblutpolitiker Bubis war das natürlich klar, als er den alten Spruch aus dem 19. Jahrhundert wieder aufgriff. Damit beschwor er nicht nur das zentrale Ziel der größten jüdisch-deutschen Verteidigungsorganisation*, sondern erinnerte seine Leser zugleich an die Epoche der Aufklärung, als sich die Juden nichts Schöneres vorstellen konnten als das Recht, mit den anderen Bürgern ihres Heimatlandes gleichberechtigt zu sein.

Für die meisten jüngeren Juden war die Identitätsfrage jedoch nicht auf der politischen oder rechtlichen Ebene zu lösen. Die Kinder der *Sche'erith Haplejta* verbanden, anders als die vor Hitler in Deutschland geborenen Juden, keine schönen Erinnerungen mit der Landschaft oder mit den Straßen der Stadt, die sie täglich auf dem Schulweg entlanggingen. Von den Lehrern und Lehrerinnen vorgetragene Sprichwörter oder Kinderreime lösten kein wohliges Gefühl des Wiedererkennens aus. Meistens waren sie eher verwirrend für diese Kinder, die zu Hause andere Sprichwörter und andere Reime in einer anderen Sprache hörten. Wenn sie an der Synagoge vorbeikamen, fiel ihnen nicht ein, daß hier ihre Eltern oder Großeltern geheiratet hatten; die meisten kannten ihre Großeltern nicht einmal. Und auf den Grabsteinen auf dem Friedhof standen nicht die Namen ihrer Vorfahren oder nahen Verwandten. Auf Schritt und Tritt wurden sie daran erinnert, daß ihre Verwandten in anonymen Gräbern lagen, wenn ihnen überhaupt die Würde einer Bestattung vergönnt war.

Das seltsame Gefühl, nicht zu der Welt zu gehören, in der sie aufgewachsen waren, führte zu einer ständigen Überprüfung der Themen Heimat, Zugehörigkeit, Sprache. Auch war dies beileibe keine stille Generation. In Aufsätzen, Büchern, Zeitschriften und Filmen spürten sie nicht nur ihren eigenen Empfindungen nach, sondern richteten auch den prüfenden Blick von Außenstehenden auf die Deutschen, unter denen sie lebten. Diesmal handelte es sich nicht um eine enttäuschte, eine einseitige Liebesbeziehung, wie es der Philosoph Gershom Sholem seinen Zeitgenossen vorgeworfen hatte. Es hatte keine Liebesbeziehung gegeben, sondern nur eine mißtrauische Wachsamkeit gegenüber dem „Anderen", gepaart mit dem kritischen Blick auf das eigene Ich. Richard Chaim Schneider, Autor,

---

* Centralverein deutscher Bürger jüdischen Glaubens, gegr. 1893 in Berlin, um angesichts des zunehmenden Antisemitismus in Deutschland eine Gleichstellung der Juden zu erreichen (Anm. d. Übers.).

Journalist und Filmemacher, schrieb in seinem Buch über den Holocaust: „Ich verdiene am Tod meines Volkes. Ist das recht? Das Thema habe ich mir ausgesucht und es ist mir aufgezwungen. Durch Herkunft und Geburt. Durch Nachdenken, durch Beobachtung. Alles ist Holocaust."[11]

Ohne Frage waren die Gefühle, die sich im Zusammenhang mit dem Holocaust einstellten, der Hauptgrund, daß Juden im Ausland dem bloßen Gedanken an eine Jüdische Gemeinde in Deutschland ablehnend gegenüberstanden. Als 1985 die International Psychoanalytic Association zum ersten Mal auf deutschem Boden – in Hamburg – tagte, betrachtete die Vereinigung diese Entscheidung als bedeutsames Zeichen der Versöhnung. Mit der Frage „Welche Haltung sollen wir einnehmen?" unterzog Mortimer Ostow, ein New Yorker Psychoanalytiker, in einem Artikel für die *Newsletter*-Ausgabe im Winter 1985 die Situation einer eingehenden Prüfung. Ostow war schon einmal in Deutschland gewesen, sprach also ein wenig aus eigener Erfahrung. Aber er fing ganz von vorne an und schrieb: „Da ich kein Opfer war, steht es mir nicht zu, zu verzeihen. Aber vergessen", fügte er entschieden hinzu, „kann ich auch nicht". Doch Dr. Ostow kannte seine amerikanischen Landsleute, besonders die Juden unter ihnen: „Wohlfeile Selbstgerechtigkeit ist nicht gerade hilfreich", mahnte er. Und natürlich war genau das die Haltung, die zu viele amerikanische Juden anläßlich ihrer raren Besuche in Deutschland einnahmen.

Drei Jahre nach der psychoanalytischen Tagung in Hamburg veröffentlichte Cynthia Ozick, eine oft polemische Autorin, einen Artikel in der Zeitschrift *Harper's* und wählte einen unter amerikanischen Juden weit verbreiteten Standpunkt provokativ als Titel: „Warum ich Deutschland nicht besuchen will". Wie Dr. Ostow war sie der Ansicht, nicht „an die Stelle der ermordeten Juden Europas treten" zu können. Und doch lag es offensichtlich gerade an dieser Identifizierung mit den ermordeten Juden und der Absage an die Lebenden, daß sie nicht nach Deutschland kommen und von den Überlebenden, die sich freiwillig dort niedergelassen hatten, etwas lernen wollte.

Und es dauerte in der Tat noch bis 1993, bis die erste Delegation amerikanischer Juden als Vertreter des United Jewish Appeal Berlin einen Besuch abstatteten – und auch dann nur als Zwischenaufenthalt auf ihrer Reise nach Israel. Begleitet wurden sie unter anderen von Geoffrey Hartmann, damals Professor für Komparatistik an

der Yale University. Der gebürtige Frankfurter war am Leben geblieben, weil ihn seine Mutter im Jahre 1938 mit einem Kinder-
transport nach England geschickt hatte. Als Hartmann diese
äußerst beunruhigten Besucher auf Berlin vorbereitete, wußte er,
daß sie von den Bildern des Holocaust wie gelähmt waren; also versuchte er sie in Bewegung zu versetzen:

> Wir sind mit Hoffnungen, oder besser, um Hoffnung zu ma-
> chen, gekommen: Um ein deutliches Zeichen unserer Solida-
> rität mit der Jüdischen Gemeinde in Berlin wie auch in ganz
> Deutschland zu setzen, und eine stärkere Verbindung zwi-
> schen ihr, der UJA und Israel aufzubauen. Wenn ich sage, wir
> haben eine wichtige Entscheidung getroffen, so meine ich da-
> mit die Tatsache, daß diese erste offizielle Mission in Deutsch-
> land sehr spät kommt. Denn es gibt in Amerika noch viele...
> für die es beschlossene Sache ist, Deutschland nie zu betreten,
> und für die selbst zu diesem Zeitpunkt eine Versöhnung zu
> früh kommt.

Und das war beinahe fünfzig Jahre nach Kriegsende. Aber Hartmann begriff, daß diese Reise nach Berlin einen echten Stimmungsumschwung bedeutete, eine Bereitschaft seitens amerikanischer Juden, über den Tellerrand ihrer eigenen Gefühle zu schauen und der
Außenwelt Beachtung zu schenken. Die UJA-Teilnehmer wollten in
Deutschland keine Friedhöfe oder Schauplätze des Schreckens besuchen. Statt dessen, wie Hartmann betonte, „kommen wir nach
Deutschland hauptsächlich der heutigen Juden wegen, die äußerst
lebendig sind".[12]

Das waren mutige Worte, die denjenigen, die sie hörten, zweifellos zu Herzen gingen. Doch unterdessen ist der Gletscher weltweiten jüdischen Abscheus beim Gedanken an eine Jüdische Gemeinde
in Deutschland noch weit davon entfernt zu schmelzen. Unhinter-
fragt und ungeklärt bleibt er unverrückbar Bestandteil der allgemeinen Haltung des Weltjudentums. Nachdrückliche Bestätigung
dafür lieferte Ezer Weizman, der Präsident Israels, als er im Januar
1996 Deutschland einen Staatsbesuch abstattete. Während seines
Aufenthalts erklärte er in einem Interview mit einer israelischen
Zeitung, daß es ihm unbegreiflich sei, wie Juden in Deutschland
leben könnten, und daß ihr Platz in Israel sei. Ignatz Bubis und andere Funktionsträger der Jüdischen Gemeinde wehrten sich natürlich gegen diesen Affront, aber die vielleicht schärfste Reaktion kam

von einem Landsmann des Präsidenten, der in der Zeitung *Ha'aretz* darauf hinwies, daß Weizman sehr viel mit den Rechtsextremisten in Deutschland gemeinsam habe, weil diese ebenfalls die Juden aufforderten, wegzugehen. Und am Schluß erinnerte er Weizman daran, daß er zwar Präsident aller Israelis, aber ganz sicher nicht Präsident aller Juden sei.[13]

Es konnte der zweiten Generation, während sie heranwuchs, nicht verborgen bleiben, daß ihre jüdischen Brüder im Ausland sie mit gemischten Gefühlen betrachteten, die von Neugier bis Verdammung reichten, während schlichtes Verständnis nur sehr schwer zu finden war. Zu Hause waren sie nicht weniger verloren. Die von ihren Eltern zwanzig Jahre zuvor so sorgfältig zurechtgelegte Welt wollte nicht mehr so recht passen. Worin bestand ihre jüdische Kultur, wenn sie kein Jiddisch mehr lesen konnten? Was sollte ihr Besuch in der Synagoge, wenn die Bräuche des Schtetls ihnen fremd erschienen? Tatsächlich war einer der ärgerlichsten Schwachpunkte der Nachkriegsgemeinde der Mangel an Rabbinern und an traditioneller Gelehrsamkeit. Die alten Rabbiner-Seminare in Deutschland gab es schon lange nicht mehr, und in den ersten Jahren waren die Gemeinden gezwungen, ihre Rabbiner aus dem Ausland zu importieren, meist deutsche Juden, die in der Hitler-Zeit geflohen waren. In den wenigen Fällen, wo es geschlossene Siedlungen von polnischen Juden gab, suchten diese sich Rabbiner, die in den orthodoxen polnischen Jeschiwot ausgebildet waren. Zwar war es so, daß in Deutschland nach dem Krieg nur sehr wenige Gemeindemitglieder – 4 bis 5 Prozent – die Sabbat-Gottesdienste besuchten, doch verlangten die Gemeinden von ihren Rabbinern mehr als nur die Minimalfunktion der Leitung von Gottesdiensten. Man brauchte sie bei allen wichtigen Ereignissen des Lebenszyklus: Geburten, Todesfälle, Hochzeiten, Bar Mizwas. Und noch wichtiger war in diesen Nachkriegsjahren die Festlegung, wer als Jude galt; eine Frage, die durch die vielen Konversionsanträge noch erschwert wurde. Das bedurfte eines Rabbiners als höchstem Richter. Noch im Jahr 1960 amtierten in ganz Deutschland (West) nur sieben akademisch gebildete Rabbiner, zu denen noch vier oder fünf in osteuropäischen Jeschiwot ausgebildete Rabbiner kamen.[14]

Im Jahr 1979 unternahm der Zentralrat der Juden in Deutschland erste Schritte, um diesem Problem abzuhelfen, und gründete die *Hochschule für Jüdische Studien* in Heidelberg. Dort wurden zwar keine akademischen Abschlüsse für Rabbiner angeboten, aber Sozialarbeiter und Lehrer für die Jüdischen Gemeinden ausgebildet. Für eine abgeschlossene Ausbildung als Rabbiner mußten Studenten eine der Seminarschulen im Ausland besuchen, die ihrer speziellen religiösen Orientierung (orthodox, konservativ, liberal) entsprach. Überraschenderweise zog die Hochschule jedoch viele an jüdischer Lebensweise und Kultur interessierte, nichtjüdische Studenten an, so daß die Juden bald eine Minderheit unter den dort Immatrikulierten bildeten. Im Jahr 2000 betrug der Anteil der jüdischen Studenten 40 von 120, ein Verhältnis, das schon höher lag als im Dezember 1992, als nur 20 von 125 Studenten Juden waren.[15]

Die Sommerkurse der Hochschule in Heidelberg waren stärker jüdisch geprägt als die regulären Veranstaltungen, wie Sonja Schmidt aus Dresden feststellte. Die Tochter von Helmut Eschwege war ohne jegliche Unterweisung in jüdischer Religion aufgewachsen und hatte unter der Ägide der Evangelischen Kirche Bibelhebräisch studiert. Nach mancherlei Verzögerungen durch die Bürokratie erhielt sie 1989 vom Staatssekretariat für Kirchenfragen die Genehmigung, einen zweiwöchigen Sommerkurs an der Hochschule zu belegen, der viele jüdische Studenten aus dem Ausland anzog. Sie berichtete: „Mit Erschrecken mußte ich dort feststellen, wie weit ich entfernt war von dieser jüdischen Identität, die andere selbstverständlich mitbrachten. Am meisten bewegte mich zu sehen, ... wie das Verhältnis zu den Dozenten aussehen kann. Ich hatte an der Technischen Universität eine autoritäre Haltung des Lehrpersonals gegenüber den Studenten erfahren. ... auch daß man im Gespräch mit Dozenten alles ausdiskutieren darf, das war für mich das große Erlebnis."[16]

Mit der Ankunft von zehntausenden Juden aus der früheren Sowjetunion in den 1990er Jahren bekam die Hochschule plötzlich eine neue Aufgabe. Da die überwiegende Mehrzahl dieser Neuankömmlinge nur dem Namen nach Juden waren, mit allenfalls undeutlichen Erinnerungen an jüdische Lebensweise oder Traditionen, sahen es die Gemeinden als ihre Pflicht an, ihren neuen Mitgliedern samt Familien wenigstens die Grundlagen einer jüdischen Erziehung zu vermitteln. Im Jahr 2000 vergaben sie zwanzig Stipendien an der Hochschule an künftige Lehrer für die neu hinzugekommenen Russen, die aus der Gruppe der Zuwanderer selbst stammten.[17]

Die Hochschule ist jedoch nur ein Element des neuen Bildungsangebots in Deutschland, da die Jüdischen Gemeinden sich immer neue Dienstleistungen ausdenken, um das jüdische Lebensgefühl zu stärken: Tagesstätten für Kinder, auch Grundschulen, Gymnasien, Jugendzentren, Bildungsstätten und Kurse in jüdischen Studien an den Gemeindezentren. In Potsdam leitet der Historiker Julius Schoeps das Moses-Mendelssohn-Zentrum, das ein anspruchsvolles Programm an Seminaren und Veröffentlichungen zum zeitgenössischen jüdischen Leben offeriert. Seit 1998 gibt es unter seinem Dach das neu gegründete Abraham-Geiger-Institut. Mit der Aufnahme des Unterrichts im Jahre 2001 entstand das erste Rabbiner-Seminar in Deutschland seit dem Krieg. Unter der Schirmherrschaft der in London ansässsigen „World Union for Progressive Judaism" führt es die Tradition der *Hochschule für die Wissenschaft des Judentums* fort, die bis 1942 unter der Leitung von Leo Baeck sehr erfolgreich gewesen war. An der neuen Rabbiner-Hochschule sind Männer und Frauen zugelassen, ein Zeichen ihrer liberalen Ausrichtung und eine revolutionäre Umwälzung in der konservativen deutschen Religionslandschaft.[18]

Während die ältere Generation intensiv mit der Organisation der Gemeinde beschäftigt war, die Dienstleistungen für ihre Mitglieder erweiterte und die Beziehungen zur Regierung weiter ausbaute, beschritten die Kinder der nach dem Krieg Eingewanderten einen anderen Weg. In den 1960er Jahren begannen sie die Universitäten zu bevölkern und kamen dort mit der radikalen Studentenbewegung in Berührung, die das Klima prägte und die Hörsäle in Aufruhr versetzte. Die sogenannte Studentenrevolte gewann viele jüdische Anhänger, da die verschiedenen Bewegungen nicht nur hehre Ziele verkündeten, sondern auch gegen die konkreteren Ungerechtigkeiten im Alltag der Studenten zu Felde zogen: den Autoritarismus an den Universitäten, die Diskriminierung von Frauen und den „Materialismus" der Westdeutschen – ein bei den ärmeren und aus den bürgerlichen Mittelschichten stammenden Studenten sehr beliebtes Thema. Das hingebungsvolle Engagement der jüdischen Mitstreiter währte bis in die 1970er Jahre, als viele von ihnen plötzlich merkten, daß sie selbst Zielscheibe der Linken waren.

Nach dem Sechstagekrieg in Israel im Jahr 1967 kam es zu offenen Anfeindungen, als die studentische Linke sich auf die Seite der „Palästinensischen Revolution in ihrem anti-imperialistischen Kampf für die Freiheit" schlug. Eine maoistische Gruppe plädierte sogar für Gewalt gegen die Juden in Westdeutschland und schreckte auch nicht vor der Verbreitung antisemitischer Propaganda zurück.[19]

Ein brillanter und polemischer Vertreter der enttäuschten jüdischen Linken war der Journalist Henryk Broder, der 1946 in Polen geboren und 1958 mit seinen Eltern nach Deutschland gekommen war.[20] An die Universität kam er gerade zur rechten Zeit, um sich den allgegenwärtigen radikalen Protestbewegungen der Studenten anzuschließen. Aber gegen Ende der 70er Jahre, unter dem Eindruck der linken Reaktion auf den Sechstagekrieg, machte er sich keine Illusionen mehr über seine ehemaligen Gefährten. Was sich für ihn daraus ergab, veröffentlichte er im März 1981 in einem vernichtenden Artikel in der *Zeit*: „Ihr bleibt die Kinder eurer Eltern". Eines Tages sei ihm klar geworden, daß der von den Studenten angestrebte „alternative" Lebensstil in seiner Verworrenheit und ideologischer Festlegung nicht minder zwanghaft war als die zwanghafte Ordnung in den Familien des Bürgertums, aus denen diese Studenten kamen. Dort hatten sie laut Broders Anklage die Vorurteile ihrer Eltern übernommen, ohne es überhaupt zu merken. Noch bedeutsamer war ihre blinde Ergebenheit dem Marxismus-Leninismus gegenüber, die sie die Brutalität des Stalin-Regimes übersehen ließ. Der schlimmste Verrat für Broder wie für viele andere Juden war aber, daß die Linke bedingungslos die Verdammung Israels und des Zionismus durch Stalin hinnahm und damit, nur unzulänglich kaschiert, eine starke Dosis Antisemitismus.

In seinem Artikel weist Broder minuziös nach, in welche gemeinen Niederungen sich die Linke begeben hat. Er bildet zwei Karikaturen ab: die eine aus dem *Stürmer* von 1943, die andere aus der sowjetischen Zeitung *Gudok* vom August 1973. Auf beiden ist die gleiche Zeichnung eines fetten Juden zu sehen, zu erkennen an seiner Hakennase und dem Davidstern auf der Brust. Im *Stürmer* sitzt er auf einem Thron, und die Bildunterschrift lautet „Der Herr der Welt". In der sowjetischen Variante steht quer über seinem die Weste fast sprengenden Bauch „Internationaler Zionismus", und man sieht an seiner Uhrkette zwei Anhänger baumeln, einen für Israel und einen für Südafrika.

„Ich will mich hier nur mit einem Punkt Eures rassistischen Reservoirs beschäftigen", schreibt Broder an seine ehemaligen Weggefährten, „der mich speziell betrifft: Eurem Antisemitismus. Daß ein Linker ... kein Antisemit sein kann, weil dies die Domäne der Rechten sei, das ist eine ebenso beliebte wie verlogene Ausrede, an die ihr Euch klammert ... ein weiterer Beweis für die Dürftigkeit Eures historischen Wissens. Ich wette: mit den Namen Slansky und Rajk

könnt ihr nix anfangen und die Ärzteprozesse 1953 ... haltet ihr
wahrscheinlich für eine Fortsetzungsserie über den Konflikt zwischen Hackethal und der Schulmedizin." Broders lange und detaillierte Auflistung der Punkte, die er der Linken vorwirft, endet
mit der Erklärung, daß er Deutschland verlassen und nach Israel
auswandern werde. In seinem zusammenfassenden Schlußwort
„Warum ich gehe" schildert er, wie die Verständnislosigkeit der
Linken gegenüber dem Standpunkt der Juden ihm schließlich das
Leben in Deutschland verleidet habe, und konstatiert: „Die Linken
hierzulande haben über sehr vieles sehr gründlich nachgedacht:
Über die Linke im Rechtsstaat, über Frauen in der Männergesell-
schaft, über Arbeiter im Kapitalismus, über Kunst im Kommerz.
Nur wie sich Juden in der Nach-Auschwitz-Landschaft angesichts
des linken antizionistischen Gebrülls fühlen – diese Frage ist ihnen
noch nie in den Sinn gekommen."[21]

Nicht viele Juden sind dem extremen Beispiel Broders und Lea
Fleischmanns gefolgt und haben Deutschland verlassen. Doch trugen Broders öffentliche Erklärung in der *Zeit* sowie nachfolgende
Bücher und Artikel dazu bei, einige Juden aus ihrer naiven Schwär-
merei für den Marxismus wachzurütteln. Der Niedergang des Systems – erst in der DDR und dann in der UdSSR samt Satellitenstaaten – machte dieser Romanze für die meisten dann endgültig ein
Ende.

Die in den 1970er und 1980er Jahren neu entstandenen jüdischen
Einrichtungen spiegelten ein Dilemma, das Julius Carlebach, der
Rektor der Heidelberger Hochschule für Jüdische Studien einmal
auf den Punkt brachte: „Das Hauptproblem der Juden in Deutschland ist, daß sie Juden, aber nicht jüdisch sein wollen."[22] Unter dem
Eindruck, daß die offiziellen Gemeinden ihnen weder von ihren
Interessen her noch altersmäßig entsprächen, suchten sich viele
junge Juden weniger förmliche Möglichkeiten, zusammenzukom-
men und etwas über ihr Erbe zu erfahren. Diese jüdischen Gruppen
zogen es vor, Feiertage im privaten Kreis statt im offiziellen Rahmen
zu begehen, taten sich mit anderen Familien zusammen und schufen
neue, persönliche Strukturen. Die Historikerin Marion Kaplan sieht
diese neuen Formen als eine Hinwendung zu einem kulturell definierten Judentum, in dem Verbundenheit und persönliches Betei-
ligtsein mehr gelten als die strikte Einhaltung vorgeschriebener religiöser Riten. Mitte der 90er Jahre gab es Ableger dieser Jüdischen

Gruppen bereits in Frankfurt, Berlin, Köln, Hamburg, München und Düsseldorf.[23] Für die Mitglieder sind sie deshalb so attraktiv, weil sie Spontaneität zulassen, und auf ihre eigene Weise sowohl die Herkunft der Mitglieder als auch die problematische Geschichte des Landes reflektieren, in dem sie leben.

In Ostdeutschland wurden mit der Gründung der Gruppe „Wir für Uns" die ersten tastenden Schritte zu Selbsterforschung und Dazulernen getan. Ursprünglich war die Gruppe lose der Gemeinde angegliedert, aber ihr Anliegen war weit eher Lernen und Diskutieren statt Beten. Die 1943 geborene Käte Leiterer, eine Biophysikerin, stieß zu der Gruppe in ihrem Gründungsjahr 1984. Sie beschrieb sie folgendermaßen: „Bei der ‚Wir für Uns'-Gruppe hatte ich das Gefühl: Das ist eine Gruppe, die sich über vernünftige, kluge Sachen unterhält. Dort kommen interessante Leute mit interessanten Ideen zusammen, und man kann ein gemeinsames Denkvergnügen erfahren. Deswegen bin ich gern dahin gegangen." Aber im Lauf der Zeit begann die Gemeinde auf die unabhängigen Mitglieder der neuen Vereinigung Druck auszuüben, ihr beizutreten. Dazu Leiterer: „Das hat mich abgestoßen, weil ich mich gerade vertraut und zu Hause gefühlt habe."[24]

Vincent von Wroblewsky, ebenfalls Mitglied der Gruppe, interpretierte das gespannte Verhältnis zur Gemeinde politisch. Zunächst, berichtete er, hieß die Gemeinde die neue Gruppe willkommen, in der Hoffnung, diese nicht-gläubigen Juden früher oder später in die Gemeinde eingliedern zu können. „Auf der anderen Seite war es für sie natürlich ein Problem, diese Nichtreligiösen zu haben, sogar eine Bedrohung, denn es waren meistens jüngere Leute als in der Gemeinde, dynamischere vielleicht auch. Die Gruppe kompromittierte sie auch nach außen, denn die jüdische Gemeinde teilte die DDR-offizielle Definition, daß Juden Menschen jüdischer Religion sind. … Das schloß uns natürlich aus, und wir konnten das nicht akzeptieren, denn wir hatten ja ein jüdisches Selbstbewußtsein, ohne religiös zu sein. Die Frage dieser Identität war gerade das Problem. Was ist aber nun das Jüdische, wenn es nicht nur das Religiöse ist?"[25]

Leiterer und Wroblewsky waren nicht die einzigen: Auch andere waren nicht religiös, wollten sich aber einer jüdischen Vereinigung auf ethnischer und kultureller Basis anschließen und sich nicht den strengen religiösen Pflichten unterziehen, die die Gemeinde in Ostdeutschland verlangte. Eine der unerwarteten Beigaben zur Öffnung der Berliner Mauer am 9. November 1989 war die Neugründung von „Wir für Uns", die sich nun von der Gemeinde lossagte. Im Dezember trafen sich fünf Mitglieder, die die Beitrittsforderung der Gemeinde abgelehnt hatten, und gründeten eine jüdische Kulturgruppe, die auf breiter Basis und ohne religiöse Bezüge angelegt war. Der Jüdische Kulturverein, wie sie ihn nannten, sollte nach den Worten eines der Initiatoren offen sein für Leute, die einen biographischen Bezug zum Judentum haben.²⁶ Das war ein Seitenhieb auf die Gemeinde und deren strenge Klassifizierung nach orthodoxem jüdischen Recht, daß man nur als Kind einer jüdischen Mutter Jude war. Durch die Erweiterung der Definition stand auch vielen anderen die Tür offen.

Irene Runge, die später die treibende Kraft im Jüdischen Kulturverein werden sollte, trat ihm gleich nach seiner Gründung bei. Sie war 1949 in New York als Kind deutsch-jüdischer Eltern zur Welt gekommen. Als sie zehn Jahre alt war, beschlossen ihre Eltern, nach Ostdeutschland zurückzukehren, weil ihnen die Auswirkungen der von McCarthy geleiteten Kommunistenverfolgung Sorgen und vielleicht auch Angst machten. In Ostberlin bekam ihr Vater eine Anstellung als Redakteur beim Rundfunk. In der weltlichen Atmosphäre ihres Elternhauses lernte Runge nicht nur viele Angehörige der intellektuellen Elite des Landes kennen, sondern auch Besucher, die die Konzentrationslager überlebt hatten. Ihr wachsendes Interesse am Judentum wie auch ihre Unterstützung für sowjetische Juden finden im Jüdischen Kulturverein ihren Niederschlag. Die Gruppe hat sich sehr um die russischen Zuwanderer bemüht, die seit den 70er Jahren immer zahlreicher nach Berlin kamen. Obwohl der Kulturverein ursprünglich keinerlei religiöse Anbindung hatte, arrangierte man ab 1996 regelmäßig Besuche von zwei orthodoxen Rabbinern für die nun dreihundert Mitglieder. Der Verein begann, Gottesdienste an den hohen Feiertagen zu veranstalten sowie Kurse in Bibeltexten und anderen heiligen Schriften anzubieten. Zu seinen Beratern gehören auch Rabbiner vom Chabad, dem Missionszweig einer chassidischen Sekte, den Lubavitchern. Diese Gottesdienste waren so ganz anders als es den Erfahrungen der weltlichen russischen Juden entsprach, daß es ihnen beinahe so vorkam, als würden sie an einem völlig anders gearteten jüdischen Gottesdienst teilnehmen, insbesondere auch deswegen, weil sich die Frauen ihrerseits in den hinteren Teil des Raumes verbannt fanden.*

---

* Diese Beobachtung verdanke ich der Historikerin Marion Kaplan.

Vadim Isaakow, ein russischer Jude, der dem Verein 1996 beitrat, klingt etwas ratlos, wenn er von seiner Teilnahme an den Gottesdiensten berichtet: „In Moskau bin ich nur ganz selten in die Synagoge gegangen. Hier gehe ich fast jeden Sabbat. Nicht so oft zur Jüdischen Gemeinde, wo sie Neue sehr kühl und unfreundlich behandeln. Ich fühle mich dort [im Verein] wirklich wohl, sehr akzeptiert. Sie haben keine richtige Synagoge, aber oft haben sie einen Rabbiner von der Lubovitch-Gemeinde aus New York zu Besuch. Diese Chassidim sind sehr strenggläubig und ich bin es offensichtlich nicht, kann es nicht sein."

Er bleibt also in seinem weltlichen wie religiösen Leben Zuschauer beim Leben der anderen, die in ihrer Religion oder ihrem Land verwurzelt sind. Dieses schmerzliche Gefühl des Verlustes quält alle Flüchtlinge, gleich welcher Generation oder Nation. Ein Berliner Jude, der in den 1930er Jahren aus Deutschland fliehen mußte und nach dem Krieg seiner Heimatstadt einen Besuch abstattete, war tief ergriffen von einem Spaziergang auf der Tauentzienstraße, in seiner Jugend die Hauptgeschäftsstraße und Flaniermeile. Er erinnerte sich, daß am Wochenende die Leute den Boulevard entlanggeschlendert waren, einander gegrüßt und ein bißchen geflirtet hatten; wie er es mit drei kleinen Wörtern ausdrückte: „Man war wer." Was ihn bei seiner Rückkehr erschütterte, war, daß er niemanden mehr antraf, der ihn kannte. Mit demselben Gefühl der Anonymität hatte Vadim Isaakow zu kämpfen, und er gebrauchte fast dieselben Worte: „Ich bin hierher gekommen und habe meine jüdische Identität wiedergefunden, dabei aber meinen Platz in der Gesellschaft verloren. In Moskau war ich wer, hier bin ich niemand."[27]

Inzwischen hat sich die Situation umgekehrt: Nach einem Mangel an Rabbinern werden die Juden in Deutschland nun von den ausländischen Vertretern jüdischer Glaubensrichtungen regelrecht bestürmt – von den besonders liberalen Reformern, wie sie in den USA heißen, bis zu den allerkonservativsten, den Lubavitcher Chassidim. Mit einem neuen, mächtigen missionarischen Impetus scheinen die einst zurückgezogenen Gelehrten der Lubavitch-Bewegung Deutschland mit Abgesandten und Dienstleistungsangeboten zu überziehen, die ihre Variante des orthodoxen Judaismus lehren sollen.

In drastischem Kontrast zu der strengen Orthodoxie mit ihren zahllosen bis ins kleinste vorgeschriebenen Regeln hat die Frauenbewegung die Suche nach einer Form von Jüdischsein in Deutschland in kühnem Wurf erweitert. Entgegen der orthodoxen Praxis, nach der Frauen keinerlei öffentliche Ämter bekleiden dürfen und nicht einmal mitgezählt werden, wenn es um die Beschlußfähigkeit der Mitgliederversammlung geht, hat die Frauenbewegung „gleichberechtigte Gottesdienste" angeregt, die religiöse Ausbildung von Mädchen gefördert und Frauen dazu ermutigt, das Amt eines Rabbiners anzustreben.

Die besondere Vitalität einer Basisorganisation ist der Bet-Debora-Bewegung anzumerken, deren Gründerinnen sie als „einen Ort der Begegnung und des Lernens, ein spirituelles Zentrum" beschreiben. Die erste Tagung im Mai 1999 in Berlin sollte „europäische, rabbinisch gelehrte und interessierte Jüdinnen" zusammenführen und gab jungen Rabbinerinnen, Kantorinnen, Laienpredigerinnen und anderen Gemeindemitarbeiterinnen Gelegenheit zu Begegnung und Erfahrungsaustausch. In Deutschland gibt es nur eine Rabbinerin, Bea Wyler, deren Basisgemeinde Oldenburg ist, die aber auch in den Gemeinden Braunschweig und Delmenhorst Dienst tut. Als gebürtige Schweizerin am „Conservative Jewish Theological Seminary" in den Vereinigten Staaten ordiniert, hat Rabbi Wyler geschildert, wie viel von ihrer Arbeit damit zu tun hat, ihrer Gemeinde die Grundlagen des Judentums zu vermitteln. Gerade der Umstand, daß die jüdische Religionsausübung praktisch überall in Deutschland neu ersteht, ist fast eine Garantie dafür, daß man unbefangen an sie herangeht und die Sitten und Gebräuche ein erfrischend neues Image bekommen.

Die Initiatorinnen von Bet Debora erklären frank und frei: „Wir sind drei Frauen in Deutschland, dem Land, von dem viele sagten, daß es niemals mehr ein authentisches jüdisches Leben hervorbringen würde... Wir waren es leid, immer wieder zu hören, was wir hier nicht haben, was angeblich hier nicht möglich sei, weil wir das Wissen um unsere Tradition verloren hätten... Wir wollten etwas machen. Jede von uns hat gelernt, sich jüdisches Wissen angeeignet, sich mit ihrer jeweiligen brüchigen jüdischen Familiengeschichte auseinandergesetzt – schmerzvoll – jedoch mit einem Ergebnis. Wir sind hier und bleiben hier." In der Begrenzung der Teilnehmer auf europäische Frauen und einige Männer, wiesen die Veranstalterinnen klar und deutlich darauf hin, was sie nicht wollten. „Wir wollten uns nicht wieder am Ausland orientieren, uns von Juden aus den USA oder Israel belehren lassen, was unser Judentum sein soll."[28]

Inmitten all der Unsicherheit in bezug auf Ritus, Liturgie und schlichte Wissensvermittlung suchen auch manche Nachkommen einer Gruppe von Deutschen, die die Nazis als „christliche Nichtarier" bezeichneten, einen Zugang zu ihrem – nicht recht greifbaren – jüdischen Erbe. Wie wir im 3. Kapitel gesehen haben, war es nach den rassischen Kleinstkategorien der Nazis möglich, über 300 000 Menschen dieser Klasse zuzuordnen. Ihre Kinder und Enkel schlagen sich heute noch mit den Auswirkungen dieser Klassifizierungen herum. Der Soziologe Franklin A. Oberlaender, der die maßgebliche Studie über diese Gruppe vorgelegt hat, nennt sie „Geschichtswaisen" und stellt fest, daß sie zwar im großen und ganzen nicht die Jüdischen Gemeinden mit der Bitte um Aufnahme stürmen, wegen ihrer besonderen Lebensgeschichte aber starke anti-deutsche Ressentiments zurückbehalten haben. Er fand heraus, daß viele dieser Nachgeborenen als „diffuse Entscheidung gegen alles Deutsche" bei der Partnerwahl selten aus dem deutschen „mainstream" schöpfen. Sie wählten in ihrer Mehrheit keine deutsch-christlichen und auch keine jüdischen Partner, sondern eher Türken, Araber, Schwarzafrikaner oder Afroamerikaner.[29] Doch fühlen sie sich dauerhaft zum jüdischen Leben hingezogen und kommen in Scharen zu den öffentlichen Veranstaltungen in den Gemeindehäusern. Als Oberlaender 1996 in der Berliner Gemeinde einen Vortrag hielt, waren etwa achtzig Menschen im Saal, und zwar genau diejenigen, über die er geschrieben hatte. Viele, die sich aus dem Publikum meldeten, wiederholten den Satz, den sie von ihren Eltern oder Großeltern kannten – „Wir aber sind nicht Fisch und nicht Fleisch" –, und sprachen sehr bewegt von ihrem Gefühl der Desorientiertheit in einer Gesellschaft, die ihre Untergruppen noch immer säuberlich trennt.[30]

Auf offizieller Ebene sind die institutionalisierte Erinnerung an jüdisches Leben in Deutschland und das Gedenken an den Holocaust zu gewichtigen Faktoren im öffentlichen Leben und in der öffentlichen Diskussion geworden. In Berlin hat man angesichts der sich hinziehenden Kontroverse um ein angemessenes Holocaust-Mahnmal vorgeschlagen, möglicherweise sei eine endlose Debatte das beste Mahnmal. In zahllosen kleinen Städten, wo es keine Juden mehr gibt, wurden die noch bestehenden Synagogen restauriert und werden als Museen oder für sonstige feierliche und offizielle Zwecke genutzt. Manche Städte haben ausführlich über die einst in

Das Jüdische Museum in Berlin, nach Plänen von Daniel Libeskind, im Vordergrund „Der Garten des Exils und der Emigration".

ihren Mauern beheimateten Jüdischen Gemeinden nachgeforscht und das Ergebnis veröffentlicht; dabei haben die Autoren manchmal die ganze Welt abgesucht, um jedes einzelne noch lebende Mitglied ausfindig zu machen und den biographischen Eintrag erstellen zu können. In München, Frankfurt, Fürth und andernorts wird in schön gestalteten Museen die Erinnerung an die Geschichte der vormals dort lebenden Juden wachgehalten, und für die meist nichtjüdischen Besucher werden jüdische Gepflogenheiten und religiöse Rituale ausführlich erklärt. Und in einer besonders aufsehenerregenden Geste gab die Stadt Osnabrück ein Museum in Auftrag, das dem Maler Felix Nußbaum – der 1944 in Auschwitz ermordet wurde – gewidmet ist.

Das Berliner Jüdische Museum, erst 1933 in einem an die Synagoge in der Oranienburger Straße anschließenden Gebäude eröffnet, wurde 1938 von den Nazis geschlossen. Seit dem Krieg sind die Bestände des Museums verloren und die Bildersammlung, die erhalten blieb, ist in alle Welt zerstreut.[31] In der Nachkriegszeit zeigte man in Sicherheit gebrachte oder wiederentdeckte Ausstellungsstücke in einigen Räumen des Berlin-Museums sowie im Martin-Gropius-Bau – beide in Westberlin.

Der Platz im Berlin-Museum wurde jedoch immer knapper, und so wurde im Jahr 1988 ein Architektur-Wettbewerb für einen Erweiterungsbau ausgeschrieben; es sollten 4500 m² zusätzlicher Ausstellungsraum entstehen, wovon etwa ein Drittel für die jüdische Abteilung des Museums vorgesehen war. Den ersten Preis unter 189 Teilnehmern erhielt der amerikanische Architekt Daniel Libeskind, der den Entwurfsbedingungen entsprechend nur das Erdgeschoß seines geplanten Gebäudes der jüdischen Abteilung zugedacht hatte.[32] 1992 fand die Grundsteinlegung statt, und im Januar 1999 wurde der – noch leere – Bau offiziell zur Besichtigung freigegeben. Doch inzwischen waren dem Leiter des Jüdischen Museums, Michael Blumenthal, Zweifel an der Planung gekommen. Der im November 1997 zum zweiten Direktor des Museums ernannte Blumenthal ist ein gebürtiger Berliner, der mit seinen Eltern vor den Nazis nach Schanghai geflohen war. Im Jahr 1947 wanderte die Familie in die USA aus, wo ihm eine glänzende Karriere beschert war. Unter anderem hatte er eine Professur für Ökonomie an der Princeton University inne und war Finanzminister unter Präsident Carter. Als das Museum also fertig war, konnte sich Blumenthal nicht mehr vorstellen, daß es aufgeteilt werden sollte. Mit seiner beeindruckenden skulpturalen Gestaltung mußte es unbedingt als Ganzheit organisiert werden.

1998 gelang es Blumenthal, den Berliner Senat davon zu überzeugen, daß das neue Gebäude ausschließlich für das Jüdische Museum verwendet werden sollte. Und im Jahr 2000 beschloß der Senat zudem, das alte Barockgebäude in Teilen ebenfalls dem Jüdischen Museum zur Verfügung zu stellen.[33] Längst ist Libeskinds Museumsbau zu einem Wahrzeichen Berlins geworden, mit seiner eindrucksvollen Zickzack-Konstruktion, der metallischen Außenhaut, und den mit schwarzen Wänden abgetrennten sechs „Voids", einer davon über dreißig Meter hoch, als düstere Versinnbildlichung des Holocaust. Für Libeskind symbolisieren diese „Leerräume" Deutschlands kulturelles Vakuum nach dem Holocaust.[34] Noch bevor ein einziges Ausstellungsstück an seinem Platz stand, zog das Museum Tausende Menschen an, die einen Rundgang durch das leere Gebäude machen wollten. In den ersten zwanzig Monaten nach seiner Fertigstellung kamen 330000 Besucher. Wegen seiner düsteren Ausstrahlung hat man sogar vorgeschlagen, es so wie es ist, ohne Ausstellungen oder Objekte, als Holocaust-Mahnmal zu belassen. Dieser Einfall könnte allerdings ein Versuch sein, das offizielle Berliner Holocaust-Mahnmal zu verhindern, das von Anfang an umstritten war.

Die zahlreichen Stimmen für, über und gegen das Mahnmal sind Ausdruck dafür, wie ungelöst das Thema Holocaust im Leben der Deutschen noch immer ist. Den ersten Vorschlag für ein solches Monument machte im Jahr 1988 bezeichnenderweise Lea Rosh, eine Fernseh-Journalistin, die sich einen trügerisch jüdisch klingenden Namen zugelegt hat, obwohl sie gar keine Jüdin ist. Ihre „Initiative Berlin", unterstützt von einem „Förderkreis zur Errichtung eines Mahnmals für die ermordeten Juden", regte an, Berlin solle auf dem Gelände des früheren Gestapo-Hauptquartiers eine Gedenkstätte errichten. Einmal in der Welt, glich der Vorschlag einem Flaschengeist, der partout nicht wieder in seine Flasche zurückgestopft werden kann, und nun war es an Berlin, damit zurechtzukommen.

Was sich zunächst wie die exzentrische Laune einer Privatperson ausgenommen hatte, wurde plötzlich zum politischen Thema. Welcher Politiker konnte es wagen, dagegen zu sein; wer würde die Juden in Deutschland, in der ganzen Welt, kränken wollen, indem er sich einem Mahnmal für die Toten widersetzte? Viele Journalisten haben schon darauf hingewiesen, daß Deutschland sich in der unüblichen Situation eines Landes befindet, das Gedenkstätten für seine eigenen Opfer errichtet.

Im Jahr 1994 lobte das Land Berlin schließlich einen offenen Wettbewerb für ein Mahnmal aus und wurde mit 528 Einsendungen überschüttet. Der preisgekrönte Entwurf sah eine „Grabplatte" aus Beton von der Größe eines Fußballfeldes vor, auf dem die Namen der sechs Millionen von den Nazis ermordeten Juden eingraviert werden sollten. Der Kostenvoranschlag belief sich auf 15 Millionen Mark. Obwohl Dimension und Ästhetik des Entwurfs die schlimmsten Befürchtungen der Zweifler bestätigten, die sich etwas Menschlicheres und weniger Monumentales erhofft hatten, gewann er die Unterstützung von Rosh und ihrem Förderkreis. Doch nun, da etwas Greifbares vorlag, organisierten die Gegner eine leidenschaftliche Kampagne in Zeitungen und Zeitschriften, in der sie die Gründe für ihre Ablehnung darlegten und Alternativen anboten. Die Kritiker nahmen nicht nur am Entwurf als solchem Anstoß, sondern stellten auch die Frage, warum andere Gruppen von Verfolgten nicht ebenfalls berücksichtigt wurden: die Sinti und Roma, die russischen Kriegsgefangenen, die Homosexuellen, die geistig

Modell des Holocaust-Denkmals in Berlin, entworfen von Peter Eisenmann.

und körperlich Behinderten, die zu den ersten Opfern der Nazis gehört hatten. Andere machten sich Sorgen wegen der Kosten und wiesen darauf hin, daß die ehemaligen Konzentrationslager Sachsenhausen und Buchenwald mit ihrem wichtigen Bildungsprogramm für Schulkinder erheblich unterfinanziert waren.

Angesichts solch starken Widerstands beschlossen die Preisstifter, denen sich neben dem Förderkreis um Rosh inzwischen auch der Bundestag und die Stadt Berlin angeschlossen hatten, eine zweite Ausschreibung zu veranstalten. Diesmal wurde die Teilnahmeberechtigung von vornherein begrenzt, so daß den Preisrichtern nur fünfundzwanzig Eingänge vorgelegt wurden. Aus einem äußerst langwierigen Entscheidungsprozeß ging schließlich ein Gemeinschaftsentwurf des amerikanischen Architekten Peter Eisenmann und des Bildhauers Richard Serra als Sieger hervor; das Werk trug den Titel: „Erinnerungsfeld".

Dieser Entwurf stieß nicht gerade auf einhellige Begeisterung bei der Allgemeinheit, sondern gab im Gegenteil Anlaß zu beständigen Diskussionen und Differenzen. Im wesentlichen sollte das Denkmal aus wellenförmigen Reihen von 4000 2,5 m hohen Betonstelen bestehen, die den vorgesehenen Platz, ein Karree in der Nähe des Potsdamer Platzes ganz ausfüllen. Der Förderkreis erklärte sich bereit, ein Drittel der nötigen Gelder beizusteuern.[35] Dann wollte der damalige Kanzler Helmut Kohl, der das Modell befürwortete, zwei Dinge geändert haben: Die Steine sollten nur noch halb so hoch sein und auf 2500 reduziert werden. Eisenmann akzeptierte diese Änderung, aber Richard Serra zog sich unter Protest aus dem Projekt zurück.

Wegen der bevorstehenden Bundestagswahl stellte man die endgültige Entscheidung über das Mahnmal zurück, doch gab es noch einen weiteren Rückschlag von seiten eines der Sponsoren. Im Juni 1998 erklärte Berlins Regierender Bürgermeister Eberhard Diepgen, er sei dagegen, die Gedenkstätte zu errichten und Berlin, die neue Hauptstadt, zu einer „Hauptstadt der Reue" zu machen. Zugleich behauptete er, es würde die Empfindungen der Betrachter nur abstumpfen, wenn es immer mehr solcher Mahnmale gebe.[36]

Erst im Januar 1999, nachdem die neugewählte sozialdemokratische Regierung im Amt war, wurden abschließende Änderungen an Eisenmanns Konzept vorgenommen. Unter der Leitung von Michael Naumann, dem Staatsminister für Kultur, legte man eine weitere Reduktion der Stelenanzahl auf 1800 bis 2100 fest. Auf der so gewonnenen Freifläche wollte man ein „Haus des Erinnerns" bauen, mit einem Archiv, einem Informationszentrum und Ausstellungsräumen.[37] Im März 1999 erklärte sich der Bundestag zuständig für die endgültige Entscheidung über die Gedenkstätte, und im Juni legte der Kulturausschuß des Bundestages zwei neue Pläne zur Abstimmung vor: das modifizierte Eisenmann-Konzept und einen Entwurf des Theologen Richard Schröder für einen einfachen Gedenkstein mit der Inschrift „Du sollst nicht töten". In der Endabstimmung vom 25. Juni 1999 setzte sich der Eisenmann-Plan durch – allerdings mit Abstrichen am „Haus des Erinnerns", wobei die gesetzgebende Versammlung sehr geteilter Meinung war. Es wurden 314 Stimmen für und 209 gegen den Entwurf von Eisenmann gezählt.[38] Bürgermeister Diepgen blieb seinen Grundsätzen treu und der Feier zum Baubeginn im Januar 2000 fern.

Wenn sich der Streit um das Holocaust-Mahnmal auch fast zehn Jahre hingezogen hat, so heißt das nicht, daß Berlin nichts von seiner Vergangenheit wissen will. Über die Stadt verstreut gibt es viele verschiedene Gedenkstätten, und oft stößt man als Besucher völlig unerwartet darauf. In der angenehmen Umgebung des Bayerischen Platzes zum Beispiel, mit seinen farbenfrohen Gartenanlagen und

sternförmig angelegten Einkaufsstraßen sind an den Laternen-
pfählen achtzig Schilder angebracht, auf denen jeweils eine der Verfügungen aufgeführt ist, die unter dem Hitler-Regime das Leben der
Juden immer stärker abschnürten. Das 1993 installierte Denkmal
soll an die 6000 Juden erinnern, die in diesem Viertel lebten und von
den Nazis deportiert wurden. Mit der ersten Bekanntmachung
wurde eine ganze Klasse von Juden ihrer Existenzgrundlage beraubt.
Sie lautet: „Jüdische Anwälte und Notare dürfen in Zukunft nicht in
Rechtsangelegenheiten der Stadt Berlin tätig sein. 18. März 1933."
Die letzte Verordnung, herausgegeben am 2. Februar 1945, als bereits die Russen im Anmarsch auf Berlin waren, schlägt eine ganz andere Tonart an. Alle Bürger werden aufgefordert: „Akten, deren Gegenstand anti-jüdische Tätigkeiten sind, sind zu vernichten."[39] Und
dazwischen dokumentiert eine Auswahl der großen und kleinen Vorschriften, wie nach und nach aus den übriggebliebenen jüdischen
Bürgern Zielscheiben jeglichen Mißbrauchs gemacht wurden.
    Wenn man am Grundstück der zerstörten Synagoge in der Levet-
zow-Straße, von wo aus 35 000 Berliner Juden deportiert und in den
Tod geschickt wurden, vorbeikommt, sieht man einen Spielplatz
und an dessen Rand eine hohe, durchbrochene Metallwand, auf der
jeder Transport mit Angabe des Ziels und der Anzahl der verschleppten Juden aufgelistet ist. Auf der Straße selbst steht die genaue Nachbildung eines Güterwagens in Originalgröße, so daß
nichts der Vorstellungskraft überlassen bleibt. Eine viel einfachere
Mahnung findet man am Wittenberg-Platz, dem Mittelpunkt des
Einkaufsviertels im Zentrum Berlins: eine schlichte Tafel in Schwarz
und Gold, auf der die Namen der Vernichtungslager stehen sowie
der Satz „Orte des Schreckens, den wir niemals vergessen dürfen".
Und völlig unerwartet findet man dann die Bronzeplatten in Kreuz-
berg, im Nordosten Berlins, ins Pflaster vor den Häusern eingelas-
sen, in denen früher Juden gewohnt haben, und auf jeder steht der
Name eines in den Tod Geschickten.
    Ähnlich überrascht ist man von dem Erinnerungsmal in der
U-Bahn-Station am Hausvogteiplatz – der vor dem Krieg mitten in
einem Viertel lag, in dem die textilverarbeitende Industrie angesie-
delt war. Wenn man zum Ausgang geht, sieht man an den Treppen
zur Straße auf jeder der 28 Setzstufen eine Bronzeplakette mit Namen und Adresse einer jüdischen Firma, die sich damals in dem
Viertel befand. Auf der Straße angekommen, sieht man sich drei hohen Spiegeln gegenüber, die wieder auf das verschwundene Ge-

werbe anspielen, und Bronzeplaketten auf dem Gehweg erzählen, was passiert ist.

Von 1933 an wurden jüdische Unternehmer mit zunehmender Gewalt aus der Konfektionsbranche verdrängt. Ihre Firmen wurden „arisiert" oder stillgelegt. Dadurch wurde die Tradition und und die wirtschaftliche Bedeutung dieses bis dahin größten Berliner Industriezweiges nachhaltig zerstört. Die jüdischen Inhaber und Angestellten der Berliner Konfektion wurden von den Nationalsozialisten in die Emigration getrieben oder in die Lager verschleppt und ermordet.

In Steglitz, einem Wohnbezirk am Stadtrand, wurde im Jahr 1995 eine Spiegelwand aus polierten Stahlplatten errichtet, doch bevor es soweit war, machten sich noch einige häßliche Unterströmungen der gegenwärtigen deutschen Lebenswirklichkeit bemerkbar. Auf der etwa 10 Meter langen und 3,5 Meter hohen Wand sind ca. 2000 Namen, Geburtsdaten und Anschriften von jüdischen Deportierten aus Steglitz, Lankwitz und Lichterfelde angegeben. Die Künstler bescheinigen ihrem Werk interaktive Eigenschaften. In einem Aufsatz anläßlich der Präsentation schrieben sie:

> Nur wenige der Genannten haben überlebt. In diese Namensflut eingelassen sind auf jeder Seite drei besondere Text- bzw. Bildtafeln zu jüdischem Leben in Vergangenheit und Gegenwart. Eine dieser Tafeln ist die Chronik der Steglitzer Synagoge.... In der Wand spiegeln sich Himmel, Bäume, Vögel... und die menschliche Geschäftigkeit (Markt, Verkehr...). Der Betrachter der Wand spiegelt sich selbst in den Stahlplatten wider. Er wird konfrontiert mit Vergangenheit und Gegenwart. Die Reaktion beim Betrachter kann vom Niederlegen eines Blumenstraußes bis zum Schmieren von Nazi-Parolen reichen. Damit wird die Vergangenheit zum Spiegelbild der Gegenwart. Jede Blume, jede Schmähparole wird zum Bestandteil der Gedenkstätte.[40]

Es war nicht leicht, dieses Projekt im örtlichen Stadtrat durchzusetzen. CDU und FDP gingen sogar eine unheilige Allianz mit den rechtsradikalen Republikanern ein, die den Gegenantrag stellten, das Denkmal auf eine sechs Meter lange Platte zu reduzieren. Als die Künstler sich darauf nicht einließen, machte die CDU den „Kompromißvorschlag", die Idee mit der Wand ganz fallenzulassen und einfach eine Gedenktafel an der Wand der noch erhaltenen Synagoge anzubringen.

Inzwischen hatte der Streit international Aufsehen erregt, und der Berliner Bausenator Wolfgang Nagel intervenierte zugunsten des Projekts. Mit Unterstützung der Stadt Berlin wurde die Spiegelwand schließlich wie geplant gebaut und im Juni 1995 enthüllt. Doch wie schrieb Hermann Simon, der Leiter des Centrum Judaicum: „Es bleibt der unangenehme Nachgeschmack eines ‚aufgezwungenen' Mahnmals."[41]

Das jüdische Leben in Berlin geht auf vielen Ebenen weiter. Die gerade erörterten Denkmäler waren ohnehin nicht das Werk der Jüdischen Gemeinde, sondern das der Kommunal- oder Stadtverwaltung oder der Bundesregierung, Bestandteil der anhaltenden Reflektion über die zwölf Jahre Naziherrschaft. Innerhalb der Jüdischen Gemeinde stellte im letzten Jahrzehnt des 20. Jahrhunderts nicht die Vergangenheit das Hauptproblem dar, sondern wie man mit der mächtigen Einwanderungswelle von Juden aus Rußland umgehen sollte, die zumindest numerisch die 35 000 in Deutschland lebenden Juden übermannten. Zwischen 1990 und 1998 emigrierten an die 100 000 Juden aus der ehemaligen Sowjetunion nach Deutschland, ermutigt durch die Sonderbedingungen des sogenannten Kontingentflüchtlingsgesetzes. Doch nicht alle blieben für immer. Im Jahre 1991 waren die Ministerpräsidenten der Bundesländer übereingekommen, auf der Basis des Genfer Flüchtlingsabkommens jüdische Emigranten aus der Sowjetunion aufzunehmen. Das „Kontingent" bezog sich auf die proportionale Verteilung der Neuankömmlinge auf die einzelnen Länder. Durch diese Vereinbarung sind die Emigranten berechtigt, zeitlich unbegrenzt in Deutschland zu leben. Außerdem haben sie Anspruch auf eine Arbeitserlaubnis und auf Unterstützung bei der Aus- und Weiterbildung.[42] Manche der kleineren Jüdischen Gemeinden haben es zu spüren bekommen, wie radikal die Zuwanderung der russischen Juden die Ausgewogenheit zwischen den Mitgliedern verändern kann. Die Leiter der Düsseldorfer Jüdischen Gemeinde begrüßten tapfer die Ankunft junger Immigranten, „auch wenn dann die Gemeindesprache vielleicht Russisch sein wird".[43]

Wenn diese Zuwanderer darüber sprechen, warum sie gegangen sind, wird klar, daß siebzig Jahre Kommunismus den seit langem bestehenden Antisemitismus in den Ländern der GUS keineswegs ver-

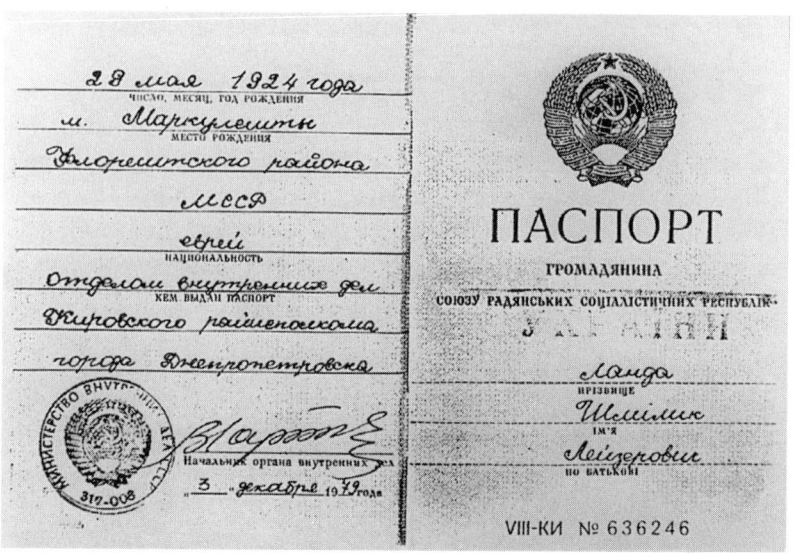

Eine Seite aus einem russischen Paß, der nur für Rußland Gültigkeit besaß. Zu erkennen ist, daß in der 5. Zeile „Evreii-Hebrew" geschrieben steht.

ringert hatten. Wie zu Zeiten Stalins bekam er mörderische Unterstützung von offizieller Seite. In nicht so blutgierigen Zeiten bediente man sich des Vorurteils, um die Lebensumstände der Juden einzuschränken. Es hielt sie von Studienplätzen fern, verwehrte ihnen Arbeitsplätze und behinderte ihr berufliches Fortkommen. Wie wir wissen, war eine jüdische Identität in Rußland nur schwer zu verheimlichen, weil in der berüchtigten fünften Zeile des Ausweises die Nationalität angegeben war. Hier kommen wir zu einem ersten Paradox. Viele Juden schrieben im Bewußtsein der Diskriminierung, die ihnen eine wahrheitsgemäße Angabe einbringen würde, in die fünfte Zeile „russisch". Kinder aus Mischehen konnten sich zum Beispiel im Alter von sechzehn Jahren für die eine oder die andere Nationalität entscheiden. Manche griffen zu drastischeren Maßnahmen und vernichteten Familiendokumente, die ihre jüdische Herkunft ans Licht bringen konnten. In den ersten Nachkriegsjahren legten sich Überlebende der Todeslager, wenn sie ihre Ersatzausweise beantragten, weil sie keine Papiere mehr hatten, häufig eine neue russische Identität zu. Aber als sie später in den 1990er Jahren als Juden auswandern wollten, war in ihren offiziellen Unterlagen nur ihre falsche Identität angegeben und sie hatten keine Möglichkeit, ihre tatsächliche Familienabstammung zu beweisen.

Das zweite Paradox kann man wahrscheinlich mit Fug und Recht die größte Umkehrung des 20. Jahrhunderts nennen. In den 1930ern und 1940ern war ein jüdischer Paß so gut wie ein Passierschein in den Tod. In Rußland in den 1990ern verwandelte er sich in eine Fahrkarte in die Freiheit und den Wohlstand. In kurzer Zeit entwickelte sich in der ehemaligen Sowjetunion ein Schwarzmarkt für gefälschte jüdische Ausweise, weil ihr Besitz auch Nichtjuden die Ausreise samt Familie ermöglichte. Bei der Ankunft in Deutschland sicherte er ihnen den geschützten Immigrantenstatus und zugleich die Unterstützung der Jüdischen Gemeinde. In Israel wird der Anteil an russischen Neuankömmlingen mit zweifelhaften Pässen auf ein Drittel geschätzt, in Deutschland vielleicht etwas niedriger.

Das dritte große Paradox besteht darin, daß aus Rußland – bis zur Revolution die Wiege jüdischen Lebens und jüdischer Kultur – nun Juden kommen, die nie ein jiddisches Buch gesehen oder eine Synagoge betreten haben oder denen es noch an der elementarsten Kenntnis jüdischer Geschichte, Lebensweise und Tradition fehlt. Überwiegend sind russische Juden urban, gut ausgebildet und nicht religiös. Siebzig Prozent der Zuwanderer in Berlin haben mindestens eine Fachhochschulausbildung. Doch wenn Ärzte, Ingenieure und Akademiker im Westen ankommen, müssen sie oft feststellen, daß ihre Hochschulabschlüsse nicht anerkannt werden, und sie müssen sich mühsam neue Berufe suchen.[44]

Zu einem ersten Konflikt zwischen den russischen Immigranten und den Jüdischen Gemeinden in Deutschland kam es, weil die Gemeinde von den Zuzüglern eigentlich erwartete, daß sie sich stärker auf den jüdischen Glauben und die jüdischen Bräuche einlassen würden. Nun stellen die gastgebenden Gemeinden enttäuscht fest, daß die Neuen sich nicht als Lehrlinge verstehen. Sie sind auf die sozialen Dienstleistungen der Gemeinde angewiesen, sind aber nicht bereit, neue Überzeugungen anzunehmen oder ihre Lebensführung umzukrempeln und nach einem von der Gemeinde empfohlenen religiösen Leitbild auszurichten. Ohne jegliche Kenntnis jüdischer Gelehrsamkeit, ist eine ganze Anzahl der russischen Zuwanderer so restlos überzeugt von der Überlegenheit der slawischen Kultur, daß sie eine Welt, die sie gar nicht kennen, nicht einmal erkunden wollen.

Hochzeit eines russischen jüdischen Paares in der Synagoge in der Pestalozzistraße in Berlin 1992.

Langfristig werden die unvermeidlichen Differenzen, die sich aus
einem solchen Zusammenprall der Kulturen ergeben, in eine Umkehrung der üblichen Erfahrung von Einwanderern münden. Innerhalb der offiziellen Jüdischen Gemeinden sind die Russen dabei,
ihrerseits den Stil des Gemeindelebens zu verändern, statt sich den
herrschenden Sitten anzupassen. In Berlin erscheint das monatliche
„Gemeindeblatt" zweisprachig. Sämtliche Bekanntmachungen im
Gemeindehaus sind in beiden Sprachen abgefaßt, manchmal sogar
nur in Russisch. Auch beim Personal findet ein Wechsel von
deutschsprachigen zu russischen Angestellten statt. Im Jahr 2000
gab es nur noch einen Angestellten in der Gemeindebibliothek, dessen Muttersprache Deutsch war.

Bezeichnend für diesen Wandel ist eine geringfügige Konfrontation, die sich im Büro der Berliner Gemeinde zutrug, als die Anzahl
der Russen allmählich die der anderen überstieg. Eine ziemlich vor-
nehme Dame, deren Familie seit Generationen in Berlin ansässig
war, erkannte – langjähriges Gemeindemitglied, das sie war –, daß
eine Ära zu Ende ging, als man sie vor einem Schalter warten ließ,
während die Sekretärin ein langes Telefongespräch auf Russisch
führte. Nachdem das Gespräch beendet war, teilte sie ihr in frosti-
gem Ton mit, sie verstünde kein Russisch. Die Sekretärin, statt sich

268

wie von der Besucherin erwartet, zu entschuldigen, gab ziemlich schroff zur Antwort: „Nun, dann ist es höchste Zeit, daß Sie es lernen. Jetzt sind wir dran!"

Die alte Generation deutscher Juden muß mit ansehen, wie nun die Neuankömmlinge die Gemeindefestivitäten – den Purim-Ball, die Chanukkah-Feiern – nach ihrem Geschmack in Kleidung und Essen ausrichten und Bands verpflichten, die russische Musik spielen. In der Gemeindebibliothek in Berlin hat man einen eigenen Bereich für russische Bücher und Zeitschriften reserviert, und das koschere Restaurant im selben Gebäude wirbt damit, daß es nicht nur deutsche, sondern auch russische Zeitungen abonniert.

Doch hat sich die Sprache besonders für die älteren Zuwanderer als große Barriere erwiesen, die sie von der neuen Welt, in die sie gekommen sind, trennt. Zwar veranstaltet die Gemeinde Deutschkurse jeder Stufe und beschäftigt einen Sozialarbeiter, der bei Alltagsproblemen hilft, doch schreitet der Integrationsprozeß nur langsam voran. Einer Umfrage zufolge gab die Hälfte der Interviewten zu, noch nach fünf Jahren Aufenthalt in Deutschland nur unzureichend Deutsch zu sprechen. Diese Problematik verstärkt natürlich die Tendenz der Zuwanderer, sich in eine selbstgezimmerte Welt zurückzuziehen. Wie immer bei Einwanderergruppen finden die Neuankömmlinge echten Trost und wahres Verständnis nur bei denen, die aus ähnlichen Verhältnissen kommen, dieselbe Sprache sprechen und dieselben Ansichten haben. Was sich also den Einheimischen so darstellt, als wollten die „Russen" keinen Umgang mit ihnen – wenn sie zum Beispiel bei Gemeindefestlichkeiten unter sich bleiben – könnte man also auch ihrer Unfähigkeit zuschreiben, sich einigermaßen sicher auf Deutsch zu unterhalten.

Die Gemeinde in Berlin hat auch noch andere radikale Veränderungen erlebt. 1997 war so ein Jahr des Umbruchs: Zum ersten Mal übernahm die Nachkriegsgeneration die Führung von der Generation der Überlebenden. Heinz Galinskis Nachfolger war 1992 Jerzy Canal gewesen, der als Interims-Vorsitzender antrat und 1997 in den Ruhestand ging. Die anschließende Wahl des 1951 geborenen Andreas Nachama, Sohn des hochangesehenen, griechischstämmigen Kantors Estrongo Nachama, signalisierte eine drastische Wende im Gemeindeleben. In gleicher Wahl wurde Hermann Simon, Leiter des Centrum Judaicum, zum Vorsitzenden der Repräsentantenversammlung bestimmt. Er stammt aus einer der ältesten jüdischen

Familien Berlins und bringt in die wiedervereinigte Gemeinde die Sichtweise von jemandem ein, der die Nachkriegsjahre in Ostdeutschland verbracht hat.

Doch ging es bei diesen Wahlen um mehr als nur einen Generationswechsel. Zum ersten Mal sahen sich die Gemeindemitglieder dem organisierten Versuch der russischen Juden gegenüber, sich maßgebliches Gewicht im Gemeindeparlament zu verschaffen. Für viele Zuwanderer war es die erste Begegnung mit der Art und Weise, wie Demokratie funktioniert. Obwohl es bei den Gemeindewahlen seit langem üblich war, daß die verschiedenen Parteien ihre Kandidaten auf einer Liste präsentierten, vertrat das Wahlkomitee nachdrücklich die Ansicht, daß es sich diesmal um eine „Persönlichkeitswahl" handelte, und äußerte sein Mißfallen darüber, daß einige der Kandidaten diese Wahlen als Wettkampf zwischen Parteien bzw. Listen sehen wollten. Die Russen waren indessen nicht davon abzubringen, als „Liste" zu kandidieren, ebenso wie Hermann Simon, dessen Gruppierung, die er „Team" nannte, einige Russen angehörten. Das von der Gemeinde herausgegebene offizielle Wahlbulletin enthielt von jedem Kandidaten ein Foto und ein Statement in Russisch und Deutsch, in dem die Rivalität klar zutage trat.

Jakov Sterenberg, einer der russischen Kandidaten, prangerte die „einschläfernden Lösungen" der langjährigen Mehrheit an und wies darauf hin, daß er für eine Gegenliste stand, die sich „Stimme" nannte. Direkt an die russischen Mitglieder appellierend, schrieb er:

> Die Gemeindemitglieder haben die Möglichkeit, eine Kraft zu werden, mit der man rechnen muß. Verpassen Sie Ihre Chance nicht! Bis jetzt hatten Sie keine eigene *Stimme* in der Gemeinde, deshalb hat man sie auch wie Menschen zweiter Klasse behandelt. Nur wenn Sie eine eigene *Stimme* im Parlament haben werden, werden Sie gleichberechtigte Mitglieder der Gemeinde sein. Nehmen Sie diese Liste mit den Namen der neun Kandidaten der Gruppe *Stimme* mit zur Wahl. Nur wenn Sie *jeden* von diesen wählen, *stimmen Sie auch für sich selbst und für Ihre Stimme in der Gemeinde.*[45]

Trotz der zahlenmäßigen Überlegenheit der Russen in der Gemeinde, gewann die Gruppe „Stimme" nicht. Die Neuen hatten noch nicht gelernt, Stellung zu beziehen und ihre Stimme abzugeben. Von 8787 stimmberechtigten Mitgliedern nahmen nur 3634 ihr Stimmrecht wahr.

Die Wahl im Jahr 2001, die ebenfalls heftig umstritten war, brachte einen Übergangskandidaten ins Amt als Haupt der Gemeinde. Alexander Brenner wurde 1932 in Polen als Sohn einer Jiddisch sprechenden Familie geboren. Nach der Invasion der Deutschen in Polen 1941 floh die Familie ostwärts nach Sibirien, wo Brenner aufwuchs. Nach dem Krieg kam er nach Berlin, wo er in Chemie promovierte. Aufgrund seines technischen Verständnisses und seiner perfekten Beherrschung des Russischen lud das Auswärtige Amt ihn ein, als wissenschaftlicher Berater nach Moskau zu kommen. Nach seiner Pensionierung kehrte er nach Berlin zurück und wurde in der Gemeinde aktiv. Dank seiner umfassenden Erfahrungen des russischen Lebens und nun noch mit einem deutschen Hintergrund ausgestattet, war er ein Kandidat, der auf die vielen unterschiedlichen Elemente in der Gemeinschaft einzugehen vermochte. Während der Wahlkampagne warf Brenner dem vorherigen Vorstand vor, er hätte nicht genug für die Integration der russischen Einwanderer getan, und damit gelang es ihm, die Neuankömmlinge auf seine Seite zu bringen.

Im Jahr 2001 war Berlin mit 12 000 Mitgliedern noch immer die größte Jüdische Gemeinde in Deutschland. Viele der russischen Juden, die nach dem amtlichen Kontingentsystem kleinen Städten zugewiesen worden waren, schafften es nach einer Weile, von dort wegzugehen und die besseren Chancen und sozialen Kontakte in Berlin und anderen Großstädten wahrzunehmen. Das offizielle Mitgliederverzeichnis aller Jüdischen Gemeinden in Deutschland registrierte im Jahr 1998 74 289 Personen, 53 559 davon aus der ehemaligen Sowjetunion.[46] Die meisten Kommentatoren setzen die Anzahl der Juden in Deutschland sogar noch höher an, bei 100 000, weil erstens nicht alle, die hier ihren Wohnsitz haben, Mitglieder der Gemeinde sind, und zweitens die ziemlich große Zahl von Israelis, die mehr oder minder viel Zeit hier verbringen, ebenfalls nicht angemeldet sind und selbst eine Art Schattengemeinde bilden.

Wie das Wählen war auch die Suche nach Arbeit für ehemalige sowjetische Juden eine neue Erfahrung des Lebens im Westen, die im krassen Gegensatz zu den Gepflogenheiten zu Hause stand, wo ein guter Bürger nur die offiziellen Direktiven zu befolgen hatte. Zu lernen, wie man im Westen eine Arbeit oder eine Wohnung fand, brauchte Zeit. Aufgewachsen unter den streng kontrollierten Lebensbedingungen in der Sowjetunion, wo der Bevölkerung von Kindesbeinen an nicht nur das richtige Verhalten, sondern auch das richtige Denken eingetrichtert wurde, haben die Zuwanderer im Westen Kontraste entdeckt, die sie sich nicht hätten vorstellen können. Eine junge Frau, die aus St. Petersburg nach Berlin emigriert war, schilderte, wie verraten sie sich vorkam, als sie mit ihrem Mann zum ersten Mal ins Ausland reiste, kurz bevor sie nach Deutschland auswanderten. Die Reise ging noch nicht einmal ins westliche Ausland, sondern nach Ungarn. Nachdem sie bereits in Berlin seßhaft geworden war, beschrieb sie in einem Interview ihre damaligen Gefühle: „Ich habe diese ganze Reise geweint, ich habe geweint, ich habe die ganze Reise geweint. Ich war so erschüttert, daß – ich habe immer gedacht, wir leben so gut, und ich habe gesehen, wie schlimm wir leben ... Also das beste Erlebnis, es war eine Beobachtung über die Kinder. Wie sehen die Kinder und die Frauen im Ausland aus. Wie sie froh sind, wie sie ruhig sind, wie sie lustig sind, also in Rußland, das ist absolut anders, und die Frauen sind erschöpft ... und ich war so überrascht, als ich gesehen habe, wie die Kinder angezogen und wie die Frauen angezogen sind und wie sie miteinander umgehen. Also für mich war das eine große Überraschung. Und als ich nach Hause kam, ich konnte nicht sprechen, ich habe nur geweint, ... wie schlimm wir hier leben und wie hat man uns betrogen, also immer!"[47]

Als die ersten russischen Juden nach Berlin kamen, stand es vielen zum ersten Mal in ihrem Leben frei, offen als Juden zu leben, „Juden zu werden". Bei Swetlana und ihrem Mann war diese Entscheidung, der Wunsch, „als Juden zu leben", schon in Rußland gefallen. Sie meinte: „Das war für mich ein völlig neues Gefühl, weil ich mich immer geschämt hatte, Jüdin zu sein."[48] Swetlana und ihr Mann fanden in Berlin die orthodoxe Adass-Jisroel-Gemeinde, wo sie sich mit ihrem Wunsch, ihr Leben zu ändern, aufgehoben fühlten. Adass Jisroel bemühte sich aktiv um die Neuankömmlinge und hoffte, sie mit speziellen Programmangeboten für ihre Gemeinde zu gewinnen. Wie die größere Gemeinde in der Fasanenstraße organisierten sie Sprachkurse und eröffneten eine Teestube, die sich mit ihren russischen und deutschen Büchern und Zeitungen rasch zu einem gesellschaftlichen Mittelpunkt entwickelte. Auch erkannten sie die anfängliche Desorientiertheit der Zuwanderer und stellten zwei psychologisch geschulte Sozialarbeiter ein, die ihnen bei der Klärung ihrer Probleme halfen.[49] Aber Gemeinschaft und Mitgefühl reichten nicht aus, um sich einen Arbeitsplatz zu erkämpfen und selbst seinen Lebensunterhalt zu bestreiten.

Für manche der Zuwanderer sollte sich dieses Problem als unlösbar erweisen. Dort, wo sie herkamen, hatten sie in einer „reinen Kastengesellschaft" gelebt, wie es ein Einwanderer aus Usbekistan nannte. Er sagte: „... In dieser Kastengesellschaft weiß jede Nation ganz genau, welcher Platz ihr darin vorbehalten ist und welchen Platz sie nie wird einnehmen können. ... Das kleinste jüdische Kind hat bereits vollkommen verinnerlicht, daß ein Verwaltungsberuf nicht in Frage kommt. Ich selber", fuhr er fort, um ein konkretes Beispiel zu nennen, „habe nie die Illusion gehabt, jemals einen höheren Posten in der Sphäre der Wissenschaft zu bekommen... Und für Juden in Usbekistan bleibt im Grunde nur die Wissenschaft, denn der Handel, einer der traditionellen jüdischen Wirkungsbereiche, ist ihnen hier verschlossen..."[50]

Nun ist zwar Deutschland keine Kastengesellschaft, doch eine, in der alles bis ins kleinste geregelt wird, und die Arbeitsuchenden stellten fest, daß sie immer und überall auf Vorschriften stießen. Berufe werden nicht von oben vorgeschrieben, sondern jeder einzelne Zweig hat seine eigenen Zulassungsbestimmungen, Ausbildungsgänge und Arbeitsbedingungen. Handwerker und Fabrikarbeiter bekommen es mit den Gewerkschaften zu tun; wollte man Geschäftsmann werden, mußte man die Bedingungen der Handelskammern erfüllen, und für die akademischen Berufe erwies sich bereits die Anerkennung des Diploms als der erste Stolperstein. Eine Frau, die in der Sowjetunion fünfzehn Jahre lang Mathematik unterrichtet hatte, konnte zum Beispiel keine Arbeit finden, weil Lehrer in Deutschland noch ein zweites Fach studiert haben müssen. Mehrere Jahre mußte sie als Putzfrau arbeiten und erwarb in dieser Zeit einen Abschluß in Slawistik, damit sie als Lehrerin eingestellt werden konnte. Auch Ingenieure aus Rußland durften keineswegs erwarten, auf ihrem bisherigen Niveau eingestuft zu werden. Besonders schlimm stand es um die Ärzte, weil sie nicht praktizieren durften, solange sie nicht die deutsche Staatsangehörigkeit hatten; und in den frühen 90er Jahren konnte man erst nach sechzehn Jahren überhaupt einen Antrag stellen.

Der 1998 gewählten sozialdemokratischen Regierung gelang es, diese Wartezeit für normale Einwanderer auf zwölf Jahre zu reduzieren. Doch war auch dieses verkürzte Intervall von mehr als zehn Jahren noch ein unüberwindliches Hindernis und zu lang, um danach noch ein neues Leben anzufangen.

Im Gegensatz dazu bekamen die deutschen „Aussiedler" die Staatsbürgerschaft, sobald sie sich in der Bundesrepublik niedergelassen hatten. Dieses Privileg für die Aussiedler verschiedener Länder rührte daher, daß sie eine deutsche Abstammung geltend machen konnten. Manche sind tatsächlich Deutsche, die ihre Staatsangehörigkeit durch die Verschiebung der Grenzen bei Kriegsende verloren hatten. Bei anderen, zum Beispiel den Wolga-Deutschen, deren Vorfahren vor dreihundert Jahren nach Rußland gezogen waren, erscheinen die Berührungspunkte eher oberflächlich. Wieder andere kamen aus der Tschechoslowakei oder den baltischen Ländern.

Während einige russische Juden in der neuen Gesellschaft ganz offensichtlich zu Wohlstand gekommen sind, sieht es für die anderen nicht besonders rosig aus. Im Jahre 1997, nach fünf Jahren in Deutschland, hatte ein Viertel der russischen Zuwanderer noch keine geregelte Arbeit finden können, so daß sie auf ihre Familie oder Sozialhilfe angewiesen waren. Mindestens zwei Drittel derer, die erwerbstätig waren, berichteten, daß ihre Position am Arbeitsplatz nicht ihrem tatsächlichen Leistungsniveau entsprach. Wie so oft bei Einwanderern, zeigten sich die Frauen flexibler bei der Suche nach Arbeit oder auch in ihrer Bereitschaft, den Beruf zu wechseln.

Doch der Schlüssel zum Erfolg liegt letzlich im Jungsein, wie an den Lebensgeschichten derer abzulesen ist, die bei ihrer Ankunft in Deutschland zwischen sechzehn und dreißig Jahre zählten. Die jüngeren aus dieser Gruppe können in Deutschland ihre unterbrochene Ausbildung wieder aufnehmen und sich mit einem deutschen Universitätsabschluß oder einem Fachdiplom problemlos in die deutsche Arbeitnehmerschaft einreihen. Andere aus der Gruppe der Unter-Dreißigjährigen wußten sich zu integrieren, indem sie Sprach- und Fachkurse besuchten und so ebenfalls die Bedingungen der deutschen Arbeitswelt erfüllten. Doch bleibt die kulturelle Diskrepanz eine der Hauptursachen dafür, daß es die Zuwanderer nicht leicht haben. Da sie aus einer Gesellschaft kommen, wo sie nicht auf Stellenjagd gehen mußten, sondern die Arbeit zugeteilt bekamen, müssen sie in ihrer neuen Umgebung ihre Haltung radikal ändern. Jetzt verlangt man von ihnen, sich selbst Arbeit zu suchen, bei der Einschätzung ihrer Eignung flexibel zu sein, und ganz allgemein ihr Leben viel selbständiger zu planen. Natürlich fällt das den Jüngeren leichter.[51]

Kinder haben ihre eigenen Strategien, sich der neuen Welt anzupassen. Viele von ihnen haben in ihrem Heimatland schlimme Erfahrungen mit dem Antisemitismus gemacht, und alle haben erlebt, wie es ist, entwurzelt zu sein und zwischen zwei Welten zu pendeln. Natascha Ronkine, die 1992 mit fünfzehn Jahren aus der Ukraine nach Deutschland kam, schildert sehr anschaulich, daß Sprache und jüdische Identität für sie die maßgeblichen Kriterien darstellen.

> Am liebsten bin ich unter russischsprechenden Menschen. Meistens sind es auch Juden. Mein Freundes- und Bekanntenkreis veränderte sich seit der Auswanderung kaum. Meine Freunde hegen gleiche Interessen und haben eine ähnliche Bildung wie ich ... Falls ich in deutscher Sprache mit jemandem kommuniziere, fällt mir der Kontakt mit Juden viel leichter als mit Nichtjuden. Für mich sind jüdische Menschen einfach näher als die anderen, obwohl deutsche Juden nicht viel kontaktfreudiger sind.

Wie auch viele andere Juden findet sie die Umkehrung ihrer Identität paradox. Während die Einwanderer in ihrer Heimat unter ihrem Jüdischsein zu leiden hatten, „bin ich in Deutschland nicht die Jüdin, sondern die Russin", wie eine von ihnen es ausdrückte.[52] Für Natascha war einer der Gründe für ihre Odyssee nach Deutschland das Recht, als Jüdin zu leben. Zudem war es ihr wichtig, „über Kultur, Tradition, Religion und Geschichte meines Volkes Bescheid zu wissen ... Es ist aber nicht angeboren", sagt sie bestimmt, „man muß es sich erst aneignen." Sie fing mit sechzehn Jahren an zu lernen und erzählt: „Ich fühlte mich wirklich wie neugeboren – ich war nicht nur Jüdin, sondern auch jüdisch."

Doch gehen die Schattenseiten des In-Deutschland-Seins – denkt man an seine Geschichte – ihr nie ganz aus dem Sinn: „Manchmal entsteht sogar eine Art Abneigung gegen mich selbst", schreibt sie, „weil wir das Andenken an die Opfer verraten haben, indem wir in dieses Land gekommen sind. Gleichzeitig glaube ich aber, daß das Aufblühen der jüdischen Gemeinden in Deutschland ein Zeichen für unsere Lebensfähigkeit hier ist."[53]

Daß Natascha sich an die russische Sprache klammert, ist in ihrer Generation ungewöhnlich; meistens ist es für die jungen Zuwanderer sehr wichtig, sich an der gängigen deutschen Jugendkultur zu beteiligen. Da sie bei vielen Gelegenheiten mit gleichaltrigen Deutschen zusammentreffen – in der Schule, beim Sport und in Vereinen – geraten sie unweigerlich unter den Einfluß ihrer eigenen Generation. Aber bis sie auch Anführer werden, wird es noch einige Zeit dauern. Innerhalb der Jüdischen Gemeinschaft geben weiterhin die Kinder der Überlebenden und die Nachkommen der ursprünglichen deutsch-jüdischen Gemeinde den Ton an. Doch anders als die Vorkriegsgeneration sehen sie sich auch Jahrzehnte nach dem Krieg noch immer als „Juden in Deutschland". Ihre Haltung gibt aber nicht nur ihre eigene Geschichte, sondern auch die sich wandelnden politischen Auffassungen wieder.

Im neuen Jahrtausend ist die Idee vom Nationalstaat, wie sie in den vorangegangenen Jahrhunderten den Staatsgründern und Patrioten vorschwebte, in Verruf geraten. In der Lebenswirklichkeit der modernen Welt läßt sich nicht übersehen, daß jede Nation, Island vielleicht ausgenommen, ein Völkergemisch darstellt. Diese Erkenntnis hatte für Juden in der ganzen Welt eine befreiende Wirkung. Um Bürger in ihrem Geburtsland zu sein, müssen sie nun nicht länger ihre Herkunft verschleiern, die Eigenarten ihres Glaubens oder ihrer religiösen Bräuche unterdrücken oder ihre Sprache aufgeben. Dieses Gefühl persönlicher Freiheit prägt die schriftstellerischen Werke, die Publikationen und Filme der heutigen Generation in Deutschland. So neu ist dieses Gefühl, daß es noch eine Aura der Gewagtheit ausstrahlt, was sich besonders an den Zeitschriften zeigt. Schon die Titel sind Affront und Ausdruck von Selbstbewußtsein zugleich.

Die erste Zeitschrift der „zweiten Generation", *Babylon*, gegründet 1988, verfolgte ein ehrgeiziges Ziel, das über die Literaturszene in Deutschland hinausging. Das Titelfoto der ersten Ausgabe war raffinierterweise so ausgewählt, daß es den Leser verunsichern mußte. Mit Babylon verbindet man natürlich die erste große Vertreibung der Juden, und hier in Deutschland wären ein paar gewichtige Überlegungen zu diesem Thema zu erwarten gewesen. Auf dem Foto sieht man jedoch eine Anzeigetafel der Long Island-Bahn in New York City, auf der die Abfahrtszeiten der Züge nach Babylon, einem Vorort von New York, angezeigt werden. Diese Ausgabe brachte die Übersetzung eines Artikels des amerikanischen Literaturkritikers Harold Bloom über Scholem; ein anderer Artikel von Norman Birnbaum setzte sich mit amerikanisch-jüdischen Intellektuellen auseinander, und es gab ein Interview mit Marek Edelman, einem Überlebenden des Warschauer Ghettos. Unter ihren Redakteuren Dan Diner und Micha Brumlik behielt *Babylon* in seinen literaturkritischen und politischen Beiträgen ein gleichbleibend hohes Niveau bei.

BABYLON
Beiträge zur jüdischen Gegenwart

Dan Diner Negative Symbiose • **Norman Birnbaum** Zur gegenwärtigen Situation der amerikanischen jüdischen Intellektuellen **Claus E. Bärsch** Das Urteil von Nürnberg • **Jürgen Habermas** Die Schrecken der Autonomie. Zu Carl Schmitt • **Harold Bloom** Scholem: Unhistorischer oder jüdischer Gnostizismus • "Red keinen Quatsch, mein Kind . . ." Gespräch mit **Marek Edelman**

neue kritik   Heft 1/1986

Titelseite der ersten Ausgabe der Zeitschrift *Babylon* vom Oktober 1986.

Von ganz anderem Charakter sind die sogenannten Jugendmagazine mit ihren übermütig frechen jiddischen Namen: *Chuzpe* (Unverschämtheit), *Tachlis* (Grundlagen) und *Nudnik* (Nörgler). Sie sind respektlos und bissig, haben nichts mit der offiziellen Jüdischen Gemeinde zu tun und scheuen sich daher nicht, die hohen Funktionsträger zu verspotten, die in den Veröffentlichungen der Gemeinde nur mit feierlicher Ehrerbietung behandelt werden.

Im Sommer 1990, als die wiedervereinigten Teile Deutschlands gerade eine gemeinsame Währung einführten und die Juden in Berlin darauf hofften, der Jüdische Weltkongreß werde zum ersten Mal in Deutschland stattfinden, veröffentlichte *Tachlis* ein erfundenes Telefongespräch zwischen Heinz Galinski und Edgar Bronfman, dem Leiter des Jüdischen Weltkongresses. Galinski versucht Bronfman zu überreden, daß, falls er den Kongreß tatsächlich in Berlin stattfinden lasse, er, Galinski, dafür sorgen werde, daß sein ostdeutscher Orden der Völkerfreundschaft in ein Ehrenkreuz der Bundesrepublik umgetauscht wird. Machbar sei das alles, versichert Galinski, weil die derzeitige Umtauschrate von Ost- zu Westmark 1:1 beträgt, und Bronfman würde nur eine Ost- für eine Westmedaille tauschen. „... das erledige ich bei meinem Freund Helmut", verspricht Galinski.[54] (Die Leser wissen natürlich, daß er Helmut Kohl meint, den Bundeskanzler.)

So sehr die Redakteure von *Tachlis* es genießen, die Würdenträger der Gemeinde durch den Kakao zu ziehen, so unsanft springen sie auch mit den Literaten ihrer eigenen Generation um. In der Rezension eines Erzählbandes von Maxim Biller, *Wenn ich einmal reich und tot bin,* machen sie sich über Billers Angriffe auf Ignatz Bubis lustig. Bubis, bekannter und umstrittener Immobilienmakler in Frankfurt, bot einem despektierlichen Intellektuellen natürlich einige Angriffsflächen. Doch verfügte Bubis auch über Gemeinsinn, den er 1985 wirkungsvoll unter Beweis stellte, als er die Aufführung eines antisemitischen Theaterstückes von R. W. Faßbinder in Frankfurt verhinderte, indem er zusammen mit anderen am Premierenabend die Bühne besetzte. Ganz untypisch für sie, nehmen die Verfasser Anstoß an der Flut von Beschimpfungen seitens Biller: „Bordellbesitzer und Bühnenbesetzer, Spekulanten, Holocaustüberlebende, Neureiche – ja, bitte! Und deren Kinder natürlich ebenfalls – second-generation-Problematik – entzückend." Ohne den Reiz von Billers Satire leugnen zu wollen, üben die Redakteure Kritik daran: „Er führt die ‚Wahrheit' vor – auf Kosten der Juden."

Nudnik kam zum erstenmal im Jahre 1988 in München heraus, blieb aber trotz seines vielversprechenden Namens nur ein Jahr auf dem Markt.[55] *Chuzpe,* 1994 von den zwei Frankfurter Studenten Filipp Goldschneider und Oliver Viest gegründet, erschien vierteljährlich und machte seinem Namen alle Ehre, indem es mit ernsten Themen flott und locker umging. Es war mutig genug, Themen wie Homosexualität, Mischehen, die Vertretbarkeit koscheren Schlachtens und natürlich die Geschichte des Antisemitismus zu erörtern. Obwohl das Magazin nur 3500 Abonnenten hatte, entging den Herausgebern nicht, daß viele ihrer Leser keine Juden waren.[56] Der Artikel, der besonders oft reproduziert wurde, erschien zum 200. Todestag des Freiherrn von Knigge, des zum Klassiker avancierten Autors einer Sammlung von Verhaltensregeln aus dem 18. Jahrhundert. Die Ende 1996 in *Chuzpe* veröffentlichte Version hieß „Der

koschere Knigge. Über den Umgang mit ‚jüdischen Mitbürgern'"
und war als Ratgeber für Nichtjuden gedacht.

Es ist ja einer der schwierigsten Aspekte in den Beziehungen zwischen Juden und Nichtjuden im heutigen Deutschland, daß sich irgendwie in jede soziale Situation eine gewisse Befangenheit einschleicht. *Chuzpe* ging dieses Problem direkt an und offerierte Nichtjuden eine Liste mit „Tips" für das richtige Verhalten. Die folgenden Beispiele lassen erkennen, welchen Ton sie anschlugen.

1. Sie dürfen ruhig ‚Jude' sagen.
   Das Wort ist nicht beleidigend. Wenn es Ihnen dennoch schwer über die Lippen kommt, dann hat das damit zu tun, daß irgendwo in Ihrem Hinterkopf noch Rudimente früherer Zeiten stecken. Das allerdings ist Ihr Problem, nicht unseres.
4. Wir sind nicht alle Israelis.
   Die meisten Israelis sind Juden. Daraus den Umkehrschluß zu ziehen, die meisten Juden seien auch Israelis, ist unlogisch. Deshalb ist, wenn Sie Kritik an der israelischen Sicherheitspolitik üben, der Optiker Levy von nebenan nicht der geeignetste und sachkundigste Ansprechpartner. Und Ihrer Frauengruppe das Horatanzen beibringen kann er wahrscheinlich auch nicht.
5. Wir sind auch nicht alle reich.
   Statistisch ist der Reichtum unter Juden genauso ungleich verteilt wie unter dem Rest der Bevölkerung. Deshalb sollten Sie auch bei einer Diskussion über den derzeitigen Sozialabbau einem anwesenden Juden nicht freundlich auf die Schulter klopfen und sagen: ‚Aber Sie betrifft das alles ja nicht.'
6. Und Genies sind wir auch nicht alle.
   Die meisten Juden sind genauso dumm wie das Gros der übrigen Menschheit. Die Chancen dafür, daß Ihr Gesprächspartner, weil Jude, Experte für die Frankfurter Schule ist (weil die ja meist auch Juden usw.), sind relativ gering. Wahrscheinlicher ist, daß er ‚Adorno' für einen trockenen Toskanawein hält.

Und Punkt neun schließlich spricht das ernsteste Thema an:

9. Sie müssen mit der Vergangenheit selber fertigwerden. Wenn Sie unter dauernden Schuldgefühlen leiden, weil Ihr Großonkel in der SS war, ist ein zufällig anwesender Jude nicht unbedingt daran interessiert, Einzelheiten zu erfahren. Suchen Sie in solchen Fäl-

len lieber einen guten (am besten nichtjüdischen) Therapeuten auf.[57]

Der Ton dieser Ratschläge erstaunt, wenn man bedenkt, daß in der Generation der Autoren zu einem großen Teil die Kinder jener polnischen Juden zu finden sind, die 1945 in Lumpen nach Deutschland kamen. Diese neuen Juden sind in einem neu geschaffenen Deutschland groß geworden: eins der solidesten, stabilsten und demokratischsten Länder Europas mit einer beispielhaften Menschenrechtspolitik. Das hat vielleicht dazu beigetragen, daß sie so selbstbewußt und unerschrocken sind. Die zwei Generationen von Deutschen, die seit dem Krieg herangewachsen sind, haben lange und gründlich über die Nazi-Vergangenheit nachgedacht. Und genau dieses Grübeln ist verantwortlich für die Atmosphäre der Befangenheit im privaten Kontakt, die sowohl Juden wie Nichtjuden als so unangenehm empfinden.

Solche Begegnungen rücken das jüdische Befangensein stärker in den Vordergrund, als ihnen lieb sein kann, doch ansonsten ist die herrschende liberale Demokratie gedeihlich für die Juden, und jüdisches Leben verläuft in geregelten Bahnen innnerhalb einer florierenden Gemeinde. Allerdings findet sich ein Haar in der Suppe, wie wir gleich sehen werden, nämlich daß Deutschland – ohne es zu wollen, und zu seiner eigenen Überraschung – zu einer multikulturellen Nation geworden ist. Inzwischen bilden die Juden nicht mehr die einzige Minderheit in einer ansonsten homogenen Bevölkerung, aber durch das Vorhandensein vieler neuer Minderheiten entwickelte sich das „Ausländerproblem" zum heiklen politischen Thema.

Ein wenig von dieser Spannung hat sich auch auf die Jüdische Gemeinde übertragen. In den letzten drei Jahrzehnten des 20. Jahrhunderts haben es die Juden in Deutschland als gegeben hingenommen, daß ihre Einrichtungen wie Festungen behandelt wurden. Seit dem Olympia-Attentat von 1972 in München, als arabische Terroristen elf israelische Athleten töteten, leben Juden in einer Art Belagerungszustand. Synagogen, Museen, Bibliotheken, jüdische Schulen und Gemeindehäuser stehen unter ständiger Bewachung. Man kann keinen Gottesdienst in einer Synagoge und kein jüdisches Museum besuchen, ohne daß Hand- und Manteltaschen kontrolliert werden. Während sich viele Leute durch solche Schutzmaßnahmen beruhigt fühlen mögen, reagierte ein junge Mutter ganz anders, als sie eines Morgens ihr kleines Kind erstmals in den

Kindergarten einer jüdischen Schule brachte. Als sie der bewaffneten Sicherheitskräfte am Tor, der Polizeiautos am Straßenrand und des Stacheldrahts rund um den Schulhof ansichtig wurde, brach sie in Tränen aus. Ein normales Leben war das nicht.

Was den Juden Deutschland noch besonders verleidete, war eine Politik, die sich immer stärker als ausländerfeindlich entpuppte und die ständige Zunahme von Gewalttaten seitens der Neonazis, mit dem zusätzlich verstörenden Eindruck, daß sie sich besonders in den kleinen Städten der früheren DDR in einschüchternder Weise breit machten. Besucher dieser Städte berichten übereinstimmend, wie sich diese gezielt ausstaffierten jungen Männer in furchterregend metallbewehrter Lederkleidung, mit rasiertem Kopf und schweren Stiefeln wie Waffen, ungeniert und provozierend an zentralen öffentlichen Plätzen versammeln. Zwar hat man geraume Zeit die fremdenfeindlichen Überfälle mit der hohen Arbeitslosigkeit im Osten und der Verunsicherung durch die politische Systemveränderung erklärt, doch sind diese Interpretationen mehr als zehn Jahre nach der Wiedervereinigung angesichts des schieren Ausmaßes dieser Taten nicht mehr stichhaltig.

Für Paul Spiegel, Nachfolger von Ignatz Bubis als Vorsitzender des Zentralrats der Juden in Deutschland, ist die Erklärung sogar noch einfacher. In einem Interview sagte er: „Jeder wird mir zustimmen, daß kein Kind als Rechtsextremist, Antisemit oder Neonazi geboren wird. Da ist etwas in der Erziehung der Jugend falsch gelaufen."[58] Und damit lastet er die Verantwortung für solche Denkweisen unmißverständlich den Familien und Schulen an.

Trotz Lichterketten und Gegendemonstrationen zu den Neonazi-Aufmärschen ist die Gewalttätigkeit Jahr für Jahr schlimmer geworden, was nicht nur bei Juden, sondern auch bei Deutschen, die ihr demokratisches Gemeinwesen schätzen, Besorgnis auslöst. Im Jahr 2000 haben rechte Gewalttaten um 40 Prozent zugenommen, so daß die Polizei in den ersten elf Monaten 13 735 rechtsextremistische, antisemitische und gegen Ausländer gerichtete Straftaten registrierte.[59] Bevorzugtes Ziel der Neonazis sind die am Äußeren erkennbaren Ausländer: Afrikaner, Asiaten, Inder. Während viele Übergriffe kein Aufsehen erregen und nur im Polizeiregister auftauchen, sind manche so erschreckend in ihrer Brutalität, daß es den Zeitungen einen Bericht wert ist. In Guben, einer Stadt an der polnischen Grenze, kam 1999 ein Algerier ums Leben, als er sich mit einem Sprung durch eine Glastür vor seinen Verfolgern retten wollte, die brüllten „Ausländer raus." Einige Monate später wurde in Dessau ein Afrikaner ermordet, und ein Jahr darauf erstach eine Gruppe von Skinheads einen asiatisch aussehenden Mann in Cottbus, das ebenfalls in Ostdeutschland liegt.[60] Das Problem dabei war, daß diese eindeutigen Gewalttaten in einem Umfeld von Drohungen und Einschüchterungen stattfanden, das eigentlich allgemein bekannt war. Zum Beispiel war es im August 1998 passiert, daß in einem Zug, der vom Berliner Hauptbahnhof abfuhr, eine Horde glatzköpfiger Fußballfans zu grölen anfing: „Wir bauen eine U-Bahn nach Auschwitz." Obwohl die Polizei gewarnt war und Sicherheitskräfte mitgeschickt hatte, riefen sie nicht die Skinheads selbst zur Ordnung, sondern versammelten statt dessen alle regulären Fahrgäste und brachten sie in einem Erste-Klasse-Abteil in Sicherheit.[61] Es war beunruhigend für die Passagiere, wie hilflos die Polizei dem gewaltbereiten, betrunkenen Pack gegenüberstand, und daß sie sich zum Schutz der Allgemeinheit nicht anders zu helfen wußte, als die bedrohten Personen außer Reichweite zu bringen.

In Rostock, einem der ersten Nester der Gewalt gegen Ausländer, marschierten anläßlich der Wahlen im September 1998 etwa 5000 Anhänger der NPD in alter Nazimanier durch die Stadt. Mit Trommelwirbel und Fahnen schwenkend, einige auch in paramilitärischen Uniformen, so zogen sie durch die Straßen und brüllten im Sprechchor ihre Parolen: „Hier marschiert der nationale Widerstand." „Ob Ost, ob West – nieder mit der roten Pest!" „Bürger laßt das Glotzen sein, kommt herunter, reiht euch ein."[62] Solche Auftritte erinnerten nur allzu deutlich an die 1930er Jahre und die SA, Hitlers paramilitärische Sturmabteilung, die ebenfalls die Zivilbevölkerung in Angst und Schrecken versetzte, wenn sie singend und Sprechchöre anstimmend im Stechschritt vorbeimarschierte.

Diese Veranstaltungen gaben Anlaß zu großer Sorge in Deutschland und brachten den Bundestag sogar dazu, ein Verbot der NPD in Erwägung zu ziehen, wegen „der aktiv-kämpferischen aggressiven Haltung der NPD gegenüber der bestehenden Ordnung".[63] Doch hat er sich bislang gescheut, solche drastischen Maßnahmen zu ergreifen, und abgesehen von gelegentlichen friedlichen Protestmärschen der Bürger ist nicht ganz klar, wie man diese neue Erscheinung in den Griff bekommen könnte.

Ein Tiefpunkt war für die Juden in Deutschland erreicht, als in der ersten Oktoberwoche 2000 – zum jüdischen Neujahrsfest – zerstörungswütige Vandalen Molotow-Cocktails in die Düsseldorfer

Synagoge warfen, bei der Paul Spiegel Mitglied ist. Der Sachschaden hielt sich in Grenzen, und es wurde niemand verletzt, aber die Täter konnten entkommen, ohne Spuren zu hinterlassen. Für Informationen, die zu ihrer Verhaftung beitrügen, setzte die Regierung sofort eine Belohnung von 25 000 DM aus. Am selben Tag wurde das Gebäude der Holocaust-Gedenkstätte im ehemaligen Konzentrationslager Buchenwald mit Hakenkreuzen beschmiert und mehrere Fenster wurden eingeschlagen. Schließlich wurden in der gleichen Nacht in Schwäbisch Hall auch noch elf Grabsteine auf dem Jüdischen Friedhof mit Hakenkreuzen besprüht.

Die Frage nach den Tätern des Düsseldorfer Bombenattentats konnte sechs Monate später geklärt werden, als zwei Terroristen verhaftet wurden, die gegen die israelische Politik gegenüber den Palästinensern protestiert hatten. Einer der Anstifter, Belal Thiab, war Palästinenser, sein Kompagnon, Khalid Zaouaghia, ein in Marokko geborener Deutscher, der bereits an einem Anschlag auf eine andere Synagoge fünf Tage nach dem Düsseldorfer Bombenattentat beteiligt gewesen war.[64] Während die Klärung der Frage nach der Identität der Schuldigen die Neonazis entlastete, vermochte sie doch letztendlich nicht das grundlegende Unbehagen der Juden in Deutschland zu verringern. Wie wir gesehen haben, war die Jüdische Gemeinde seit 1972 ständig auf der Hut vor arabischen Anschlägen, und diese Sorge sowie die Angst vor rechtsradikalen Übergriffen charakterisieren nachhaltig das jüdische Leben in Deutschland.

Es hatte im Lauf der Jahre schon einigen gegen Juden gerichteten Vandalismus gegeben – Friedhöfe wurden geschändet, Naziparolen mit Farbe an die Schaufenster jüdischer Geschäfte oder die Wände jüdischer Gemeindehäuser geschmiert. Das alles hatte man mit Sorge beobachtet, aber noch schrillten nicht die Alarmglocken. Die Situation verschlimmerte sich, als 1993 das Grab von Heinz Galinski mit Farbe besprüht wurde, was Ignatz Bubis veranlaßte, testamentarisch zu verfügen, daß er in Israel begraben werden wollte. Überhaupt hatte Bubis gegen Ende seines Lebens die Situation der Juden in Deutschland zunehmend pessimistisch beurteilt. Seit den Wahlen von 1997, in denen die rechtsextremistische DVU in Sachsen-Anhalt 32 Prozent der Stimmen für sich verbuchen konnte, hatte er registriert, daß das Tabu gegen offen geäußerten Antisemitismus nicht mehr galt, und man sich nicht mehr „geniere, ... zu bekennen, daß man Antisemit ist".[65]

Die Beklemmung, die sich unter den Juden immer weiter aus-

breitete, ist im Zusammenhang mit der gleichzeitig um sich greifenden Ausländerfeindlichkeit zu sehen; Massendemonstrationen,
die vorgeblich Arbeitsplätze für Deutsche statt für Ausländer forderten, gehören ebenso dazu wie unverhohlen fremdenfeindliche
Parolen seitens der Rechtsparteien. Das tatsächliche Ziel der Wünsche oder die Phantasievorstellung der Demonstranten war klar –
wenn auch wirklichkeitsfremd. Sie wollten sie einfach weghaben.

Im Jahr 1998 lebten 7,3 Millionen Ausländer in Deutschland – in
einer Gesamtbevölkerung von 82 Millionen –, die zum Teil als Gast-
arbeiter in den sechziger Jahren hochwillkommen gewesen waren,
als in Deutschland ein Mangel an Arbeitskräften herrschte. Fast die
Hälfte aller Ausländer – 3,5 Millionen – war seit mehr als zehn Jahren im Land und weitere 2 Millionen zwischen vier und zehn Jahren.[66] Der radikalen Rechten ist es egal, daß ein deutsches Wirt-
schaftsinstitut errechnet hat, daß die von den eingewanderten
Unternehmern und Arbeitskräften gezahlten Steuern und Sozialab-
gaben die vom Staat für sie aufgewendeten Mittel für Sozialhilfe und
andere Sozialleistungen bei weitem übertreffen. Zum Beispiel blieb
Deutschland im Jahr 1995 ein Plus von 2,4 Milliarden Mark bei den
Zahlungen für und von Ausländern.[67] Aber in der Rhetorik der
radikalen Rechten gibt es nur einander widersprechende und hetze-
rische Szenarien: Entweder leben die ausländischen Arbeitskräfte
von der Sozialhilfe, für die der deutsche Arbeiter aufkommen muß,
oder sie haben einen Arbeitsplatz, dann haben sie ihn einem Deutschen weggenommen. Auch wenn die Juden nicht bevorzugte Zielscheibe der Angriffe von rechts sind, beunruhigt sie der Vormarsch
der Rechtsextremisten doch, weil sie wissen, daß Fremdenfeindlich-
keit nicht mit Freiheit und bürgerlichen Rechten vereinbar ist.

Aufgrund der erwähnten Vorkommnisse am ersten jüdischen Neujahrsfest des 21. Jahrhunderts in Düsseldorf – mit seinen 3500 Juden
– verließ der Mut nicht nur die Juden dort, sondern in ganz Deutschland, nachdem sie jahrzehntelang sporadische, wenn auch weniger
schwere Gewaltakte toleriert hatten. Nach der Schandtat gab Paul
Spiegel eine Erklärung ab, worin er die grundsätzliche Frage aufwarf,
ob es nicht doch ein Fehler gewesen sei, daß die Juden nach dem Krieg
erneut Gemeinden in Deutschland aufgebaut hatten.[68] Obwohl das
Statement gemäßigt ausfiel und behutsam formuliert war, ließ es eine
erschütterte Gemeinde erkennen, in der allmählich Zweifel laut
wurden, ob Juden innerhalb der deutschen Landesgrenzen leben
sollten.

Der Schriftsteller Richard Chaim Schneider reagierte beinahe mit Erleichterung auf die Erklärung Spiegels. Wenn Schneider mit seinem hitzigen Stil auch nicht unbedingt ein typischer Vertreter seiner Generation ist, steckt in seinen leidenschaftlichen Ausführungen doch ein wahrer Kern, mit dem jeder, der dieser Generation angehört, einverstanden wäre. In der *Berliner Zeitung* schrieb Schneider:

> Endlich hat einer der älteren Generation das offen in Frage gestellt, was wir, die Kinder der Überlebenden ihr schon immer vorgeworfen hatten: War es richtig, nach dem Krieg wieder jüdisches Leben im Land der Mörder aufzubauen? ... Unser Problem ist: eine Zwitteridentität, ein gespaltenes Verhältnis zu diesem Land, das unser Geburtsland ist – unsere ‚Heimat‘, das aber unser Volk, unsere Familien noch wenige Jahre vor unserer Geburt umbrachte, und dessen ‚Kultur‘ wir nun in dessen Schulen eingeimpft bekamen. Eine Kultur, die nach Auschwitz führte. ... Nein, wir, die Kinder der Überlebenden wissen nur zu gut, wo wir leben ... Wir, die Kinder der Überlebenden wissen, daß wir in der Gesellschaft der Kinder der Mörder leben, und uns besser nicht auf diese Gesellschaft verlassen dürfen.

Und dann, vielleicht sogar ohne es zu merken, daß er einen der ältesten, langlebigsten jüdischen Begriffe – *Goles* – wieder aufgreift, formuliert er ihn für Juden im heutigen Deutschland noch einmal neu:

> Denn wir wurden nicht gefragt, ob wir hier in diesem Land, mit dieser Sprache, mit dieser Kultur, mit dieser schrecklichen Ambivalenz, mit dieser inneren Heimatlosigkeit aufwachsen wollen. Nun sind wir heimatlos. Mitten in Deutschland. Und nicht erst seit Düsseldorf. Sondern schon immer.

Und dann wendet Schneider sich direkt an die Deutschen:

> Welche Sicherheit würde uns denn irgendeine Form von Heimat geben? Es gibt sie nicht und damit leben wir im Auge des Hurricans, im Zentrum der existentiellen Herausforderungen, die das Leben an jeden von uns mit seiner ganzen Unwägbarkeit stellt. Das ist unsere Chance und unser Vorteil gegenüber euch, die ihr immer noch an einem Heimat- und Nationenbegriff herumkaut, der längst obsolet geworden ist. ... Wir sind da, aber wir sind in Wirklichkeit frei. So frei, wie ihr es nie sein werdet. Dafür beneidet ihr uns insgeheim – und

dafür haßt ihr uns auch. Aber das ist euer Problem. Und wenn ihr alle Synagogen Deutschlands, und alle jüdischen Friedhöfe in Schutt und Asche verwandeln werdet: Es ist eure Erde, die da brennen und rauchen wird. Wir aber, wir werden dann längst weg sein und euch mit euch selbst allein lassen.[69]

Rachel Salamander, als Kind polnischer Juden im DP-Lager Deggendorf geboren, gehört ebenfalls zu dieser zweiten Generation und vertritt ähnlich skeptische Ansichten über jüdisches Leben in Deutschland, wenn auch nicht in so scharfer Form. Für sie weitaus wichtiger, und das macht es ihr möglich, in Deutschland zu leben, ist die Tatsache, daß sie in einem Rechtsstaat lebt. Das ist die Grundvoraussetzung, auf die auch alle anderen Angehörigen ihrer Generation pochen. Als ihr 1999 der Kulturpreis der Stadt München verliehen wurde, beschrieb sie in prägnanten Worten, unter welchen Bedingungen ihre Generation in Deutschland zu leben vermag: „Was heißt hier Wurzeln schlagen? Für mich bedeutet das vor allem eines: die Garantien des Grundgesetzes sind mir noch wichtiger als die Sympathien, die mir von deutscher Seite entgegengebracht werden.... Sollten die Garantien des Grundgesetzes nämlich nur von Sympathien abhängen, müßte ich nach einem anderen Land Ausschau halten." Auch sie berichtet, ähnlich wie Schneider, von einem gewissen Unbehagen, das sie als Schulkind empfand, wenn sie in deutscher Kultur unterwiesen wurde. In ihrem deutschen Klassenzimmer spürte sie nichts als die große Leere, die der Verlust des osteuropäischen jüdischen Kulturerbes hinterlassen hatte. Um dieses Vakuum zu füllen, beschloß sie 1982, in München einen Buchladen zu eröffnen, der auf jüdische Literatur spezialisiert ist. Im Zuge der Verwirklichung ihres umfassenden Programms hat sich ihr Laden auch zu einem jüdischen Kulturzentrum entwickelt, in dem neue Bücher vorgestellt und öffentliche Diskussionen veranstaltet werden, die für ihre Kunden von Interesse sind. Seither hat sie noch zwei Filialen in Berlin und Fürth eröffnet, die beide die Tradition der ersten „Literaturhandlung" mit Lesungen, festlichen Empfängen und Diskussionen fortführen.[70]

Es war und ist nicht leicht, Deutscher zu sein, wenn man Sinn für die Vergangenheit hat. Gebeutelt von einer tragischen Vergangenheit daheim und einem kühlen Empfang im Ausland, haben Deutsche bei ihren Reisen in Europa erkannt, daß sie ihre kollektive Geschichte aus ihrer persönlichen Lebensgeschichte nicht heraushalten können. Sie haben erlebt, wie kalt, wenn nicht gar feindselig man ihnen begegnet und wissen daher, daß die Erinnerung an die deutsche Besatzung, mag sie auch viele Jahrzehnte zurückliegen, eine tiefsitzende Animosität hinterlassen hat. Als Heranwachsende gehörten sie zur Generation der „Kinder der Mörder", wie Schneider sie nannte. Ob das im strengen Sinne stimmte oder nicht, sie mußten diese Möglichkeit in Betracht ziehen. Auch auf ihrem eigenen Terrain ist die Befangenheit der Deutschen im Umgang mit der Jüdischen Gemeinde ein hartnäckiges Problem, und auch noch so viele formale Bekenntnisse zur christlich-jüdischen Brüderlichkeit vermögen die Kluft nicht zu überbrücken.

Viele Deutsche sind inzwischen jedoch dazu übergegangen, statt eher nüchterner Versöhnungsbemühungen einfach die ganz besondere Kultur und die sinnenfrohen Seiten des jüdischen Lebensstils zu genießen – die Musik, das Essen, die Bräuche. Nirgends auf der Welt ist Klezmer-Musik – die in Osteuropa auf jüdischen Hochzeiten gespielt wurde – so populär wie in Berlin, wo Klezmergruppen aus dem Ausland seit langem willkommen sind, aber auch einheimische Bands gefördert werden. Und auch nirgends sonst ist das Interesse an einem Übertritt zum Judentum so groß wie in Deutschland. Doch hat diese Vereinnahmung jüdischer Kultur seltsamerweise nicht bewirkt, daß Juden sich nun wohler oder angenommener fühlen; sie hat im Gegenteil sogar ein gewisses Unbehagen ausgelöst. Julius Schoeps, der Direktor des Moses-Mendelssohn-Zentrums in Potsdam, vertritt sogar die Meinung, daß die ganze Bewegung nichts mit den Juden zu tun habe: „Was zur Zeit in Berlin passiert, hat mit den Juden gar nichts zu tun; es ist ein Resultat dessen, daß die nichtjüdische Gesellschaft mit der Geschichte nicht fertig wird." Hartmut Bomhoff, ehemals aktiv in der Bewegung für den jüdisch-christlichen Dialog, drückt sich deutlicher aus. Er schreibt: „Es ist leichter, im Tabuna [ein jüdisches Restaurant in Berlin] Essen zu gehen, als sich mit den Großeltern über die vierziger Jahre zu unterhalten. Je mehr das Jüdische vereinnahmt wird, desto größer wird für mich die Kluft [zwischen Juden und Christen]." Der Journalist Henryk M. Broder sieht das Ganze in einem noch zynischeren Licht. Für ihn gehört der Versuch, die Juden in die pittoreske Ecke zu stellen, zu einer finsteren, politischen Zwecken dienenden Nostalgiewelle. Er stellt einen Zusammenhang her zu der geplanten Restaurierung des Berliner Hohenzollern-Stadtschlosses, das seinerzeit von der DDR-Regierung niedergerissen worden war. In einem Interview äußerte er: „Wenn man das Stadtschloß wiederhat und ein paar Schaukeljuden, die ihre Schläfenlocken spazierenführen, dann kann man sich in der Illusion wiegen, zwischen 1933 und 1998 klaffe nur eine ganz kleine Lücke. Und eigentlich ist doch gar nichts passiert."[71]

Am Beginn des 21. Jahrhunderts übertreffen die Juden aus der ehemaligen Sowjetunion schon allein durch ihre Zahl eindeutig die winzige Minderheit von überlebenden deutschen Juden sowie die osteuropäischen Juden, die sich nach dem Krieg in Deutschland niedergelassen haben. Im Leben der einstigen sowjetischen Juden hat Heimweh nach den alten säkularen Traditionen aus Osteuropa – Klezmermusik, jiddisches Theater, jiddische Literatur und Lyrik – keinen Platz. Und da Religion in der UdSSR verboten war, sind ihnen nicht einmal mehr grundlegende jüdische Glaubensregeln und Gepflogenheiten bekannt. Auch das alte deutsch-jüdische Lebensmuster mit seiner feinen Balance zwischen Abgrenzung von und Verwobenheit mit der deutschen Umgebung kann kein Vorbild für die Zuwanderer sein. Gleichzeitig herrscht kein Mangel an jüdischen Missionaren ganz verschiedener Glaubensrichtungen, die sie in den Schoß der jeweiligen Gemeinde führen wollen. Allerdings sieht es ganz danach aus, als würden diese Boten mit einer gehörigen Portion Skepsis empfangen. Bislang zeigt das deutsche Publikum größeres Interesse an jüdischer Kultur und jüdischen Veranstaltungen als dies die Neuankömmlinge tun.

Viele der sowjetischen Juden wollten mit ihrer Übersiedlung nach Deutschland dem unverhohlenen Antisemitismus entfliehen, der Teil des Sowjetsystems war und auch nach dessen Zusammenbruch noch andauert. Andere schätzten, wie wir gesehen haben, den Westen als einen Ort ein, an dem sie ihr jüdisches Erbe erkunden und sich zurückerobern konnten. Worauf sie nicht vorbereitet waren, ist die subtile Form von Antisemitismus in der westlichen Gesellschaft, der fast unbemerkt auf der Lauer liegt, aber dann unerwartet zuschlägt. Überdies merken sie, daß sie nicht die einzige Minderheit sind und daß Angriffe gegen Ausländer, gegen Schwarze und Asiaten Warnsignale für einen Stimmungsumschwung im Land sind, ein Signal für die schwindende Toleranz gegenüber Andersartigen.

Ganz entscheidend ist, daß sie nach ihrer Ankunft in Deutschland in sich gehen und sich fragen, welche Art von Jude sie sein wollen, in welcher Weise sie sich ihrer eigenen Vergangenheit und ihrer neuen Gemeinde verpflichtet fühlen. Oder ob sie das Gefühl haben, ihre jüdische Geschichte müsse ihnen für immer fremd bleiben. Doch ob sie es wollen oder nicht, in jedem Fall werden die Zuwanderer aufgrund ihrer schieren Überzahl die nächste Phase jüdischer Kultur in Deutschland gestalten. Die Nachkriegswelt war von den osteuropäischen Einwanderen geprägt worden, so daß ihr spezielles Bedürfnis nach Gemeinschaft erfüllt werden konnte; ihre Synagogengottesdienste erinnerten an die, die sie von früher kannten, ihre Lebensführung knüpfte da an, wo sie in ihrer Jugend vor dem Krieg aufgehört hatte. Diese Muster dürften für die jetzigen Zuwanderer kaum passen, da sie keinerlei Erinnerung an jüdische Lebensweisen mitbringen. Es ist auch fraglich, ob die von den Lubavitchern, den Chabad oder der Reformbewegung eingeführten Modelle von den sowjetischen Juden angenommen werden. Oder wird es so sein, daß sie einen eigenen Stil finden müssen, wie man als Jude in der westlichen Welt leben kann?

Die meisten Synagogen in Deutschland behielten beispielsweise das traditionelle orthodoxe Ritual bei. Gleich, ob sie das alte deutsche jüdische Gesetzbuch benutzten oder das der osteuropäischen Juden, sitzen Frauen während des Gottesdienstes entweder getrennt von den Männern im Hauptraum bzw. auf der Empore. Ihre Stellung ist immer eine untergeordnete, nicht nur in der Synagoge, denn sie sind grundsätzlich von der aktiven Teilnahme am Gottesdienst ausgeschlossen. Sie sind lediglich Zuschauer. Für säkularisierte russische Juden beginnt der synagogale Kultus daher mit einem Verfremdungseffekt.

Es ist gut möglich, daß aus schierer Ignoranz, aus schierer Unkenntnis der Tradition und der Sprachen, die das jüdische Leben jahrtausendelang geprägt haben, etwas völlig Neuartiges entsteht. Ob sie will oder nicht, die Zuwanderergeneration hat die schwere Aufgabe, die Weichen für die Zukunft zu stellen. Damit hatten sie nicht gerechnet, als sie nach Deutschland aufbrachen, doch ohne Zweifel werden sie es sein, die hier in nächster Zeit den Charakter jüdischer Lebensart und Kultur bestimmen. Weder Erinnerungen an die Vergangenheit in Osteuropa verhaftet, noch solchen, wie die deutschen Juden sie haben, bietet sich den Zuwanderern die Möglichkeit, als Juden in der heutigen Zeit neue Wege zu beschreiten – eine ureigene Art des Judeseins in Deutschland zu erfinden.

1. Woher sie kamen

1. Martin Gilbert, *The Macmillan Atlas of the Holocaust*. New York, 1982, Karte 5, S. 16
2. Celia S. Heller, *On the Edge of Destruction: Jews of Poland between the Two World Wars*. New York, 1977, S. 59
3. Zitiert in David Rosental, „The Polish offence that doesn't go away", in *Forverts*, 30. Januar 1998, S. 19
4. Chone Shmeruk, „A Trilingual Jewish Culture", in *The Jews of Poland between two World Wars*. Yisrael Gutman et al. Hrsg. Hanover, 1989, S. 311
5. Nicholas Dawidoff, „Shura and Shaya. An afternoon with Sir Isaiah Berlin", in *The American Scholar*. Bd. 67, Nr. 2 1998, S. 103
6. Lucjan Dobroszycki, ed. *The Chronicle of the Lodz Ghetto 1941–1944*. New Haven, 1984, S. XI, XXII, XXXIV
7. Avraham Barkai, „German Speaking Jews in Eastern European Ghettos", in *Leo Baeck Institute Yearbook XXXIV*, 1989, S. 254
8. Jacqueline Dewell Giere, *Wir sind unterwegs, aber nicht in der Wüste. Erziehung und Kultur in den jüdischen Displaced Persons-Lagern der Amerikanischen Zone in Nachkriegsdeutschland 1945–1949*. Ph. D. Dissertation Johann Wolfgang Goethe-Universität zu Frankfurt am Main. Aberdeen, South Dakota, 1993, S. 70
9. Fünftes Buch Mose, 25, 17–19
10. Emmanuel Ringelblum, *Notes from the Warsaw Ghetto. The Journal of Emanuel Ringelblum*. Herausgegeben und übersetzt von Jacob Sloan. New York, 1958, S. XXI
11. Marcel Reich-Ranicki, *Mein Leben*. Stuttgart, 1999, S. 216
12. Major Nochum Polinowski, „Die ‚Brenner' aus Bialystok. Bericht der Arbeiter Simon Amiele und Salman Edelman aus der Stadt Bialystok", in *Das Schwarzbuch. Der Genozid an den sowjetischen Juden*. Wassili Grossman, Ilya Ehrenburg, Hrsg., Arno Lustiger, Hrsg. der deutschen Ausgabe, Reinbeck, 1994, S. 398
13. Richard Glazar, *Die Falle mit dem grünen Zaun. Überleben in Treblinka*. Frankfurt am Main, 1992, S. 175
14. Ebd., S. 27
15. Ebd., S. 116
16. Harry Maor, *Über den Wiederaufbau der jüdischen Gemeinden in Deutschland seit 1945*. Universität zu Mainz, 1961 (Unveröffentlichte Dissertation), S. 33
17. Ebd., S. 35 f.
18. Zitiert in Celia S. Heller, Op. cit., S. 225
19. Ben-Cion Pinchuk, *Soviet Jews under Soviet Rule. Eastern Poland on the Eve of the Holocaust*. Padstow, Cornwall, 1990, S. 16
20. Yehiel Yeshaiah Trunk, *Poyln. Zkhroynes un Bilder. Varshe tsvishen beyde welt mlhomes*. New York, 1953, Bd. VII. S. 42 f.
21. *Forverts*, 9. Februar 1996, S. 5

22. Ebd., S. 22
23. Ezra Mendelsohn, *The Jews of East Central Europe between the World Wars*. Bloomington, 1983, S. 57
24. Paul R. Mendes-Flohr und Jehuda Reinharz (Hrsg.), *The Jew in the Modern World. A Documentary History.* New York, Oxford, 1980, S. 529
25. Ezra Mendelsohn, Op. cit., S. 61
26. Jacob Lestschinsky, *Di ekonomishe lage fun Yidn in Poyln.* Berlin, 1931, S. 11
27. Isaac Lewin, *The Jewish Community in Poland. Historical Essays.* New York, 1985, S. 217
28. Ezra Mendelsohn, Op. cit., S. 74
29. Ezra Mendelsohn, Op. cit., S. 42
30. Celia S. Heller, Op. cit., S. 44
31. Ezra Mendelsohn, Op. cit., S. 74
32. Seymon Rudnicki, „From Numerus Clausus to Numerus Nullus", in POLIN, Bd. 2, 1987, S. 262
33. Moshe Prywes (Haim Chertok erzählt), *Prisoner of Hope.* Hanover, London, 1996, S. 71
34. Celia S. Heller, Op. cit., S. 9
35. Zitiert in Ezra Mendelsohn, Op. cit., S. 76
36. Solomon S. Schwarz, *The Jews in the Soviet Union.* Syracuse, 1951, S. 13
37. Adam Yarmolinsky, 1928, S. 48. Zitiert in Victor Zaslavksy und Robert J. Brym, *Soviet Jewish Emigration and Soviet Nationality Policy.* New York, 1983, S. 11
38. Ebd.
39. Ilya Trotzky, „Jewish Pogroms in the Ukraine and in Byellorussia (1918–1920)", in Gregor Aronson, et al. (Hrsg.), *Russian Jewry 1917–1967.* New York, 1969, Bd. 2, S. 87
40. Ebd., S. 7
41. Gregor Aronson, „Jewish Communal Life in 1917–1918", in ebd., S. 31
42. Isaac Babel, *Collected Stories. Translated or revised by Walter Morison.* London, 1957. Reissued in Penguin Modern Classics, 1974. Reprinted 1983, S. 167 f.
43. Solomon S. Schwarz, Op. cit., S. 35, 40
44. Judel Mark, „Jewish Schools in Soviet Russia", in Gregor Aronson et al., Op. cit., Bd. 2, S. 255
45. Solomon Schwarz, „Birobidzhan...", in Gregor Aronson et al., Op. cit., Bd. 2, S. 342
46. Robert Weinberg, Zvi Gitlman, Bradley Herman, *Stalin's Forgotten Zion. Birobidzan and the making of a Soviet Jewish Homeland.* Berkeley, 1998, S. 31

2. Zurück ins Leben

1. Michael Marrus, *The Unwanted. European Refugees in the Twentieth Century.* New York, 1985, S. 298. Vgl. auch Malcolm Proudfoot, *European Refugees 1939–1952.* London, 1957, S. 158

2. Stephan Stolze. *Innenansicht. Eine bürgerliche Kindheit* 1938–1945. Berlin, 1981, S. 152
3. Gita Glazer in einem Gespräch am 8. Januar 1998
4. Koppel S. Pinson, „Jewish Life in Liberated Germany", in *Jewish Social Studies*. Bd. IX, No. 2, April 1947, S. 103
5. Martin Gilbert, *The Macmillan Atlas of the Holocaust*. New York, 1982, S. 195
6. Der Ausdruck geht wie so viele ihrer Anspielungen auf die Bibel zurück – Chroniken I:4:43 (Ausgabe Deutsche Bibelgesellschaft, Stuttgart 1985)
7. Martha Brixius zitiert in Alexandra Richie, *Faust's Metropolis. A History of Berlin*. London, 1998, S. 633 f.
8. Michael Marrus, Op. cit., S. 298
9. Klemens Nussbaum, „Jews in the First Polish Army", in Norman Davies und Antony Polonsky (Hrsg). *Jews in Eastern Poland and the USSR, 1939–1946*. London, 1991, S. 194. Yosef Litvak, „Polish-Jewish Repatriates from the USSR", in ebd. S. 230. Nussbaum nennt die Zahl 12 000, während Litvaks Schätzung zwischen 16 000 and 20 000 liegt.
10. Jack Pomerantz und Lyric Wallwork Winik, *Run East. Flight from the Holocaust*. Urbana, 1997, S. 140
11. Ebd., S. 141
12. Ebd., S. 159
13. Yosef Litvak, „Jewish Refugees from Poland in the USSR", Op. cit., S. 127
14. Jan Tomasz Gross, „The Sovietization of Western Ukraine and Western Byelorussia", in Norman Davies und Antony Polonsky, (Hrsg.), Op. cit., S. 73 und Keith Sword, „The Welfare of Polish Jewish Refugees in the USSR, 1941–1943; Relief Supplies and their Distribution", in ebd., S. 145. Die Herausgeber des genannten Bandes vermuten, daß 400 000 Juden ins Innere der Sowjetunion deportiert wurden (S. 43), wohingegen Sword die Zahl 500 000 nennt.
15. Raul Hilberg, *The Destruction of the European Jews*. New York, 1961, S. 192
16. Yosef Litvak, „Jewish Refugees from Poland in the USSR, 1939–1946", in Zvi Gitelman (Hrsg.): *Bitter Legacy. Confronting the Holocaust in the USSR*. Bloomington, Indianapolis, 1997, S. 135
17. Moshe Prywes, Op. cit., S. 117
18. Yosef Litvak. „Polish Jewish Refugees repatriated from the Soviet Union at the end of the Second World War and afterwards" in Davies und Polonsky (Hrsg.), Op. cit., S. 230–235
19. Ebd.
20. Moshe Prywes, Op. cit., S. 176
21. *Encyclopedia Judaica*. Jerusalem, 1972, Bd. 10, S. 989
22. Gerson Chanachovski, „Fifty-two years after the Pogrom against the Jews in Kielce", in *Forverts*, 3. Juli 1998, S. 8
23. Michael Steinlauf, *Bondage to the Dead. Poland and the Memory of the Holocaust*. Syracuse, 1997, S. 55
24. Ebd., S. 52, 55
25. Leo Schwarz Papers, YIVO Microfilm 488. Reel 45, Frame 116
26. International Refugee Organization, *Jahrbuch* 1947. Genf, S. 806

27. Samuel Gringauz, „A grus di jidn fun Pojln", in *Jidisze Cajtung*, 5. November 1946, S. 6

28. *Hemshekh (Fortbestand)*. Literarische Zeitschrift, gedruckt von Farlag Bafreiung, München. Bericht für das Jahr 1947, S. 69. auf Microfilm: *Jewish Displaced Persons Periodicals from the Collection of the YIVO Institute*. University publications of America, Bethesda, Md. Reel 1

29. Ebd., S. 151

30. Jacqueline Dewell Giere, *Wir sind unterwegs, aber nicht in der Wüste. Erziehung und Kultur in den jüdischen Displaced Persons Lagern der Amerikanischen Zone im Nachkriegsdeutschland 1945–1949*. Dissertation an der Johann-Wolfgang-Goethe-Universität zu Frankfurt am Main. Aberdeen, South Dakota, 1993, S. 211–217

31. Herman Jablokoff, *Der Payatz. Around the World with the Yiddish Theatre*. Silver Spring, 1995, S. 31

32. Nahma Sandrow, *A World History of Yiddish Theatre*. New York, 1986, S. 354

33. Joseph Gar, „Bafrayte Yidn", in *Fun noentn ovar*. New York, Congress for Jewish Culture, 1959, Bd. III, S. 157

34. Leo W. Schwarz, *The Redeemers. A Saga of the Years 1945–1952*. New York, 1953, S. 311

35. Josef Gar, Op. cit., S. 167 f.

36. „Tetikajts-Baricht fun der centraler historicer komisje . . .", in *Jidisce Cajtung*, Nr. 7 (105), 20. Mai 1947, S. 5

37. Josef Gar, Op. cit., S. 127

38. S. Katcherginsky, „Among His People", in *Undzer Weg*, 16. Januar 1948, S. 5

39. „Staff Study relating to winter care and planning for Jewish displaced person in Germany by the UNRRA Jewish Council August 1946. S. 1+2, United Nations Archives. PAG 4/422.2 (UNRRA) Office of the Historian-Monographs. Box 80

40. Abraham S. Hyman, „Displaced Persons", in *American Jewish Year Book*. Bd. 51, 1950, S. 317

41. Angelika Königseder/Juliane Wetzel, *Lebensmut im Wartesaal. Die jüdischen DPs (Displaced Persons) im Nachkriegsdeutschland*. Frankfurt am Main, 1994, S. 247–268

42. Koppel Pinson, „Jewish Life in Liberated Germany. A study of the Jewish DPs", in *Jewish Social Studies*, Bd. IX, Nr. 2, April 1947, S. 105 f.

43. Irving Heymont, *Among the Survivors of the Holocaust – 1945*. The Landsberg DP Camp letters of Major Irving Heymont, United States Army. Cincinnati, American Jewish Archives, 1982, S. 109

44. Irving Heymont, Op. cit., S. 56, 75

45. Joseph Gar, Op. cit., S. 157

46. Zalman Grinberg, Ansprache in St. Ottilien, 27. Mai 1945. In der YIVO Library 3/48033

47. Michael Brenner, *Nach dem Holocaust. Juden in Deutschland 1945–1950*. München, 1995, S. 35

48. *Jidisze Cajtung*, Nr. 55 (67) 24. Dezember 1946, S. 7

49. Comrade Cholawski, in einem Bericht über die „Generaldebatte beim 2ten Kongress der Sche'erith Haplejta", in *Jidisze Cajtung*, 7. März 1947, S. 3

50. Jacob Olejski, Rede in Landsberg am 24. August 1945. In Privatsammlung

von Abraham J. Peck. Zitiert von Jacqueline Giere in Fritz Bauer Institut (Hrsg.), *Jahrbuch 1997 zur Geschichte und Wirkung des Holocaust*. Frankfurt, New York, 1997, S. 15–16

51. Yehuda Bauer, *Flight and Rescue: Brichah*. New York, 1970, S. 26 ff
52. Walter Laqueur, *A History of Zionism*. New York, 1972, S. 567
53. Leonard Dinnerstein, „Britishe und amerikanische DP-Politik", in *Überlebt und Unterwegs. Jüdische Displaced Persons in Nachkriegsdeutschland*. Fritz Bauer Institut (Hrsg.), Op. cit., S. 111
54. Leonard Dinnerstein, „The United States and the Displaced Persons", in Yisrael Gutman und Avital Saf (Hrsg.): *She'erit Hapleta, 1944–1948*. Rehabilitation and Political Struggle. Proceedings of the Sixth Yad Vashem International Historical Conference. Jerusalem, Yad Vashem, 1990, S. 357
55. Harry Truman, „Message of the President to the Congress", 7. July 1947. *Department of State Bulletin*, 20. Juli. Washington, U. S. Government Printing Office, 1947, S. 2
56. Leonard Dinnerstein, „The United States and the Displaced Persons", Op. cit., S. 361
57. Ebd., S. 364
58. Judith Tydor Baumel, „Kibbutz Buchenwald," in *She'erit Hapletah*, Op. cit., S. 442
59. Leo W. Schwarz, Op. cit., S. 298
60. Wolfgang Koeppen, *Tauben im Gras* in *Drei Romane*. Frankfurt am Main, 1972, S. 19 f.
61. Victor Cooper Papers, Leo Baeck Institute, New York. Ar 10 113 A 37/3
62. Angelika Königseder, Op. cit., S. 136
63. Ebd., S. 138
64. Dr. Samuel Gringauz, „Di greste lager-einhajt in Dajczland. Landsberg, Feldafing, Fohrenwald, Neu-Freiman, Gauting", in *Jidiscze Cajtung*, 22. November 1946, S. 3
65. Jim G. Tobias, „Die Juden hatten ein Recht, sich zu rächen", in *Aufbau* Nr. 20, 1. Oktober 1999, S. 20. Siehe auch das Buch eines der Verschwörer: Joseph Harmatz, *From the Wings: A long Journey 1940–1960*. New York, 1998
66. Diskussion in *She'erit Hapletah*, Op. cit., S. 532, 534
67. Jack Pomerantz, Op. cit., S. 158
68. Ruth Klüger, *weiter leben. Eine Jugend*. Göttingen, 1992, S. 195
69. Bunim Heller. „On jidn", in *Jidisze Cajtung*. 29.November 1946, S. 5
70. Mirian Shmulevitz-Hoffman, „Hindenberg Kazerne", in *Forverts*, 8. April 1996, S. 15
71. Ruth Klüger, Op. cit., S. 211 f.
72. Abraham S. Hyman, *The Undefeated*. Jerusalem, 1970, S. 276

3. Die letzten deutschen Juden

1. Samuel Gringauz, „„Bejlis-Proces' un frejlicher Purim in Deggendorf", in *Jidiscze Cajtung*, 14. März 1947, S. 2
2. Konrad Kwiet, „Suicide in the Jewish Community", *in Leo Baeck Institute Yearbook XXIX*, 1984, S. 154

3. Ebd., S. 155
4. Victor Klemperer, *Ich will Zeugnis ablegen bis zum letzten. Tagebücher 1942–1945*. Berlin, 1998, Bd. II, S. 675
5. Victor Klemperer, *Und so ist alles schwankend. Tagebücher Juni bis Dezember 1945*. Berlin, 1997, S. 74, 96
6. Ebd., S. 221 f.
7. Ebd., S. 30
8. Walter Besser im Gespräch mit Dieter Heger and Edgar Pankow. Berlin, 16. Juni 1995. Fortunoff Videoarchiv in Berlin. Yale University Manuscripts and Archives. T 3135
9. Marcel Reich-Ranicki, *Mein Leben*. Stuttgart, 1999, S. 292
10. Ilselotte Themal (geb. Urbach), „Meine Erlebnisse während der Zeit der Judenverfolgungen in Deutschland 1933–1945". Ms. im Besitz der Autorin, sowie persönliche Gespräche mit Frau Themal.
11. Michael A. Meyer (Hrsg.), *German-Jewish History in Modern Times*. New York, 1996, Bd. 4. Avraham Barkai, Paul Mendes-Flohr, *Renewal and Destruction 1918–1945*, S. 387
12. Bruno Blau in Monika Richarz, *Jüdisches Leben in Deutschland. Selbstzeugnisse zu Sozialgeschichte 1918–1945*. Bd. 3, S. 470
13. Inge Deutschkron, *Ich trug den gelben Stern*. Köln, 1980, S. 199
14. Karl Marx, *Fünfzehn Jahre danach. Beweise der Nächstenliebe gegen Unmenschlichkeit*. Düsseldorf, 1960, S. 8
15. Lili Marx, „Die Anfänge der Allgemeinen Jüdischen Wochenzeitung", in Michael Brenner, *Nach dem Holocaust. Juden in Deutschland 1945–1950*. München, 1995, S. 140
16. Ebd., S. 179, 184
17. Constantin Goeschler, „Jews in Bavaria after the War", in *Leo Baeck Institute Yearbook XXXVI*, 1991, S. 448
18. Dr. Philipp Auerbach, „Zum Geleit", in *Jüdisches Gemeindeblatt für die Nord-Rheinprovinz und Westfalen*, 1. Jg. Nr. 1, 15. April 1946, S. 1
19. Richard Lichtheim, *Rückkehr. Lebenserinnerungen aus der Frühzeit des deutschen Zionismus*. Stuttgart, 1970, S. 51, 55
20. *Jüdisches Gemeindeblatt...*, Nr. 1/21, 5. Februar 1947, S. 4
21. *Neue Welt. Mitteilungsblatt der jüdischen Gemeinden in Bayern*, 1. Jg. Nr. 1, Mitte September 1947. Hrsg.: Landesverband der israel. Kultusgemeinden in Bayern. Redakteur: Kurt Neumark. Verantwortlich: Hans Frey.
22. *Aufbau*, Nr. 26, 18. Dezember 1998, S. 3
23. Ernst Landau, „Um die jüdische Zukunft in Deutschland", 16. März 1947, S. 5. YIVO. Leo Schwarz Papers. MK 488 Reel 46
24. Ebd., S. 2 f.
25. *UNRRA Centre Zehlendorf*. Nr. 1, März 1946, S. 1
26. „Political Poland" in *The Repatriation News*. District 3 H. Q., Bd. I, No. 11, 14. Dez. 1946, S. 1.
27. Ernst Landau, „Wir Juden und die Umwelt. Ein Beitrag zum Problem der Kollektivschuld", in *Jüdische Rundschau*, 1. Jg., Nr. 6, Juli 1946, S. 23–25
28. Ernst Landau, „Um die jüdische Zukunft in Deutschland", S. 5, YIVO, Leo Schwarz Papers. Reel 46, Frame 1122
29. Ebd., S. 25

30. Ebd., S. 25
31. Ernst Landau, „Wir Juden und die Umwelt...", Op. cit., S. 23–25
32. *Jüdisches Gemeindeblatt für die Nord-Rhein-Provinz und Westfalen*, 1. Jg., Nr. 21, 5.Februar 1947, S. 1
33. Ebd., 2. Jg., Nr. 20. 10. Mai 1947, S. 12
34. Harry Maor, *Über den Wiederaufbau der jüdischen Gemeinden in Deutschland seit 1945*. Universität zu Mainz, 1961 (unveröffentlichte Dissertation), S. 40
35. Hans Frey, „Auswandern oder Hierbleiben?" in *Jüdisches Gemeindeblatt...*, 1. Jg., Nr. 15, 9. November 1946, S. 1
36. Ernst Landau, „Im DP Lager", in Michael Brenner, Op. cit., S. 128.
37. Ingeborg Deutschkron, Op. cit., S. 213 f.
38. Michael Brenner, Op. cit., S. 242, Anm. 28
39. Brief des „Aktionskomitee zur Vorbereitung demokratischer Wahlen in der Israelitischen Kultusgemeinde Augsburg," an den Landesverband der Israel. Kultusgemeinden in Bayern. Augsburg, 15. Januar 1954, S. 1. Leo Baeck Archive, New York. AR 5890/3
40. Michael Brenner, Op. cit., S. 133
41. Franklin A. Oberlaender, *Wir aber sind nicht Fisch und nicht Fleisch. Christliche „Nichtarier" und ihre Kinder in Deutschland*. Opladen, 1996, S. 61
42. Ebd., S. 109
43. Philip Friedman, *Roads to Extinction. Essays on the Holocaust*. New York, Philadelphia, 1980, S. 42
44. Franklin A. Oberländer, Op. cit., S. 100
45. Zitiert nach Harry Maor in Erica Burgauer, *Zwischen Erinnerung und Verdrängung – Juden in Deutschland nach 1945*. Hamburg, 1993, S. 53, Harry Maor, Op. cit., Zitat aus einem Bericht des American Jewish Committee, S. 96
46. Zitiert in Julius Posner, *In Deutschland 1945–1946*. Jerusalem, 1947, S. 115
47. *Jüdisches Gemeindeblatt...* 3. Jg., Nr. 7, Juli 1948, S. 2 f.
48. Michael Brenner, Op. cit., S. 113–116
49. Interview im *Jahrbuch für Antisemtismusforschung* 2, 1993

4. Wieder Juden in Berlin: Die Gemeinde, die Lager

1. Inge Deutschkron, *Unbequem... Mein Leben nach dem Überleben*. Bielefeld, 1992, S. 18
2. Reinhard Rürup (Hrsg.), *Berlin 1945. Eine Dokumentation*. Berlin, 1995, S. 59
3. Erica Fischer, *Aimée & Jaguar. Eine Liebesgeschichte. Berlin 1943*. Köln, 1997, S. 281
4. Angelika Königseder, *Flucht nach Berlin. Jüdische Displaced Persons 1945–1948*. Berlin, 1998, S. 31
5. H. G. Sellenthin, *Geschichte der Juden in Berlin und des Gebäudes Fasanenstrasse 79/80*. Festschrift anläßlich der Einweihung des jüdischen Gemeindehauses. Hrsg.: Vorstand der Jüdischen Gemeinde zu Berlin, 1959, S. 84 f.

6. Phillip Skorneck, „Report on the Institutions of the Gemeinde to the American Joint Distribution Committee". 21. Februar 1946, S. 3. Leo Schwarz Papers in YIVO. MK 488. Reel 45. Vgl. ähnliche Zahlen im Mai 1946 in dem JDC-Bericht von Eli Rock, Leiter des JDC-Büros in Berlin, S. 5 f.

7. Gad Beck, *Und Gad ging zu David. Die Erinnerungen des Gad Beck 1923–1945*. Berlin, 1995, S. 97

8. Richard Breitman, *Official Secrets. What the Nazis Planned. What the British and Americans Knew.* New York, 1998, S. 162

9. Nathan Stoltzfus, *Resistance of the Heart. Intermarriage and the Rosenstrasse Protest in Nazi Germany.* New York, 1996, S. xx

10. Ebd., S. 243

11. Ebd., S. 244

12. Bruno Blau, „Vierzehn Jahre Not und Schrecken", in Monika Richarz (Hrsg.), *Jüdisches Leben in Deutschland. Selbstzeugnisse zur Sozialgeschichte 1918–1945.* Stuttgart, 1982, Bd. III, S. 474

13. Ernst Günter Fontheim, „Postwar recollections of a Berlin Jew". Unveröffentlichtes Manuskript im Besitz der Autorin, S. 4

14. A. Schwersenz, Brief vom 3. August 1945 an Pfarrer Buchholz, Beirat für kirchliche Angelegenheiten des Magistrats der Stadt Berlin. Siegmund Weltlinger Papers, Landesarchiv Berlin. B Rep. 001 Acc 2685 Nr. 4617

15. Ulrike Offenberg, *„Seid vorsichtig gegen die Machthaber". Die jüdischen Gemeinden in der SBZ und der DDR 1945 bis 1990.* Berlin, 1998, S. 20

16. Programm in Siegmund Weltlinger Papers. Landesarchiv Berlin

17. Andreas Nachama. „Nach der Befreiung: Jüdisches Leben in Berlin 1945–1953", in *Jüdische Geschichte in Berlin. Essays und Studien.* Hrsg.: Reinhard Rürup. Berlin, 1995, S. 271

18. Dr. Walter Lustig, Brief an den Magistrat vom 6. Juni 1945. Siegmund Weltlinger Papers, Landesarchiv Berlin

19. Andreas Nachama, Op. cit., S. 271

20. Ulrike Offenberg, Op. cit., S. 292, Fn. 35. Rivka Elkin, „The Jewish Hospital in Berlin", in *Leo Baeck Institute Yearbook XXXVIII*, 1993, S. 190 f.

21. Günter Kunert, „Rohstoff, unsichtbar", in Andreas Nachama und Julius H. Schoeps (Hrsg.) *Aufbau nach dem Untergang. Deutsch-jüdische Geschichte nach 1945.* Berlin, 1992, S. 248

22. Persönliche Mitteilung Ingeborg Glier, New Haven, 22. Februar 1999

23. Trotz der Bedeutung, die Dr. Blum als von General Bersarin für die Organisation der jüdischen Gemeinde erwählte Person zukam, taucht sein Name nicht mehr bei den Funktionsträgern der Gemeinde auf. Möglicherweise ist er ausgewandert und so aus dem Blickfeld geraten. Die einzige Erwähnung seiner Person entnehme ich einem Brief des Generalsekretariats der Jüdischen Gemeinde zu Berlin an die Sowjetrussische Zentralkommandantur vom 12. Dezember 1945. Er besteht im wesentlichen aus einem Jahresbericht, der die Entwicklungsgeschichte der Jüdischen Gemeinde im einzelnen aufführt. In den Archiven des Centrum Judaicum, Berlin. 5 A 1, 1

24. Andreas Nachama, Op. cit., S. 267–268

25. Heinz Knobloch, *Der beherzte Reviervorsteher. Ungewöhnliche Zivilcourage am Hackeschen Markt.* Berlin, 1993, S. 7
26. Ebd., S. 90
27. Nicola Galliner (Hrsg.), *Wegweiser durch das jüdische Berlin. Geschichte und Gegenwart.* Berlin, 1987, S. 155
28. Ulrike Offenberg, Op. cit., S. 21
29. Ebd., S. 18
30. „Auszug aus dem Protokoll der Sitzung des Vorstandes und der Repräsentanten vom 24. Juli 1945" und Brief an Schwersenz von der Gemeinde vom 10. August 1945, unterzeichnet von Erich Mendelsohn. Centrum Judaicum, Bestand 511, Signatur Nr. 2
31. Brief an den Magistrat der Stadt Berlin, 4. Oktober 1945. Siegmund Weltlinger Papers, Landesarchiv Berlin. B Rep 002 Acc 2685 Nr. 4617
32. Ernst G. Lowenthal, *Juden in Preussen. Ein biographisches Verzeichnis.* Berlin, 1981, S. 144
33. H. G. Sellenthin, Op. cit., S. 97
34. Ulrike Offenberg, Op. cit., S. 24
35. Ernst Günter Fontheim, Op. cit., S. 4
36. Philip Skorneck, „Report on Berlin". 31. Mai 1946, S. 7
37. Gad Beck, Op. cit., S. 180f.
38. Leo Schwarz Papers, YIVO. MK 488 Reel 45
39. Philip Skorneck. „Report on Berlin". Paris, 21. Februar 1946. Aus YIVO, Leo Schwarz Papers. MK 488. Reel 45. Frames 77, 78
40. Ebd., 21. Februar 1946, S. 3
41. *Der Weg*, 1. Jg., Nr. 18, 28. Juni 1946, S. 1
42. Nathan Peter Levinson, „Von den Aufgaben eines Rabbiners im Nachkriegsdeutschland", in Michael Brenner, *Nach dem Holocaust. Juden in Deutschland 1945–1950.* München, 1995, S. 159
43. *Der Weg.* 1. Jg., Nr. 1, März 1946, S. 2
44. Ebd., 1. Jg., Nr. 6, 5. April 1946, S. 3
45. Hans-Erich Fabian, *Der Weg.* 1. Jg., Nr. 24, 9. August 1946, S. 1f.
46. *Die Welt*, 22. August 1997, nachgedruckt in *Das Ende des Exils in Shanghai.* Berlin, 1997
47. Christine Hoss, „Kein sorgenfreies Leben. Erfahrungen mit dem neuen Deutschland", in *Leben im Wartesaal. Exil in Shanghai 1938–1947.* Berlin, 1997, S. 101
48. *Der Weg.* 1. Jg., Nr. 5, 24. März 1946, S. 1
49. Norman Bentwich, „Nazi Spoliation and German Restitution..." in *Leo Baeck Institute Yearbook X, 1965*, S. 204
50. Joachim Nawrocki und Johannes Volkers, *30 Jahre Wiedergutmachung...* Berliner Forum, 1981, S. 13
51. Michael Brenner, Op. cit., S. 95
52. Joachim Nawrocki und Johannes Volkers, Op. cit., S. 33
53. Ebd.
54. Rolf Vogel (Hrsg.), *It began in Luxembourg. 25 Years of German Israeli relations. A Documentation.* Bonn, 1977, S. 12
55. Ebd., S. 11
56. Ebd., S. 5

57. Henry Ashby Turner, Jr., *The Two Germanies since 1945*. New Haven, 1987, S. 13
58. Ulrike Offenberg, Op. cit., S. 37
59. Brief der jüdischen Gemeinde an den Magistrat der Stadt Berlin, 11. Februar 1946. Betrifft: Bildung der Jüdischen Gemeinde zu Berlin. Centrum Judaicum Archives. Berlin. 5 A 1, Nr. 1
60. Jehuda Reinharz, *Fatherland or Promised Land. The Dilemma of the German Jew.* Ann Arbor, 1975, S. 10
61. Centrum Judaicum Archives, Berlin. 5 A 1. Nr. 73
62. Ebd.
63. Ulrike Offenberg, Op. cit., S. 26; Andreas Nechama, „Der Mann in der Fasanenstrasse", in *Aufbau nach dem Untergang. Deutsche-jüdische Geschichte nach 1945. In memoriam Heinz Galinski.* Berlin, 1992, S. 280
64. Andreas Nechama, Op. cit., S. 29
65. Charles Rappaport, „Report on UNRRA D. P. Operation in Berlin, Germany. July 1945–June 1947". UNRRA Team 1027. Berlin, Germany. S. 3. United Nations Archives. UNRRA Germany Mission. PAG–4/3.0 11.3.2 Box 48
66. H. J. Fishbein, Director UNRRA Team 597, Berlin. „Report for Anglo-American Committee of Inquiry". [n. d. – before April 1946]. S. 2
67. Yehuda Bauer, *Flight and Rescue: Brichah.* New York, 1970, S. 133
68. Ebd., S. 135
69. „JDC Report from Berlin". 31. Mai 1946, S. 9. In: Leo Schwartz Papers at YIVO. MK 488. Reel 45
70. Yehuda Bauer, Op. cit., S. 5.
71. Charles Rappaport, „Report on UNRRA DP Operation in Berlin", Germany. Juli 1945–Juni 1947. S. 3, UN Archives
72. Angelika Königseder, Op. cit., S. 61
73. *Undzer Leben*, Nr. 3–4, 25. August 1946, S. 15 f.
74. David Kohn, „Menachem-Mendl in Berlin". In *Undzer Leben,* Nr. 15–16, 1. April 1947, S. 42–48
75. *Undzer Leben*, Nr. 11–12, 15. Januar 1947, S. 34
76. Susan Pettiss, Zone Child Welfare Officer for Jewish Children, in „History of Child Welfare. Report – DP #US 22". 1. February 1948, S. 81. UN Archives. PAG 4/3.0.11.1.1.:15
77. Simon Schochet, *Feldafing.* Vancouver, 1983, S. 24
78. Samuel Pisar, *Of Blood and Hope.* Boston, 1979, S. 99–129 passim
79. M. Chait, „Undzer gaystiger renesans", in *Undzer Leben*, Nr. 2, 10. August 1946, S. 1
80. Ebd., 27. Dezember 1946, S. 5
81. Yehudi Menuhin, *Unfinished Journey.* New York, 1977, S. 224
82. Ebd.
83. Ebd., S. 225
84. Angelika Königseder, Op. cit., S. 165
85. Abraham S. Hyman, *The Undefeated.* Jerusalem, 1953, S. 342
86. *Der Weg*, 2. Jg., Nr. 41. 10. Oktober 1947, S. 5
87. Alexandra Richie, *Faust's Metropolis. A History of Berlin.* London, 1998, S. 663–673

5. Juden in Ost-Berlin

1. Zitiert in Helmut Eschwege, *Fremd unter meinesgleichen. Erinnerungen eines Dresdner Juden*. Berlin 1991, S. 121
2. Harry Maor, *Über den Wiederaufbau der jüdischen Gemeinden in Deutschland seit 1945*. Universität zu Mainz 1961 (unveröffentlichte Dissertation) S. 176
3. Helmut Eschwege, Op. cit., S. 59
4. Mario Kessler, *Zwischen Repression und Toleranz. Die SED und die Juden*. Berlin, 1993, S. 66
5. Henry Ashby Turner, Jr., *Germany from Partition to Reunification*. New Haven, 1992, S. 30–51 passim
6. American Jewish Committee, *American Jewish Yearbook*. Bd. 52, 1951, S. 366 f.
7. Ebd., S. 68
8. Ulrike Offenberg, „*Seid vorsichtig gegen die Machthaber*". *Die jüdischen Gemeinden in der SBZ und der DDR 1945–1990*. Berlin, 1998, S. 63
9. Nathan Peter Levinson, *Ein Ort ist mit wem du bist. Lebensstationen eines Rabbiners*. Berlin, 1996, S. 111
10. Ebd., S. 127
11. *American Jewish Year Book*, Bd. 54, 1953, S. 347; Bd. 55, 1954, S. 292 f.
12. Jeffrey Herf, „East German Communists and the Jewish Question. The Case of Paul Merker". Fourth Alois Mertes Memorial Lecture, 1994. Washington, German Historial Institute, 1994, S. 8. Eine ausführliche Erörterung des Falles und der Situation in Ostdeutschland findet sich in: Jeffrey Herf, *Divided Germany. The Nazi Past in the Two Germanys*. Cambridge, 1997.
13. Ulrike Offenberg, Op.cit., S. 84 ff.
14. Helmut Eschwege, Op.cit., S. 72
15. Nathan Peter Levinson, „Von den Aufgaben eines Rabbiners in Nachkriegsdeutschland", in Michael Brenner, *Nach dem Holocaust. Juden in Deutschland 1945–1950*. München, 1995, S. 160
16. Ebd., S. 160
17. Ulrike Offenberg, Op. cit, S. 84
18. Ulrike Offenberg, Op. cit., S. 88
19. Nathan Peter Levinson, „Von den Aufgaben eines Rabbiners", Op. cit., S. 127
20. Ulrike Offenberg, Op. cit., S. 93
21. Zitiert aus einem am 21. Januar 1953 vom Generalsekretariat der VVN veröffentlichten Memorandum. In Ulrike Offenberg, Op. cit., S. 90
22. Jürgen Landeck, „Jude, Deutscher – deutscher Jude," in Henryk M. Broder und Michel R. Lang (Hrsg.), *Fremd im eigenen Land. Juden in der Bundesrepublik*. Frankfurt/Main, 1979, S. 250
23. Ulrike Offenberg, Op. cit., S. 100
24. Michael Brenner, Op. cit., S. 201
25. Berlin Museum, *Synagogen in Berlin. Zur Geschichte einer zerstörten Architektur*. Berlin, 1983 Teil I, S. 126 ff
26. Martin Riesenburger, *Das Licht verlösche nicht. Dokumentation aus der Nacht des Nazismus*. Berlin, 1960, S. 26

27. Ebd., S. 27
28. Lothar Mertens, *Davidstern unter Hammer und Zirkel. Die jüdischen Gemeinden in der SBZ/DDR und ihre Behandlung durch Partei und Staat 1945–1990.* Hildesheim, 1997, S. 160
29. Salomea Genin, „Wie ich in der DDR aus einer Kommunistin zu einer Jüdin wurde", in Wolfgang Benz (Hrsg.), *Das Exil der kleinen Leute. Alltagserfahrung deutscher Juden in der Emigration.* München, 1991, S. 315 f.
30. Lothar Mertens, Op cit., S. 203
31. Ulrike Offenberg, Op. cit. S. 326
32. Arnim Stiller, „Jüdisches Gemeindeleben in der DDR" in *Allgemeine Jüdische Wochenzeitung.* Nr. XXIX/24, 14. Juni 1974, S. 3
33. Zitiert in Erica Burgauer, *Zwischen Erinnerung und Verdrängung – Juden in Deutschland nach 1945.* Hamburg, 1993, S. 177 f.
34. Ebd, S. 178
35. Helmut Eschwege, Op. cit., S. 66, 76
36. Zitiert in Robert Weinberg, *Stalin's Forgotten Zion. The Making of a Soviet Jewish Homeland.* Berkeley, 1998, S. 14
37. Erica Burgauer, Op. cit., S. 187 f.
38. Ebd., S. 188
39. Zitiert in Mario Kessler, Op. cit., S. 116 f.
40. Peter Lust, *Two Germanies. Mirror of an Age.* Montreal, 1966, S. 209, 212, 214
41. Ulrike Offenberg, Op. cit., S. 114
42. Peter Kirchner, „Die jüdische Gemeinde in Berlin (Ost)" in *Juden in Berlin 1671–1945. Ein Lesebuch.* Berlin (West), 1988, S. 328–33
43. Ulrike Offenberg, Op. cit., S. 126
44. Ebd., S. 111
45. Lothar Mertens, Op. cit., S. 83–85
46. Hermann Simon, „Die Neue Synagoge Einst und Jetzt", in *„Tuet auf die Pforten". Die Neue Synagoge 1866–1995.* Berlin, Stiftung Neue Synagoge – Centrum Judaicum, 1995, S. 36
47. Peter Kirchner in Robin Ostow, *Jüdisches Leben in der DDR.* Frankfurt/Main, 1988, S. 37
48. Ulrike Offenberg, Op. cit., S. 120
49. Peter Kirchner, Op. cit., S. 330, 332
50. Peter Kirchner in Robin Ostow (1988), Op. cit., S. 35
51. Ulrike Offenberg, Op. cit., S. 128 f.
52. Thomas Eckert in Robin Ostow (1988), Op. cit., S. 157
53. Heinz Rothholz in Robin Ostow, *Juden aus der DDR und in die deutsche Wiedervereinigung. Elf Gespräche.* Berlin, 1996, S. 36
54. Helmut Eschwege, Op. cit., S. 169–175 passim
55. Persönliche Beobachtung der Autorin. (RG)
56. Jalda Rebling in Robin Ostow (1988), Op. cit., S. 90, 94
57. Ebd., S. 92
58. Robert Weinberg, Op. cit., S. 31, 43, 82, 84, 85
59. Lothar Mertens, Op. cit., S. 328
60. Erica Burgauer, Op. cit., S. 223
61. Ebd., S. 223

62. Ebd., S. 230 f.
63. Max Sinasohn (Hrsg.), *Adass Jisroel Berlin. Entstehung, Entfaltung, Entwurzelung*. Jerusalem, 1966, S. 24
64. Robert Liberles, *Religious Conflict in Social Context. The Resurgence of Orthodox Judaism in Frankfurt am Main 1838–1877*. Westport, Ct., 1985, S. 167
65. Rahel Heuberger, „Orthodoxy versus Reform". in *Leo Baeck Institute Yearbook XXXVII*, 1992, S. 46
66. Zur Parlamentsdebatte über dieses Gesetz vgl. James F. Harris, „Eduard Lasker: The Jew as National German Politician" in *Leo Baeck Institute Yearbook XX, 1973*, S. 159–165
67. Max Sinasohn, Op. cit., S. 26
68. Ebd., S. 37
69. Ebd., S. 131
70. Ebd., S. 134
71. Ebd., S. 41
72. Henryk M. Broder, *Erbarmen mit den Deutschen*. Hamburg, 1993, S. 86
73. Daniel Dagan, „Erich Honecker und die Juden", in Mario Offenberg (Hrsg.), *Adass Jisroel. Die jüdische Gemeinde in Berlin (1869–1942). Vernichtet und Vergessen*. Berlin, Museumspädagogischer Dienst Berlin, 1986, S. 292–295
74. Ulrike Offenberg, Op. cit., S. 249
75. Ebd., S. 263
76. Lothar Mertens, Op. cit., S. 373
77. Ebd., S. 375
78. Ulrike Offenberg, Op. cit, S. 264
79. *Nachrichten von Adass Israel. Bulletin der jüdischen Gemeinde Adass Israel*. Berlin. Nr. 15, Oktober 1997, S. 11–13
80. Hermann Simon, Op. cit., S. 36
81. Barbara Welker, „Das Gesamtarchiv der deutschen Juden", in *„Tuet auf die Pforten..."*, Op. cit., S. 227–232
82. Lothar Mertens, Op. cit., S. 199
83. Hermann Simon, Op. cit., S. 40

6. Die neue jüdische Generation in Deutschland

1. Max Hermann Friedländer, *Tiferet Jisrael – Schilderungen aus dem innern Leben der Juden in Mähren in vormärzlichen Zeiten*. Brunn, 1878. Zitiert in W. G. Sebald, *Unheimliche Heimat. Essays zur österreichischen Literatur*. Frankfurt/Main, 1995, S. 46.
2. Erica Burgauer, *Zwischen Erinnerung und Verdrängung – Juden in Deutschland nach 1945*. Hamburg, 1993, S. 34
3. Michael Brenner, *Nach dem Holocaust. Juden in Deutschland 1945–1950*. München, 1995, S. 198
4. Erica Burgauer, Op. cit., S. 42
5. Michael Brenner, Op. cit. S. 109
6. Lea Fleischmann, *Dies ist nicht mein Land. Eine Jüdin verläßt die Bundesrepublik*. Hamburg, 1980, S. 111

7. Erica Burgauer, Op. cit., S. 100
8. Michael Wolffsohn, *Meine Juden – Eure Juden*. München, 1997, S. 10
9. Rafael Seligmann, *Mit beschränkter Hoffnung. Juden, Deutsche, Israelis*. Hamburg, 1991, S. 165
10. Ignatz Bubis, *Ich bin ein deutscher Staatsbürger jüdischen Glaubens. Ein autobiographisches Gespräch mit Edith Kohn*. Köln, 1993, S. 110
11. Richard Chaim Schneider, *Fetisch Holocaust. Die Judenvernichtung verdrängt und vermarktet*. München, 1997, S. 161
12. Geoffrey Hartman, Berlin Address to the UJA Premission, 21. Oktober 1993, Unveröffentlichtes Ms.
13. Ignatz Bubis mit Peter Sichrovsky, *„Damit bin ich noch längst nicht fertig."* Die Autobiographie. Berlin, 1998, S. 247
14. Michael Brenner, Op. cit., S. 105, 107
15. Marion Kaplan, „What is ‚Religion‘ among Jews in Contemporary Germany", in Sander L.Gilman und Karen Remmler (Hrsg.), *Reemerging Jewish Culture in Germany. Life and Literature since 1989*. New York, 1994, S. 89, 107
16. Robin Ostow, *Juden aus der DDR und die deutsche Wiedervereinigung. Elf Gespräche*. Berlin, 1996, S. 85
17. Gabriele Döhring, „Jüdische Alphabetisierung: Rabbinerausbildung in Deutschland: Verschiedene Standpunkte prallen aufeinander", in *Der Tagesspiegel*, 18. Juni 2000
18. Ebd.
19. Mario Kessler, *Antisemitismus, Zionismus und Sozialismus*. Mainz, 1994, S. 85
20. Henryk Broder, „Warum ich gehe", in *Die Zeit*, Nr. 10, 6. März 1981, S. 8f.
21. Ebd. Vgl. auch Nikolaus Simon, „Deutsche Geschichte und Solidarität. Die Israel-Palästinadiskussion in der deutschen Linken und der neuen Friedensbewegung", in *Ästhetik und Kommunkation. Deutsche, Linke, Juden*. Heft 51, 14. Jg., Juni 1983, S. 101–110
22. Zitiert in Marion Kaplan, „What is ‚Religion‘ among Jews in Contemporary Germany?" Op. cit., S. 89
23. Ebd., S. 85, 87
24. Robin Ostow, Op. cit., S. 131
25. Vincent von Wroblewsky, „Wir hatten ja ein jüdisches Selbstbewußtsein", in Vincent von Wroblewsky (Hrsg.), *Zwischen Thora und Trabant. Juden in der DDR*. Berlin, 1993, S. 201f.
26. Robin Ostow, Op. cit., S. 48
27. Zitiert in Jeroen Doomernik, *Going West: Soviet Jewish Immigrants in Berlin since 1990*. Aldershot, England, 1997, S. 101
28. Lara Dämmig, Rachel Monika Herweg, Elisa Klapheck, „Editorial" in *Journal Bet Deborah*. Berlin, Januar 2000, S. 4f.
29. Franklin A. Oberlaender, *Wir aber sind nicht Fisch und nicht Fleisch. Christliche „Nichtarier" und ihre Kinder in Deutschland*. Opladen, 1996, S. 348f.
30. Persönliche Beobachtung der Autorin (RG)
31. Hermann Simon, „Das Jüdische Museum", in *„Tuet auf die Pforten". Die Neue Synagoge 1866–1995*. Berlin, 1995, S. 224
32. *Die Zeit*, 18. Juni 1998, S. 37–38

33. Thomas Lackmann, „Die Kiwis kommen" in *Der Tagesspiegel.* 25. Mai 2000
34. *Forward,* 19. September 1997, S. 13 f.
35. Rainer Hoeynck, „Denkpause für das Denkmal", in *Aufbau.* 28. August 1998, S. 1 f.
36. Stefanie Endlich und Rainer Hoeynck, „Resignative Grundhaltung von Schadensbegrenzung", in *Aufbau* 3. Juli 1998, S. 1
37. Roger Cohen, „Schröder backs design for a vast Berlin Holocaust Memorial", in *New York Times,* 18. Januar 1999
38. „Holocaust-Mahnmal. Der deutsche Bundestag beschliesst den Bau", in *Kulturchronik* Nr. 5, 1999, S. 5
39. Kunstamt Schöneberg et al., *Orte des Erinnerns. Das Denkmal im Bayerischen Viertel. Beiträge zur Debatte um Denkmale und Erinnerung.* Berlin, 1994, Bd. I, S. 8 und Rückseite
40. Wolfgang Goschel, Joachim v. Rosenberg, Hans-Norbert Burkert, „Erläuterung der Künstler", in Horst Seferens, *Ein deutscher Denkmalstreit. Die Kontroverse um die Spiegelwand in Berlin-Steglitz.* Berlin, 1995, S. 16
41. Ebd., S. 7, 96
42. Franz Bertsch, *Migration in Deutschland und Europa.* Bonn, 2000, S. 6
43. „Jüdische Zuwanderer aus der GUS...", in Julius H. Schoeps, Willi Jasper, Bernhard Vogt (Hrsg.), *Ein neues Judentum in Deutschland? Fremd- und Eigenbilder der russisch-jüdischen Einwanderer.* Potsdam, 1999, S. 28. Vgl. Lothar Mertens, *Alija. Die Emigration der sowjetischen Juden.* Bochum, 1991, S. 202
44. Judith Kessler, „Identitätssuche und Subkultur. Erfahrungen der Sozialarbeit in der Jüdischen Gemeinde zu Berlin", in *Ein neues Judentum...,* Op. cit., S. 142
45. Jakov Sternberg, *Wahl 1997.* Berlin, Wahlausschuss, Jüdische Gemeinde zu Berlin, 1997, S. 53
46. Julius H. Schoeps et al., Op. cit., S. 9.
47. Franziska Becker, *Ankommen in Deutschland. Eine Ethnographie über Migrationsprozesse „jüdischer Kontingentflüchtlinge" aus der Sowjetunion.* Unveröffentlichte Dissertation Berlin, Humboldt-Universität, 1999, S. 161
48. Ebd., S. 174
49. Ulrike Offenberg, *Seid vorsichtig gegen die Machthaber. Die jüdischen Gemeinden in der SBZ und der DDR 1945 bis 1990.* Berlin, 1998, S. 268
50. Julius Schoeps, et. al., Op. cit., S. 45
51. Ebd., S. 64 ff.
52. Franziska Becker, Op. cit., S. 81
53. Natascha Ronkine, „Mit russischer Kultur und jüdischem Akzent", in Micha Brumlik (Hrsg.), *Zuhause, keine Heimat? Junge Juden und ihre Zukunft in Deutschland.* Gerlingen, 1998, S. 131, 133 f.
54. „Eins zu Eins", in *Tachlis,* Nr. 4/1990, S. 17
55. Martin Löw-Beer, „From Nowhere to Israel and Back: The changing self-definition of periodicals of German-Jewish youth since 1960", in Y. Michal Bodemann (Hrsg.), *Jews, Germans, Memory. Reconstructions of Jewish Life in Germany.* Ann Arbor, 1996, S. 120

56. Paul Behrens, „Auch der Knigge ist koscher. ‚Chuzpe – Das junge jüdische Magazin' aus Frankfurt am Main", In *Die Zeit,* 10. Januar 1997, S. 19

57. „Der koschere Knigge…" Nachgedruckt in der *Allgemeinen Jüdischen Zeitung,* Nr. 10/1996, S. 16

58. „Wie viele Verrückte verträgt eine Demokratie?", in *Aufbau,* 24. August 2000, S. 1

59. „Germany: Rightists on Rise", in *New York Times,* 8. Februar 2001

60. Roger Cohen, „Young Asian Knifed by German Neo-Nazis", in *New York Times,* 27. Dezember 2000

61. Jürgen Heppner, „Rassistische Pöbeleien und die Polizei schaut zu." Brief in *Der Tagesspiegel.* 24. August 1998, S. 12

62. Frank Jansen, „Braunes Spektakel. Rostocker äußern sich abfällig über Ausländer – aber vor Neonazis haben sie Angst", in *Der Tagesspiegel,* 20. September 1998, S. 3

63. *Berliner Zeitung,* 7./8. Oktober 2000, S. 1

64. „Palestinian sentenced for synagogue arson." Cnn. com/World. March 7, 2001

65. *Der Tagesspiegel,* 8. September 1998, S. 4

66. *Der Spiegel,* Nr. 36, 1998, S. 83

67. Ebd., S. 79

68. Zitiert in der *Berliner Morgenpost,* 5. Oktober 2000, S. 1

69. Richard Chaim Schneider, „Wir sind frei. Juden nach Düsseldorf. Sie sind, was sie immer waren – heimatlos mitten in Deutschland", in *Berliner Zeitung,* 6. Oktober 2000, S. 13 f.

70. Rachel Salamander, „Man kann nicht Wurzeln im Nichts schlagen", in *Frankfurter Allgemeine Zeitung,* 27. Januar 1999, S. 42

71. Meike Wohlert, „Der Hype um den Davidstern", in *Zitty,* Nr. 16, 1998, S. 16–18 passim

Danksagung

Dieses Buch nahm seinen Anfang vor mehr als fünfzig Jahren, als ich Gita und Chaim Baigelman und Rosa und Leo Glazer kennenlernte, die im Rahmen des von Präsident Truman angeregten Gesetzes, *displaced persons* über die restriktiven amerikanischen Quoten hinaus aufzunehmen, im heißen Sommer 1949 in New York eintrafen. Alle vier waren 1939 in Lodz vom Krieg überrascht und mit anderen Juden bald darauf im Ghetto eingeschlossen worden. Dank ihrer Jugend, ihrer Energie und einer großen Portion Glück überlebten sie eine Abfolge von Konzentrations- und Arbeitslagern der Nazis. Nach dem Krieg befanden sie Lodz als für Juden zu gefährlich und hatten sich in die sichere amerikanische Besatzungszone nach Bayern geflüchtet. In München wollten sie noch einmal von vorn anfangen, als das neue DP-Gesetz es ihnen ermöglichte, in die Vereinigten Staaten zu ihrer Restfamilie überzusiedeln. Im Lauf der nächsten Jahre erfuhr ich mehr und mehr über ihre Geschichte, die in ihren Grundzügen in etwas allgemeinerer Form in diesem Buch erzählt wird.

Wie es den Juden nach dem Krieg im Hexenkessel Europa erging, ist nicht mit der gleichen akribischen Sorgfalt untersucht worden, die den zahlreichen Darstellungen gewidmet wird, in denen die Kriegsjahre mit all ihren Schrecken geschildert werden. Dramaturgisch betrachtet, wirkt diese Zeit wie der Abschluß eines bedeutenden Epos. Einzelereignisse ohne verbindende Handlung, aber für diejenigen, die die Zeit erlebt und überlebt haben, begann damals ein neuer Abschnitt ihres Daseins, den sie manchmal freudig, manchmal wie betäubt in Angriff nahmen. Den meisten Juden wurde nach dem Krieg schmerzlich bewußt, daß sie nicht nur ihre Familie, Freunde und Gemeinden, sondern auch ihr Land verloren hatten. Von allen verlassen und in ihrer einstigen Heimat nicht willkommen, begannen sie ihr Leben nach dem Krieg nicht als Bürger, sondern als *displaced persons*.

Ganz besonders danken möchte ich Gita und Chaim Baigelman, die bereit waren, mit mir über ihre Vergangenheit zu sprechen und sie zu reflektieren. Rosa und Leo Glazer sind leider allzu früh gestorben. Aber in der Zeit meiner Bekanntschaft mit ihnen lernte ich sie als ironische und geistreiche Kommentatoren ihrer unvorstellbaren Erfahrungen kennen und schätzen.

Auch andere, die die Schrecken des Krieges und der Lager durchlitten hatten, schreckten nicht davor zurück, mit mir über ihre Erlebnisse zu sprechen, darunter Samuel Bak, Roma Ben-Atar, Inge Deutschkron, Ernst Günter Fontheim, Ruth Galinski. Samuel Bak gestattete mir freundlicherweise, eine Karikatur zu verwenden, mit der er 1947 als Vierzehnjähriger Yehudi Menuhins Auftritt in Berlin kommentiert hatte.

Über die heutige Situation der Juden in Deutschland haben gut informierte Freunde, Historiker und andere Beobachter der zeitgenössischen Szene großzügig Auskunft erteilt. Besonders danken möchte ich Dr. Chana Schütz und Dr. Hermann Simon vom Centrum Judaicum dafür, daß sie mir ihr wiederhergestelltes Archiv zugänglich gemacht haben, und für ihre kenntnisreichen Betrachtungen über die Geschichte jüdischen Lebens in Berlin. Dr. Simon, der mit der Situation der neu zugewanderten russischen Juden gründlich vertraut ist, machte sich als wertvoller und lehrreicher Begleiter durch diese Gemeinde verdient. Dr. Schütz war eine geduldige Freundin, die auf Faxe und Briefe mit Auskünften aus ihrem unerschöpflichen Wissensvorrat antwortete und mich vor vielen Irrtümern bewahrte. Außerdem war sie mir eine unschätzbare Hilfe bei der Suche nach geeigneten und ungewöhnlichen Fotos für dieses Buch.

Arkady Fried, Nicola Galliner und Elisa Klapheck von der Jüdischen Gemeinde boten mir nicht nur ihre angenehme Gesellschaft bei meinen Berlinbesuchen an, sondern versorgten mich überdies mit wertvollen Informationen. Dr. Jürgen Wetzel, der Leiter des Berliner Landesarchivs, war wie immer freigebig mit seiner Zeit, und sowohl er als auch Dr. Klaus Dettmer erwiesen sich als umsichtige Ratgeber für die Nutzung der Archivbestände. Das Personal im Bildarchiv ging mit Einfallsreichtum und Effizienz daran, die Bilder zu finden, nach denen ich suchte. Mark Gelber führte mich im wieder aufgebauten Komplex der Adass-Jisroel-Gemeinde herum und berichtete mir von den Hoffnungen und Plänen der neuen Gemeinde.

Franziska Becker, Ilan Diner, Myriam Halberstam, Robin Ostow, Sibylle Quack, Irmtrud Wojak und Thea Wolffsohn waren alle wunderbar als Informationsquelle in ihrem jeweiligen Fachgebiet. Durch die Freundschaft mit Gabriele Katwan haben meine Aufenthalte in Berlin über einen Zeitraum von fast zwanzig Jahren eine Bereicherung erfahren. Ihre angenehme Gesellschaft in Verbindung mit ihren klugen Beobachtungen über das, was um uns herum passierte, haben unsere gemeinsam verbrachte Zeit unvergeßlich gemacht.

In New York haben mir Frank Mecklenburg und Diane Spielman am Leo Baeck Institute, Zachary Baker und Krysia Fisher am YIVO, und die Bibliothekare in der vorzüglichen Judaica-Abteilung der New York Public Library wissenschaftliche Hilfsquellen zur Verfügung gestellt und die für meine Forschungen erforderliche Unterstützung zuteil werden lassen. Aurora Tangkeko vom Archiv der Vereinten Nationen half mir, wertvolles Material in deren riesiger Sammlung historischer Dokumente zu finden. Abraham Peck, der als einer der ersten über die *Sche'erith Haplejta* geforscht hat, steuerte nützliche Hinweise und Ratschläge bei. Marion Kaplan war eine ausgezeichnete Quelle für die neuesten Berichte aus Deutschland, die als Flut von Fotokopien, Sonderdrucken und Zeitungsausschnitten bei mir ankamen. Aus meinen Gesprächen mit ihr habe ich immer etwas gelernt. Joanne Rudof vom Fortunoff Video Archive for the Holocaust an der Yale University war eine unerschöpfliche Informationsquelle. Ich habe von ihrer genauen Kenntnis dieses Zeitabschnitts außerordentlich profitiert. Linda Abrahams hat mit ihren treffenden Bemerkungen meinen Blick dafür geschärft, was ich im vorliegenden Buch sagen sollte. Prof. Saul Touster war so freundlich, mir zu gestatten, die Illustration des Buchstabens *Beth* aus *Survivors' Haggadah* zu verwenden. Der Fotograf Henry Ries erlaubte mir die Verwendung eines bewegenden Fotos, das er 1947 in Berlin aufgenommen hat, das Juden bei ihrer Rückkehr aus Schanghai zeigt.

Ganz besonders danken möchte ich Ingrid Kinzel-Amuser, meiner Lektorin beim C.H.Beck-Verlag, daß sie so große Sorgfalt auf das Manuskript verwendete und es in allen Phasen des komplexen Herstellungsprozesses meisterlich betreute. Es war eine Freude, mit ihr zusammenzuarbeiten. Georgia Hanenberg bin ich zu großem Dank verpflichtet, weil sie nicht nur für eine einfühlsame und flüssige Übersetzung des Textes sorgte, sondern ihn auch einer eingehenden Lektüre unterzog. Ohne ihre gewissenhafte Aufmerksamkeit wären manche Ungereimtheit und mancher Fehler unbemerkt geblieben.

Auf der persönlichen Ebene haben mir, mehr als ich sagen kann, die Unterredungen mit meiner Schwester Shirley Gorenstein auf vielfältige Weise geholfen. Sie sind Teil unseres lebenslangen Gedankenaustauschs. Auch die langen Gespräche und das Interesse von Doron und Jo Ben-Atar, Linda Collins und Peggy und Dick Kuhns und Howard Stern haben mir Kraft gegeben. Meine Töchter Sarah, Sophie und Lizzie lasen Teile des Manuskripts in einer frühen Fassung und gaben mir durchdachte und fundierte Ratschläge. Wenige Autoren sind in meiner glücklichen Lage, einen Lektor und zugleich unvergleichlichen Koch direkt im Haus zu haben. Mein liebevollster Dank geht wie immer an meinen Mann, Peter Gay.

Abbildungsnachweis

Autorin und Verlag danken folgenden Personen und Institutionen für die freundlich erteilte Abdruckerlaubnis der im Buch verwendeten Illustrationen.

American Jewish Joint Distribution, Committe. New York and Jerusalem: Abbildung S. 77

Henry Baigelman, Privatsammlung: Abbildung S. 65

Shmuel Bak: Abbildung S. 189

Beinecke Library, Yale University, New Haven, CT.: Abbildung S. 98

Bildarchiv Preußischer Kulturbesitz, Berlin: Abbildung S. 142

Bundesarchiv Koblenz: Abbildung S. 102 (Victor Klemperer), Sign. 183/707/1; Abbildung S. 227 (Edgar M. Bronfman), Sign. 183/1988/1017/19

Nicola Galliner, Berlin: Abbildung S. 234

Landesarchiv Berlin: Abbildungen S. 208, 210 (Foto: Klaus Lehnartz), S. 237 (Foto: Klaus Lehnartz), S. 258, 261

Henry Ries (Fotograf), Privatsammlung: Abbildung S. 166

Margrit Schmidt, Berlin: Abbildung S. 268

Stiftung ‚Neue Synagoge Berlin-Centrum Judaicum‘, Berlin: Abbildungen S. 153, 266 (Foto: Margit Billeb)

Saul Touster, Privatsammlung: Abbildung S. 70

United States, Holocaust Memorial Museum, Washington, DC: Abbildung S. 74

UNRRA Archives, New York: Abbildung S. 73

YIVO – Institute for Jewish Research, New York: Abbildungen S. 14, 26, 41, 87

Jüdische Geschichte

Peter Gay
Meine deutsche Frage
Jugend in Berlin 1933–1939
Aus dem Englischen von Ulrich Enderwitz, Monika Noll
und Rolf Schubert
3. Auflage. 2000. 230 Seiten mit 13 Abbildungen. Paperback
Beck'sche Reihe Band 1310

Wolfgang Benz (Hrsg.)
Die Juden in Deutschland 1933–1945
Leben unter nationalsozialistischer Herrschaft
Unter Mitarbeit von Volker Dahm, Konrad Kwiet, Günter Plum,
Clemens Vollnhals, Juliane Wetzel.
4., unveränderte Auflage. 1996. 779 Seiten mit 27 Abbildungen.
Leinen
Beck's Historische Bibliothek

Saul Friedländer
Das Dritte Reich und die Juden
Band 1: Die Jahre der Verfolgung 1933–1939
Aus dem Englischen von Martin Pfeiffer
2., durchgesehene Auflage. 1998. 458 Seiten. Leinen

Saul Friedländer
Wenn die Erinnerung kommt
Aus dem Französischen von Helgard Oestreich
2. Auflage. 1998. 192 Seiten. Paperback
Beck'sche Reihe Band 1253

Adam Czerniaków
Im Warschauer Getto
Das Tagebuch des Adam Czerniaków 1939–1942
Aus dem Polnischen von Silke Lent. Übertragung des Vorworts
aus dem Hebräischen von Wolfgang Lotz
Mit einem Vorwort von Israel Guzman.
1986. XXVI, 303 Seiten mit 19 Abbildungen. Gebunden

Jüdische Geschichte und Religion

Arno Herzig
Jüdische Geschichte in Deutschland
Von den Anfängen bis zur Gegenwart
1997. 323 Seiten. Paperback
Beck'sche Reihe Band 1196

Johann Maier (Hrsg.)
Die Kabbalah
Einführung – Klassische Texte – Erläuterungen
1995. 416 Seiten. Leinen

Michael A. Meyer (Hrsg.)
Deutsch-jüdische Geschichte in der Neuzeit
Herausgegeben im Auftrag des Leo Baeck Instituts
von Michael A. Meyer unter Mitwirkung von Michael Brenner

Band I: Tradition und Aufklärung 1600–1780
Von Mordechai Breuer und Michael Graetz

Band II: Emanzipation und Akkulturation 1780–1871
Von Michael Brenner, Stefi Jersch-Wenzel und Michael A. Meyer

Band III: Umstrittene Integration 1871–1918
Von Steven M. Lowenstein, Paul Mendes-Flohr, Peter Pulzer
und Monika Richarz

Band IV: Aufbruch und Zerstörung 1918–1945
Von Avraham Barkai, Paul Mendes-Flohr
und Steven M. Lowenstein
2000. 4 Broschuren in Kassette. Zusammen 1.664 Seiten
mit zusammen 197 Abbildungen und 16 Karten. Broschiert
Beck'sche Reihe Band 1401

Verlag C.H.Beck